Lisa Pychlau-Ezli & Özhan Ezli

Wer darf in die Villa Kunterbunt?

AF558165

Dr. Lisa Pychlau-Ezli studierte Germanistik und Sportwissenschaften in Frankfurt und promovierte in der germanistischen Mediävistik. Sie forscht und publiziert zu den Themen Intersektionalität und Semiologie und arbeitet freiberuflich als Literaturkritikerin und im Verlagswesen.
Özhan Ezli studierte Politikwissenschaften, Medienwissenschaften und Sportwissenschaften in Marburg und Frankfurt. Sein Themenschwerpunkt liegt in der Pädagogik; er arbeitet hauptberuflich als Studienrat.

Lisa Pychlau-Ezli & Özhan Ezli

Wer darf in die Villa Kunterbunt?

Über den Umgang mit Rassismus in Kinderbüchern

UNRAST

Bibliografische Information der Deutschen Bibliothek
Die Deutsche Bibliothek verzeichnet diese Publikation in der Deutschen Nationalbibliografie; detaillierte bibliografische Daten sind im Internet über https://www.dnb.de abrufbar.

Lisa Pychlau-Ezli & Özhan Ezli
Wer darf in die Villa Kunterbunt?
1. Aufl. Oktober 2022
ISBN 978-3-89771-191-4

© Unrast Verlag 2022
Alle Rechte inkl. des Nachdrucks (auch in Teilen)
und der Vervielfältigung vorbehalten.
www.unrast-verlag.de – kontakt@unrast-verlag.de
Mitglied in der assoziation Linker Verlage (aLiVe)

Umschlag: Felix Hetscher, Münster
Satz: Andreas Hollender, Köln
Druck: Multiprint, Kostinbrod

Inhalt

Einleitung

Schon zu lange fokussiert man sich, wenn man über Rassismus spricht, auf die Personen, die diskriminiert werden,[1] statt auf jene, die diskriminieren. Es ist daher an der Zeit, sich mit denjenigen Menschen zu beschäftigen, von denen die Diskriminierungen ausgehen. Wir müssen den Fokus jetzt auf *weiße* Menschen richten und auf all jene Dinge, durch die *weiße* Menschen Rassismus reproduzieren. Viele *weiße* Menschen weisen Rassismus allerdings weit von sich; sie sind der Auffassung, keine Rassist*innen zu sein, da sie niemanden absichtlich rassistisch beleidigen. Dennoch ist Rassismus für nicht-*weiße* Menschen Alltag in Deutschland. Wie kommt dieses Paradoxon zustande? Die Antwort ist: *Weiße* Menschen verhalten sich rassistisch, ohne es zu merken, da sie rassistisch sozialisiert wurden und werden. In der *weißen* deutschen Erziehung spielt die Reproduktion von Rassismus von Anfang an eine Rolle. Um dies zu verstehen, ist es notwendig, jene *weißen* Kulturgüter in den Blick zu nehmen, mit denen Kinder aufwachsen, die Werte, Hierarchien und Menschenbilder vermitteln und von der *weißen* deutschen Gesellschaft große Hochachtung und Wertschätzung erfahren: die Kinderbücher. Kinderbücher bedienen die Ansprüche einer bildungsbürgerlichen Erziehung ebenso wie die der kindlichen Fantasie: Mit seinen Kindern zu lesen, ist daher pädagogisch enorm aufgeladen. In vielen deutschen Kinderbüchern herrscht jedoch ein Welt- und Menschenbild, das insbesondere im Kontext aktueller und wirkungsmächtiger Antirassismus-Kampagnen und -Bewegungen (z. B. Black Lives Matter, #metwo, #saytheirnames, Check Your Privilege, Respect, Aufstehen gegen Rassismus etc.) nicht nur als veraltet und überholt, sondern als diskriminierend angesehen werden muss: Es gibt ein ganzes Genre an Kinderbüchern, das das Leben der I* verfremdet und romantisiert, Schilderungen von Black-, Yellow- und Redfacing (das Anmalen des Gesichts zwecks Imitation einer anderen ›Rasse‹ z. B. zu Fasching) sind keine Seltenheit, fremdbezeichnende und abwertende Begriffe wie N* und M* tauchen immer

1 Thuram, Lilian: Das weiße Denken. Hamburg: Edition Nautilus 2022, S. 11.

wieder auf, kolonial anmutende Herrschaftsverhältnisse werden nicht nur als selbstverständlich, sondern gar als idealisiert geschildert, exotisierende Stereotype über ›Afrika‹ als homogenes, von wilden Tieren besiedeltes Land werden in den buntesten Farben beschrieben und in Bilderbüchern, die Alltagsituationen darstellen, sind ausschließlich *weiße* Menschen abgebildet. Als Kinderbuchverlage wie der Thienemann Verlag und der Oetinger Verlag vor rund zehn Jahren beschlossen, offensichtlich diskriminierende Bezeichnungen in ihren Publikationen zu tilgen, entbrannte eine mediale Debatte über Kinderbücher im Spannungsfeld zwischen Rassismus, Wokeness und Kunstfreiheit. Die allgemeine Verunsicherung, welche Wörter und Schilderungen in Kinderbüchern als rassistisch zu werten sind und wie mit diesen umzugehen ist, hält bis heute an.

Dieses Buch will die Frage nach Rassismus in deutschen Kinderbüchern ausführlich und eingehend beleuchten. Hierfür gehen wir in drei Schritten vor. Im ersten Schritt werden wir uns mit Rassismus im Allgemeinen beschäftigen. Im zweiten Schritt wenden wir uns anhand konkreter Beispiele den unterschiedlichen Erscheinungsformen von Rassismus in Kinderbüchern zu. Im dritten Schritt diskutieren wir dann, wie mit Rassismus in der Literatur für Kinder umzugehen ist.

Rassismus ist unser kulturelles Erbe. Er hat eine lange historische Tradition in Deutschland und Europa und ist mittels der Literatur buchstäblich in unsere Geschichte eingeschrieben. Wir sind alle in gewisser Weise rassistisch sozialisiert, und auch wenn wir uns nicht rassistisch verhalten wollen, tun wir es dennoch immerzu. Doch warum ist das so und wer profitiert davon? Worum genau geht es bei Rassismus eigentlich? Historisch gesehen sind diese Fragen ganz einfach zu beantworten: Früher ging es um Geld und Macht; um den Profit der *weißen* Europäer*innen. Damit diese reich werden konnten, mussten andere ausgebeutet werden. Literarisch gesehen sind die Fragen nach dem Sinn, dem Nutzen und dem Grund von Rassismus komplexer. Bei Rassismus in Büchern und speziell in Kinderbüchern geht es auch um die Abwertung anderer zum eigenen Nutzen, aber nicht um einen unmittelbaren materiellen Profit, sondern vielmehr um das Etablieren und Tradieren von Narrativen. Diese sind darauf ausgerichtet, die *weiße* Dominanz zu erklären und zu sichern. Wer besitzt die Definitionsmacht? Wer darf über wen erzählen? Was wird erzählt? Wie wird erzählt? Und warum wird auf diese Art und Weise erzählt? Auch wenn über ferne Länder, fremde Menschen und ›exotische‹ Sitten und Gebräuche berichtet wird, so bleibt immer die Tatsache bestehen, dass *weiße* deutsche Autor*innen an ein *weißes* deutsches Zielpublikum mittels eines *weißen* deutschen kulturellen Wissens erzählen. Die ›Exotik‹ ist somit immer hausgemacht und bei genauem Hinsehen geht es eigentlich gar nicht um die ›anderen‹, sondern um die *weiße* deutsche Gesellschaft, die sich mit sich selbst auseinandersetzt. Missbraucht werden die vermeintlich ›anderen‹ somit als Projektionsfläche für eigene Fantasien und Ängste und als Element der Abgrenzung zur Konstruktion des eigenen Selbst. Damit das eigene *weiße* Selbst aufgewertet werden kann, muss das rassifizierte ›Andere‹ abgewertet werden. Diese mittels der Kinderliteratur erzeugten Vorstellungen, Vorurteile und Stereotype ›schwappen‹ allerdings von der Fiktion über in die Realität und beeinflussen dort unsere Wahrnehmung derer, die wir für ›anders‹ halten. Die vorgefasste Meinung, die aus dieser Wahrnehmung resultiert, erzeugt ein Phänomen, das in den letzten Jahren verstärkt beachtet, diskutiert und kritisiert worden ist: den Alltagsrassismus.

Was ist Alltagsrassismus?

»Wo kommst du her?«,[2] »Du kannst aber gut deutsch«, »Kann ich mal deine Haare anfassen?«. Mit derartigen Fragen, Aussagen und Anliegen sehen sich einer Studie des Internationalen Zentralinstituts für das Jugend- und Bildungsfernsehen (IZI) zufolge sieben von zehn Kindern mit Migrationshintergrund regelmäßig konfrontiert.[3] Solche scheinbar harmlosen Sätze können als Akt der Ausgrenzung betrachtet werden, da sie ja bereits die Nicht-Zugehörigkeit zur Mehrheitsgesellschaft implizieren.[4] So beinhaltet die Frage »Woher kommst du?« immer ein unausgesprochenes »Von hier bis du jedenfalls nicht, denn du bist anders und deshalb gehörst du nicht dazu«. Die Neugierde, die diesen Fragen innewohnt, versetzt

2 Vgl. hierzu auch den Instagram-Account @woherkommstduwirklich der antirassistisch arbeitenden Comiczeichnerin und Illustratorin Le Hong: Vorname ist Le (nicht Hong) (@woherkommstduwirklich) • Instagram-Fotos und -Videos, Zugriff am 05.05.2022.

3 Vgl. Maya Götz (Hg.): »Wenn Du mich noch einmal ›braune Schokolade‹ nennst!« Erleben von Alltagsrassismus bei Kindern und Jugendlichen in Deutschland. 2021, PDF verfügbar unter »Wenn Du mich noch einmal ›braune Schokolade‹ nennst!« (br-online.de), Zugriff am 10.01.2022.

4 So gesehen sind bestimmte Fragen Handlungen im Sinne der Sprechakttheorie: Vgl. John L. Austin: How to do things with Words. Zur Theorie der Sprechakte. Stuttgart: Reclam 2010.

den/die Befragte*n unter Rechtfertigungsdruck und impliziert somit eine Bringschuld und ein Machtgefälle: Wer nicht *weiß* ist, muss sein Aussehen und seine Anwesenheit erklären. Fragen nach der Herkunft, Bemerkungen über die Deutschkenntnisse oder Haare und Hautfarbe werden daher als Mikroaggressionen bezeichnet.[5] Die Autorin Charlene Rautenberg weist darauf hin, dass deutsch und Schwarz oft als Gegensätze empfunden würden, für die sie sich rechtfertigen müsse.[6] Über sie werde zudem oft vermutet, dass sie gerne singe und Hip-Hop höre.[7] Durch die Vorstellungen fremder Menschen, wie sie aufgrund ihrer Hautfarbe zu sein habe, fühlt sie sich in Schubladen gesteckt und »exotisiert«.[8] Ähnliches berichtet auch die Autorin Ciani-Sophia Hoeder, deren Professor ihre Zukunft eher bei MTV als bei der *Tagesschau* sah.[9]

Die Autorin Alice Hasters vergleicht solche Mikroaggressionen mit Mückenstichen: im Einzelnen erträglich, aber in der Häufung kaum auszuhalten.[10] Auch die Gründerinnen und Autorinnen Olaolu Fajembola und Tebogo Nimendé-Dundadengar weisen darauf hin, dass einzelne, nicht böse gemeinte Kommentare nicht das Problem seien, sondern gerade die Summe der Erfahrungen die Botschaft vermittelt: »Ihr gehört nicht richtig dazu.«[11] Es handelt sich beim Alltagsrassismus demnach nicht nur um eine qualitative Form von Rassismus, sondern vor allem auch um eine

---

5 Hierbei kann noch einmal unterschieden werden zwischen Mikro-Angriffen, Mikro-Beleidigungen und Mikro-Ausgrenzungen. Vgl. Ogette, Tupoka: exit Racism. Rassismuskritsch denken lernen. Münster: Unrast Verlag 2017, S. 59.

6 Vgl. Rautenberg, Charlene: »Ich will nicht deine Schokolade sein«. Rassismus beim Dating. In: *SZ Magazin*, 16.01.2019. Verfügbar unter Rassismus beim Dating – SZ Magazin (sueddeutsche.de) Zugriff am 10.01.2022.

7 Von einem äußeren körperlichen Merkmal auf (charakterliche) Eigenschaften oder Fähigkeiten zu schließen, nennt man biologistisch. So gibt es eine ganze Reihe an Annahmen über schwarze Menschen, die allesamt auf der Hautfarbe beruhen. So wird häufig vermutet, Schwarze Menschen könnten besonders gut singen und tanzen, sie hätten ›den Rhythmus im Blut‹, oder auch sie seien besonders gute Sportler. Vgl. hierzu auch die Erfahrungen von Alice Hasters. Vgl. Dies.: Was weiße Menschen nicht über Rassismus hören wollen, aber wissen sollten. München: hanserblau 2019.

8 Vgl. Rautenberg, »Ich will nicht …«.

9 Vgl. Hoeder, Ciani-Sophia: »Wie kommst du darauf, dass ich Hip-Hop höre?« In: Willkommen bei mir – *SZ Magazin*, 20.06.2020. Verfügbar unter Ciani-Sophia Hoeder über Alltagsrassismus in Deutschland – SZ Magazin (sueddeutsche.de), Zugriff am 02.02.2022.

10 Vgl. Hasters: Was weiße Menschen …, S. 14.

11 Fajembola, Olaolu/ Nimendé-Dundadengar, Tebogo: Gib mir mal die Hautfarbe. Mit Kindern über Rassismus sprechen. Weinheim: Julius Beltz Verlag 2021, S.8.

quantitative.[12] Die Häufung solcher ausgrenzenden Phrasen ist nicht nur verletzend für die betroffenen Personen, sondern wirft auch die Frage nach dem Warum auf. Warum verhalten sich so viele Menschen (unabsichtlich) alltagsrassistisch und konfrontieren Schwarze Menschen und People of Color in Deutschland immer wieder mit neugierigen Fragen und Klischees?

Die Pädagogin und Kulturwissenschaftlerin Barbara Rösch erklärt Alltagsrassismus als unbewusstes Handlungs- und Denkschema einer größeren sozialen Gruppe; als »›kleine‹ […] Form von Rassismus, die durch Verinnerlichungsprozesse und Normalisierung wirksam (geworden) ist«.[13] Dass beim Alltagsrassismus ein Mangel an Absicht besteht, deutet darauf hin, dass ein subtiler Alltagsrassismus strukturell in unserer deutschen Gesellschaft verankert ist. Olaolu Fajembola und Tebogo Nimendé-Dundadengar sind sogar der Meinung, dass der Rassismus so sehr in unserer Gesellschaft verwoben ist, dass »oft weder diejenigen, welche von ihm profitieren, noch jene, die darunter leiden, ihn zu identifizieren vermögen«.[14] Rassismus erstreckt sich somit über große Teile der Bevölkerung und über viele Lebensbereiche. Doch wenn die deutsche Gesellschaft derart von Rassismus durchdrungen ist, stellt sich die Frage, wo die (alltags)rassistischen Vorstellungen ihren Ursprung haben. Vieles deutet darauf hin, dass die rassistische Sozialisation bereits in der frühen Kindheit einsetzt. Es ist anzunehmen, dass sowohl *weiße* als auch Schwarze Kinder bereits sehr früh mit alltagsrassistischem Gedankengut und diskriminierenden Verhaltensweisen konfrontiert werden und diese somit erlernen und reproduzieren. »Kinder werden nicht rassistisch geboren, sie erlenen rassistische Strukturen und ihre Regeln. Und zwar viel früher, als viele von uns glauben.«[15]

Zwei verschiedene Formen von alltagsrassistischer Diskriminierung sind besonders häufig zu beobachten: Entweder das vermeintlich Fremde wird betont und hervorgehoben, Personen werden »exotisiert«, wie Charlene Rautenberg formuliert, und dadurch *über*sichtbar. Im Fachjargon wird

12 Die Kommunikationssoziologin und Aktivistin Natasha A. Kelly unterteilt Rassismus prinzipiell in die Formen institutioneller Rassismus, internalisierter Rassismus, interpersonaler Rassismus und Alltagsrassismus. Vgl. Dies.: Rassismus. Strukturelle Probleme brauchen strukturelle Lösungen. Hamburg: Atrium, 2021, S. 9.

13 Vgl. Rösch, Barbara: Grundschule Schwarz weiß? Denk- und Handlungsansätze für eine rassismuskritische Grundschule. Basiswissen Grundschule, Band 40. Baltmannsweiler: Schneider Verlag Hohengehren 2019, S. 22.

14 Fajembola/Nimendé-Dundadengar: Gib mir mal die Hautfarbe, S. 9. Zurück bleibt den Autorinnen zufolge ein diffuses Gefühl des Unbehagens.

15 Fajembola/Nimendé-Dundadengar: Gib mir mal die Hautfarbe, S. 28.

dieses Verhalten als *Othering* (Andersmachen) bezeichnet. Hierbei werden bestimmter Merkmale von Personen, wie die Hautfarbe oder das Kopftuch, als konstitutiv für die gesamte Person wahrgenommen und dieser Person werden dann aufgrund dieses einen Merkmals Attribute zugeschrieben, die die Person unter Umständen gar nicht besitzt. Die Hautfarbe oder das Kopftuch werden somit als Eigenschaften angesehen und betroffene Menschen werden zur Projektionsfläche rassistischer Vorurteile. Die andere Form des Alltagsrassismus ist – genau umgekehrt – die *Un*sichtbarkeit aller Personen, die von einer gesellschaftlichen Norm abweichen, welche als *weiß* imaginiert wird. Konkret bedeutet das, dass BIPoC (Black, Indigenous and People of Color) oder Menschen, die nicht-europäische Kleidungsstücke wie Kopftuch oder Sari tragen, aus der öffentlichen Wahrnehmung einfach eliminiert werden oder mit einem niedrigen sozialen Status assoziiert und nicht ernst genommen werden.

Diese beiden Formen rassistischer Diskriminierung prägen das materielle und immaterielle Umfeld, in dem viele Kinder in Deutschland heranwachsen. Die durchschnittliche deutsche Sozialisation *weißer* Kinder schließt beispielsweise Menschen mit den oben genannten Merkmalen bis heute ganz automatisch und selbstverständlich aus der Wahrnehmung der Kinder aus. Die Kinder besitzen dann beispielsweise *weiße* Puppen und *weiße* Playmobilfiguren, sie schauen sich Filme mit *weißen* Protagonist*innen an etc. Ein solches pädagogisches Verhalten ist jedoch in den meisten Fällen sicher nicht auf Bösartigkeit zurückzuführen, sondern vielmehr schlicht auf Unkenntnis. Um zu ergründen, wie es kommt, dass Eltern ihren Kindern alltagsrassistisches Verhalten beibringen und dieses vermutlich gelegentlich selbst an den Tag legen, lohnt sich die Untersuchung derjenigen Dinge, mit denen sich die Kinder mit oder ohne ihre Eltern/Erzieher*innen/Lehrer*innen den Tag über beschäftigen. Denn die ganz alltäglichen Dinge im Leben der Kinder, wie etwa Spielzeuge, Bücher, Filme, Lieder und Spiele transportieren Werte und Normen. Sie spiegeln das Menschenbild unserer Gesellschaft wider und konstituieren auf diese Weise das Weltbild der Kinder. Alle diese Dinge, mit denen wir unsere Kinder umgeben (Bücher, Puppen, Playmobil und Lego etc.), sind nun aber oft sogenannte ›Klassiker‹; sie haben eine lange Tradition und diese beinhaltet nicht selten Rassismus.

Genau wie sich die verletzenden Kommentare gegenüber Schwarzen Menschen und People of Color wie Mückenstiche zu einem kaum auszuhaltenden Maß summieren, so summieren sich die Wirkungsmechanismen der alltagsrassistischen Unsichtbarkeit und der alltagsrassistischen Übersichtbarkeit zu einem Gesamtbild, das *weiße* Kinder dazu verleitet, sich selbst rassistisch zu verhalten und das Schwarze Kinder sowie Kinder of Color ausgrenzt und stigmatisiert bzw. marginalisiert.

Alltagsrassismus und Kinderbücher: die ›Kinderbuchdebatte‹

»Kinderbücher sind kleine Utopien unserer erzieherischen Zuversicht«, formulierte der Journalist Hilmar Klute im Winter 2022 etwas schnulzig im ›Gesellschaft‹«-Teil der *Süddeutschen Zeitung*.

> »[Sie] sollen uns zu besseren Menschen machen, und zwar von dem Zeitpunkt an, da dies gerade noch möglich ist. Deshalb sind Kinderbuchautoren [sic!] auch unverbesserliche Weltenverbesserer [sic!]. Sie meinen es gut, und als sie ihre Bücher zur Welt brachten, das gilt vor allem für die älteren, die Klassiker, war der Beifall ungeteilt.«

Aber, so gab Klute anschließend zu, man finde heute hier und da »Fallstricke«.[16] Als Beispiel nannte er den ›N-König‹ in Astrid Lindgrens *Pippi Langstrumpf* und schlug vor, dieses Wort beim Vorlesen einfach »intuitiv in König« abzuwandeln.

Bei dem Schlagwort ›Rassismus in Kinderbüchern‹ denken viele Menschen zunächst an das N-Wort und das M-Wort. Diese rassistischen Bezeichnungen sind in den Jahren seit 2000 nicht nur an Süßigkeiten, sondern auch in Kinderbüchern kritisiert worden. Dies hatte in der letzten Dekade zu Streichungen und Änderungen in den sogenannten ›Klassikern der deutschen Kinderliteratur‹ und 2013 schließlich zur längst fälligen sogenannten ›Kinderbuchdebatte‹ geführt. Die ›Kinderbuchdebatte‹ beschreibt die öffentliche Auseinandersetzung über einen sensibilisierten Umgang mit den Welt- und Menschenbildern, die in Kinderbüchern propagiert werden, der 2013 zu antirassistischen Überarbeitungen einiger der populärsten deutschen Kinderbücher durch die publizierende Verlage führte, aber auch zu heftiger medialer Kritik an diesem Vorgehen. Eine erste große Welle gegen Rassismus in Kinderbüchern gab es bereits in den

16 Vgl. Klute, Hilmar: Warum wir unseren Kindern vorlesen sollten. In: *Süddeutsche Zeitung* Nr. 23 29./30.01.2022. Verfügbar unter Sams und Co: Wieso auch Erwachsene so gerne Kinderbücher lesen – Gesellschaft – SZ.de (sueddeutsche.de), Zugriff am 21.05.2022.

1960er-Jahren. Etliche Kinderbücher mit nationalsozialistischem und kolonialistischem Gedankengut verschwanden stillschweigend aus den Verlagsprogrammen, so z. B. der damalige Klassiker *Heia Safari* (1920) von Paul von Lettow-Vorbeck, und vieles wurde umgeschrieben.[17] Seit 2009 ersetzt der Oetinger Verlag den ›N-König‹ in Astrid Lindgrens *Pippi Langstrumpf* durch den ›Südsee-König‹. Diese Änderung wurde im Großen und Ganzen gesellschaftlich und medial kaum beachtet. 2013 entschloss sich auch der Thienemann Verlag, das N-Wort in Otfried Preußlers *Die kleine Hexe* zu streichen. Kritik gab es zudem am Werk von Michael Ende, im Fokus steht hier insbesondere *Jim Knopf und Lukas der Lokomotivführer*. Auf Initiative der Journalistin und Moderatorin Boussa Thiam und der Buchhändlerin Mieke Woelky beschloss der Oetinger Verlag zudem, das Kapitel »Lotta ist ein kleiner Sklave« in seinen aktuellen Auflagen des Bandes *Die Kinder aus der Krachmacherstraße* von Astrid Lindgren nicht mehr abzudrucken.

Obwohl der Oetinger Verlag 2009 mit seinen Änderungen vier Jahre früher als der Thienemann Verlag begonnen hatte, entzündete sich die mediale Debatte insbesondere nach den Änderungen an der *Kleinen Hexe* 2013. Für dieses Werk war zum 90. Geburtstag des Autors eine kolorierte Neuauflage geplant gewesen. Kurz zuvor hatte sich jedoch Mekonnen Mesghena, Leiter des Referats ›Migration & Diversity‹ der Heinrich-Böll-Stiftung, an den Verlag gewandt, nachdem er mit seiner siebenjährigen Tochter in dem Buch gelesen hatte und das N-Wort in diesem Kinderbuch inakzeptabel fand. Gemeinsam mit der Familie Preußler beschloss der Thienemann Verlag anschließend die Änderung. Gab es zuvor Kritik an rassistischen Begriffen in den von ihm publizierten Werken, so sah sich der Verlag nun mit Kritik an den Änderungen konfrontiert, auf die er kurze Zeit später mit einer Stellungnahme reagierte.[18] Im Folgenden entbrannte hauptsächlich im Feuilleton der deutschsprachigen Leitmedien (*FAZ*, *ZEIT*, *SZ*, *NZZ*, *Tagesspiegel*, *taz*)[19] eine kontroverse Diskussion über das N-Wort in Kin-

---

17 Vgl. Boschmann, Corinna/Staufer, Walter: »Vom ›Negerkönig‹ zum ›Südseekönig‹ zum …? – Politische Korrektheit in Kinderbüchern. Das Spannungsfeld zwischen diskriminierungsfreier Sprache und Werktreue und die Bedeutung des Jugendschutzes«, S. 7. In: BPJM-Aktuell 2/2013, S. 3–17. PDF verfügbar unter Vom »Negerkönig« zum »Südseekönig« zum …? – Politische Korrektheit in Kinderbüchern (bzkj.de), Zugriff am 21.05.2022.

18 Vgl. Sprachliche Modernisierung von Klassikern Der Thienemann Verlag … (yumpu.com) Zugriff am 03.02.2022.

19 Auswahl der kontroversen Artikel: »Kleine Hexe« ohne »Negerlein«: Wir wollen vorlesen und nichts erklären müssen – Feuilleton – FAZ, »Negerlein« sagt man

derbüchern im Kontext von Kunst- und Meinungsfreiheit, Zensur, political correctness und Antirassismus. Verstärkt und beeinflusst wurde und wird diese Diskussion durch die zeitgleich entstandene Black-Lives-Matter-Bewegung, die die Frage nach (alltäglicher) rassistischer Diskriminierung öffentlichkeitswirksam präsent hält.

In den folgenden Jahren meldeten sich in Deutschland vermehrt Schwarze Menschen und People of Color mit Publikationen, in Blogbeiträgen und in Interviews zu den Themen Alltagsrassismus, Antirassismus und afrodeutsches Erleben, zum Umgang mit Rassismus im Hinblick auf Kinder und Rassismus in der Schule zu Wort.[20] Das Ziel dieser Autor*innen und Aktivist*innen besteht in der antirassistischen Aufklärung, der Sensibilisierung, dem Bewusstmachen *weißer* Privilegien und somit der Rassismusprävention. In diesem Kontext wurde auch häufig Bezug auf die ›Kinderbuchdebatte‹ genommen. So machte beispielweise die Hamburger Kita-Leiterin Christiane Kassama im Interview mit der *Zeit* darauf aufmerksam, dass viele (Bilder)Bücher, die im Kindergarten vorgelesen werden, unbewusst Klischees und Rassismus transportieren.[21] Auf die Interviewfrage, welche Kinderbücher sie denn problematisch finde, antwortete die Bloggerin Sohra Behmanesh, es sei für sie einfacher, ein paar Bücher zu nennen,

---

nicht! – WELT, Rassistische Begriffe in Kinderbüchern: Werte und Worte – taz.de, Kinderbücher: Sprache ist immer kontaminiert von den Zeitumständen | ZEIT ONLINE, Debatte um sprachliche Säuberungen NZZ Kinderbücher: Die kleine Hexenjagd | ZEIT ONLINE; Kolumne Macht: Von Negerlein und Mägdelein – taz.de.

20 Auswahl der Monografien: Amjahid, Mohamed: Unter Weißen: Was es heißt, privilegiert zu sein. München: Hanser Verlag 2017; Apraku, Josephine: Wie erkläre ich Kindern Rassismus? Rassismussensible Begleitung und Empowerment von klein auf. 2. Aufl. Berlin: Familiar Faces 2021; Fajembola, Olaolu/Nimendé-Dundadengar, Tebogo: Gib mir mal die Hautfarbe. Mit Kindern über Rassismus sprechen. Weinheim: Julius Beltz Verlag 2021; Hasters, Alice: Was weiße Menschen nicht über Rassismus hören wollen, aber wissen sollten. München: hanserblau 2019; Kelly, Natasha A.: Afrokultur: der Raum zwischen gestern und morgen. Münster: Unrast Verlag 2021; Ogette, Tupoka: exit Racism. Rassismuskritisch denken lernen. Münster: Unrast Verlag 2017; Roig, Emilia: Why we matter. Das Ende der Unterdrückung. Berlin: Aufbau Verlag 2021; Sow, Noah: Deutschland Schwarz Weiß. München: Goldmann Verlag, 2009; Aydemir, Fatma/Yaghoobifarah, Hengameh (Hgg.): Eure Heimat ist unser Albtraum. Berlin: Ullstein 2020.

21 Christiane Kassama im Interview mit Moritz Hermann: »Jim Knopf wird leider noch oft gelesen«. In: *Die Zeit*, 23.07.2020. Verfügbar unter Rassismus: »Jim Knopf wird leider noch oft gelesen« | ZEIT ONLINE, Zugriff am 30.01.2022.

die sie nicht schwierig finde.[22] Die Autorinnen Olaolu Fajembola und Tebogo Nimendé-Dundadengar wiederum weisen darauf hin, dass diversitätssensible Kinderbücher in konventionellen Buchhandlungen kaum zu erwerben seien.[23] Der Rassismus in Kinderbüchern scheint sich also nicht auf einzelne Wörter zu beschränken, weshalb es leider nicht immer so einfach ist, einzelne Wörter »intuitiv« abzuwandeln. Die Initiative Schwarze Menschen in Deutschland e. V. (ISD) forderte daher in einem offenen Brief »ein ernsthaftes und behutsames Ringen um rassismuskritische Kinderbücher«.[24]

Mit dem vorliegenden Buch wollen wir Folgendes leisten:

- Die Genese von Rassismus im Genre der Kinderliteratur aus ihrer Entstehungsgeschichte chronologisch ableiten.
- Eine exemplarische Auswahl der beliebtesten, der meist gelesenen und der aktuellsten Kinderbücher im Hinblick auf die neuesten Erkenntnisse und Diskurse der Antirassismusforschung literaturwissenschaftlich analysieren.
- Aufzeigen, dass sehr viele dieser Kinderbücher (in unterschiedlich hohem Maße) rassistische Diskriminierung beinhalten. Diese richtet sich gegen ein breites Spektrum an marginalisierten Gruppen, die nicht der *weißen* europäischen christlichen Normativität entsprechen: gegen Schwarze Menschen, asiatisch-stämmige Menschen, türkischstämmige Menschen, indigene Menschen, muslimische Menschen sowie Sinti*zze und Rom*nja.
- Den Einfluss (rassistischer) Kinderbücher auf das Menschenbild sowie die Eigen- und Fremdwahrnehmung von Kindern erklären.
- Exemplarisch erklären, warum und auf welche Weise auch solche Texte, die auf den ersten Blick harmlos erscheinen, rassistisch sein können. Anhand unserer literaturwissenschaftlichen Analyse werden wir verständlich darlegen, welche ganz unterschiedlichen Formen von Rassismus in

22 Vgl. Sohra Behmanesh im Interview mit Isabel Robles Salgado. Bei: littleyears.de, 09.09.2020. Verfügbar unter »Der Rassismus tut so, als wäre er gar nicht da« – aber er steckt zum Beispiel in Kinderbüchern und -liedern … – Littleyears, Zugriff am 14.01.2022.

23 Vgl. Fajembola/Nimendé-Dundadengar: Gib mir mal die Hautfarbe, S. 156.

24 Vgl. ISD: Gegen Rassismus in Medien und in Kinder- und Jugendbüchern. Ein offener Brief. 28.01.2013. Verfügbar unter Gegen Rassismus in Medien und in Kinder- und Jugendbüchern | ISD-Bund e. V. (isdonline.de), Zugriff am 03.02.2022.

der Kinderliteratur zu finden sind, wie Rassismus auf literarischer Ebene funktioniert und warum er in Büchern manchmal so schwer zu erkennen ist.

- Die Argumente der Befürworter*innen und der Kritiker*innen von Änderungen an Kinderbuchklassikern in den Blick nehmen und analysieren.
- Optionen diskutieren, wie mit problematischen Texten und Textstellen in Zukunft umgegangen werden kann.
- Knappe zehn Jahre nach der ›Kinderbuchdebatte‹ eine Bilanz ziehen, wie es um die deutsche Kinderbuchbranche im Spannungsfeld zwischen Rassismus(vorwürfen) und Diversitätssensibilität bestellt ist.

Der Textkorpus, den wir einer Analyse unterziehen, umfasst eine exemplarische Auswahl der beliebtesten und meistverkauften Kinderbücher und Kinderbuchreihen verschiedener Genres wie (Detektiv-, Abenteuer-, Fantasy-) Roman, Sachbuch, Erzählung, Geschichte, Bilderbuch und Comic seit ca. 1780, wobei wir zeigen werden, dass der Rassismus in der Kinderliteratur zwar nicht mehr immer so einfach zu erkennen ist wie früher, aber dennoch auch in neueren Publikationen vorhanden ist.

Die Kriterien für unsere Textauswahl orientieren sich unter anderem an den Verkaufszahlen der Bücher und an ihrer Zugehörigkeit zum Kanon der sogenannten ›Klassiker‹. Die hohe Aktualität vieler der Werke in unserer Textauswahl und vor allem auch der älteren dieser Texte lässt sich zudem daran ablesen, dass sie (wiederholt) verfilmt wurden und bei beliebten Streamingdiensten wie Netflix, Amazon Prime oder Disney+ verfügbar sind sowie als Hörbuch oder Hörspiel z. B. für die beliebte Tonie Box rezipiert werden können. Ob Kinder nun lesen, fernsehen oder Hörspiel hören, sie werden dabei immer wieder mit denselben Geschichten und Rassismen konfrontiert.

Der Film *Pippi Langstrumpf* mit Inger Nilsson in der Titelrolle beispielsweise gilt zwar als unantastbarer Klassiker, ist aber kürzlich digital überarbeitet worden.[25] Von *Pippi Langstrumpf* gibt es zudem noch mehrere ältere Verfilmungen sowie eine Zeichentrickserie und zurzeit ist anscheinend

25 Bis dahin sang Pippi für ihren Affen (!): »Schlaf mein kleines N*kind, träum von Taka Tuka.« (0:36:50). Der Strophe fehlen zwar nun zwei Silben, aber das N-Wort ist immerhin verschwunden.

eine Neuverfilmung durch die Produktionsfirma Studiocanal geplant. Der ›Pippi Langstrumpf‹-Stoff ist somit immer noch sehr aktuell. *Jim Knopf und Lukas der Lokomotivführer* hingegen, den viele in der Version der Augsburger Puppenkiste kennen, ist erst 2018 und 2020 für das deutsche Kino neuverfilmt worden. Auch die ›Asterix‹-Comics sind immer noch populär, wurden mehrfach verfilmt und werden weiter fortgeführt, obwohl die beiden ursprünglichen Autoren inzwischen verstorben sind. Dasselbe gilt für die ›Lucky Luke‹-Comics. Von der Popularität dieser Werke bei Kindern mal ganz abgesehen, werden die Klassiker der Kinderliteratur von Erich Kästner, Otfried Preußler, Michael Ende, Astrid Lindgren oder Janosch auch im Kindergarten vorgelesen und in der Schule sehr gerne als Lektüre eingesetzt. Die Conni-Reihe von Liane Schneider und Eva Wenzel-Bürger wiederum ist seit 30 Jahren sehr beliebt. Sie umfasst inzwischen über 100 Geschichten, ist als (günstiges) Pixi-Buch verfügbar und kann auch als Zeichentrick-Verfilmung rezipiert werden. Einer großen und langlebigen Beliebtheit erfreuen sich zudem Texte der Gattung Detektivroman, wie *TKKG*, ebenfalls verfilmt, die *Drei ???* und analog die *Drei !!!*, oder Fantasyreihen wie *Die Schule der magischen Tiere*. Auch diese ist 2021 für das Kino verfilmt worden. Für die Altersklasse der Kleinkinder und Kindergartenkinder untersuchen wir Wimmelbücher, von denen einige, wie die Wimmelreihe von Rotraud Susanne Berner und die Werke des kürzlich verstorbenen Illustrators Ali Mitgutsch, praktisch Kultstatus in Deutschland besitzen. In den Blick nehmen wir auch die beliebten Sachbuch-Reihen *Was ist was* und *Wieso/Weshalb/Warum*, die eine hohe Bandbreite an Themen abdecken. Zur ›Was ist was‹-Reihe gibt es eine Fernsehserie aus den 1990er-Jahren.

Die Bücher in unserer Textauswahl und ihre Verfilmungen besitzen aktuell eine besonders hohe gesellschaftliche Relevanz, da Kinder aufgrund der Corona-Pandemie in den letzten Jahren gezwungen waren, soziale Kontakte einzuschränken und ihre echten sozialen Erfahrungen somit zu reduzieren. Bücher und Hörbücher sowie ihre filmischen Adaptationen hingegen gewannen als Unterhaltungs- und Freizeitbeschäftigung für Kinder an Bedeutung. So vermelden beispielsweise das Börsenblatt[26] und die

26 Vgl. Studie des E-Book-Abonnements-Anbieters Skoobe 05.-17.05.2021, 21.06.21. Verfügbar bei Börsenblatt.net unter 43 Prozent lesen in Coronazeiten mehr Bücher (boersenblatt.net), Zugriff am 13.02.2022.

Stiftung Lesen[27], dass die tägliche Lesedauer von Kindern, Jugendlichen und Erwachsenen während der Pandemie gestiegen sei. Umso drängender stellt sich daher nun die Frage, mit welchen Welt- und Menschenbildern Kinder in dieser Zeit unter Verzicht auf reale Kontakte konfrontiert wurden.

Wir richten den Blick somit bewusst auf solche Texte, die zum einen häufig rezipiert werden und die wir zum anderen als problematisch beurteilen. Ausgenommen von unserer literaturwissenschaftlichen Untersuchung sind somit Publikationen, die wir als diversitätssensibel einstufen und die auf Inklusion und Vielfalt ausgerichtet sind. Wir verweisen jedoch an den jeweils passenden Stellen auf (online verfügbare) Listen dieser empfehlenswerten Kinderbücher und hier bereits auf den Onlineshop der Antirassismus-Aktivistinnen Olaolu Fajembola und Tebogo Nimendé-Dundadengar, tebalou,[28] der eine breite und vielfältige Auswahl an Büchern für viele Altersgruppen anbietet.

27 Vgl. Sawatzki, Jörg: Lesekompetenz: Schlüssel zu mehr Bildungs- und Lebenschancen. Bei BR24, 20.10.2021. Verfügbar unter Lesekompetenz: Schlüssel zu mehr Bildungs- und Lebenschancen | BR24, Zugriff am 13.02.2022.

28 Home für mehr Vielfalt im Spielzimmer (tebalou.shop).

Theoretischer Teil

Bevor wir uns den Einzelanalysen der Bücher in unserer Textauswahl zuwenden, wollen wir zunächst einige Begriffe und Mechanismen abklären, da gesellschaftlich oft Uneinigkeit darüber herrscht, was Rassismus ist, was er beinhaltet, wie und warum er funktioniert und wie er sich konkret im Alltag äußert. Zudem wollen wir in die Terminologie einführen, mit der wir operieren. Anschließend geben wir einen Überblick über die Entstehung und Entwicklung des Genres Kinderbuch und erklären, wie Sprache, Literatur und Rassismus ineinander verstrickt sind und zusammenwirken.

Formen des Rassismus: Zuschreibungen und Konstruktionen

Rassismus & Biologismus

Die Literaturwissenschaftlerin Susan Arndt definiert Rassismus als »Komplex von Gefühlen, Vorurteilen, Vorstellungen, Ängsten, Phantasien und Handlungen, mit denen *Weiße* aus einer *weißen* hegemonialen Position heraus Schwarze und People of Color strukturell und diskursiv positionieren und einem breiten Spektrum ihrer Gewalt aussetzen«.[29] Die Kommunikationswissenschaftlerin und Autorin Natasha A. Kelly macht darauf aufmerksam, dass »die rassistischen Ideen des Kolonialismus [bis heute] Körperbilder, Wissen und Wissensproduktion sowie die Machtstrukturen unserer Gesellschaft« beeinflussen, Rassismus aber dennoch »beinahe ausschließlich in den individuellen Erfahrungen der Betroffenen [...] und nicht in den Strukturen der Gesellschaft« gesucht werde.[30] »Rassismus als Struktur ermöglicht, dass Ungleichheit legitimiert und somit normalisiert wird«,[31] erklärt Saraya Gomis, die ehemalige Antidiskriminierungsbeauftrage der Berliner Senatsverwaltung für Bildung, Jugend und Familie, 2020 in einem Interview mit der *Süddeutschen Zeitung*. Um strukturellen Rassismus zu erläutern, sei ein Blick auf die deutsche Kolonialgeschichte nötig, die Machtverhältnisse historisch etabliert habe. Wichtig ist hierbei die Wortverbindung ›deutsch‹ und ›Kolonialgeschichte‹, da diese Verbindung in Deutschland gerne ausgeblendet wird. Die Bedeutung der deutschen Kolonialgeschichte im Vergleich zur Kolonialgeschichte anderer

29 Arndt, Susan: »Rassen« gibt es nicht, wohl aber die symbolische Ordnung von *Rasse*, S. 341. In: Eggers, Maureen Maisha/Kilomba, Grada/Piesche, Peggy/Arndt, Susan (Hgg.): Mythen, Masken und Subjekte. Kritische Weißseinsforschung in Deutschland. 4. Aufl. Münster: Unrast Verlag 2017, S. 340–362.

30 Kelly, Natasha A.: Rassismus. Strukturelle Probleme brauchen strukturelle Lösungen! Hamburg: Atrium Verlag 2021, S. 11, 15.

31 Saraya Gomis im Interview mit Corinna Koch. Bei: *Süddeutsche Zeitung*, 29.06.2020. Verfügbar unter Struktureller Rassismus: »Es wird schmerzhaft« – Kultur – SZ.de (sueddeutsche.de), Zugriff am 04.02.2022.

europäischer Länder herunterzuspielen, mit dem Argument, diese hätten mehr und länger Kolonien gehabt, sowie die Auslöschung der deutschen kolonialistischen Gräueltaten aus dem kollektiven Gedächtnis haben Tradition in Deutschland und zielen darauf ab, zu beweisen, dass Deutschland eigentlich gar kein Rassismusproblem habe und dieses Thema deshalb auch gar nicht groß besprochen werden müsse. Dass diese Ansichten falsch sind und Deutschland wirtschaftlich, logistisch und praktisch viel stärker in den Kolonialismus verstrickt war, als allgemein vermutet wird, haben Antirassismusforscher*innen und Aktivist*innen wie Noah Sow, Natasha A. Kelly, Emilia Roig und Tupoka Ogette, um nur einige zu nennen, in ihren Publikationen in den letzten Jahren bereits ausführlich dargelegt.[32] Der Rassismus in Deutschland hat seinen Ursprung jedoch schon vor dem Kolonialismus. Er sei auf die geschichtlichen Perioden Sklaverei/Dreieckshandel, Aufklärung, Kolonialismus und Nationalsozialismus zurückzuführen, so der Politikwissenschaftler Joshua Kwesi Aikins, und existiere somit bereits seit 500 Jahren.[33] Wir werden allerdings nicht auf die einzelnen Stationen des Rassismus in der deutschen Geschichte, im Sinne von historischen Ereignissen, eingehen, sondern wenden uns direkt seinen geistesgeschichtlichen Aspekten zu.

Beim Rassismus handelt es sich ursprünglich um eine »Rechtfertigungsideologie«[34], die Menschen anhand von phänotypischen und kulturellen Merkmalen (wie Herkunft, Hautfarbe, Sprache und Religion) in ›Rassen‹ einteilt und somit feste Gruppen definiert, von anderen abgrenzt und eine Hierarchisierung vornimmt. An der Spitze dieser Hierarchie stehen *weiße* europäische christliche Menschen. (In den USA werden diese traditionell abschätzig als WASP = White Anglo-Saxon Protestant bezeichnet. Diese Bezeichnung ist sehr akkurat, denn sie inkludiert nicht nur die Hautfarbe, sondern auch die europäische Herkunft und die evangelische Religionszugehörigkeit. WASP beschreibt somit die amerikanische Oberschicht.) Populär geworden ist die Idee des Rassismus seit dem 16. Jahrhundert; das Rassedenken zieht sich von der europäischen Expansion und dem transatlantischen Sklavenhandel über die Aufklärung bis hin zur Kolonisation

32 Vgl. z. B. Ogette, exit Racism, S. 46 ff.

33 Vgl. Afrozensus – Rassismus gegen Schwarze in Deutschland | DW Nachrichten – YouTube, Zugriff am 12.05.2022.

34 Arndt: »Rassen« gibt es nicht ..., S. 341.

und schließlich zum Nationalsozialismus.[35] Die Entstehung des Rassismus ist also historisch auf Unterdrückung, Vertreibung und Ausbeutung zum wirtschaftlichen Nutzen Europas zurückzuführen. Zentral ist hier einerseits die Maafa, die Versklavung von afrikanischen Menschen im Kontext von Imperialismus und Kolonialismus, sowie andererseits die europäischen Gräueltaten gegenüber indigenen Menschen auf den amerikanischen, dem asiatischen und dem australischen Kontinent. Um ihr Handeln moralisch zu legitimieren, war für die *weißen* Europäer (wir lassen die weibliche Form hier bewusst weg) die Erschaffung eines Fremdbilds vonnöten, das die soziale Distinktion von ihren Opfern und die sich daraus ergebende hierarchisierende Konstruktion von Machtverhältnissen erklärt. Lapidar ausgedrückt kann man anderen Menschen nicht das Land wegnehmen, sie ausbeuten, unterdrücken, vertreiben, versklaven und systematisch auslöschen, solange man ihnen auf Augenhöhe begegnet. Um diese Hierarchisierung und die daraus resultierende Unterdrückung und Ausbeutung zu begründen und einzuleiten, dient dem Rassismus als Instrument der Biologismus. Biologismus bedeutet, aus einem Merkmal wie der Hautfarbe (oder dem Geschlecht) weitere Merkmale oder Fähigkeiten abzuleiten und anschließend mit Positionen in der gesellschaftlichen Ordnung zu verknüpfen. Eine biologistische, wissenschaftlich anmutende Erklärung, die Menschen in ›Rassen‹ unterteilt, wobei die eine ›Rasse‹ der Kultur zuordnet und als höherwertiger erklärt wird als die andere, die der Natur zugeordnet wird, ist dazu geeignet, ein rassistisches Verhalten moralisch zu untermauen. Biologismus dient demnach der Erklärung, Etablierung und Rechtfertigung für die gesellschaftlich ungleiche Behandlung von Menschen. Dieser biologistische Rassismus fußt auf den vier Annahmen Naturalisierung (Unterschiede zwischen ›Menschenrassen‹ sind natürlich und biologi(sti)sch), Homogenisierung (innerhalb einer ›Rasse‹ sind alle gleich), Polarisierung (Gegensätzlichkeit der verschiedenen ›Rassen‹) und Hierarchisierung (Überlegenheit der einen ›Rasse‹ und Unterlegenheit aller anderen). Die Philosophen der Aufklärung (u.a. Kant und Voltaire) bestätigten diese An-

35 Vgl. hierzu Fajembola/Nimendé-Dundadengar: Gib mir mal die Hautfarbe, S. 53 ff. Vgl. auch Ogette, exit Racism, S. 35: »Bis in das 17. Jahrhundert hinein wurde der Begriff ›Rasse‹ nur zur Klassifizierung von Tier- und Pflanzenarten genutzt. Der französische Arzt Francois Bernier war übrigens der erste, der diesen Begriff auf Menschen übertrug und somit auch gleich die fatale und folgenschwere Behauptung aufstellte, dass es sich auch bei ›Menschenrassen‹ um ein natürlich gegebenes und vor allem relevantes Differenzierungskriterium handelt.«

schauungen fleißig. Dieser Prozess der Rassifizierung beinhaltet zudem die folgenden Mechanismen: Normierungsfestschreibungen (eine Personengruppe bekommt den privilegierten Status der Dominanzgesellschaft, von dem alle anderen Gruppen ausgeschlossen sind), Zuschreibungsprozesse (auf die anderen Gruppen werden Stereotype, Klischees und Vorurteile projiziert), das Einrichten spezifischer Regeln und Gesetze (die Ausgrenzung von Gruppen aus der Norm wird reglementiert und kontrolliert – dieses Prinzip hat bis heute Gültigkeit und umfasst z. B. Gesetze, die nur für einige Menschen wie Flüchtlinge gelten, aber auch Gesetze der Höflichkeit; dass man eben niemandem beim ersten Kennenlernen in die Haare fasst oder über seine Genealogie ausfragt) und Verinnerlichungsmechanismen (das gedankenlose Akzeptieren der Norm wird nicht wahrgenommen, sondern unreflektiert reproduziert).[36] Gruppen, die ›Rassen‹ genannt wurden, sind also in Wirklichkeit soziale Konstrukte, die einigen Menschen Vorteile bringen sollen, und zwar auf Kosten der Anderen.

Was also ursprünglich der Rechtfertigung von Sklaverei und Kolonialismus gedient hat, ist bis heute aufgrund der oben geschilderten Prozesse und Mechanismen häufig immer noch im Weltbild *weißer* Menschen verankert. Denn wenn einschneidende, prägende geschichtliche Ereignisse nicht kritisch diskutiert und aufgearbeitet werden, können sie zur Tradierung und Normalisierung von Stereotypen und Denkweisen führen.[37] Bei vielen vermeintlichen Tatsachen handelt es sich in Wirklichkeit um biologistische Zuschreibungen, wie z. B. bei der (oft positiv gemeinten) Aussage, alle Schwarzen Menschen seien sportlich oder musikalisch. Diese Ansicht verortet Schwarze Menschen im Kontext von hauptsächlich körperlichen (natürlichen, im Gegensatz zu kulturellen und geistigen) Fähigkeiten: singen, tanzen, Sport. Ähnlich funktioniert der Biologismus auch zur Rechtfertigung von Sexismus, wenn etwa behauptet wird, Frauen hätten einen angeborenen Mutterinstinkt. Die erste Aussage dient wahlweise dazu, Schwarze Menschen in die Sparten Sport und Musik abzudrängen

---

36 Vgl. Ritz, Manuela: Die Farbe meiner Haut. Freiburg: Herder Verlag 2009, S. 119 ff.

37 Vgl. Bordo, Olenka: »Vermittlung von Vorurteilen und Stereotypen im Kindesalter – ›Pippi Langstrumpf‹ als Buch und als Film.« Bei: Heinrich Böll Stiftung Heimatkunde, Migrationspolitisches Portal, 24.02.2014. Verfügbar unter Vermittlung von Vorurteilen und Stereotypen im Kindesalter – »Pippi Langstrumpf« als Buch und als Film | heimatkunde | Migrationspolitisches Portal der Heinrich-Böll-Stiftung (boell.de), Zugriff am 07.02.2022.

oder ihnen den Zugang zu *weißen* Sportarten zu verwehren[38] bzw. ihre sportliche/musikalische Leistung herabzuwürdigen, die zweite, um Frauen aus der Erwerbsarbeit in die Reproduktionsarbeit zu drängen. Biologismus rechtfertigt somit den Rassismus ebenso wie das Patriarchat und dient demnach vor allem dem Wohl des *weißen* Mannes.[39]

Doch auch wenn Biologismus heute noch gelegentlich zwecks rassistischer oder sexistischer Begründung für Machtverhältnisse herangezogen wird, zeigt sich Rassismus trotzdem nicht konstant in derselben Erscheinungsform, sondern hat im Laufe der Geschichte verschiedene Ausdrucksformen angenommen. Vorsicht ist daher auch generell bei der Verwendung von Rassismustheorien in der Forschung geboten, da diese häufig dem US-amerikanischen Kontext entspringen und somit nicht unmittelbar auf den europäischen bzw. deutschen Kontext angewandt werden können. Der US-amerikanische Rassismus hat eine andere Geschichte als der deutsche und äußert sich daher bisweilen auch anders, selbst wenn es einige Übereinstimmungen gibt. Die Erscheinungsformen von Rassismus sind jedoch nicht nur von seinem Kontext, sondern natürlich auch von der Zeit abhängig: »Rassismus ist äußerst anpassungsfähig [und] nimmt immer neue Gestalten an.«[40] Während noch vor ca. 100 Jahren die Existenz von ›Menschenrassen‹ als wissenschaftliche ›Tatsache‹ anerkannt wurde, ist diese Erklärung heute überholt. Am Rassismus hat sich dennoch nicht viel geändert: »Das vornehme Wort Kultur tritt anstelle des verpönten Ausdrucks Rasse, bleibt aber ein bloßes Deckbild für den brutalen Herrschaftsanspruch«, schrieb Theodor W. Adorno.[41] In Anlehnung an Adorno sind daher die Wendungen ›kultureller Rassismus‹ oder ›Rassismus ohne Rassen‹ geprägt worden. Vom Prinzip her passiert immer noch

---

38 Die biologistische Erklärung dafür lautete, dass Schwarze Sportler*innen *weißen* Sportler*innen gegenüber einen aufgrund ihrer ›von Natur aus größeren Muskelmasse‹ unfairen Vorteil hätten. Aktuell erfahren queere und Transgender-Sportler*innen wie Lia Thomas oder Brittney Griner eine vergleichbare Diskriminierung im Profisport.

39 Bei der Kritik am *weißen* Patriarchat besteht grundsätzlich die Gefahr, aus der Diskriminierung von Frauen sowie von BIPoC eine Art ›Komplizenschaft‹ der Unterdrückten abzuleiten. Dies ist jedoch nicht der Fall: Auch *weiße* Frauen können sich rassistisch verhalten, so wie auch Schwarze Männer sexistisch sein können.

40 Angsträume – ezra Opferberatung Thüringen: »Rassismus ohne Rassen«: kultureller und alltäglicher Rassismus. Verfügbar unter »Rassismus ohne Rassen«, kultureller und alltäglicher Rassismus – Angsträume (ezra.de), Zugriff am 26.02.2022.

41 Adorno, Theodor W.: Schuld und Abwehr. In: Ders.: Gesammelte Schriften. Band 9/2. Berlin: Suhrkamp Verlag, S. 276 f.

das Gleiche: Die Beibehaltung des Begriffs ›Rassismus‹ lässt sich daher auch ohne vorgeblich biologische ›Rassen‹ rechtfertigen.[42] Der kulturelle Rassismus stigmatisiert und benachteiligt die gleichen Personengruppen, indem er behauptet, dass jedes Individuum historisch gesehen einem Kollektiv, einer Kultur angehört, wobei diese ›Kulturen‹ ebenso homogen gedacht und hierarchisiert werden. Die Erziehungswissenschaftlerin Maisha Maureen Auma spricht daher in Bezug auf modernen Rassismus von einer »Kulturalisierungsfalle«.[43]

Rassismus sei zudem multidimensional, klärt die Kommunikationswissenschaftlerin Natasha A. Kelly auf. Sie bezeichnet ihn daher als eine »komplexe Machtmatrix«, die sich über verschiedene Diskurse tief in die gesellschaftliche Struktur eingeschrieben habe und somit auch auf vielen verschiedenen gesellschaftlichen Ebenen (sozial, historisch, politisch, kulturell) zu beobachten sei.[44] Die Politologin Emilia Roig erklärt, dass (rassistische/sexistische) Diskriminierung das Zusammenspiel von vier verschiedenen, ineinandergreifenden Dimensionen verlange: der individuellen, der strukturellen, der institutionellen und der historischen Dimension. Rassismus muss somit insgesamt als über Jahrhunderte wirksame Ideologie verstanden werden, »auf deren Fundament vieles gebaut wurde, was uns heute lieb und teuer ist«[45]. Struktureller Rassismus bezieht sich dabei auf rassistische Diskriminierungen, die sich organisations- und branchenübergreifend feststellen lassen: in Straßennamen, Denkmälern, öffentlichen Platzen, Haltestellen, in Geschichten und Märchen, in Kinderbüchern, Liedern und Spielen, in Schulbüchern, Museen, Supermärkten und in der deutschen Sprache. Institutioneller Rassismus hingegen bezeichnet solche Diskriminierungen, die in bestimmten Sektoren und ihren Organisationen auftreten. Hierzu zählen z. B. alle Bildungs- und Betreuungseinrichtungen, wirtschaftliche Unternehmen, die öffentliche Verwaltung, Banken und Kreditunternehmen, der Wohnungsmarkt, die Gesundheitsfürsorge, die

42 El-Mafaalani: Wozu Rassismus?, S. 34.

43 Auma, Maisha Maureen: Kulturelle Bildung in pluralen Gesellschaften. Diversität von Anfang an! Diskriminierungskritik von Anfang an! Bei: Kulturelle Bildung online, 2018. Verfügbar unter Kulturelle Bildung in pluralen Gesellschaften: Diversität von Anfang an! Diskriminierungskritik von Anfang an! | kubi-online.

44 Vgl. Natasha A. Kelly bei »Nenn mich nicht ... Der Talk« von radioeins am 18.05.2021. Verfügbar unter Nenn mich nicht ... Der Talk – Bing video, Zugriff am 12.02.2022. Vgl. auch Dies., Rassismus, S. 12 f.

45 El-Mafaalani, Aladin: Wozu Rassismus?, S. 39.

Polizei und die Justiz, sogar das (Online)Dating und die Pornoindustrie. Rassismus ertreckt sich somit über weite Teile des gesellschaftlichen, des öffentlichen und des privaten Lebens. Der Politikwissenschaftler und Soziologe Aladin El-Mafaalani vertritt die Ansicht, dass Rassismus sich überall finden lässt, wo er gesucht wird,[46] was auch damit zusammenhänge, dass fast alles, was die moderne Weltgesellschaft ausmache, in der Hochphase des Rassismus entstanden sei: Aufklärung, Wissenschaft, Globalisierung, Kapitalismus sowie die Nationalstaaten und ihre Staatsbürgerschaften.[47] Innerhalb der oben aufgeführten Dimensionen konstituiert sich Diskriminierung jedoch nicht nur durch festgeschriebene Regeln, Verfahren und Routinen, sondern vor allem auch durch die »Summe der individuellen Handlungen und Entscheidungen, die von Menschen in Machtpositionen durchgeführt und getroffen werden«[48]. Es sind immer Einzelpersonen, die an Schwarze Personen nicht vermieten, sie nicht einstellen, sie häufiger kontrollieren, sie in der Schule schlechter einschätzen, ihre Schmerzen im Krankenhaus nicht ernst nehmen etc. Was also letztendlich zu (struktureller, institutioneller, individueller) rassistischer Diskriminierung führt, ist eine Vielzahl von individuellen Handlungen (!), die jedoch auf denselben kollektiven Vorurteilen beruhen. Diese kollektiven Vorurteile sind deshalb so stark, »weil sie sich aus den gleichen Quellen speisen und durch die gleichen Repräsentationen und Botschaften erzeugt werden«[49]. Anders formuliert: Die rassistischen Vorurteile einzelner Individuen ähneln sich sehr stark, da sie denselben Ursprung haben. Rassismus und rassistische Vorurteile können somit im ›kollektiven Gedächtnis‹ verortet werden. Das kollektive Gedächtnis bezeichnet eine Art von ›Wissen‹, das alle Individuen einer Gesellschaft miteinander teilen, das ihren Verhaltenscodex beeinflusst und historisch geprägt ist. Dies zeigt sich bis heute »beispielsweise auch anhand der Geschichten, die in Filmen oder in Medien erzählt werden. Dort werden rassistische Bilder reproduziert, die wir historisch bereits kennen. Nicht-*weiße* Menschen sind etwa häufiger Objekte statt Subjekte, ihnen wird dann in der Geschichte eher geholfen, sie sind aber nicht selbst die Helden«[50]. Die Aktivistin Tupoka Ogette weist in diesem

46 Vgl. ebd., S. 55.

47 Vgl. ebd., S. 8.

48 Roig, Emilia: Why we matter. Das Ende der Unterdrückung. Berlin: Aufbau Verlag 2021, S. 79.

49 Ebd., S. 80.

50 Fajembola/Nimendé-Dundadengar: Gib mir mal die Hautfarbe, S. 53.

Kontext darauf hin, »wie stark traditionell rassistische Afrikabilder der deutschsprachigen Kinderliteratur unser kollektives Gedächtnis geprägt haben«[51]. Und Aladin EL-Mafaalani betont, dass sich *weiße* Menschen häufig ihres tiefsitzenden Rassismus' überhaupt nicht bewusst sind. Die unbewusste Reproduktion von Rassismus bei gleichzeitiger Ablehnung desselben bezeichnet El-Mafaalani daher als »habituellen Rassismus«[52]. Die Verankerung von rassistischem Denken im kollektiven Gedächtnis bewirkt somit bis heute, dass *weiße* Menschen in Deutschland sich heimlich und unbewusst Schwarzen Menschen überlegen fühlen, sie in der Schule daher nicht so gut beurteilen, weniger gerne einstellen, oft nicht an sie vermieten wollen und ihnen in Notsituationen nicht helfen, da sie sie für resilienter halten. Diese systematische Benachteiligung führt konsequenterweise zu hierarchischen Machtstrukturen und somit zu strukturellem und institutionellem Rassismus. Der Ursprung dieses rassistischen Denkens wiederrum kann zumindest teilweise auf die immer gleichen diskreditierenden Geschichten, die die *weiße* deutsche Gesellschaft über Schwarze Menschen erzählt, zurückgeführt werden. Solche Geschichten finden sich auch in jenen Medien – Büchern, Liedern, Spielen und Filmen –, mit denen Kinder auswachsen und die sie prägen und sozialisieren.

Diese Prägung des kollektiven Gedächtnisses betrifft jedoch nicht nur die Täter*innen, sondern auch die Opfer von Rassismus, wie Emilia Roig anhand ihrer eigenen Genealogie schildert: »Meine Großeltern haben ihren Minderwertigkeitskomplex an ihre Kinder übertragen, die sie ihrerseits an ihre eigenen Kinder weitergaben. Rassismus wird von Generation zu Generation gereicht.«[53] Die Künstlerin Grada Kilomba bezeichnet Rassismus daher als »kollektives Trauma«[54].

---

51 Ogette, Tupoka: »Wanted: Schwarze Held_innen in deutschen Kinderbüchern.« Bei: Heinrich Böll Stiftung Heimatkunde, Migrationspolitisches Portal, 24.02.2014. Verfügbar unter Wanted: Schwarze Held_innen in deutschen Kinderbüchern | heimatkunde | Migrationspolitisches Portal der Heinrich-Böll-Stiftung (boell.de), Zugriff am 07.02.2022.

52 El-Mafaalani: Wozu Rassismus?, S. 65.

53 Roig: Why we matter, S. 39. Das Weiterreichen traumatischer Erfahrungen über Generationsgrenzen hinweg findet sich auch bei den Nachfahren von Holocaust-Überlebenden, deren Biografien bis heute von Traumata geprägt sind. Beschrieben wird dieses Phänomen beispielsweise von Deborah Feldman in ihren beiden Romanen *Unorthodox* und *Überbitten*.

54 Grada Kilomba im Interview mit Jana Pareigis In: Afro.Deutschland (ein Dokumentarfilm der Deutschen Welle), (30:30) 30.11.2021. Verfügbar unter Afrozen-

Othering & Markierung

Doch damit der Rassismus nun funktioniert und die privilegierte Gruppe ihre (wirtschaftlichen, politischen, sozialen) Vorteile nutzen kann, ist sie zwingend auf die ›andere‹, die rassifizierte Gruppe angewiesen. Um festzulegen zu können, wer zur Normgruppe dazugehört und wer nicht, muss die Normgruppe erst ihre eigene Identität definieren (*weiß*, europäisch, heteronormativ, christlich), um anschließend andere ausgrenzen zu können. Normative Identitäten haben somit Rassismus und Biologismus zur Kehrseite, denn sie beruhen auf (binären) Oppositionen und können nicht ohne die ›anderen‹ gebildet werden. Der Prozess, Menschen zu stigmatisieren, um sie in die ›andere‹ Gruppe drängen zu können, wird ›Andersmachen‹ bzw. *Othering* genannt. Othering funktioniert beispielsweise über das Reproduzieren von Klischees. Indem Schwarze Menschen, wie im 20. Jahrhundert häufig geschehen, in Comics mit sehr dunkler Haut, dicken Lippen, Bastrock, Knochen im Haar, kannibalistisch verfressen, dumm, gierig und primitiv dargestellt werden, wird die ›Andersartigkeit‹ Schwarzer Menschen durch diffamierende Attribute überbetont und ihr Menschsein auf diese Klischees reduziert. Unterschiede zwischen Menschen werden somit performativ erzeugt (Doing-Ansatz): Menschen werden nicht deshalb diskriminiert, weil sie ›anders‹ sind, sondern genau umgekehrt; Menschen werden durch den Prozess der Diskriminierung zu ›Anderen‹ gemacht. Die Künstlerin Grada Kilomba beschreibt dies folgendermaßen: »Kathleen ist not a ›N.‹ because of her Black body, but she becomes one through racist discources that are fixed on the color of her skin.« (Kathleen ist keine N* wegen ihres Schwarzen Körpers, aber sie wird zu einer gemacht mittels der rassistischen Diskurse, die an der Farbe ihrer Haut festgemacht werden.)[55] Wichtig in diesem Kontext sind auch genau solche Fremdbezeichnungen für Gruppen, die darauf abzielen, Angehörige der Gruppe zu othern, und die teilweise bis heute Verwendung finden (N*, I*, E*). Während sie ›andere‹ Gruppen othert, bleibt die Normgruppe selbst jedoch unsichtbar. Auf diese Weise entsteht eine Dichotomie zwischen dem ›Wir‹ und dem ›Anderen‹. Das ›Wir‹ ist dabei die unmarkierte Position, so gibt es beispielweise keine Klischees über *weiße* Menschen. Das ›Andere‹ hin-

---

sus: Verbreiteter Rassismus gegen Schwarze in Deutschland | Deutschland | DW | 30.11.2021, Zugriff am 26.02.2022.

55 Kilomba, Grada: Plantation Memories. Episodes of Everyday Racism. 4. Aufl. Münster: Unrast Verlag 2018, S. 106.

gegen ist die markierte Position. »Man nennt *weiße* Amerikaner*innen ja auch nicht Euro-Amerikaner*innen«[56] – aber Schwarze sehr wohl Afro-Amerikaner*innen. Die Auswirkungen dieser Dichotomie zeigen sich sowohl in der Literatur als auch im Alltag. Um diesen Prozess der Konstruktion des ›Anderen‹ mittels Othering offenzulegen, sprechen wir im Folgenden von rassifiziert markierten Gruppen/Personen/Figuren, wenn wir beispielsweise Schwarze Menschen oder People of Color meinen.

Markierungsprozesse sind in deutschen (Kinder)Büchern vor allem insofern von Bedeutung, als dass das Weißsein immer unausgesprochen bleibt. Wenn die Hautfarbe eines/r Protagonisten*in in einem Buch beispielsweise nicht explizit erwähnt wird, so können die Rezipient*innen automatisch davon ausgehen, dass sie *weiß* ist. *Weißen* Kindern wird somit indirekt vermittelt, dass sie ›normal‹ sind, dass sie die Normgesellschaft darstellen; alle anderen Kinder erhalten hingegen die Botschaft, dass sie es nicht sind und daher nicht richtig dazugehören. Ist die Hautfarbe eines/r Protagonisten*in hingegen nicht *weiß*, so wird dies das erste sein, das der/die Erzähler*in über seine/ihre Figur berichtet und er/sie wird zudem begründen, warum das so ist (Afrika). Zudem wird diese Hautfarbe dann eine literarische Funktionalität haben; es gibt immer einen Grund dafür, dass eine literarische Figur Schwarz ist. In US-amerikanischen Filmen ist der Grund beispielsweise oft die Inszenierung *weißen* Heldentums oder *weißer* Güte und Wohltätigkeit: Eine *weiße* Figur hilft/rettet eine Schwarze Figur. Hier wirkt dann in etwa dasselbe Prinzip, wie wenn Jesus mit den Zöllnern und Sündern speist oder der Papst Häftlingen die Füße wäscht: Wer sich denjenigen, die in der sozialen Hierarchie ganz unten stehen, zuwendet, erscheint besonders gütig. Solche Schwarz-*weißen* Figurenkonstellationen betonen jedoch nicht nur den moralisch einwandfreien antirassistischen Charakter der *weißen* (Haupt)Figur, sondern gleichzeitig auch die passive Hilflosigkeit der Schwarzen (Neben)Figur. Sie werden daher als *white saviorism* (*weißes* Heldentum) kritisiert.

Im Alltag spielt die Markierung von Personen häufig dahingehend eine Rolle, als dass das Verhalten von Angehörigen rassifiziert markierter marginalisierter Gruppen auf die gesamte Gruppe zurückfällt; dies gilt umgekehrt jedoch nicht für die unmarkierte dominante Normgruppe. Ihre Vertreter werden als Individuen betrachtet und die dominante Gruppe

56 Hasters: Was weiße Menschen ..., S. 21.

gerät nicht in den Fokus, sie bleibt unsichtbar. Dies zeigt sich beispielsweise im Kontext besonderer Talente oder der Kriminalität.[57] So behauptet kein Mensch, Joshua Kimmich könne gut Fußball spielen, weil er *weiß* ist. Umgekehrt jedoch trifft genau dieser Vorwurf, bei dem ein Zusammenhang zwischen Hautfarbe und Talent hergestellt wird, Schwarze Sportler*innen. Bis zur Verpflichtung von Jackie Robinson für die Brooklyn Dodgers 1947 wurde Schwarzen Baseballspielern der Zugang zur amerikanischen Profibaseballliga (MLB) verwehrt, mit der Begründung der Chancengleichheit, da Schwarze »mehr Muskeln« hätten. Heutzutage stehen insbesondere Schwarze Läufer*innen unter Verdacht, einen durch ihre ›Rasse‹ bedingten Vorteil zu besitzen: »Schwarze sind schneller. Das sagt man vielleicht nicht, aber das zeigt ein einziger Blick aufs Sprintfinale. Wissenschaftler kennen dafür einige physiologische Ursachen.«[58] Alice Hasters zufolge legen solche Behauptungen offen, dass das kolonialistische (biologistische) Narrativ, Schwarze Menschen seien aufgrund ihrer Körperlichkeit naturgemäß für die Arbeit (im Dienst *weißer* Menschen) geschaffen, immer noch Gültigkeit besitzt.[59] Das ständige Ge›othert‹werden in Form von Vorurteilen und Mikroaggressionen und der permanente Druck, sich repräsentativ zu verhalten, erzeugen »racial stress«[60] bei den Betroffenen.

Intersektionalität: Sichtbarkeit, Unsichtbarkeit & Übersichtbarkeit

Die soziale Ungleichheit zwischen der unmarkierten dominanten und den markierten marginalisierten Gruppen äußert sich (im Alltag wie auch in Literatur und Film) durch ihre Sichtbarkeit. Marginalisierte Personen oder Gruppen werden entweder ›exotisiert‹; sie werden zur Projektionsfläche *weißer* Vorurteile und Fantasien und auf diese Weise sichtbar oder sogar übersichtbar. Oder aber sie werden als derart unwichtig eingestuft, dass ihre Existenz einfach aus der dominanten Perspektive verbannt wird: Sie werden unsichtbar. Diese Phänomene der Unsichtbarkeit bzw. der Übersichtbarkeit rassifiziert markierter Gruppen und Personen sind bekannt aus

57 Vgl. Fajembola/Nimendé-Dundadengar: Gib mir mal die Hautfarbe, S. 56.

58 Mertin, Ansgar: Weiße sind nun mal langsamer. In: *Die Zeit*, 19.08.2016. Verfügbar unter Sprinten: Weiße sind nun mal langsamer | ZEIT ONLINE, Zugriff am 28.02.2022.

59 Vgl. Hasters: Was weiße Menschen ..., S. 135.

60 Vgl. Ogette: exit Racism, S. 65.

der Intersektionalitätsforschung, wo sie häufig das Resultat von sich überschneidenden Mehrfachdiskriminierungen darstellen. Das Konzept der Intersektionalität geht davon aus, dass sich Kategorien sozialer Ungleichheit (Geschlecht/sex/gender, Klasse, Hautfarbe, Alter, körperliche (Un) Versehrtheit, Religion etc.) im Falle einer Überschneidung (*intersection*) wechselseitig verstärken, abschwächen oder verändern, statt sich lediglich zu addieren.[61] Zurückgeführt werden kann die Intersektionalitätsforschung auf die ganz spezifische Diskriminierungserfahrung Schwarzer Frauen, die sich im Feminismus westlicher *weißer* Mittelschichtfrauen nicht repräsentiert fanden (»All woman are white, all blacks are men«). Geprägt hat den Begriff schließlich Ende der 1980er-Jahre die amerikanische Juristin Kimberlé Crenshaw, die bei ihrer Analyse von Gerichtsfällen herausfand, dass Schwarze Frauen bei Diskriminierungsfällen am Arbeitsplatz in Bezug auf ihre Hautfarbe wie auch auf ihr Geschlecht wechselseitig ausgeblendet wurden, indem nur die privilegierten Mitglieder der jeweiligen Gruppe gehört wurden. In Fällen von sexueller Diskriminierung am Arbeitsplatz kamen *weiße* Frauen zu Wort, in Fällen von rassistischer Diskriminierung Schwarze Männer. Schwarze Frauen wurden auf diese Weise intersektional unsichtbar. In Polizeikontrollen (racial profiling) und Einlasskontrollen hingegen sind Schwarze Männer oft übersichtbar.[62] Die Überschneidung der Ungleichheitskategorien *männlich* und *Schwarz* hat zur Folge, dass Schwarze Männer eine spezifische Form der Diskriminierung erfahren: die intersektionale Übersichtbarkeit. Hier wird ihr äußeres Erscheinungsbild mit stereotypen Vorurteilen über Schwarze Aggressivität und Kriminalität verbunden und dementsprechend gehandelt. Ein fiktionales Beispiel für (rassistisch und sexistisch motivierte) intersektionale Unsichtbarkeit bot z. B. der Tatort *Das verschwundene Kind* vom 03.02.2019 mit Maria Furtwängler und Florence Kasumba. Bei ihrem ersten Zusammentreffen hält die Kommissarin Charlotte Lindholm (Furtwängler) ihre Schwarze Kollegin Anaïs Schmitz (Kasumba) für eine Reinigungskraft und richtet ihre Fragen zunächst an Schmitz' Untergebenen, einen *weißen* Mann. Ein weiteres sehr schönes Beispiel für die Doppelrolle Schwarzer Menschen als je nach Perspektive unsichtbare oder übersichtbare Personen findet sich in der französischen Serie *Lupin*, deren Hauptprotagonist, der geniale

61 Vgl. Winker, Gabriele/Degele, Nina: Intersektionalität. Zur Analyse sozialer Ungleichheiten. 2. Aufl. Bielefeld: transcript Verlag 2010, S. 10.

62 Vgl. Ogette: exit Racism, S. 61.

Dieb Assane Diop (Omar Sy), die Fähigkeit, seine Sichtbarkeit zu ändern, bewusst einsetzt. So ist er als Schwarze Reinigungskraft oder als Schwarzer Fahrradkurier unsichtbar und wird nicht weiter beachtet. In seiner Rolle als der Schwarze Multimillionär Paul Sernine zieht er jedoch alle Blicke auf sich. Die Sichtbarkeit wird von den Protagonisten zudem verbal thematisiert. Zu seinen vermeintlichen Komplizen, Männern of Color, die als Reinigungskräfte verkleidet das Louvre betreten, um ein Diamantenkollier zu stehen, sagt Diop: »Deswegen wird euch niemand sehen.« (Staffel 1, Folge 1, 7:58). Nachdem Diop als Paul Sernine das besagte Diamantenkollier für 60 Millionen Euro ersteigert hat, äußerte der Auktionator: »Ich muss gestehen, Monsieur Sernine, dass ich mit so einem Käufer wie Ihnen nicht gerechnet habe.« – »So wie ich? Was heißt das?«, fragt Diop nach. Da Diop die rassistische Anspielung nicht schweigend hinnimmt, sondern provozierend nachfragt, rudert der Auktionator zurück: »Ich mein ja nur. Wissen Sie.« (Staffel 1, Folge 1, 25:20–25:30). Die rassistische Beleidigung steht unausgesprochen im Raum und sorgt somit für eine Spannung, die von dem eigentlichen Diebstahl ablenkt, wodurch es Diop nicht nur gelingt, die Polizei zu überlisten, sondern auch seine vermeintlichen Komplizen.

Ob eine Schwarze Person als unsichtbar oder als übersichtbar erscheint, scheint somit stark von ihrem Kontext abzuhängen. Schwarze Menschen, die im Kontext von Dienstleistungen, Exotik oder Armut auftreten, werden von *weißen* Personen als unsichtbar wahrgenommen, da sich hier verinnerlichte Vorurteile über Armut oder koloniale Fantasien zu bestätigen scheinen. Schwarze Personen hingegen, die als Individuen, als Protagonist*innen einer Erzählung, in Erscheinung treten, fallen aus dem Rahmen und somit auf. Überscheidet sich das Ungleichheitsmerkmal Hautfarbe mit weiteren Ungleichheitsmerkmalen (z. B. Gender oder Alter) entsteht eine neue spezifische Art der Sichtbarkeit und der Diskriminierung. Dies trifft beispielsweise auf junge Schwarze Frauen (Alter/Hautfarbe/Gender) zu, die auf eine andere Art intersektional übersichtbar sind als junge *weiße* Frauen, und denen aufgrund der Überscheidung der Merkmale jung, Schwarz, weiblich eine spezifische Form der sexuellen Diskriminierung droht. Alice Hasters weist auf die besondere Fetischisierung und Erotisierung von Körperteilen (Po) bei jungen Schwarzen Frauen hin, von der junge *weiße* Frauen nicht betroffen sind.

Dies lässt Rückschlüsse auf das dominierende *weiße* Welt- und Menschenbild zu, in dem Schwarze Menschen vorwiegend als Gruppe und im Kontext von Armut, Exotik, Kriminalität und Erotik verortet werden; aber nicht in der *weißen* ›Normalität‹. Die Frage der (intersektionalen) Sichtbarkeit ist für viele Schwarze Menschen auch im Alltag von besonderer Bedeutung, da diese oft berichten, sich permanent sichtbar und somit auch bemerkt oder beobachtet zu fühlen, in Menschenmengen nicht zu verschwinden, sondern aufzufallen. In dem Dokumentarfilm *Afro.Deutschland: Wie Schwarze Menschen ihre deutsche Heimat erleben* der Deutschen Welle von 2020 fallen die Begriffe ›Sichtbarkeit‹ und ›unsichtbar‹ in fast jedem Interview.[63] So berichtet der Zeitzeuge, Schauspieler und Journalist Theodor Wonja Michael, dass er sich während der NS-Zeit oft gewünscht hat, unsichtbar zu sein, ebenso wie ein Schwarzer Mann, der als Opfer rechter Gewalt interviewt wird. In dem Dokumentarfilm der *Welt Alltagsrassismus in Deutschland* von 2020 berichtet ein Afrodeutscher, dass er am Wochenende nicht mehr mit seiner Familie ans Meer fahre, da er dort permanent angestarrt werde, was ihm Unbehagen bereite.[64] Häufig berichten Schwarze Menschen zudem, dass sie nicht nur infolge ihrer Sichtbarkeit angestarrt werden, sondern dass darüber hinaus Reaktionen *weißer* Menschen wie das feste Umklammern der Tasche erfolgen (Kriminalisierung Schwarzer Menschen) oder ein plötzlicher Griff in die Haare (Exotisierung Schwarzer Menschen). Von der Erfahrung, diese Sichtbarkeit plötzlich loszuwerden, berichtet die US-amerikanische Journalistin Sara Yasin: »Ich erinnere mich daran, wie ich mich in den Tagen, nachdem ich aufgehört hatte, das Kopftuch zu tragen, durch Menschenmengen schlängelte und mich von meiner Unsichtbarkeit berauschen ließ. Mein vermeintliches Weißsein brachte eine Leichtigkeit: Die Welt erschien mir freundlicher.«[65] »Ich werde nie wissen, was es heißt, unsichtbar zu sein. […] Was es heißt, durch die Straßen zu streifen und nicht damit rechnen zu müssen, dass jemand im Vorbeigehen meine Haare zu berühren versucht«, beschreibt Sasha Marianna Salzmann die Unmöglichkeit, ihre Zugehörigkeit zu gleich mehreren Minderheiten (intersektionale Übersichtbarkeit) ›kaschieren‹

---

63 Afro.Deutschland, 2020. Verfügbar unter Afrozensus: Verbreiteter Rassismus gegen Schwarze in Deutschland | Deutschland | DW | 30.11.2021, Zugriff am 26.02.2022.

64 Friedman schaut hin: Alltagsrassismus in Deutschland vom 12.07.2020. Verfügbar unter Alltagsrassismus in Deutschland | Friedman schaut hin – YouTube, Zugriff am 09.03.2022.

65 Yasin, Sara: Muslims shouldn't have to be good tob e granted human rights. Zit. n. Gümüşay, Kübra: Sprache und Sein. Berlin: Hanser Verlag 2020, S. 66 f.

zu können.[66] Die Dichterin May Ayim verarbeitete diese Fragen der Sichtbarkeit rassifiziert markierter Menschen in lyrischer Form: »gelassen/wie ein spiegel/zeigen was ist/ohne angst zerschlagen zu werden/von dem was sichtbar wird/bevor was sichtbar wird«[67]. Der Schriftsteller und Kolumnist Deniz Utlu erkennt drei Ebenen von Sichtbarkeit in diesen Zeilen des Gedichts »vertrauen«. Zunächst die eigene Sichtbarkeit des lyrischen Ichs, das darauf vertrauen möchte, sich zeigen zu können, wie es ist. Dabei richte sich der Blick des lyrischen Ichs auch in die Vergangenheit: »Der ›spiegel‹ zeigt auch die Ahnen, ihre Taten und Visionen, was ›sichtbar‹ ist, zerschlägt nicht, sondern stärkt.«[68] Auf der zweiten Ebene gehe es Utlu zufolge um Vertrauen als Abwesenheit von der Angst, sich zu zeigen, weil ›zerschlagen‹ werden könne, was ›sichtbar‹ ist. Daraus resultiere die Freiheit, sich nicht verstecken zu müssen. Auf der dritten Ebene gehe es schließlich um die Vulnerabilität von Menschen, die als Rassifizierte sichtbar sind. Die Frage nach dem Vertrauen richte sich hier an die *weiße* Mehrheitsgesellschaft.

Die Frage nach der Sichtbarkeit beinhaltet somit immer auch die Möglichkeit einer Gefahr. Unsichtbarkeit impliziert das Übersehen- und Übergangenwerden und somit auch die Missachtung der Interessen einer Person oder Gruppe. Unsichtbarkeit kann jedoch auch Schutz und Anonymität bedeuten. Übersichtbarkeit hingegen macht angreifbar, denn sie kann als Projektionsfläche missbraucht werden. Permanente Sichtbarkeit verursacht zudem racial stress.

Sichtbarkeit ist jedoch nicht nur ein elementares Thema in Bezug auf rassifiziert markierte Menschen, sondern auch in Bezug auf die unmarkierte Norm. So ist in den Mainstreammedien (z. B. Nachrichtensprecher*innen, Journalist*innen, Autor*innen und Protagonist*innen von (Kinder)Büchern) die Sichtbarkeit der unmarkierten Norm dominant. In diesen Medien werden diejenigen Menschen, die auf der Straße übersichtbar sind, plötzlich unsichtbar. Sichtbarkeit funktioniert somit wie ein Vexierbild: Immer wenn die Normgruppe sichtbar ist, ist die marginalisierte Gruppe

---

66 Salzmann, Sasha Marianna: Sichtbar, S. 13. In: Fatma Aydemir/Hengameh Yaghoobifarah (Hg.): Eure Heimat ist unser Albtraum Berlin: Ullstein Verlag 2020, S. 13-24.

67 May Ayim: vertrauen. In: Ders.: blues in schwarz weiss & nachtgesang. Münster: Unrast Verlag 2021.

68 Utlu, Deniz: Vertrauen, S. 40. In: Fatma Aydemir/Hengameh Yaghoobifarah (Hgg.): Eure Heimat ist unser Albtraum, S. 35–49.

unsichtbar und umgekehrt. Die Sichtbarkeit der einen impliziert immer die Unsichtbarkeit der anderen. Sichtbarkeit kann dabei in manchen Kontexten als gewaltvoller Prozess bezeichnet werden; etwa wenn bestimmte Berufsfelder vorwiegend von *weißen* Männern dominiert werden oder umgekehrt rassifiziert markierte Frauen in Berufe wie die Pflege oder die Gebäudereinigung gedrängt werden. Ein weiteres Beispiel für das aktive Unsichtbarmachen einer marginalisierten Gruppe gibt Emilia Roig, die darauf hinweist, dass die Kinder in den ehemaligen französischen Kolonien lange Zeit in der Schule nur Französisch und kein Kreolisch sprechen durften;[69] diese Sprache als Teil der Identität sollte unsichtbar gemacht werden. Die Künstlerin Grada Kilomba beklagt in diesem Zusammenhang auch die Unsichtbarkeit Schwarzen Wissens in Deutschland. Die Autorin und Journalistin Kübra Gümüşay wiederum verweist auf die Unterdrückung von kultureller Pluralität im deutschen Schulsystem: »Wie hätten sich meine bilingualen Mitschüler*innen – ohne Prestigesprache – entwickelt, hätten wir in der Schule neben Goethe und Schiller auch Emine Sevgi Özdamar, Nazik al-Mala'ika, Maya Angelou, Orhan Pamuk, Hafes, Audre Lourde, Ellen Kuzwayo oder Noémi de Sousa gelesen?«[70] Unerwünschte Sprachen oder Kulturgüter werden von der dominanten Norm systematisch marginalisiert und somit unsichtbar gemacht – ein Prozess, zu dem das Bildungssystem seinen Teil beiträgt.

Dass diese Wahrnehmungen mit den Phänomenen der permanenten Sichtbarkeit, der alltagsrassistischen Unsichtbarkeit, der alltagsrassistische Übersichtbarkeit (inklusive ihrer Mechanismen wie Kriminalisierung, Exotisierung, Homogenisierung, Sexualisierung, Animalisierung etc.) und der Übersichtbarkeit der unmarkierten Norm in den Medien bereits in der Kinderliteratur etabliert werden, wollen wir in unserem Analyseteil ausführlich darlegen. Denn die Schlussfolgerung liegt nahe, dass die Bücher, die in der Kindheit gelesen werden, die *weiße* Wahrnehmung Schwarzer Menschen sowie die Selbstwahrnehmung Schwarzer und *weißer* Kinder bis ins Erwachsenenalter hinein beeinflussen.

69 Vgl. Roig: Why we matter, S. 106.
70 Gümüşay: Sprache und Sein, S. 37.

Sprache & Gewalt

Sprache und Geschichte sind durch eine jahrhundertelange gemeinsame Entstehungszeit ineinander verwoben. Sprache ist somit nicht neutral, sondern spiegelt geschichtliche Ereignisse und kulturelle Mentalitäten wider. Dies gilt auch und sogar ganz besonders im Hinblick auf Rassismus, der sich in der deutschen Sprache manifestiert hat. Imperialismus, Kolonialgeschichte und Rassendenken haben Einfluss auf die Sprache genommen und manche der Begriffe und Ausdrücke sind in unserem heutigen Sprachgebrauch immer noch erhalten. Ein Beispiel hierfür ist die Assoziierung Schwarzer Menschen mit afrikanischen Rohstoffen, wie Lebensmitteln. So werden Schwarze Menschen bisweilen (auch im erotischen Kontext)[71] als ›Schokolade‹ bezeichnet oder mit Kaffee verglichen bzw. light-skinned Personen mit Milchkaffee etc. Hierzu zählt auch die Metapher ›jemanden durch den Kakao ziehen‹, die eine Verbindung zwischen Schwarzer Haut, Schokolade und Demütigung impliziert. Die Kulturwissenschaftlerin Jule Bönkost weist darauf hin, dass mit solchen Bemerkungen unbewusste kolonialrassistische Bilder abgerufen und wiederholt werden:

> »Exotisierende rassistische Vorstellungen bringen Schwarze Menschen seit jeher auch in Verbindung mit Lebensmitteln und Konsumartikeln wie Kaffee und Schokolade, die historisch mit Kolonialismus, Ausbeutung und Versklavung von Schwarzen Menschen verknüpft sind.«[72]

Die Imagination als Nahrungsmittel impliziert zudem eine Bemächtigungsfantasie, da Nahrung ja verzehrt wird.

Eine weitere rassistische Ausdrucksform der deutschen Sprache ist die Schwarz-weiß-Dichotomie. Hierbei erhält die Farbe ›weiß‹ eine positive Konnotation, die häufig auch mit Sauberkeit und Reinheit assoziiert wird. Die Farbe ›schwarz‹ ist konträr dazu negativ konnotiert und steht häufig in Verbindung mit Schmutz und Schuld. Hierfür finden sich viele (metaphorische) Beispiele: Das ›reine Gewissen‹ steht dem ›schwarzen Gewissen‹ gegenüber und die ›weiße Weste‹ dem ›schwarzen Fleck auf der Weste‹. Ansonsten gibt es noch das ›schwarze Schaf‹, den ›schwarzen Peter‹, den ›Schwarzmarkt‹, das ›Darknet‹, die ›schwarze Liste‹, die ›schwarze Pädagogik‹, ›schwarzfahren‹, ›schwarzärgern‹, ›schwarzarbeiten‹, jemanden

71 Vgl. Rautenberg: »Ich will nicht deine Schokolade sein.«
72 Zit. n. ebd.

›anschwärzen‹ etc. Ein Bericht der Bundeszentrale für politische Bildung (bpb) macht darauf aufmerksam, dass Schwarze Sportler*innen in der Sportberichterstattung bisweilen auch mit Tieren verglichen würden; Bezeichnungen wie ›schwarze Gazelle‹ oder ›Panther‹[73] sind in durchaus üblich. Die Wendung ›wie bei den Hottentotten‹ wiederum bezeichnet Chaos oder Unordnung, die auf Unzivilisiertheit hindeutet. Dass es sich bei dem Wort ›Hottentotten‹ um eine Fremdbezeichnung handelt, versteht sich von selbst.

Schwarz ist darüber hinaus die Farbe der Trauer und des Todes (›der schwarze Tod‹ = die Pest) und die Farbe, mit der böse Charaktere in Comicserien für Kinder markiert werden, z. B. ›Mega Trux‹ und ›Panik Trux‹ in der Netflix-Serie *Dinotrux*. In der Realverfilmung des Spidermann-Comics von 2007 wiederum erhält der Titelheld einen bösartigen schwarzen Symbionten, den er teilweise braucht, aber nicht kontrollieren kann. Die Dichotomie der Farben schwarz und weiß wird hier bildhaft reproduziert: Die Farbe ›schwarz‹ wird ganz explizit böse konnotiert und die Farbe ›weiß‹ gut. Diese Dichotomie ist zumindest teilweise auf die Werbeindustrie der Nachkriegszeit zurückzuführen, die Schwarze Figuren mit weißen Produkten kontrastierte: »Schwarze Abbilder waren Vehikel zum Kauf von Tinte, Schuhcreme, Zahnpasta oder Seife, wo immer eine Verbindung zwischen dem (positiven) Produkt und dem (negativen) Image bestand.«[74]

Rassistische Begriffe und Metaphern in der deutschen Sprache richten sich aber nicht nur gegen Schwarze Menschen, sondern auch gegen andere (marginalisierte) Gruppen. Eingebürgert haben sich antitürkische Begriffe, wie der Fluch ›Kruzitürken‹ oder das Verb ›etwas türken, getürkt‹ = ›fälschen, gefälscht‹, oder auch antiasiatische Begriffe. So gibt es eine Reihe von Witzen, die die chinesische Sprache verhöhnen oder verballhornen, sowie das Vorurteil, Chinesen könnten kein ›r‹ sprechen und würden lispeln. Gebräuchlich ist immer noch das Wort ›Fachchinesisch‹, wenn etwas sehr kompliziert erscheint.

Natasha A. Kelly macht darauf aufmerksam, dass »Sprache eine aktive Form des Handelns ist, bei der auch Gewalt ausgeübt werden kann«[75].

---

73 Bergmann, Werner: Rassistische Vorurteile. Bei: Bundeszentrale für politische Bildung, 13.01.2006. Verfügbar unter Rassistische Vorurteile | bpb.de, Zugriff am 10.02.2022.

74 Schmidt-Wulffen, Wulf: Die »Zehn kleinen Negerlein«. Zur Geschichte der Rassendiskriminierung im Kinderbuch. Berlin: LIT Verlag 2010, S. 132, zit. n. Buster, 2000, S. 33.

75 Kelly: Rassismus, S. 81.

Die Performativität von Sprache hat erstmals der britische Philosoph John L. Austin in den 1950er-Jahren beschrieben, der seither als Begründer der Sprechakttheorie gilt. Austin legt dar, dass »etwas sagen, etwas tun heißt«. Als »illokutionären Akt« bezeichnet Austin »einen Akt, den man vollzieht, *indem* man etwas sagt«.[76] Beispielhaft können rechtliche Akte wie der richterliche Schuldspruch genannt werden oder auch der Trauungsakt durch eine/n Standesbeamten/in. Das Prinzip wirkt aber auch im Alltag, z. B. bei einer verbalen Entschuldigung; diese erfolgt durch das Aussprechen des Wortes ›Entschuldigung‹. Weiterentwickelt hat dieses Konzept unter anderem die amerikanische Philosophin Judith Butler, die in ihrer Untersuchung *Hass spricht* (2006) explizit den Zusammenhang von Sprache und Gewalt im Kontext des Straftatbestandes ›hate speech‹ und dem Recht auf Redefreiheit analysiert.[77] Sprechen heißt somit Handeln. Besonders deutlich wird dies anhand der (rassistischen) Beleidigung. Die Verletzung einer Person erfolgt rein verbal; man kann jemandem ernsthaft und dauerhaft wehtun, ohne ihn/sie auch nur zu berühren. Diffamierende Sprache kann somit als Waffe, als verbale Form von Gewalt angesehen werden (Tucholsky).

Die Sozialwissenschaftlerin Olenka Bordo wiederum bezeichnet auch die Inhalte von Büchern und Filmen (Bilder, Werte und Normen einer Gesellschaft) als »Sprachhandlungen«. Diese sozialen sprachlichen Handlungsformen bleiben bei ständiger Wiederholung in der eigenen Vorstellungswelt haften. Die kritische Auseinandersetzung mit der Sprache in (Kinder)Büchern bezeichnet Bordo daher als bildungspolitische Verpflichtung.[78] Eine ausgrenzende Sprache funktioniert somit langfristig als ›selbsterfüllende Prophezeiung‹: »Rassistische Sprache wird seit vielen Jahrhunderten dazu missbraucht, ein System aufrecht zu erhalten, welches dazu dient, institutionell und individuell zu unterdrücken«[79], so Tupoka Ogette.

Wörter, in denen sich die geschichtliche Prägung der (deutschen) Sprache, die Macht der dominanten Mehrheit, die alltagsrassistische Übersichtbarkeit sowie verbale Gewalt kumulieren, sind die Fremdbezeichnungen

---

76 Austin: How to do things with words, S. 117.

77 Vgl. Butler, Judith: Hass spricht. Zur Politik des Performativen. Frankfurt: Suhrkamp 2006.

78 Vgl. Bordo: Vermittlung von Vorurteilen und Stereotypen im Kindesalter.

79 Ogette: exit Racism, S. 89.

für rassifiziert markierte Gruppen. Und gerade diese Begriffe finden sich in der klassischen Kinderliteratur häufiger als in jedem anderen literarischen Genre: das N-Wort und das M-Wort für Schwarze Menschen und People of Color, I* für indigene Amerikaner*innen, Z* für Sinti*zze und Rom*nja oder E* für Iniut.

Im Fokus der sogenannten ›Kinderbuchdebatte‹ von 2013 standen das Wort N* und die Frage, ob dieses Wort bereits zur Entstehungszeit der klassischen Kinderbücher rassistisch gewesen sei oder rein deskriptiv. So gehen sowohl der Thienemann Verlag als auch alle Kritiker*innen von Änderungen an Kinderbüchern davon aus, dass der Begriff N* zur Entstehungszeit der Texte (um 1950) nicht rassistisch gewesen sei, seitdem jedoch einen semantischen Wandel durchlaufen habe und erst im 21. Jahrhundert seine rassistische Bedeutung erhalten habe.[80] Hierzu schreibt Grada Kilomba:

> »Der Begriff ›N.‹ soll alle südlich der Sahara lebenden AfrikanerInnen kategorisieren und wurde während der europäischen Expansion erfunden. Das N-Wort ist also in der Geschichte der Versklavung und Kolonisierung situiert, d.h. es ist ein Begriff, welcher mit Brutalität, Verwundung und Schmerz einhergeht. Ursprünglich kommt das N-Wort aus dem Lateinischen als Bezeichnung für die Farbe Schwarz: *niger*. Am Ende des 18. Jahrhunderts war jedoch das N-Wort bereits ein abwertender Begriff mit verletzendem Charakter, der durchaus strategisch genutzt wurde, um das Gefühl von Verlust, Minderwertigkeit und die Unterwerfung unter *weiße* koloniale Herrschaft zu implementieren. Also wenn ›N.‹ gesagt wird, wird nicht nur über die (Haut) Farbe ›Schwarz‹ gesprochen, sondern auch über: Animalität – Primitivität – Unwissenheit – Chaos – Faulheit – Schmutz.«[81]

Die Germanistin Dakha Deme schreibt dazu:

> »Bereits mit der Verwendung im Portugiesischen und Spanischen im 16. Jahrhundert wurde die Bezeichnung ›negro‹ mit dem Wort *Sklave* konnotiert und im Weiteren mit anatomisch-ästhetischen (hässlich), sozialen (wild, ohne Kultur), sexuellen (abnorm) und psychologischen (kindlich) Vorstellungen

---

80 Ein semantischer Wandel bezeichnet die Bedeutungsänderung eines Begriffs. Das mittelhochdeutsche Wort wîp beispielsweise bezeichnete wertneutral die Frau. Das neuhochdeutsche Wort Weib hingegen, das sich aus dem Wort wîp entwickelt hat, ist abwertend gemeint.

81 Kilomba, Grada: »Das N-Wort«. Bei: Bundeszentrale für politische Bildung, 03.06.2009. Verfügbar unter Das N-Wort | bpb, Zugriff am 08.02.2022.

> verknüpft. […] die Konnotation war von vornherein und dauerhaft inbegriffen, wurde jedoch bis in die Mitte des 20. Jahrhunderts von den meisten Europäern nicht problematisiert.«[82]

Der Begriff ›N*‹ war somit noch nie positiv oder wenigstens neutral konnotiert und auch nicht rein deskriptiv. Das einzige, das den Kinderbuchautor*innen, die diesen Begriff in ihren Büchern verwendet haben, vielleicht positiv angerechnet werden kann, ist, dass ihnen die volle Bedeutung des Wortes und seine verletzende Wirkung vermutlich nicht bewusst gewesen sind.

Ebenso verhält es sich mit dem M-Wort, das im heutigen Sprachgebrauch nicht mehr so verbreitet ist, dafür aber gerade in Kinderbuchklassikern doch noch häufiger auftaucht. Dazu schreibt Tupoka Ogette:

> »Das Wort ›M*‹ ist die älteste deutsche Bezeichnung für Schwarze Menschen. In ihm findet sich das griechische ›moros‹, was auf deutsch ›töricht‹, ›einfältig‹, ›dumm‹ und ›gottlos‹ bedeutet. Ebenfalls steckt das Wort ›maurus‹ darin, welches ›schwarz‹ und ›dunkel‹ bzw. ›afrikanisch‹ bedeutet. Allein schon durch diese Bedeutungen diskreditiert sich diese Bezeichnung für Schwarze Menschen.«[83]

Rechtlich gesehen können Begriffe wie das N-Wort den Tatbestand der Beleidigung erfüllen (›Ehrdelikt‹). Rechtliche Dienste im Netz weisen darauf hin, dass das N-Wort (privat und öffentlich) die häufigste Form der rassistischen Beleidigung darstellt. Die Einordnung des N-Worts als rassistische Beleidigung gilt jedoch nicht pauschal, sondern wird rechtlich im Einzelfall entschieden und ist abhängig vom Zusammenhang der Äußerung.

Eine Rolle spielen können das N-Wort und andere diffamierende Fremdbezeichnungen wie das Z-Wort zudem im Kontext der Volksverhetzung (§ 130 StGB), also insbesondere beim Aufstacheln zum Hass bzw. der Aufforderung zu »Gewalt- oder Willkürmaßnahmen.«

Dass das Wissen um den diffamierenden Charakter des N-Wortes immer stärker verbreitet ist, zeigt sich auch daran, dass mittlerweile bereits elf deutsche (Groß)Städte (darunter Köln, München, Kassel und neuerdings Frankfurt) die Ächtung des N-Worts (und teilweise auch des M-Worts)

---

82 Deme, Dakha: Konnotation und Denotation am Beispiel des Begriffs »Neger«, S. 59. In: Interkulturell (1994), S. 55–63.

83 Ogette: exit Racism, S. 85.

beschlossen haben. Diese Ächtung hat allerdings lediglich Symbolcharakter und besitzt somit nicht das Potenzial, gegen die Weiterverwendung dieser Begriffe (z. B. in Namen von Apotheken) zu intervenieren. Dennoch setzen die Städte zumindest ein deutliches Zeichen, das dazu beitragen kann, die Verharmlosung dieser rassistischen Fremdbezeichnungen in Zukunft zu verhindern.

Diese Fremdbezeichnungen, allen voran das N-Wort, seien somit »unerlaubtes Terrain für *weiße* Menschen«, betont die Journalistin Hadija Haruna-Oelker. Für Schwarze Menschen hingegen kann die Übernahme des N-Wortes in den eigenen Sprachgebrauch identitätsstiftend wirken, wie dies in der frühen Hip-Hop-Szene der Fall war.[84] Bei Begriffen wie dem N-Wort ist es also eine Frage der Perspektive: Während es als Eigenbezeichnung im Sinne einer Umdeutung genutzt werden kann, ist es als Fremdbezeichnung hingegen inakzeptabel. Wenn ein Schwarzer Mensch einen abwertenden Begriff für sich selber nutzt, muss diese Selbstbezeichnungspraxis akzeptiert werden, sie legitimiert aber *weiße* Menschen nicht dazu, diesen Begriff ebenfalls zu benutzen.[85]

Die Bedeutung, die das Aussprechen des N-Wortes durch eine *weiße* Person im Hinblick auf die Performativität von Sprache mit sich bringt, fasst Grada Kilomba so zusammen:

> »Dann mag das klingen, als ob das Hauptproblem des Rassismus die Unterschiede zwischen Menschen seien bzw. die Präsenz dieser Unterschiedlichkeit. Tatsächlich ist es umgekehrt: Menschen werden durch Diskriminierungsprozesse und Ungleichbehandlung zu Abweichenden gemacht – deswegen ›Don't You Call Me ›N.‹!‹«[86]

Mit der Verwendung des N-Wortes ist somit die Übernahme der Perspektive jener Menschen verbunden, die es ›in die Welt gesetzt‹ haben, und deshalb zugleich die Unterdrückung der so Bezeichneten.

Sprache ist jedoch nicht nur ein Faktor, der Rassismus reproduziert, sie kann zudem auch zur rassistischen Stereotypisierung genutzt werden. Die Autorin Olga Grjasnowa weist darauf hin, dass ›Muttersprache‹ wie ›Hei-

---

84 Haruna-Oelker, Hadija: (K)eine zeitlose Kunst. Bei: Heinrich Böll Stiftung Heimatkunde, Migrationspolitisches Portal, 24.02.2014. Verfügbar unter (K)eine zeitlose Kunst | heimatkunde | Migrationspolitisches Portal der Heinrich-Böll-Stiftung (boell.de), Zugriff am 08.02.2022.

85 Vgl. Fajembola/Nimendé-Dundadengar: Gib mir mal die Hautfarbe, S. 26.

86 Kilomba, Grada: »Das N-Wort«.

mat‹ ein ideologisches Konzept sei und gerade in Deutschland eine Hierarchisierung der Sprachen vorgenommen werde. Englisch und Französisch genießen dabei ein hohes Ansehen – Türkisch eher weniger. Emilia Roig berichtet z. B., dass das akzentfreie Französisch, dass in ihrer Kernfamilie gesprochen wurde, den Familienmitgliedern Wege geebnet hat, die Cousins und Cousinen mit starkem kreolischen Akzent verschlossen blieben.[87] In Kinderliteratur und Kinderfilmen kennzeichnen sich ge›otherte‹ Figuren häufig durch ein gebrochenes Deutsch oder einen Akzent, wie beispielsweise die ›Taka Tuka‹-Kinder in *Pippi Langstrumpf*. Die Aufwertung der Sprache der dominanten Mehrheit zeigt sich nicht nur in der Abwertung der Figuren, die diese nicht perfekt beherrschen, sondern auch im bewussten Unsichtbarmachen aller anderen Sprachen, indem (Kindern) verboten wird, diese (ihre Muttersprache) zu sprechen und indem in Kinderbüchern die Sprache der Mehrheitsgesellschaft dominant ist. Zweisprachigkeit wird in Deutschland gemeinhin nur dann als Kompetenz betrachtet, wenn es sich bei der zweiten Sprache um eine populäre europäische handelt oder wenn die zweisprachige Person deutsch und *weiß* ist und sich die zweite Sprache mühsam aneignen musste. Umgekehrt wird die Beherrschung einer Sprache, die nicht zu den Prestigesprachen gehört, Kindern in der Schule eher nachteilig angerechnet. Sprache und Identität sind jedoch eng miteinander verbunden, die Ablehnung einer Sprache (qua Verbot) zielt somit auf die Untersichtbarmachung der Identität ab.

Auch (die deutsche) Sprache selbst besitzt das Potenzial, Unsichtbarkeit zu erzeugen, etwa wenn Frauen im generischen Maskulinum verschwinden oder wenn Menschen, die Rassismus erfahren, das Vokabular fehlt, um diesen zu benennen und aufzuzeigen. Ungerechtigkeiten, für die es keinen Begriff gibt, sind gesellschaftlich nicht sichtbar und können dementsprechend nicht bekämpft werden. Diese linguistische Lücke erzeugt nicht nur bei den Betroffenen ein Gefühl der Ohnmacht und der Sprachlosigkeit, sie wirkt sich auch auf Rassismus (re)produzierende Menschen aus. Denen fehlt das Verständnis, welche Begriffe, Redewendungen oder Witze verletzend und ausgrenzend sind; sie sind sich daher keiner Schuld bewusst.[88] Ein akkurates Vokabular für die verschiedenen Diskriminierungsformen ist daher im Kampf gegen Diskriminierung essenziell; die präzise fachliche Terminologie wird auf diese Weise zur Waffe gegen verbale Gewalt.

87 Vgl. Roig: Why we matter, S. 40.
88 Vgl. hierzu auch Gümüşay: Sprache und Sein, S. 46.

Aus diesem Grund plädiert auch die Aktivistin Natasha A. Kelly entgegen mancher Kritik für die Beibehaltung des Begriffs ›Rasse‹ im Grundgesetz; denn man kann nur das bekämpfen, was man auch bezeichnen und somit sichtbar machen kann.

Rassismus als (Re)Produktion

Critical whiteness: white privilege & white supremacy

Rassifizierende Vorstellungen und Einstellungen sind in Sprache und Denken verankert und werden in der Allgemeinheit kaum bis gar nicht reflektiert oder wahrgenommen. Während die gängige Rassismusforschung hauptsächlich den Prozess des Othering und somit die Gruppe der Betroffenen untersucht, zielt die kritische Weißseinsforschung auf eine Dekonstruktion der pseudo-natürlichen Kategorie Weißsein und der Normalisierung von Weißsein ab, welches immer nur die ›Anderen‹ als rassifiziert wahrnimmt[89]. Natasha Kelly weist darauf hin, dass Weißsein keine neutrale Position außerhalb des Rassismus ist, sondern die Kehrseite von rassistischer Unterdrückung.[90] Sie fordert daher bewusst eine Antirassismusforschung, da nur diese das Weißsein inkludiert:[91] »Die Unsichtbarmachung der Rolle von *weißen* Menschen im rassistischen System führt dazu, dass selten hinterfragt wird, welche Strukturen dazu führen, dass Schwarze Personen überhaupt erst diskriminiert werden.«[92] Die kritische Weißseinsforschung nimmt aus diesem Grund gezielt die unmarkierte *weiße* Position unter die Lupe, untersucht die historische und soziale Konstruktion des Weißseins und analysiert diese kritisch. Dabei verfolgt sie das Ziel, die binäre Opposition von Schwarz und *weiß* aufzubrechen.[93] Indem nicht nur ›Schwarzsein‹ als Konstrukt von Rassismus identifiziert wird, sondern analog auch ›Weißsein‹, wird diese Kategorie als soziale Position erfasst und verborgene, weil als selbstverständlich betrachtete, Privilegi-

89 Vgl. El-Tayeb, Fatima: Vorwort, S. 8. In: Eggers, Maureen Maisha/Kilomba, Grada/Piesche, Peggy/Arndt, Susan (Hg.): Mythen, Masken und Subjekte. Kritische Weißseinsforschung in Deutschland.

90 Vgl. Natasha A. Kelly bei »Nenn mich nicht … Der Talk« rbb Kultur, 18.05.2021. Verfügbar unter Nenn mich nicht … Der Talk – Bing video, Zugriff am 12.02.2022.

91 Vgl. Kelly: Rassismus, S. 59.

92 Kelly: Rassismus, S. 40.

93 Vgl. Rösch: Grundschule Schwarz weiß?, S. 40.

en offengelegt. Initiierend für dieses Umdenken (racial turn)[94] war das inzwischen viel beachtete und häufig rezipierte Essay der Feministin und antirassistischen Aktivistin Peggy MacIntosh »White Privilege. Unpacking the invisible Knapsack« von 1989. Dieses Essay listet 46 Privilegien auf, die *weiße* Menschen Schwarzen Menschen gegenüber im Alltag besitzen. Peggy MacIntosh identifiziert *weiße* Privilegien somit als unverdiente Vorteile und *weiße* Menschen als Unterdrücker. MacIntosh verweist darauf, dass es sich hierbei nicht um ein bewusstes mutwilliges Unterdrücken handelt, sondern um ein strukturelles und unterbewusstes, vergleichbar mit der Einstellung vieler (netter) Männer gegenüber Frauen.[95] Diese unbewussten Vorteile, die zur Unterdrückung Schwarzer Menschen beitragen, erklärt MacIntosh anhand ihrer eigenen Biografie in einem Interview mit *Zeit Campus*:

> »Zum Beispiel hatte ich zu dieser Zeit schon vier oder fünf Stipendien bekommen, meine schwarzen Kolleginnen dagegen kein einziges. Ich habe immer angenommen, dass es daran lag, dass ich bessere Anträge einreichte. Plötzlich fiel es mir wie Schuppen von den Augen: Nein, es lag nicht daran, dass ich besser als sie war. Sondern daran, dass jede Institution, die ich jemals um Geld gebeten hatte, von Weißen geleitet wurde. Ich war dem Mythos der Leistungsgesellschaft erlegen, der besagt: Wenn du Erfolge erzielst, dann ist das allein dein Verdienst. Langsam, mit sehr viel innerem Widerstand, habe ich damals begonnen, mich zu fragen: Was habe ich sonst noch, was ich nicht selbst verdient habe?«[96]

Im Gegensatz zu einer Rassismusforschung, die sich auf die Nachteile der unprivilegierten Gruppe konzentriert, richtet die kritische Weißseinsforschung den Blick also auf die Vorteile der privilegierten Gruppe. Dies formuliert MacIntosh im Interview folgendermaßen:

> »Wenn mir meine schwarzen Kolleginnen damals von ihren Erfahrungen mit der Polizei oder ihrer Benachteiligung auf dem Wohnungsmarkt erzählt haben, war ich empathisch und habe gesagt: ›Wie furchtbar, wie rassistisch! Es tut mir leid, dass du diese Erfahrung machen musstest.‹ Aber ich habe

---

94 Arndt: »Rassen« gibt es nicht ..., S. 342.

95 Vgl. Peggy MacIntiosh im Interview mit Carla Baum und Amna Franzke: »Weiße hassen es, ihr Selbstbild beschädigt zu sehen.« Bei: *Zeit Campus*, 08.07.2020. Verfügbar unter White Privilege: »Weiße hassen es, ihr Selbstbild beschädigt zu sehen« | ZEIT Campus, Zugriff am 11.02.2022.

96 Ebd.

> nicht meinen eigenen Vorteil dabei gesehen – dass ich diejenige war, die nicht grundlos von der Polizei angehalten wurde und die ohne Probleme eine Wohnung bekam.«[97]

Auf diese Weise wird deutlich, dass Rassismus kein Thema ist, mit dem sich vor allem Schwarze Menschen beschäftigen müssen. Rassismus ist genauso relevant für *weiße* Menschen. »Entgegen der landläufigen Meinung, dass Rassismus nur dann und dort existiert, wo als Nicht-*weiß* Definierte präsent sind, ist es vielmehr die Präsenz sich als *weiß* definierender Bevölkerungen, die Rassismus produziert.«[98] *Weiße* Menschen tun sich indes häufig schwer damit, diese Haltung anzuerkennen, und neigen dazu, die Relevanz ihres Weißseins zu verleugnen (*white denial*). Die Kindheitspädagogin Hoa Mai Tran weist darauf hin, dass *weiße* Menschen bereits dadurch von Rassismus profitieren, dass sie sich nicht mit ihm auseinandersetzen müssen.[99] Sich mit Rassismus nicht beschäftigen zu müssen, ist somit vielleicht das größte *weiße* Privileg.

Es geht also jenseits von Empathie für die Betroffenen von Rassismus um eine kritische Reflexion und um die eigene Verantwortung. In Bezug auf Kinderbücher ist das kritische Hinterfragen der eigenen *weißen* Position und der damit verbundenen Privilegien beispielsweise insofern relevant, als dass Schwarze Kinder und Kinder of Color bisher in Kinderbüchern kaum Identifikationsfiguren finden können, da (fast) alle Protagonist*innen *weiß* sind. Schwarzen Kindern und Kindern of Color wird somit eine Imagination als *weiß* zugemutet, um sich gleichermaßen in die Charaktere hineinversetzen zu können. Darüber hinaus werden Schwarze und Kinder of Color darin bestärkt, sich mit dem Weißsein zu identifizieren, wofür sie gezwungen sind, einen Teil ihrer eigenen Identität auszublenden. Noch problematischer ist es, wenn BIPoC in Kindermedien negativ dargestellt werden. Rassifiziert markierte Figuren in Kinderbüchern sind häufig insofern übersichtbar, als dass sie mit ›besonderen und lustigen Merkmalen‹ wie beispielsweise einem Sprachfehler ausgestattet sind oder als ›dumm‹

---

97 Ebd.

98 El-Tayeb: Vorwort, S. 8.

99 Vgl. Rassismus von Anfang an lernen? Wie sich struktureller Rassismus in Kita und Grundschule auswirkt. Diskussionsrunde der Berliner Landeszentrale für politische Bildung vom 04.11.2021. Verfügbar unter Rassismus von Anfang an lernen? Wie sich struktureller Rassismus in Kita und Grundschule auswirkt. – YouTube, Zugriff am 26.05.2022.

oder ›tollpatschig‹ dargestellt werden. Für *weiße* Kinder, die sich mit diesen Figuren nicht identifizieren (können), mögen solche Charakteristika einen zusätzlichen (amüsanten) Unterhaltungswert mit sich bringen. Für diejenigen Kinder jedoch, die gesellschaftlich auf dieselbe Art rassifiziert markiert wahrgenommen werden, dürfte die Rezeption solche Bücher schmerzhaft und beschämend sein. *Weiße* Kinder haben somit mehrheitlich das Privileg, die Repräsentation ihres Selbstbildes in Kinderbüchern nicht lächerlich und verunglimpft dargestellt wahrnehmen zu müssen. Diese Kinderbücher sind somit auf *weiße* Kinder zugeschnitten und können nicht von allen anderen Kindern gleichermaßen rezipiert werden. Die Forschungsrichtung Critical Race Theory, der die kritische Weißseinsforschung angehört, bezeichnet dieses politische, kulturelle und soziale System, das vor allem den Bedürfnissen *weißer* Menschen zugutekommt und in dem *weiße* Menschen die wirtschaftlichen Ressourcen und die Macht kontrollieren, die maßgeblich dafür sind, welche Bücher publiziert werden, als *White Supremacy*. *Weiße* Vorherrschaft ist somit nicht (ausschließlich) eine Ideologie des Ku-Klux-Klans, sondern ein gesellschaftliches System, in dem alle Menschen eingebettet sind.[100] In diesem Kontext ist zudem das Konzept der *white reconstructions* des US-amerikanischen Bürgerrechtlers W. E. B. Du Bois zu nennen. Du Bois zufolge empfanden *weiße* Arbeiter*innen nach dem Bürgerkrieg ihr Weißsein als »öffentlichen und psychologischen Lohn«, der ihnen einen wertvollen sozialen Status zusprach und »ihre eigene kapitalistische Ausbeutung durch das Abwerten der Schwarzen Arbeiter kompensierte«[101]. Im Anschluss an die Soziologin Vanessa E. Thompson macht die Autorin Hadija Haruna-Oelker darauf aufmerksam, dass eine Reaktualisierung von Du Bois' Konzept hilfreich sein kann, um das »Erstarken von Rassismus auch als Krise von Weißsein zu verstehen« (Thompson).

---

100 Roig: Why we matter, S. 96.

101 Haruna-Oelker, Hadija: Aufstieg von rechts. Welche Schuld trägt links?, S. 68. In: Berendsen, Eva/Cheema, Saba-Nur/Mendel, Meron (Hg.): Trigger Warnung. Identitätspolitik zwischen Abwehr, Abschottung und Allianzen. Berlin: Verbrecher Verlag 2019, S. 63-73.

white fragility

Rassismus ist allerdings gerade in Deutschland ein schmerzhaftes Thema und wird daher gerne in die rechte Ecke verbannt. Beim Stichwort ›Rassismus‹ denkt die *weiße* Mehrheitsgesellschaft zunächst an Neonazis, den NSU, brennende Flüchtlingsheime, an Glatzen und Springerstiefel. Doch Rassismus kann nicht mit Rechtsextremismus gleichgesetzt werden,[102] denn Hass ist nur eine Erscheinungsform von Rassismus und »Fälle von offener Gewalt [gegen Schwarze Menschen oder PoC] bilden nur die Spitze des Eisberges des alltäglichen Rassismus«[103]. Dieser meist individuellen Spitze gehen andere strukturelle Erscheinungsformen voraus, wie verbale Gewalt, Privilegien, Zugang, Ignoranz, Apathie etc.,[104] die viel verbreiteter sind, als so manche/r meinen würde. Alice Hasters schreibt hierzu:

> »Er [der Rassismus] ist schon so lange und so massiv in unserer Geschichte, unserer Kultur und unserer Sprache verankert, hat unsere Weltsicht so sehr geprägt, dass wir gar nicht anders können, als in unserer heutigen Welt rassistische Denkmuster zu entwickeln.«

Zwischen Antirassismus und schlichtem Nicht-Rassismus besteht somit ein großer Unterschied. Die Einstellung, zu ›allen Menschen nett‹ zu sein und ›keinen Unterschied wegen der Hautfarbe zu machen‹ reicht bei Weitem nicht aus, um ein/e Antirassist*in zu sein und ignoriert zudem das Problem des strukturellen Rassismus in unserer Gesellschaft.

Die Journalistin Ciani-Sophia Hoeder hat in ihrer Kolumne »Willkommen bei mir« im *SZ Magazin* (für *weiße* Menschen) fünf Schritte für den Weg zum Antirassismus aufgelistet, die zugleich veranschaulichen, wie sich der Antirassismus vom Nicht-Rassismus unterscheidet.[105] Diese geben wir im Folgenden sinngemäß wieder und ergänzen sie mit den fast deckungsgleichen »Tipps für einen rassismuskritischen Alltag« von Tupoka Ogette:[106]

---

102 Vgl. Kelly: Rassismus, S. 19.

103 Bergmann: Rassistische Vorurteile.

104 Vgl. Ogette: exit Racism, S. 125.

105 Hoeder, Ciani-Sophia: »In fünf Schritten zum Anti-Rassisten«. In: Willkommen bei mir – *SZ Magazin*, 31.08.2020. Verfügbar unter In fünf Schritten zum Anti-Rassisten – SZ Magazin (sueddeutsche.de) Zugriff am 30.01.2022.

106 Vgl. Ogette: exit Racism, S. 140 ff.

1. Sich über Rassismus informieren (statt so zu tun, als gäbe es ihn nicht oder als hätte er mit einem selbst nichts zu tun, da man ja schließlich kein/e Rassist*in ist).
2. Die eigene *weiße* Befindlichkeit in den Hintergrund stellen und mit Schwarzen Menschen statt über sie sprechen (statt sich als Expert*in für Antirassismus aufzuspielen und das Thema somit zu einem *weißen* Thema zu machen, ist es sinnvoller, das eigene deutsche Weißsein zu reflektieren).[107]
3. Handeln, wenn man Zeuge von Rassismus wird, und zuhören, auch wenn man etwas erfährt, das man nicht hören möchte (statt wegzusehen oder abzulenken oder auf eigene erlittene Kränkungen zu sprechen zu kommen und den Alltagsrassismus so zu bagatellisieren).
4. Sich die eigenen *weißen* Privilegien bewusst machen, mit dem Ziel, zu erkennen, dass die Welt ungerecht ist. Die eigenen Privilegien nutzen, um auf nicht gleichermaßen privilegierte Personen aufmerksam zu machen (statt die eigenen Privilegien als eine Selbstverständlichkeit zu betrachten).
5. Nicht aufgeben. Rassismus begegnet uns überall und hat sich über eine lange Zeit hinweg etabliert. Die festgefahrenen Muster aufzubrechen, ist ein langwieriger Prozess (statt hinzunehmen, dass die Welt halt einfach so ist).

Insbesondere dem ersten Punkt messen antirassistisch aufklärend arbeitende Aktivist*innen übereinstimmend eine entscheidende Bedeutung bei. So konstatiert beispielsweise die Pädagogin für rassismuskritische Frühbildung Christiane Kassama im Interview mit der *Zeit*:

> »Viele Menschen denken einfach, sie seien nicht rassistisch. Folglich beschäftigen sich viele Menschen generell zu wenig mit Rassismus. Das Thema kommt in Deutschland immer erst auf die Agenda, wenn es einen aktuellen Anlass gibt. Einen Vorfall, einen Übergriff oder, wie seit einigen Wochen, die Proteste in den USA.«[108]

---

107 Über den gefährlichen Moralismus selbsterklärter Antirassisten hat der Linguist John McWhorter gerade ein beachtenswertes Buch geschrieben: Die Erwählten – Wie der neue Antirassismus die Gesellschaft spaltet. Hamburg: Hoffmann und Campe 2022.

108 Kassama: »Jim Knopf wird leider noch oft gelesen.«

Ob Menschen Rassismus (an sich selbst) erkennen, hängt somit zunächst davon ab, ob sie selbst davon betroffen, also ›rassismuserfahren‹ sind. Dies trifft auf sehr viele *weiße* Menschen nicht zu, weshalb diese zum einen (den eigenen) Rassismus häufig nicht bemerken und zum anderen auch kein genaues Verständnis des Rassismus-Begriffs haben: »[In der] deutsche[n] Gesellschaft [existiert] immer noch kein gemeinsames Verständnis über Rassismus [...] und eine umfassende Aufarbeitung von Wirkungen, Ursprung und Folgen rassistischer Verhältnisse [hat] nicht stattgefunden«[109], bemerkt Tahir Della, Vorstandsmitglied der Initiative Schwarze Menschen in Deutschland e. V. (ISD). Die Aktivistin Tupoka Ogette spricht in diesem Zusammenhang von einem »kollektivem Verdrängen«[110]. Rassismus besteht demnach aus ›unsichtbaren‹ Verhaltensweisen, die für die Diskriminierten aber nur allzu sichtbar sind.[111] Die Künstlerin Grada Kilomba weist darauf hin, dass *weiße* Menschen häufig die Ansicht kundtäten, Hautfarbe (*race*) spiele für sie keine Rolle, und Rassismus immer nur bei anderen vermuten würden.[112] Dass es sich auch bei dieser ›Farbenblindheit‹ um eine Form von Rassismus handelt, darauf wollen wir an späterer Stelle genauer eingehen. Die deutsche Gesellschaft unterscheidet in Bezug auf Rassismus demnach zwischen einigen wenigen ›ewig gestrigen und gewaltbereiten Dummköpfen‹ und der vernünftigen gesellschaftlichen Mitte, die sich selbst als rassismusfrei begreift.[113] Rassismus wird somit als Ausnahmeerscheinung verstanden. *Weiße* Menschen gehen in Bezug auf Rassismus dabei häufig von zwei falschen Prämissen aus: Zum einen assoziieren sie Rassismus mit Rechtsextremismus und zum anderen nehmen sie an, dass eine Handlung oder eine Bemerkung nur dann rassistisch sei, wenn sie auch so gemeint ist. Rassismus wird somit als individuelles und nicht als strukturelles Problem verstanden. Viele *weiße* Menschen messen zudem ihrer eigenen Hautfarbe und den damit einhergehenden Privilegien, Freiheiten und Möglichkeiten zu wenig Bedeutung bei,[114] da sie diese als selbstverständlich betrachten. Sie sind sich also beider Seiten des Rassismus, der Privilegierung einerseits und der Marginalisierung andererseits, nicht hinreicht bewusst und ihre Annahme, sie hätten mit Rassismus nichts zu tun,

109 Della, Tahir: Vorwort. In: Ogette: exit Racism, S. 7.
110 Ebd, S. 40.
111 Thuram: Das weiße Denken, S. 199.
112 Kilmoba: Plantation Memories, S. 21.
113 Vgl. El-Mafaalani: Wozu Rassismus?, S. 126.
114 Vgl. Fajembola/Nimendé-Dundadengar: Gib mir mal die Hautfarbe, S. 87 f.

basiert auf diesem Unwissen. Doch wenn *weiße* Menschen ihre Vorurteile und Einstellungen nicht reflektieren und hinterfragen, halten sie diese für selbstverständlich und sprechen sie auch laut aus, in dem festen Glauben, ein Recht darauf zu haben, ihre Gedanken zu äußern. Dabei überschreiten sie immer wieder individuelle Grenzen, wenn sie beispielsweise meinen, ihre Neugierde über das Aussehen eines anderen Menschen oder über die Beschaffenheit seiner/ihrer Haare befriedigen zu dürfen.[115] Auf Vorwürfe reagieren rassistisch unaufgeklärte Menschen daher mit Abwehr, in dem Glauben, sie hätten nichts ›falsch‹ gemacht. Aus diesen Gründen sei Rassismus enorm moralisch aufgeladen, betont Tupoka Ogette.[116] Die oft auf den Vorwurf einer rassistischen Diskriminierung folgende Abwehrreaktion wird als *white fragility* bezeichnet. Diese zielt darauf ab, den Rassismus zu verdecken, zu verharmlosen, zu negieren oder zu legitimieren.[117] So widersprechen viele dem Vorwurf einer rassistischen Bemerkung mit dem Argument, dass diese ›nicht so gemeint‹ gewesen sei, wodurch nicht nur der eigene Rassismus bagatellisiert, sondern auch die Reaktion des Opfers abgewertet wird. Doch bei einer rassistischen Äußerung zählt nicht die Intention, die dahintersteckt, sondern nur die Äußerung an sich.[118] Auch die Antirassismuskonvention der Vereinten Nationen betont hierbei den Effekt:

> »Wenn also demnach als Effekt eine rassistische Beleidigung oder Abwertung stattfindet, ist es unerheblich, ob sie so gemeint war oder nicht. Es bleibt rassistische Diskriminierung. Deshalb müssen wir lernen, wie sich Diskriminierungen bemerkbar machen und welche Funktionen sie haben.«[119]

Fajembola und Nimendé-Dundadengar zufolge kommt es zudem häufig zu einer Täter-Opfer-Umkehr. Auf die Kritik an einem rassistischen Witz beispielsweise könnte die Reaktion erfolgen: »Sei doch nicht so empfindlich.« Auf diese Art wird das Opfer zum/zur Schuldigen und die Deutungshoheit bleibt eine *weiße* (*weiße* Solidarität). Die Verletzung des Opfers wird als übermäßige Empfindlichkeit angesehen – statt als das, was sie wirklich ist: das Resultat von strukturellem Rassismus. White fragility verhindert somit,

---

115 Vgl. Rösch: Grundschule Schwarz weiß?, S. 22.
116 Vgl. Ogette: exit Racism, S. 18.
117 Ogette: exit Racism, S. 24.
118 Vgl. Fajembola/Nimendé-Dundadengar: Gib mir mal die Hautfarbe, S. 62.
119 Gomis: »Es wird schmerzhaft«.

dass ernsthaft über Rassismus gesprochen wird. Dieses Konzept ist letztendlich darauf ausgerichtet, Rassismuskritik zum Schweigen zu bringen, *weiße* Privilegien zu schützen und *weiße* Dominanz zu erhalten.[120] Tupoka Ogette listet in ihrem Buch zur antirassistischen Aufklärung *exit Racism* eine Reihe an Kriterien und Mechanismen auf, mit denen *weiße* Menschen reagieren, wenn sie mit ihrem eigenen Rassismus konfrontiert werden. Wir geben diese im Folgenden sinngemäß verkürzt wieder:

- Der Rassismus wird negiert.
- Es wird eine Kausalität von Ursache und Wirkung hergestellt: Was nicht rassistisch gemeint war, darf auch nicht rassistisch aufgefasst werden.
- Der Rassismus wird für den Kontext als irrelevant betrachtet.
- Rassismusvorwürfe lösen bei *weißen* Menschen Wut aus.
- Die mit Rassismusvorwürfen konfrontierten *weißen* Menschen stilisieren sich selbst zum Opfer (Täter-Opfer-Umkehr)
- oder starten einen Gegenangriff, indem sie ihr Rassismusopfer einer anderen Form der Unterdrückung beschuldigen.
- BIPoC wird eine zu hohe Empfindlichkeit vorgeworfen.
- Scham als Reaktion, nicht hinreichend über Rassismus informiert zu sein.

Die *weiße* Mehrheitsgesellschaft hat die Abwehrmechanismen der white fragility dabei derart verinnerlicht, dass sie sie oft unwillkürlich reproduziert, wodurch rassistische Situationen nicht produktiv aufgelöst werden können. Dies ist für beide Seiten, den/die Täter*in und das Opfer, gleichermaßen unbefriedigend: Erstere/r fühlt sich unverstanden und zu Unrecht angeprangert, Letztere/r fühlt sich verletzt und ebenfalls unverstanden. Solche (unnötigen) Konfliktsituationen können nur durch eine breite und möglichst frühe Sensibilisierung für den alltäglichen strukturellen Rassismus verhindert werden. Es liegt somit vor allem an *weißen* Menschen, sich über Rassismus zu informieren und fortzubilden. Der Journalist und Autor Mohamed Amjahid weist in diesem Kontext darauf hin, dass einer Person als Individuum für einen über Jahrhunderte gewachsenen strukturellen Rassismus keine Verantwortung angelastet werden könne und dürfe, dass aber jeder Verantwortung dafür trage, sich mit strukturellem Rassismus

120 Vgl. Ogette: exit Racism, S. 24.

(nicht) aktiv auseinanderzusetzen.[121] Ein anti-*weißer* Rassismus hingegen existiert nicht. Es mag vereinzelt dazu kommen, dass *weiße* Menschen Diskriminierung aufgrund ihrer Hautfarbe erfahren, aber dies geschieht, wenn überhaupt, nur auf individueller und nicht auf struktureller und institutioneller Ebene. Anders formuliert: Menschen, die der *weißen* Dominanzkultur angehören, wird vielleicht im Tansania-Urlaub in die langen blonden Haare gefasst, oder sie werden bisweilen mit Ausdrücken wie ›Kartoffel‹ beleidigt, aber sie werden nicht systematisch diskriminiert in den Bereichen Schule, Ausbildung und Studium, auf dem Arbeitsmarkt, bei der Wohnungssuche, im Gesundheitswesen, bei der Partnerwahl. Und sie werden auch nicht in Medien wie Büchern und Filmen immer wieder negativ dargestellt, ge›othert‹ oder ausgegrenzt, und ihr Deutschsein sowie ihre Berechtigung, sich in Deutschland aufzuhalten, werden nicht infrage gestellt. Erwähnt werden muss an dieser Stelle jedoch, dass nicht alle Menschen mit heller Hautfarbe automatisch auch Teil der Dominanzkultur sind und die mit dieser Zugehörigkeit verbundenen Vorteile und Privilegien nutzen können. Der anti-Schwarze Rassismus ist nur einer von vielen Rassismen; andere Formen von Rassismus wie der Antisemitismus, der antimuslimische Rassismus und der Antiziganismus wenden sich gegen Menschen, die mitunter denselben Hautton aufweisen wie die Angehörigen der unterdrückenden Dominanzkultur. Rassistische Diskriminierung erfahren somit auch Menschen mit heller Haut, z. B. aus Osteuropa, mit dem Ziel, diese aus der Dominanzkultur auszuschließen.

Zudem kann es vorkommen, dass auch ein Schwarzer Mensch dieselbe oder sogar eine hellere Hautfarbe aufweist als ein (gebräunter) *weißer* Mensch. Auf diese Weise wird deutlich, dass eine vermeintliche ›Hautfarbe‹ ein politisches bzw. soziales Konstrukt darstellt und eben nicht an die wirkliche Farbe der Haut eines Menschen gebunden ist.

Obwohl Alltagsrassismus nicht mit Neonazis assoziiert werden kann, führt die Aktivistin und Autorin Noah Sow auch den rechtsextremen Rassismus auf den Alltagrassismus der gesellschaftlichen Mitte zurück, der nicht aufgearbeitet wird. Sie plädiert daher für eine Enttabuisierung des Alltagsrassismus, mit dem Ziel, *weiße* Menschen zu ermutigen, die rassisti-

---

121 Vgl. Mohamed Amjahid bei »Nenn mich nicht … Der Talk« rbb Kultur, 18.05.2021. Verfügbar unter Nenn mich nicht … Der Talk – Bing video, Zugriff am 12.02.2022.

schen Anteile in sich selbst zu entdecken.[122] Der produktive Umgang mit Rassismus besteht demnach darin, *Weiße* nicht in die Defensive zu drängen, sondern an ihre Ressourcen zu appellieren. Alltagsrassismus ist somit keine persönliche Einstellung, keine »individuelle schlechte Tat«[123], sondern ein strukturelles gesellschaftliches Problem. Sieht man genauer hin, so ist die deutsche Gesellschaft regelrecht rassismusdurchseucht:

> »Vom Kinderbuchklassiker über das Karnevalskostüm bis zu kulinarischen Vorlieben mit kolonialen Bezügen – zweifellos sind unsere Sprache, unsere Bildwelten, unsere Alltagspraxen, die Art und Weise, wie wir uns kleiden, wie wir reisen, essen, konsumieren und uns unterhalten lassen, voller politisch unkorrekter Ungeheuerlichkeiten mit mikroaggressiven Potentialen, mit denen wir – oft genug unbewusst, um nicht ignorant zu sagen – einander symbolisch auf die Füße treten.«[124]

Rassismus grundsätzlich abzulehnen, reicht also leider nicht aus. Damit *weiße* Menschen überhaupt erst in der Lage sind, Rassismus erkennen zu können, müssen sie sich selbstständig antirassistisches Wissen aneignen. Wer ein Antirassist werden will, muss zunächst seine eigene *weiße* Verletzlichkeit ablegen und den Alltagsrassismus mühsam wieder ent-lernen. Antirassistische und diversitätssensible Menschen sind sich somit der strukturellen Verankerung von Rassismus in der Gesellschaft bewusst. Sie sind sich zudem der mannigfaltigen Ausprägungen von Rassismus im Alltag sowie in der deutschen Sprache bewusst. Sie sind sich daraus resultierenden Machtverhältnissen und Privilegien bewusst sowie der abwertenden Bedeutung bestimmter Wörter, ›Witze‹, Bilder etc. Sie hinterfragen die Bedeutung von Dingen, die ›schon immer‹ so waren, so hießen oder so gemacht wurden. Sie informieren sich und bilden sich fort. Dieser Prozess umfasst auch die Infragestellung der in der eigenen Kindheit geliebten Bücher. Die kritische Relektüre der Kinderbuchklassiker empfiehlt sich vor allem dann, wenn Eltern erwägen, diese Bücher ihren eigenen Kindern vorzulesen oder Erziehende und Lehrende gleich ganzen Gruppen.

---

122 Sow, Noah: Deutschland Schwarz Weiß. München: Goldmann Verlag 2009, S. 266, 269.

123 Ogette: exit Racism, S. 27.

124 Vgl. Berendsen, Eva/Cheema, Saba-Nur/Mendel, Meron: Finger auf Wunden oder: Der direkte Weg ins Fettnäpfchen, S. 8. In: Dies. (Hg.): Trigger Warnung, S. 7–17.

white gaze

Die Autorin Toni Morrison machte als Erste auf die Normalisierung der *weißen* eurozentrischen Norm in der Literatur aufmerksam und bezeichnete diese als *white gaze* (*weißer* Blick):

> »In the simplest terms, the white gaze can be conceptualized as the assumed white reader. When writers craft stories, the assumed white (and often cisgender, heterosexual, male) audience that they are writing for and to is the white gaze in action.«[125] (Einfach ausgedrückt, kann der white gaze als das Konzept eines vermuteten *weißen* Lesers verstanden werden. Der white gaze tritt in Aktion, wenn Schriftsteller*innen Geschichten für ein Publikum erschaffen, das als *weiß* (und oft Cisgender, heterosexuell und männlich) vorausgesetzt wird.)

Beim white gaze handelt es sich somit um einen dominanten *weißen* Blickwinkel: »Der White Gaze gibt *Weißen* den Glauben, dass alle Kulturen für ihren Konsum bestimmt sind. Von Musik, Bildern, Literatur – Kunst generell.«[126] Dies gilt auch für die Produktion von Kinderbüchern sowie für deren Rezeption. Deutsche Kinderbücher werden in der Regel mit dem white gaze geschrieben, sie sind häufig ausschließlich an *weiße* Kinder gerichtet, und sie werden mit dem white gaze gelesen; Schwarzes (Er)Leben dient der Unterhaltung *weißer* Rezipient*innen. Wenn Schwarze oder anders rassifizierte Figuren für den Plot der Erzählung allerdings nicht gebraucht werden, kommen sie auch nicht vor. Marginalisierte Gruppen (BIPoC) werden somit unsichtbar: »When describing how it operates, Morrison said that it's this idea that [Black] lives have no meaning and no depth without the white gaze.«[127] (Um zu beschreiben, wie der white gaze funktioniert, verweist Morrison auf die zugrunde liegende Vorstellung, dass Schwarze Leben keine Bedeutung und keine Tiefe besäßen ohne den white gaze.) Auch die Autorin Alice Hasters weist auf den Aspekt hin, dass »Geschichten über BIPoC [in den Medien] sehr einseitig erzählt werden«, vorrangig im Kontext von Armut, Rassismus oder Verbrechen.[128] Dies liege

---

125 Gassam Asare, Janice: Unterstanding The White Gaze And How It Impacts Your Workspace. Bei: *Forbes*, 28.12.2021. Verfügbar unter Understanding The White Gaze And How It Impacts Your Workplace (forbes.com), Zugriff am 23.02.2022.

126 Hoeder, Ciani-Sophia: Was ist der White Gaze? Bei: *RosaMag*, 12.08.2020. Verfügbar unter Was ist der White Gaze? | RosaMag (rosa-mag.de), Zugriff am 23.02.2022.

127 Gassam Asare: Unterstanding The White Gaze And How It Impacts Your Workspace.

128 Hasters: Was weiße Menschen …, S. 47.

daran, so Hasters, dass fast alle Medienmacher *weiß* seien. Geschichten über Schwarze Menschen in Medien wie in Büchern sind somit durch den *weißen* Blick (white gaze) geprägt. Dies fiel auch dem kenianischen Schriftsteller Binyavanga Wainaina negativ auf, was ihn dazu veranlasst hat, anlässlich der Fußballweltmeisterschaft 2010 in Südafrika den sarkastischen Essay »Schreiben Sie so über Afrika« zu verfassen:

> »Zeigen Sie niemals das Bild eines modernen Afrikaners auf dem Buchumschlag, es sei denn, er hätte den Nobelpreis gewonnen. Verwenden Sie stattdessen: eine Kalaschnikow, hervortretende Rippen, nackte Brüste. Falls Sie tatsächlich einen Afrikaner abbilden müssen, nehmen Sie einen Massai, Zulu oder Dogon. [...] Zu den afrikanischen Figuren Ihres Buches könnten nackte Krieger, treue Diener, Wahrsager und Seher gehören, weise alte Männer in phantastischer Einsamkeit. [...] Tiere wiederum beschreiben Sie als hochkomplexe Charaktere. Tiere sprechen oder grunzen, sie haben Namen, Ziele und Sehnsüchte. Und sie legen Wert auf ihre Familien: Haben Sie bemerkt, wie schön die Löwen mit ihren Jungen spielen? Elefanten sind liebevoll, sie sind gute Feministinnen oder eindrucksvolle Patriarchen. Gorillas ebenfalls. Sagen Sie nie, nie, nie etwas Schlechtes über einen Elefanten oder einen Gorilla. Selbst wenn ein Elefant Häuser niedertrampelt und vielleicht Menschen tötet.«[129]

»Biologistische Begründungen von Differenzen besitzen heutzutage keine Erklärungskraft mehr«, schreibt Maisha Maureen Auma. »Der Referenzrahmen für rassistisch begründete Differenzproduktion hat sich in Richtung Kulturdifferenz verschoben. Kultur wirkt als Unterscheidungsmerkmal für rassistisch markierte Menschen daher in vielen Fällen extrem repressiv und fixierend. Die Lebens-, Erfahrungs- und Handlungsräume rassistisch markierter Menschen werden vorschnell entlang kulturalisierender Deutungen eingeschätzt und wahrgenommen.«[130] Die Bezeichnung hierfür ist ›Kulturalisierungsfalle‹. Plump ausgedrückt begreifen *weiße* Menschen Schwarze Menschen jetzt zwar nicht mehr als ›Rasse‹, dafür aber als Vertreter*innen der ›armen, rückständigen, hilfsbedürftigen afrikanischen Kultur‹. *Weiße* Menschen eigenen sich somit nach wie vor die

---

129 Wainaina, Binyavanga: Schreiben Sie so über Afrika. Eine Anleitung. Bei: Belltower, 31.05.2010. Verfügbar unter Schreiben Sie so über Afrika! Eine Anleitung – Belltower.News, Zugriff am 22.02.2022.

130 Auma: Kulturelle Bildung in pluralen Gesellschaften.

Deutung Schwarzer Menschen an und erzählen deren Geschichten aus ihrem Blickwinkel, dem white gaze. Dieses Vorgehen kann als ›kulturelle Aneignung‹ (cultural appropriation) auf literarischer Ebene gewertet werden.

whitewashing

Whitewashing ist ursprünglich ein Begriff aus der Unterhaltungsindustrie und bezeichnet die Praxis, in Film oder Theater nicht-*weiße* Rollen durch *weiße* Darsteller*innen zu besetzen (z. B. mittels Black- bzw. Yellow- oder Redfacing). Dies geht jedoch über das Umschminken von *weißen* Darsteller*innen hinaus, indem die Rollen an die *weißen* Schauspieler*innen angepasst und ursprüngliche kulturelle Hintergründe somit unsichtbar gemacht werden. Populäre Beispiele aus dem Film sind die Schauspielerinnen Angelina Jolie und Scarlett Johansson, die 2008 bzw. 2017 Rollen übernahmen, die in den jeweiligen Buchvorlagen Schwarz bzw. japanisch konzipiert waren. Diese Übernahme kann als kulturelle Aneignung gedeutet werden.

Kulturelle Aneignung bedeutet im Allgemeinen, dass sich die dominante Kultur Elemente jener Kultur/en aneignet, die sie systematisch unterdrückt hat. Die Übernahme von (geistigem) Kulturgut ist jedoch rechtlich nicht geregelt und kann somit auch positiv als Hommage gelesen werden, was es schwer macht, darüber zu urteilen. Alice Hasters weist darauf hin, dass kulturelle Aneignung sich auf viele Lebensbereiche beziehen kann, deren von Minderheiten oder marginalisierten Gruppen geschaffenen kulturellen Produkte von der dominanten Mehrheitsgesellschaft (zu kommerziellen Zwecken) übernommen werden. Als Beispiel zieht Hasters die durch die sozialen Medien international bekannte US-amerikanische Familie Kardashian heran. Den Frauen dieser Familie wird Blackfishing vorgeworfen, das Ausüben eines Schwarzen Habitus auf vielen verschiedenen Ebenen durch nicht-Schwarze Personen. Während Blackfacing darauf abzielt, von *Weißen* als Schwarz konstruierte Eigenschaften zu Unterhaltungszwecken überzubetonen und somit abzuwerten, geht es beim Blackfishing um die Aneignung der positiven Zuschreibungen und Attribute des Schwarzseins. So tragen die weiblichen Mitglieder des ›Kardashian-Clans‹ seit Jahren immer wieder Schwarze Flechtfrisuren (Boxerbraids, Cornrows, Rastazöpfe), imitieren Schwarze Kleidungsstile und Schwarze Performances und haben sich sogar die Haut dunkler getönt (Bräunungsdusche). Kritisch daran ist, dass *weiße* Menschen sich in der privilegierten Situation befinden, die positiven Errungenschaften der Schwarzen Kultur übernehmen zu können, ohne die negativen Seiten des Schwarzseins, wie Rassismus, erleben zu müssen. Die Kardashians sind mit diesem Blackfishing-Trend jedoch nicht alleine, auch die Sängerin Ariana Granda und die deutsche Popkünstlerin Shirin David inszenieren sich seit Kurzem Schwarz, was u.a. von dem Schwarzen Supermodel Naomi Campbell und der deutschen Autorin Abena Appiah kritisiert wird: »My skin Colour is not a trend.« In Bezug auf Schwarze und *weiße* Frisuren schreibt der Journalist Malcolm Ohanwe daher:

> »Schwarze Frauen haben historisch nicht aus Lust und Laune ihre Haare geglättet oder Perücken aufgesetzt: Sie wurden gesellschaftlich unter Druck gesetzt, weil ihr natürliches afrikanisch-texturiertes krauses Haar verachtet wurde. Dunkelhäutige Frauen haben ihre Haare glatt getragen, um gesellschaftlich zu überleben, *weiße* tragen ihre Haare nach afrikanischem Vorbild um trendy zu sein.«[131]

Während die Afrokrause bei *weißen* Frauen als hip gilt, wird sie bei Schwarzen Frauen nach wie vor als exotisch oder ungepflegt angesehen. Dass dieselbe Frisur bei Menschen unterschiedlicher Hautfarbe einmal positiv und einmal als negativ wahrgenommen wird, spiegelt die historischen Machtverhältnisse. Ein Beispiel für die Diskussion um kulturelle Aneignung aus dem Jahr 2022 ist die Kritik an der Frisur (Dreadlocks) der *weißen* Musikerin Ronja Maltzahn sowie die mediale Debatte um diese Kritik. Von der hannoverschen Ortgruppe von *Fridays for Future* wurde diese Frisur als kulturelle Aneignung gelesen und die Künstlerin von einer Demonstration, bei der sie auftreten sollte, wieder ausgeladen. Weitere Beispiele für kulturelle Aneignung finden sich in der Musik (Hip-Hop, R'n'B, Soul, Jazz), in der Kunst und Körperkunst (Tattoos[132], Piercings, Hennakunst), in der Einrichtung (afrikanischer Stil, Boho-Stil, japanischer Stil, Feng Shui), Kleidung, Schmuck, Accessoires (Dashiki, Oversize-Mode), im Sport (Yoga,

131 Eiseler, Melissa: Was ist eigentlich … Blackfishing? Bei: frauenseiten.bremen, 20.08.2020. Verfügbar unter Was ist eigentlich … Blackfishing? – frauenseiten bremen frauenseiten.bremen, Zugriff am 25.02.2022.

132 Im Jahr 2022 gibt es insbesondere Diskussionen um die traditionellen Gesichtstattoos der Tahitianer*innen, der Kurd*innen oder der Inuit, die sich zum *weißen* Trend auf TikTok entwickelt haben. Kritisiert wird in diesem Kontext der Verlust der kulturellen Symbolik durch die Etablierung der Gesichtstattoos zum Schönheitstrend. Zur kulturellen Symbolik der Gesichtstattoos der Inuitfrauen (Tunniit) vgl. den Dokumentarfilm Tunniit: Retracing the Lines of Inuit Tattoos Tunniit: Retracing the Lines of Inuit Tattoos – Cinema Politica, Zugriff am 19.05.2022.

meditatives Bogenschießen, Qigong, Tai Chi), in der Religion (Meditation), in der Sprache (Slang), in der Kunst (Picasso), beim Essen (z. B. das arabische Hummus in die Vegan-Szene) und beim Make-up. (Seit ca. 2021 gibt es den Trend von ›Fox Eye‹ geschminkten Augen, der als fetischisierte Form von anti-asiatischem Rassismus von südostasiatischen Communitys kritisiert wird.) Aus der Perspektive der kritischen Weißseinsforschung besteht die Gefahr der kulturellen Aneignung darin, dass die Authentizität und die Kenntnis über den Ursprung des jeweiligen Kulturguts verloren gehen oder verfälscht werden. Alice Hasters bezeichnet diese Praktik als whitewashing im weitesten Sinne und weist darauf hin, dass ebensolche Schwarzen Kulturgüter erst dann legitimiert und populär werden, wenn sie von *weißen* Menschen übernommen werden. Der kulturelle Ursprung gerät somit in den Hintergrund und wird unsichtbar gemacht.[133] »Es geht nicht darum, dass wir unsere Kultur für uns selbst horten wollen«, schreibt die Aktivistin Rebekah Hutson in Bezug auf kulturelle Aneignung, »[s]ondern es geht darum, dass *Weiße* sich jene Teile des Schwarzseins aneignen, die sie mögen, während sie Schwarze gleichzeitig ausgrenzen. Das Gleiche gilt für jede andere ethnische Gruppe, die ihr euch so gern zu eigen macht. Es ist kultureller Genozid.«[134] Emilia Roig kritisiert in diesem Kontext die gerade bei Kindern sich großer Beliebtheit erfreuenden, als I* fremdbezeichneten amerikanischen First Nations sowie deren Kommerzialisierung:

> »Auch wenn ihre Kritik häufig bagatellisiert wird, sind zum Beispiel falsche und kommerzielle Repräsentationen der Ureinwohner Amerikas, so hart das klingt, eine symbolische Fortführung eines Genozids: Kulturelle Elemente, die für die ursprüngliche Kultur eine tiefe Bedeutung haben können, werden von der dominanten Kultur in der Mode oder bei Spielzeug komplett falsch wiedergegeben.«[135]

Bei Kinderbüchern und -liedern gilt dies natürlich ebenso – wenn nicht sogar noch mehr. Von der Fremdbezeichnung als I* mal ganz abgesehen, existieren bis heute eine ganze Reihe an romantisierenden Stereotypen, die nicht nur die Ursprungkultur verkennen und Geschichte falsch bzw. lückenhaft darstellen. Stattdessen finden Aneignung und Umdeutung mit der Absicht zur kommerziellen Nutzung durch die dominante Kultur statt. Ob

133 Hasters: Was weiße Menschen ..., S. 86.
134 Eiseler: Blackfishing.
135 Roig: Why we matter, S. 112.

in Kinderliedern, -büchern oder als Faschingskostüm, die kulturelle Ausbeutung der amerikanischen First Nations ist in Deutschland nach wie vor sehr beliebt und wird kaum hinterfragt. Die Autorin Deborah Krieg setzt sich anhand der Beispiele Totempfahl auf dem Spielplatz, Buddha-Figur als Dekoration, Tribal-Tattoo und Dreadlocks bei *weißen* Menschen intensiv mit kultureller Aneignung auseinander.[136] Sie kommt zu dem Schluss, dass die Übernahme von Kulturgut in Form kultureller Aneignung dann vorliege, »wenn sie historische Ausbeutungsbeziehungen, Machtgefälle und Übergriffe fortschreibt«. Kulturelle Aneignungen seien prinzipiell kritikwürdige Verhaltensweisen; die Motivationen hinter den Formen kultureller Aneignung seien jedoch so heterogen, wie die Personen, die sie ausüben. Die Dreadlocks können somit in erster Linie auch als Statement und Form der Solidarisierung gelesen werden, da sich die negativen Zuschreibungen dieser Frisur auf die ganze Person übertragen. Zudem gelten sie auch in der heutigen deutschen Gesellschaft häufig als Zeichen von Widerstand und Rebellion; in diesen Fällen habe keine kulturelle Umdeutung stattgefunden. Besonders kritisch sieht Krieg hingegen den Totempfahl als Spielgerät: Dieser missachte den Hintergrund von Gewalt durch koloniale Expansion und Mission – sonst könne er nicht funktionieren. Sie kommt zu dem Schluss, dass es in der Auseinandersetzung mit einer jahrhundertealten Dominanzkultur keinen einfachen, eindeutigen und bindenden und bleibenden Verhaltenskodex in Bezug auf die Übernahme von Kulturgut geben könne. Sie appelliert jedoch an den/die Einzelne/n, seine/ihre Handlungen immer wieder neu zu hinterfragen.

Kulturelle Aneignung besitzt somit das Potenzial, Ausbeutungsverhältnisse fortzuschreiben. Eine bedeutende Rolle spielt dabei die Kommerzialisierung, bei der in der Regel Vertreter der Dominanzgesellschaft durch den Verkauf fremden Kulturguts Geld verdienen. Dies birgt die Gefahr, dass ursprüngliche kulturelle Bedeutungen verloren gehen, da sie von der Mainstreamgesellschaft assimiliert werden. Kulturelle Aneignung kann sich zudem als *weißes* Privileg entpuppen, indem die gleichen kulturellen Attribute wie z. B. Frisuren, Make-ups und Kleidungsstücke an *weißen* Personen als hip oder trendy gelten, an BIPoC hingegen kritisiert werden.

---

136 Vgl. Krieg, Deborah: Alles nur geklaut. WTF ist eigentlich Cultural Appropriation? In: Berendsen, Eva/Cheema, Saba-Nur/Mendel, Meron (Hg.): Trigger Warnung, S. 105–114.

Doch nicht immer handelt es sich um kulturelle Aneignung im negativen Sinn. Daher wollen wir die kulturelle Aneignung, die wir kritisieren, vom kulturellen Austausch, der begrüßenswert ist, abgrenzen. Wenn eine *weiße* deutsche Person Yoga lehrt, vietnamesisches Essen im Foodtruck verkauft, sich Rastazöpfe flechten lässt, ist das als rassistisch, als kulturelle Aneignung zu werten oder positiv als kultureller Austausch und als Beleg der Akzeptanz und der Begrüßung von Vielfalt? Um im Folgenden kulturelle Aneignung in Kinderbüchern feststellen zu können, legen wir drei Kriterien fest:

1. Das Vorliegen hierarchischer Machtstrukturen zwischen den beiden Kulturen, in denen ein Gegenstand ausgetauscht wird, welche historische Ungleichheitsverhältnisse weiter fortschreiben
2. Die kulturelle Umdeutung dieses Gegenstands durch die Dominanzkultur
3. Der kommerzielle Profit durch den umgedeuteten Gegenstand

Mithilfe dieser Kriterien wollen wir beurteilen, ob in literarischen Texten für Kinder kulturelle Aneignung im Sinne der Ausbeutung einer marginalisierten Gruppe oder sogar als fortwährende Verletzung und Diffamierung dieser Gruppe vorliegt. Hierbei zählt für uns allerdings nicht die Intention, also ob eine böse Absicht vorliegt, sondern der Effekt, also ob die drei Kriterien (auch bei guter Absicht) erfüllt werden.

Rassismus als Alltag

Rassismus in Deutschland

Aktuell besitzen 26 % der in Deutschland lebenden Menschen einen sogenannten Migrationshintergrund; das ist jede/r Vierte. Einen Migrationshintergrund besitzt eine Person dann, wenn mindestens ein Elternteil nicht mit deutschem Pass geboren wurde. Menschen, die in der dritten oder vierten Generation in Deutschland leben, haben somit oftmals keinen Migrationshintergrund, auch wenn sie ›anders‹ bzw. ›nicht deutsch‹ aussehen. Migrant*innen kommen zum größten Teil aus 50 verschiedenen Ländern; die größten Gruppen bilden der Bundeszentrale für politische Bildung zufolge dabei die türkischstämmigen Menschen, gefolgt von Menschen aus oder mit Vorfahren aus Polen, Russland, Rumänien, Italien, Kasachstan und Syrien.[137] Viele dieser Gruppen sehen sich dabei mit ganz unterschiedlichen Vorurteilen oder sogar Anfeindungen und mit Alltagsrassismus konfrontiert. Diese alltäglichen aktuellen Erfahrungen kontrastieren interessanterweise mit den gängigen Rassismen in der deutschen Kinderliteratur, die sich hauptsächlich gegen Schwarze Menschen, gegen Sinti*zze und Rom*nja, gegen die Inuit, gegen amerikanische First Nations und in älteren Werken auch gegen asiatischstämmige Menschen richten. In Deutschland leben ca. eine Million Schwarze Menschen, aber dreimal so viele türkischstämmige Menschen. Die gesellschaftlich diskriminierte Gruppe ist bei türkischstämmigen Menschen also dreimal so groß wie bei Schwarzen Menschen und dennoch werden Schwarze Menschen besonders oft (und auf andere Art) in Kinderbüchern diffamiert. Während rassistische Angriffe im Alltag auf asiatischstämmige Menschen seit der Corona-Pandemie zugenommen haben, ist von diesem Rassismus in aktuellen Kinderbüchern (noch?) nichts zu bemerken. Vergleicht man also die reale alltägliche Diskriminierung mit der Diskriminierung in Kinderbüchern, so

137 Vgl. Soziale Situation in Deutschland: Bevölkerung mit Migrationshintergrund. Bei: Bundeszentrale für politische Bildung 01.01.2022. Verfügbar unter Bevölkerung mit Migrationshintergrund | bpb.de, Zugriff am 09.04.2022.

lässt sich feststellen, dass die Rassismen in Kinderbüchern nicht unbedingt die gesellschaftliche Realität widerspiegeln. Diese Divergenz könnte durch die zeitliche Differenz erklärbar sein. Viele der Kinderbuchklassiker sind eben schon älter und rekurieren auf damalige Fremd- und Feindbilder. Die Einwanderung nach Deutschland hat allerdings im Laufe der Zeit zu- und nicht abgenommen; zur Entstehungszeit vieler älterer Kinderbücher gab es weitaus weniger Menschen mit Migrationshintergrund in Deutschland als heute und obwohl es bereits seit Jahrhunderten Schwarze Menschen in Deutschland gibt (die real und literarisch diskriminiert werden), gab es hier bisher noch keine größeren Gruppen von Inuit oder Angehörigen der US-amerikanischen Frist Nations. Die Diskriminierungen und Stereotype in älteren Kinderbüchern lassen sich also auch nicht aus der Realität zu ihrer Entstehungszeit ableiten. Rassistische Fremdkonstruktionen in Kinderbüchern stehen demnach abseits der Realität, sie spiegeln keine realen Verhältnisse oder Problematiken wider; jedenfalls nicht unmittelbar. Doch woher kommen diese Fremdkonstruktionen dann und wozu dienen sie? Wir vertreten die These, dass rassistische Fremdzuschreibungen in der Kinderliteratur in Form von Vorurteilen und Stereotypen mehrere Ursachen haben: Zum einen beruhen sie auf existentiellen Sehnsüchten, Ängsten und Fragen der zuschreibenden Gruppe. Von Bedeutung sind in diesem Kontext zudem historische Ereignisse und Prozesse, die kollektiv wirksam waren, wie die Menschenbilder der Aufklärung, die Sehnsucht des deutschen Kaiserreichs nach eigenen Kolonien oder die Besetzung des Rheinlands durch die Alliierten nach dem Ersten Weltkrieg bis 1936. Diese historischen Faktoren verbinden sich mit psychologischen Mechanismen, wie die von Grada Kilmoba in Anlehnung an Siegmund Freud beschriebene Projektion von gesellschaftlichen Tabus wie Sexualität und Aggression auf ein konstruiertes ›Anderes‹. Dieses ›Andere‹ wurde in der Realität beispielsweise durch die Indigenen der ehemaligen Kolonien verkörpert, die Deutschen und Europäer*innen beispielsweise durch die Völkerschauen mittels der ihnen angedichteten Narrative anschaulich gemacht wurden. All diese Faktoren haben dieselbe Funktion und Auswirkung: Zur eigenen Selbstaufwertung (white supremacy) konstruiert das dominante *weiße* Kollektiv ein bzw. mehrere als Projektionsfläche fungierende Fremdbilder, mittels derer es Traumata aufarbeiten kann, unerwünschte Aspekte des eigenen Selbst auslagern kann und Sehnsüchte, Fantasien und Ängste ausleben kann. Die in Kinderbüchern häufig vorkommenden stereotypen Figuren des bösen

Schwarzen Mannes, des eingeborenen Kannibalen, des/r hilfsbedürftigen ungebildeten Afrikaners/in, des mit der Natur im Einklang lebenden I* oder auch der exotischen durch interessante Tiere bewohnten Insel, die auf die Eroberung durch *weiße* Menschen wartet, verkörpern genau diese *weißen* Projektionen und machen sie für Kinder erlebbar und begreifbar. Um diese These zu untersuchen und zu veranschaulichen, wollen wir den Schwerpunkt unserer Analyse exemplarisch auf den anti-Schwarzen Rassismus legen, da dieser im kollektiven deutschen Textgedächtnis besonders prägnant ist und in der Kinderliteratur die längste Tradition besitzt. Dabei werden wir immer wieder vergleichend andere Rassismen heranziehen, die wir jedoch nicht ausführlich besprechen werden.

Der anti-Schwarze Rassismus in Deutschland ist beeinflusst von US-amerikanischen Narrativen, besitzt aber dennoch etwas andere Konnotationen und eigene Ausdrucksformen. Im Folgenden listen wir einige gängige rassistische Narrative auf, die typisch für Deutschland waren und teils immer noch sind, sowie unsere Erklärungsansätze:

- Faulheit: Der afrikanische N* galt als faul, da er in einem Land, in dem die permanent scheinende Sonne alles von alleine wachsen lässt, das Arbeiten nicht gewohnt ist. Diese Auffassung stammt aus der Kolonialzeit; sie wurde u.a. vom amerikanischen Arzt Samuel Cartwright proklamiert, und diente als Erklärung dafür, weshalb die Kolonialisierten durch Arbeit »geheilt« werden müssten.[138] Dieses Afrika-Bild impliziert die bis heute populäre Vorstellung von ›Safariparks‹ und ›Südseeinseln‹ als ›Schlaraffenland‹, ›exotischer Sehnsuchtsort‹ bzw. ›Urlaubsparadies‹, wo *weiße* Menschen nicht arbeiten müssen, sondern sich ausruhen dürfen.[139] Dieses Narrativ beruht vermutlich auf der Sehnsucht nach Exotik und einem Ort, an dem das ›süße Leben‹ genossen werden darf und man von jenen bedient wird, die nicht ›faul‹ sein sollen. Heute äußert sich dieses Narrativ beispielsweise in der Ansicht der politischen Rechten, Flüchtlinge oder Migrant*innen kämen nach Deutschland, um sich ›auszuruhen‹ und ›nicht arbeiten zu müssen‹. Diese teilweise von rechten Parteien verbreitete Propaganda negiert nicht nur reale Flucht- und Migrationsgründe, sondern verschleiert auch die Tatsache, dass viele Jobs im Niedriglohnsegment (z. B. Erntearbeit, Gastronomie,

138 Vgl. Thuram: Das weiße Denken, S. 68.
139 Vgl. Schmidt-Wulffen: Die »Zehn kleinen N-lein«, S. 91.

Baugewerbe, Logistik) von ebendiesen Menschen besetzt werden, die somit massiv dazu beitragen, die deutsche Wirtschaft zu stützen.

- Schwarze Menschen als Kinder: Schwarze Menschen galten als unselbstständig, minder begabt, naiv, hilflos; kurz, als Menschen die geführt, bevormundet und angeleitet werden müssen. Diese Ansicht rechtfertigt biologistisch die Bestimmung Schwarzer Menschen zum Dienen. Verkörpert und dargestellt wird dieser Narrativ beispielsweise in *Pippi Langstrumpf* und in Werbefiguren wie ›Uncle Ben‹ oder dem ›Sarottim*‹. Implizit enthalten war diese Vorstellung zudem bis vor einiger Zeit noch in der Entwicklungszusammenarbeit, die als ›Entwicklungshilfe‹ bezeichnet wurde. Der Begriff ›Hilfe‹ weist auf eine Hierarchie hin: Die Unterlegenen benötigen die Hilfe der Überlegenen, da sie selbst nicht kompetent sind. Dieser Begriff verschleiert die Tatsache, dass die ›Hilfsbedürftigkeit‹ einiger Länder der sogenannten ›Dritten Welt‹ erst durch die *weißen* Kolonisatoren verursacht wurden. Bevor die Kolonisation die sozialen, gesellschaftlichen, ökologischen und ökonomischen Strukturen der ›Drittweltländer‹ zerstört haben, kamen diese Länder auch prima ohne ›Hilfe‹ zurecht.
- Schwarze Menschen als ›Affenmenschen‹: In der Tradition der biologistischen Vorstellungen der deutschen Philosophen der Aufklärung und der sozialdarwinistischen und kolonialistischen Narrative der ›Völkerschauen‹ wurden N* als ›Affenmenschen‹ angesehen, als unterste Entwicklungsstufe des Menschen.[140] Dieses Narrativ diente nicht nur der Rechtfertigung von Kolonialismus und Sklaverei, sondern auch der biologistischen Aufwertung *weißer* Menschen nach der als Kränkung der Menschheit empfunden Entdeckung Charles Darwins, dass Menschen vom Affen abstammen. Die weltweite Auslöschung indigener Völker durch die Europäer im 18. und 19. Jahrhundert wurde auch unter Bezug auf Darwin gerechtfertigt (Sozialdarwinismus), da das ›Überleben der Stärkeren‹ als ›natürlich‹ angesehen wurde. Ein noch recht aktuelles Beispiel für die Diskriminierung Schwarzer Menschen als ›Affen‹ stellt der Fall der damaligen Antidiskriminierungsbeauftragten der Berliner Senatsverwaltung für Jugend, Bildung und Familie, Saraya Gomis, dar, die 2018 an der Johanna-Eck-Schule in Berlin einem regelrechten ›Affen-Terror‹ (Affenlaute, Affenmasken, Plakate und ein persönlicher

140 Vgl. Schmidt-Wulffen: Die »Zehn kleinen N-lein«, S. 92.

Brief mit Affensticker) durch die Lehrer*innen (!) ausgesetzt war.[141] Die Diskriminierung Schwarzer Menschen mittels Affenlauten ist auch aus dem Profifußball bekannt.

- Die Imagination Schwarzer Menschen als ›Wilde‹ inklusive Baströckchen, Kettchen, Knochen im Haar und Trommeln. Diese Art der Darstellung findet sich in zahlreichen Kinderbüchern, so auch in *Pippi Langstrumpf*. Ein recht aktuelles Beispiel ist das Buch *Hexe Lilli auf der Jagd nach dem verlorenen Schatz* aus der ›Hexe Lilli‹-Reihe des Autors Knister, das 2008 erschien und 2015 neu aufgelegt wurde. Mit diesem Klischee geht oft die Vorstellung von Schwarzen Menschen als Menschenfresser einher: Zum einen musste sich das christliche mittelalterliche Abendland aufgrund der heiligen Eucharistie vom muslimischen Morgenland den Vorwurf der Anthropophagie gefallen lassen. Zum anderen bilden Geschichten über Menschenfresser seit sehr langer Zeit einen Bestandteil des kollektiven deutschen/europäischen Textgedächtnisses und sind beispielsweise in Märchen (Hänsel und Gretel) zu finden. Das Zusammenwirken dieser beiden Faktoren hat vermutlich dazu geführt, die europäische Faszination für den Menschenfresser auf Schwarze Menschen zu projizieren. In Kinderbüchern anzutreffen ist diese Vorstellung z. B. bei *Lurchi* oder auch in dem Buch *Moni und der Monsteraffe* des Autors Franzobel von 2008, das der österreichische Picus Verlag nach wiederholten Rassismusvorwürfen 2018 aus seinem Programm genommen hat.
- Dämonisierung Schwarzer Menschen: Beeinflusst von mittelalterlichen Vorstellungen hielt sich zudem lange das Narrativ Schwarzer Menschen nicht nur als gottlose Heiden, sondern darüber hinaus als Fetischismus oder Voodoo praktizierende, Rituale vollziehende, Götzen anbetende Satanisten, die einer ›dunklen Magie‹ angehörig sind,[142] oder sogar in der Form des ›Schwarzen Mannes‹ als Teufel.
- Clowneske Darstellung Schwarzer Menschen als ›Hosenn*‹: Lächerliche Darstellung Schwarzer Menschen (im Amerikanischen als ›Coon‹ bezeichnet) hauptsächlich in der Kolonialzeit, die sich mit europäischer

141 Vgl. Luig, Judith: Bildung in Berlin. Schule mit Rassismus. In: *Die Zeit*, 24.07.2019. Verfügbar unter Bildung in Berlin: Schule mit Rassismus | ZEIT ONLINE, Zugriff am 12.04.2022.

142 Vgl. Schmidt-Wulffen: Die »Zehn kleinen N-lein«, S. 92.

Kleidung überzogen elegant als Dandy kleiden oder ein zentrales Kleidungsstück wie die Hose vergessen. Diese Ungeschicklichkeit beim Kleiden sollte die Unvereinbarkeit mit der ›europäischen Kultur‹ ausdrücken, an die der ›Hosenn*‹ trotz seiner Bemühungen nicht heranreichen kann. Diese Vorstellung findet sich beispielsweise in *Tim und Struppi*, aber auch gemalt auf Porzellan[143] oder verkörpert als Spielzeug[144].

- Schwarze Menschen als ›authentisch‹; als exotisch und erotisch, aber auch aggressiv. Diese Stereotype werden gerne in (US-amerikanischen) Filmen oder auch in Kinderfilmen wie *Aladin* von Walt Disney propagiert.
- Der M* war im Gegensatz zum N* eher positiv konnotiert, als Diener, Orientale, Eunuch, Kind und somit unbedrohlich. Der M* war nicht heidnisch wie der N*, sondern osmanisch, also muslimisch, und repräsentierte die exotische Kultur des Orients. Er findet sich in zahlreichen Darstellungen der Trivialkunst wie dem ›Nickn*‹ als Spardose, aber auch in Ziergegenständen, z. B. fixiert in einer dienenden Position, als Tabletträger, Lampen- oder Kerzenhalter oder Kofferträger oder in einer grüßenden Position oder als ›Sarottim*‹ oder als ›Uncle Ben‹ in einer versorgenden ernährenden Position.[145] Die Fixierung Schwarzer Figuren in derartigen dienenden Positionen verkörpert Grada Kilomba zufolge zum einen jenen Ort, den Schwarze Menschen in der *weißen* Vorstellung einnehmen sollten, und zum anderen den heimlichen *weißen* Wunsch, selbst eine/n Sklav*in zu besitzen. Die Figuren dienen demnach dem Ausdruck und der Kompensation unerfüllter *weißer* Wünsche.[146] Das Image des M* konnte sich aber nicht langfristig halten: Seit dem Kriegsdienst der M* für die Türken verloren diese ihre ›positiven‹ Konnotationen und wurden als ebenso bedrohlich wahrgenommen. Konserviert wurden die positiven Zuschreibungen ausschließlich in Kinderbüchern und in der Werbung.[147]

143 Vgl. z. B. Sichling, Su-Ran: Hosenn*. Bei su-ransichling.com, 2010. Verfügbar unter Hosenn*: Su-Ran Sichling, Zugriff am 12.04.2022.
144 Vgl. z. B. Falkenberg, Karin: Die dunkle Seite der Objekte. Bei: museenblog-nuernberg, 03.11.2020. Verfügbar unter Die dunkle Seite der Objekte – Museenblog Nürnberg (museenblog-nuernberg.de), Zugriff am 12.04.2022.
145 Vgl. Schmidt-Wulffen: Die »zehn kleinen N-lein«, S. 82.
146 Vgl. Kilomba: Plantationen Memories, S. 130.
147 Vgl. Schmidt-Wulffen: Die »Zehn kleinen N-lein«, S. 113 f.

Um diese Zuschreibungen und Narrative zu verstehen, muss man einen Blick in die deutsche Kolonialgeschichte werfen. Die europäische Expansion und die Sklaverei erfuhren durch die Philosophie der Aufklärung, die das ›Rassedenken‹ als wissenschaftliche Erkenntnis etablierte, eine moralische Rechtfertigung. Der (deutsche) Kolonialismus baute diese Vorstellungen nicht nur aus und deutete die Ausbeutung somit positiv um, sondern verknüpfte auch erstmals die Konstrukte ›Rasse‹ und ›Nation‹ miteinander, wodurch der ideologische Grundstein für die Vorstellung der Existenz eines ›deutschen Blutes‹ im Nationalsozialismus gelegt war. Aus dieser Verknüpfung resultiert die bis heute gültige Vorstellung, dass der/die typische Deutsche *weiß*, blond und blauäugig sei. Abgesehen von dieser Vorstellung eines/r typischen *weißen* Deutschen, sind auch gängige Schwarze Stereotype und Zuschreibungen auf die Kolonialzeit zurückzuführen. Abgesehen von den Rohstoffen der Kolonien, wie Zucker, Kaffee, Tabak, Reis, Kakao, Gewürze, Tee, Palmöl, Edelsteine, Kupfer und Salpeter, waren die kostenlosen Arbeitskräfte das »wertvollste Aktivum der Kolonien« für deutsche Unternehmen.[148] Doch um zu überdauern, musste sich die Kolonisation als »zivilisatorisches Projekt ausgeben«[149]. Um dies zu erreichen, musste die von den kostenlosen Arbeitskräften geleistete Zwangsarbeit elementar umgedeutet werden: als Gefallen, als Hilfe, als Pflicht, als »Bürde des weißen Mannes«[150]. Aus der natürlichen Überlegenheit der *weißen Männer* resultiert ihre ›Verpflichtung‹ zur ›Hilfeleistung‹. Diese Vorstellungen mussten in Form von Propaganda in ›Mutterländern‹ wie Deutschland anschaulich und nachhaltig verbreitet werden. Dies gelang beispielsweise mithilfe der Völkerschauen und der Kolonialausstellungen, die bis in die 1930er-Jahre stattfanden und ein wahres Massenphänomen waren. In einer Ära, unmittelbar bevor das Kino erfunden wurde und für die breite Öffentlichkeit Popularität erlangte, boten diese Veranstaltungen, die in Zoos, im Zirkus, auf Jahrmärkten und im Rahmen großer Ereignisse wie der Weltausstellung (heute unter der Bezeichnung ›Expo‹ bekannt) abgehalten wurden, den *weißen* Menschen Unterhaltung. Mittels der bei

148 Zwangsarbeit in den deutschen Kolonien. Bei: Intervention koloniale Zwangsarbeit. Verfügbar unter Zwangsarbeit in den deutschen Kolonien | Intervention koloniale Zwangsarbeit (wordpress.com), Zugriff am 24.05.2022.

149 Thuram: Das weiße Denken, S. 88.

150 Kipling, Rudyard: The White Man's Burden. Dieses Gedicht von 1899 propagiert, dass die »weiße Rasse« dazu verpflichtet sei, die indigene Bevölkerung der Kolonien zu zivilisieren.

diesen Veranstaltungen propagierten Menschenbildern musste der breiten Bevölkerung verständlich gemacht werden, warum die Kolonisation in all ihren Aspekten ›gut‹ und ›richtig‹ war. Die banale Lukrativität des kolonialen Handels reichte als Erklärung für den Kolonialismus nicht aus; es musste vielmehr anschaulich und leicht begreifbar gemacht werden, dass indigene Menschen primitiv seien und zivilisiert werden müssten, dass sie ›wild‹ seien und gebändigt werden müssten, dass sie heidnisch seien und missioniert werden müssten, dass sie hilflos und naiv seien und geleitet werden müssten, dass sie faul seien und durch Arbeit geheilt werden müssten, dass sie als Diener*innen geboren würden und eines Herren bedürften. Am besten wurden diese Vorstellungen genau dort verbreitet, wo auch der Profit erzielt wurde: z. B. in den sogenannten Kolonialwarenläden. Hier wurden diejenigen Vorstellungen reproduziert, die zuvor durch Menschenzoos und Kolonialausstellungen evoziert wurden, und deren Image mit den kolonialen Produkten verknüpft, sodass auch *weiße* Menschen am ›kolonialen Lebensgefühl‹, der Verbindung von Exotik und *weißer* ›Wohltätigkeit‹, partizipieren konnten. Um dies zu veranschaulichen, zitieren wir aus dem »Amtlichen Bericht über die Erste Deutsche Kolonialausstellung, Berlin 1896«[151], die vom 01.05. bis zum 15.10.1896 abgehalten wurde:

> »Über einhundert Eingeborene sind aus West- und Südwestafrika, Ostafrika und Neu-Guinea gekommen, um das Völkergemisch der Kolonien zu repräsentieren. Dafür wurde ihnen außer dem vereinbarten Lohn für acht Monate Hin- und Rückfahrt, gewohnte landestypische Verpflegung, Unterkunft, gegen europäische Witterungseinflüsse warme Kleidung und medizinische Versorgung geboten. In der Beschäftigung und Tageseinteilung wird ein feststehender Modus gewahrt: Gegen zehn Uhr gehen zwei bis drei Mann von jedem Stamm zur Verpflegungsausgabe, der die Bereitung des Mittagsmahls folgt, das unter Lachen und Scherzen verzehrt wird. Eine einstündige Ruhepause benutzen die einen zu einem Schläfchen, andere wieder zu Spiel und Plauderei. Anschließend schmückt man sich zu den Vorführungen und Tänzen. Nachmittags finden die Vorführungen, Tänze und landesüblichen

151 Verfügbar unter: Trommeln über Treptow – Horst Kleinert (horst-kleinert.de), Zugriff am 28.05.2022. Diese ›Berliner Kolonialausstellung‹ wird von den Berliner Museen Treptow-Köpenick und dem Projekt Dekoloniale Erinnerungskultur seit dem 15.10.2021 in der Dauerausstellung »zurückgeschaut/looking back« historisch aufgearbeitet.

Spiele der Eingeborenen statt. Später versammeln sie sich in der Araberstadt, wo sie Kriegstänze und -spiele vorführen.«

Aus diesem Bericht geht zunächst hervor, dass sich das deutsche ›Mutterland‹ sehr gut um die Bewohner*innen seiner Kolonien kümmert. Davon abgesehen wurden den Besucher*innen exotisch ausstaffierte Schwarze Menschen präsentiert, die hauptsächlich essen und kochen, lachen und reden, schlafen und ausruhen, tanzen, spielen und kämpfen. Hier findet sich also eine der Ursachen für die oben aufgelisteten Zuschreibungen an Schwarze Menschen wie Faulheit (essen, schlafen, reden), Kindlichkeit (spielen, tanzen), Exotik, Authentizität, Primitivität, Wildheit, Körperlichkeit (relative Nacktheit; entgegen der Beschreibung im Text belegen Fotos den Mangel an Kleidung bzw. europäischer warmer Kleidung), da dies exakt jene Eigenschaften waren, die Schwarze Menschen im Rahmen von Ausstellungen *weißen* Zuschauer*innen vorführen sollten. Da dies in der damaligen Zeit alles war, was *weiße* Menschen über Schwarze Menschen erfahren konnten, ist verständlich, dass dieses ›Wissen‹ vom mehrheitlichen Teil der *weißen* deutschen Bevölkerung generalisiert wurde und die Produkte aus den Kolonien mit diesem vermeintlichen Wissen in Bezug gesetzt wurden. Zu bedenken gilt es auch, dass viele der Kolonialwaren gleichzeitig Genussmittel waren, wie z. B. Kaffee, Tee, Zucker, Tabak. Diese wurden nun systematisch mit fröhlichen, aber prinzipiell eher faulen, exotischen Menschen in Bezug gesetzt, denen man durch die Kolonialisierung auch noch helfen konnte, zivilisatorisch, moralisch und religiös. Da dieses Verfahren sehr gut funktionierte, waren die wirtschaftlichen Unternehmen mitunter die größten Profiteure des deutschen Kolonialismus. Exemplarisch sei hier die Supermarktkette Edeka genannt, die 1898 in Berlin gegründet wurde, unter der Bezeichnung »Einkaufsgenossenschaft der Kolonialwarenhändler« = EdK = Edeka. In den Kolonialwarenläden wurden das Konstrukt des guten und helfenden *Weißen* und das Konstrukt des missionierten, dankbar dienenden, primitiven, aber fröhlichen Schwarzen ganz unmittelbar mit dem Endprodukt des Kolonialismus verknüpft: der kolonialen Ware. Dieses Narrativ lebt bis heute fort, indem beispielweise auf Fair-trade-Produkten immer noch häufig arbeitende und dabei fröhlich lächelnde Schwarze Menschen abgebildet sind. Der/die Käufer*in soll somit den Eindruck bekommen, er/sie würde mit seiner/ihrer Kaufentscheidung für das etwas teurere Produkt zugleich etwas ›Gutes‹ tun für diese abgebildeten Menschen (white saviorism).[152] Auf diese Weise erklären sich vermeintlich wohlmeinende stereotype Darstellungen in Kinderbüchern und in der Werbung. Schwarze Menschen wurden im 20. Jahrhundert systematisch mit kolonialen Produkten wie Kakao und Kaffee in Bezug gesetzt: Schokoküsse wurden als ›N*kuss‹ oder ›M*enkopf‹ bezeichnet, der Schokoladenhersteller *Sarotti* warb mit einer stereotypen Schwarzen Figur, dem ›Sarottim*‹, und die Kaffeeproduzenten *Tschibo* und *Eduscho* bildeten klischeehaft überzeichnete Schwarze Figuren auf ihren Produktverpackungen ab. Häufig fanden sich auch noch in der Nachkriegszeit diskreditierende Darstellung in Werbemedien, wie Prospekten, die es beim Kauf gratis dazu gab, und die auf Kinder ausgerichtet waren, wie z. B. das *Sanella*-Sammelalbum ›AFRIKA‹.[153] Insgesamt lässt sich feststellen, dass in Deutschland hinsichtlich rassistischer Narrative traditionell eine enge Verbindung zwischen Kinderbüchern und Werbung besteht. Dies mag zum Teil daran liegen, dass die Werbung für viele Produkte auch auf Kinder ausgerichtet war und sich aus dieser Werbung Kinderbücher entwickelt haben. Ein Beispiel hierfür ist die Kinderbuchreihe *Lurchi*, die der Werbung der Schuhfirma *Salamander* entspringt. Zudem gab es in den 50er-Jahren zahlreiche der oben erwähnten Heftchen, die Kindern mitgegeben wurden, wenn ihre Eltern ein ›afrikanisches‹ Produkt wie Kaffee kauften. Das Ziel dieser Maßnahmen bestand darin, den/die Kunden/in zum erneuten Kauf des Produkts zu animieren und die Kinder als Hebel hierfür zu benutzen, da diese das nächste Heftchen haben wollten. Diese Heftchen propagierten genau jenes klischeebelastete Afrika-Bild, das anhand der oben aufgezählten Narrative konstruiert wurde, und das heute noch im kollektiven deutschen Textgedächtnis überdauert.[154] Obwohl Deutschland seine Kolonien 1919 wieder aufgeben musste, blieben die deutschen Kolonialwarenläden bis in die 1970er erhalten und hielten die Romantisierung des kolonialen Klischees am Leben. Das ›Afrika‹-Bild der Deutschen basiert somit auf Jahrhunderten der diffamierenden Darstellung in Texten, in Bildern, im Theater, in Menschenausstellungen, in der Werbung, in (Kinder)Büchern und in Filmen.

---

152 Vgl. Josephine Apraku in »Wo sich Rassismus versteckt und was wir dagegen tun können«. Bei PLUS Reportage, 05.08.2020. Verfügbar unter Wo sich Rassismus versteckt und was wir dagegen tun können || PULS Reportage – YouTube, Zugriff am 10.06.2022.

153 Vgl. Schmidt-Wulffen: Die »Zehn kleinen N-lein«, S. 109 f.

154 Vgl. Schmidt-Wulffen: Die »Zehn kleinen N-lein«, S. 109.

Seine Unschuld verloren hat der alltägliche Rassismus, der z. B. in Konsumprodukten wie Süßigkeiten reproduziert wurde, erst im Zuge des postcolonial turns um 2000. Seitdem werden rassistische Bezeichnungen und stereotype Darstellungen zunehmend kritisiert und aus vielen Lebensbereichen wie der Alltagssprache oder der Werbung getilgt. Die Benutzung diffamierender Fremdbezeichnungen wie des N-Worts und des M-Worts wird allgemein als unangebracht empfunden. So beschloss z. B. der oben erwähnte Schokoladenproduzent *Sarotti* 2004, seinen ›Sarottim*‹ in ›Magier der Sinne‹ umzubenennen, und die Firma *Uncle Ben's* änderte ihr Logo, das einen Schwarzen Mann in der traditionellen Rolle als Bediensteten darstellt, nach dem Tod von George Floyd[155]. Die Initiative Schwarze Menschen in Deutschland (ISD) hat das partizipative Onlineprojekt »Tear this down«[156] ins Leben gerufen, das auf die Dekolonisation der sichtbaren Öffentlichkeit abzielt. Hier besteht die Möglichkeit, koloniale Denkmäler und Straßennamen zu melden, für deren Umbenennung sich die ISD einsetzt. Der für die ISD arbeitenden Regisseurin und Kulturwissenschaftlerin Simone Dede Ayivi zufolge wurden 270 koloniale Straßennamen und Denkmäler in Deutschland alleine innerhalb der ersten 24 Stunden nach Eröffnung des Projekts verzeichnet. Auf diese aktivistische Arbeit der ISD ist auch die Umbenennung der M*straße in Berlin in Anton-Wilhelm-Amo-Straße 2020 zurückzuführen. Die heutige Vermeidung bzw. Tilgung der Begriffe N* und M* ist jedoch nicht wie immer noch häufig behauptet darin begründet, dass diese Wörter einen semantischen Wandel durchlaufen haben, also ihre Bedeutung geändert haben, sondern darin, dass die gesellschaftliche Öffentlichkeit sensibler für Diskriminierungen geworden ist. Dies mag gerade darauf zurückzuführen sein, dass die Einwanderung nach Deutschland beständig zunimmt: »Die zunehmende Beteiligung von den ›Anderen‹ der Moderne, in gegenwärtigen, gesellschaftlichen Feldern der Wissenschaft, Politik und Kultur, macht die Widersprüche in der modernen Grundlage unserer

155 Die Tötung des Schwarzen Amerikaners George Perry Floyd am 25. Mai 2020 im US-Bundesstaat Minnesota durch einen *weißen* Polizisten, die von einem Passanten gefilmt wurde, sorgte für weltweites Aufsehen und löste nicht nur eine Welle von Protesten und Demonstrationen gegen rassistische motivierte Polizeigewalt aus, sondern führte darüber hinaus auch zu einer verstärkten gesellschaftlichen Reflexion über anti-Schwarzen Rassismus.

156 Tear this down – Kolonialismus jetzt beseitigen.

Ungleichheitsstruktur immer offensichtlicher.«[157] Die diskriminierten Gruppen werden nicht mehr im selben Maß wie früher als ›anders‹ empfunden und eignen sich daher auch nicht mehr als Projektionsfläche. Zudem haben diese fremdbezeichneten Menschen nun, da sie Teil der Gesellschaft sind, eine Stimme, mit der sie sich gegen ihre von *weißen* Menschen erschaffenen Repräsentationen wehren können. Begriffe wie das N-Wort wurden schließlich auch in Kinderbüchern aufgespürt und bemängelt, was 2013 zur sogenannten ›Kinderbuchdebatte‹ führte. Seither hat sich die Auseinandersetzung mit Themen wie Alltagsrassismus, kulturelle Aneignung, Ablehnung von postkolonialer Ausbeutung (z. B. in Form des Kaufs von Fair-trade-Produkten) und eigene Privilegien in der deutschen Öffentlichkeit noch weiter verstärkt. Diese Auseinandersetzung steht jedoch in einem permanenten Spannungsfeld zur ›political correctness‹ und zur ›cancel culture‹ (darauf werden wir an späterer Stelle noch eingehen).

In den letzten Jahrhunderten hat die *weiße* deutsche/europäische Bevölkerung in doppelter Weise von der Unterdrückung und Ausbeutung Schwarzer/indigener Menschen profitiert: finanziell durch die erbeuteten Rohstoffe und die Zwangsarbeit und moralisch durch die systematische Abwertung. Beide Formen der Ausnutzung nicht-*weißer* Menschen gingen Hand in Hand, waren ineinander verstrickt und bedingten einander: Der fortwährende wirtschaftliche Profit war nur möglich aufgrund der entsprechenden Menschenbilder. Die Kolonisierung wurde immer stärker positiv umgedeutet und wurde letztendlich zum Gefallen, den der Kolonisierer den Kolonisierten tat; zur moralisch-christlichen ›Pflicht‹, zur ›Bürde des *weißen* Mannes‹.

Der Afrozensus 2020

2020 wurde erstmals von den Organisationen *Each One Teach One* (EOTO) e. V. und *Citizens For Europe* (CFE) ein Afrozensus in Deutschland durchgeführt, der die Erfahrungen Schwarzer, afrikanischer und afrodiaspori-

---

157 Auma, Maisha Maureen: Kulturelle Bildung in pluralen Gesellschaften. Diversität von Anfang an! Diskriminierungskritik von Anfang an! Bei: Kulturelle Bildung online, 2018. Verfügbar unter Kulturelle Bildung in pluralen Gesellschaften: Diversität von Anfang an! Diskriminierungskritik von Anfang an! | kubi-online, Zugriff am 21.02.2022.

scher Menschen unter anderem in Bezug auf Diskriminierungserfahrungen in 14 verschiedenen Lebensbereichen, auf anti-Schwarzen Rassismus und auf den Umgang mit Diskriminierung festgehalten hat. Vom 20.07. bis 06.09.2020 haben knapp 6.000 (der insgesamt ca. eine Million in Deutschland lebenden) Schwarzen Menschen an der anonymen Onlinebefragung teilgenommen. Die Ergebnisse wurden in einem 300-seitigen Bericht zusammengefasst. Somit liegt nun ein erster (wenn auch nicht repräsentativer) Bericht zu anti-Schwarzem Rassismus in Deutschland vor. Aus dem Afrozensus geht nicht nur hervor, dass die überwiegende Mehrheit der Teilnehmer*innen an der Befragung regelmäßig Rassismuserfahrungen macht. Darüber hinaus geben die Ergebnisse des Afrozensus' Auskunft über die Art und Weise der Diskriminierung. Dabei zeigen sich verschiedene Mechanismen der Ausgrenzung: Exotisierung (90 % der Befragten gaben an, dass ihnen ungefragt in die Haare gefasst werde), Sexualisierung (80 % haben sexualisierte Kommentare bezüglich ihres Aussehens auf Dating-Apps erhalten) und Kriminalisierung (56 % wurden gefragt, ob sie Drogen verkaufen, und werden grundlos von der Polizei kontrolliert), Aberkennung von Kompetenzen, Entindividualisierung und Homogenisierung.

Außerdem hat der Afrozensus einen wichtigen Fakt bestätigt, von dem von Rassismus betroffene Menschen immer wieder berichten: dass Rassismus häufig nicht ernst genommen wird. Über 90 % der befragten Personen gaben an, dass ihnen nicht geglaubt werde, wenn sie Rassismus ansprechen. 86 % gaben an, dass ihrer Rassismuskritik mit Wut begegnet werde.

Besonders benachteiligt werden Schwarze Menschen in Deutschland dem Afrozensus zufolge im Gesundheitsbereich und auf dem Wohnungsmarkt. Am stärksten von Diskriminierung betroffen sind Schwarze Menschen mit intersektionalen Identitäten (also z. B. Schwarze Frauen, Schwarze Menschen mit Behinderung oder Schwarze Menschen jenseits der Heteronormativität). Im Interview mit der *Deutschen Welle* führt einer der Autor*innen der Studie, der Politikwissenschaftler Joshua Kwesi Aikins, das Ausmaß an anti-Schwarzem Rassismus in Deutschland, der sich über viele Lebensbereiche erstreckt, auf ein kollektives anti-Schwarzes Wissen der Deutschen zurück, das seit 500 Jahren in Deutschland tradiert werde.[158]

---

158 Vgl. Afrozensus – Rassismus gegen Schwarze in Deutschland | DW Nachrichten – YouTube, Zugriff am 12.05.2022.

Rassismus und Kinder

Leider zeigt sich Rassismus in der Sozialisation von Schwarzen und *weißen* Kindern schon sehr früh: Betroffene Familien berichten über Rassismusvorfälle in Kita, Kindergarten und Grundschule, in die andere Kinder, aber auch Erzieher*innen und Pädagog*innen involviert sind. Rassismus im Kontext der Erziehung, Betreuung und Ausbildung von Kindern ist somit häufig institutionell und strukturell begründet. Rassistische Mechanismen in Einrichtungen für Kinder sind beispielsweise ein monolingualer Habitus, der solche Kinder sprachlos macht, die Deutsch nicht als Muttersprache sprechen, indem unerwünschte Sprachen seitens der Betreuenden verboten werden. Auch der Mangel an diversen Kinderbüchern in Grundschulen, Kindergärten und U3-Betreuungen führt zu strukturellem Rassismus in der Betreuung von Kindern, da diese ihre Bezugsidentitäten in der Betreuungseinrichtung nicht wiederfinden.[159] Betreuungseinrichtungen sind somit dominanzkulturelle Orte. Problematisch ist insbesondere, dass der implizite Rassismus von Kindern internalisiert wird; er wird zur ›Normalität‹. Nicht-*weiße* Kinder gewöhnen sich auf diese Weise daran, dass sie nicht repräsentiert oder nur in stereotypen Formen dargestellt werden (Krieg, Flucht), auf die sie reduziert werden.[160] Rassismus ist ebenfalls in Lehrmaterialien wie Arbeitsblättern und Schulbüchern nachgewiesen.[161] Bis heute existiert keine antirassistische Qualitätskontrolle für Schulbücher; auch das muss als strukturelles Problem angesehen werden. Ebenfalls sieht die Ausbildung von Pädagog*innen keine expliziten antirassistischen Ausbildungsmodule vor. Wie die »Max-und-Murat-Studie« der Universität Mannheim von 2018 belegt, schätzen Lehrkräfte jene Schüler*innen,

---

159 Vgl. Seyran Bostanci (Wissenschaftliche Mitarbeiterin am Deutschen Zentrum für Integrations- und Migrationsforschung) in der Diskussion Rassismus von Anfang an lernen? Wie sich struktureller Rassismus in Kita und Grundschule auswirkt. Bei: Berliner Landeszentrale für politische Bildung, 04.11.2021. Verfügbar unter Rassismus von Anfang an lernen? Wie sich struktureller Rassismus in Kita und Grundschule auswirkt. – YouTube, Zugriff am 26.05.2022.

160 Vgl. Hoa Mai Tran (Kindheitspädagogin, Institut für den Situationsansatz) in der Diskussion Rassismus von Anfang an lernen? Wie sich struktureller Rassismus in Kita und Grundschule auswirkt.

161 Vgl. hierzu Bönkost, Jule: Dekonstruktion von Rassismus in Schulbüchern: »Verbesserte« Schulbuchinhalte reichen nicht aus. Braunschweig: Georg-Eckert-Institut – Leibniz-Institut für Schulbuchforschung 2020. Volltext verfügbar unter 34 (d-nb.info), Zugriff am 26.05.2022.

die sie nicht als *weiß* und deutsch rassifizieren, notorisch schlechter ein.[162] Zudem gibt es, wenn es zu Rassismusvorfällen in Kontext der Betreuung, Erziehung und Ausbildung von Kindern kommt, nach wie vor keine darauf ausgerichteten Beschwerdestellen. Nicht-*weiße* Kinder werden somit von Anfang an strukturell benachteiligt. Was hingegen *weiße* Kinder angeht, so hat die pädagogische Forschung inzwischen nachgewiesen, dass diese Kinder rassistische Stereotype umso besser verinnerlichen, je früher sie damit konfrontiert werden:

> »Stereotype, die in einem frühen Stadium des Sozialisationsprozesses erworben werden, sind besonders wirksam. Sie schlagen sich nicht nur in geäußerten Vorurteilen nieder. Sie begründen auch bei denen, die keine manifesten Ablehnungen äußern, negative Bilder [...] Höchst bedeutsam ist also eine möglichst frühe Einflussnahme auf junge Kinder, um der Gefahr ausgrenzender Stereotypisierung zu begegnen.«[163]

Wer sich nun zum Thema Kinder und Rassismus informieren und fortbilden möchte, kann bisher nur auf eine recht überschaubare Auswahl an hilfreicher Fachliteratur zurückgreifen. Zum Thema ›Antirassistische Erziehung‹ gibt es bislang noch nicht allzu viele Publikationen. Zu nennen ist zunächst der sehr empfehlenswerte Ratgeber *Gib mir mal die Hautfarbe. Mit Kindern über Rassismus sprechen* von Olaolu Fajembola und Tebogo Nimendé-Dundadengar. Die Autorinnen gehen hier ausführlich auf die Ursachen und Folgen von Rassismus bei Kindern ein und bieten Strategien für einen antirassistischen bzw. empowernden Erziehungsstil. Zudem geben sie praxisnahe Anleitungen, wie das Thema Rassismus mit Kindern einfühlsam besprochen werden kann. Von Olaolu Fajembola gibt es zudem den Ratgeber *Afrokids. Ein Ratgeber für die ersten Lebensjahre Schwarzer Kinder*. Dieses Buch wendet sich an die Eltern Schwarzer Kinder und dient dem Empowerment. Das gleiche gilt für den Titel *Empowerment als Erziehungsaufgabe. Praktisches Wissen für den Umgang mit Rassismuserfahrungen* von Nkechi Madubuko. Das Buch *Wie erkläre ich Kindern Rassismus* von Josephine Apraku ist hingegen vor allem auf die

162 Vgl. Max versus Murat: schlechtere Noten im Diktat für Grundschulkinder mit türkischem Hintergrund | Universität Mannheim (uni-mannheim.de), Zugriff am 26.05.2022.

163 Schlösser, Elke: Wir verstehen uns gut. Spielerisch Deutsch lernen. Aktualisierte Neuaufl. 2016. Münster: Ökotopia Verlag 2001, S. 147.

Sensibilisierung *weißer* Kinder ausgerichtet und erklärt sehr einfach und verständlich, was Rassismus ist und wie er funktioniert. Ebenfalls sehr empfehlenswert und erhellend ist das Buch *Grundschule Schwarz weiß? Denk- und Handlungsansätze für eine rassismuskritische Grundschule* von Barbara Rösch. Ursprünglich für Lehrer*innen konzipiert, ist das Buch jedoch auch lesenswert für Erzieher*innen und Eltern. Hier wird zum einen über das (zumindest für Eltern *weißer* Kinder) erschreckende Ausmaß von Rassimuserfahrungen in deutschen Kindergärten und Schulen aufgeklärt und anschließend Strategien für einen empowernden Umgang mit allen Kindern geboten. Das Buch bietet auch einen sehr umfangreichen Forschungsüberblick. Alle Autorinnen geben zudem einen Überblick über die Geschichte des Rassismus.

(Alltags-)Rassismus beruht häufig auf einer Mischung aus Unwissenheit und Scham. Da die Eltern *weißer* Kinder im Gegensatz zu den Eltern Schwarzer Kinder keinen konkreten Anlass haben, sich mit dem unangenehmen Thema Rassismus auseinanderzusetzen, tun sie es meist auch nicht. Stattdessen gehen sie oft von einer Reihe von Fehlannahmen aus. So denken viele *weiße* Eltern, es reiche aus, sich selbst nicht explizit rassistisch und diskriminierend zu verhalten, um seinen Kindern ein gutes Vorbild zu sein und sie somit am Erlernen rassistischer Vorurteile zu hindern.[164] Weit verbreitet und falsch ist auch die Annahme, Kinder würden Hautfarben nicht voneinander unterscheiden (Farbenblindheit).[165] Kinder registrieren unterschiedliche Hautfarben sehr wohl und sie registrieren ebenfalls die ungleiche Behandlung von Menschen aufgrund ihrer Hautfarbe und reproduzieren diese im schlimmsten Fall. Studien wie der ›Doll Test‹ haben gezeigt, dass Kinder bereits im Alter zwischen drei und fünf Jahren in der Gesellschaft vorherrschende Vorurteile, Werte, Hierarchien und Abwertungen übernommen haben.[166] Dies ist Fajembola und Nimendé-Dundadengar zufolge darauf zurückzuführen, dass neben dem, was Eltern ihren Kindern vermitteln, noch eine zweite Art von Bildung existiert:

164 Fajembola/Nimendé-Dundadengar: Gib mir mal die Hautfarbe, S. 35.

165 Vgl. ebd., S. 29.

166 Vgl. ebd., S. 33. Der ›Doll Test‹ von Kenneth und Mamie Clark belegt, dass sowohl Schwarze als auch *weiße* Kinder die *weiße* Puppe der Schwarzen Puppe vorziehen. Den ›Doll Test‹ zum Selberansehen gibt es beispielweise hier Doll Test, Rassistische Kinder? (migazin.de) Zugriff am 31.01.2022.

»[Eine] Art ›heimliche Bildung‹, die Kindern in Büchern, Filmen, traditionellen Reimen und anderen Medien vermittelt, was als begehrenswert und nicht begehrenswert angesehen wird. In dieser ›heimlichen Bildung‹ werden weiße Menschen regelmäßig als Held*innen und Anführer*innen präsentiert, während nicht-weiße Menschen in Nebenrollen gedrängt oder als ›Wilde‹ und Bösewichte porträtiert werden.«[167]

(Kleinere) Kinder sind somit sehr gut in der Lage, implizite und nonverbale Informationen aufzunehmen und abzuspeichern, sind sie jedoch gleichzeitig nicht imstande, diese kritisch zu reflektieren. So registrieren sie sicherlich die *weiße* Vormachtstellung in z. B. Medien wie Büchern, hinterfragen diese aber nicht. Daher ist es unbedingt die Aufgabe ihrer Eltern/Erzieher*innen und Lehrer*innen, sorgfältig auszuwählen, mit welchen Inhalten Kinder konfrontiert werden sollen und können und welche Inhalte Schaden anrichten, indem sie schlimmstenfalls verletzen und bestenfalls zur Konstruktion eines (rassistischen, sexistischen, heteronormativen etc.) Weltbildes beitragen. In Bezug auf Bücher und Filme gilt es daher, genau hinzuschauen: Treten auch Schwarze Menschen auf? Wenn ja, als handelnde Personen mit Redeanteil; als Hauptprotagonist*in oder nur als beste*r Freund*in des/der *weißen* Hauptprotagonist*in? Sind Schwarze Figuren positiv oder negativ besetzt? Werden sie auch im Fall einer positiven Besetzung mit rassistischen Stereotypen (sportlich, musikalisch, mit Akzent sprechend) dargestellt oder von anderen Figuren mit rassistischen Ausdrücken diffamiert?

Ein häufig wiederkehrendes Beispiel für Rassismus in der Kinderliteratur ist die Assoziation von Schwarzer Haut mit Schmutz. Die Motive, dass Schwarze Menschen ›schmutzige Haut‹ haben, und umgekehrt, dass *weiße* Menschen sich durch das Einreiben mit Schmutz in ›schwarze‹ Menschen verwandeln können (Blackfacing), sind Teil des kollektiven (Text-)Gedächtnisses. Dieses Narrativ wurde seit ca. 1900 systematisch durch die Werbeindustrie etabliert, die diese Assoziation fortwährend für die Bewerbung von Reinigungsprodukten nutzte. So verweist z. B. Emilia Roig in ihrer Untersuchung auf eine Werbung der Firma Dove für Duschgel aus dem Jahr 2017, in der eine Schwarze Frau ihr dunkles T-Shirt auszog und eine *weiße* Frau in einem hellen Shirt zum Vorschein kam. Diese Werbung stehe in einer rassistischen Tradition, so Roig. Bis in die 1960er

167 Ebd., S. 35.

wurde regelmäßig in der Werbung das Motiv verbreitet, dass die richtigen Reinigungsmittel aus Schwarzen Personen *weiße* Personen machen könnten.[168] Nicht umsonst sind bis heute solche Produkte (Seife, Shampoo, Duschgel, Waschmittel, Scheuermittel) vorwiegend weiß, obwohl es keinen zwingenden Grund dafür gibt. Diese Vorstellung in der Werbung korrespondiert traditionell mit den Darstellungen in Kinderbüchern. Ein Beispiel hierfür ist das 1877 publizierte Kinderbuch des Autors H. Oswald *Unter dem Märchenbaum* des Frankfurter Rütten & Loening Verlags, das sich mit insgesamt zehn Auflagen einer großen Beliebtheit erfreute. Hier wird von einem Kind erzählt, das sich nicht waschen will und von den anderen Kindern schließlich als ›M*kind‹ verspottet wird. Als das Kind dann einwilligt, sich zu säubern, ist es zu spät und es bleibt sein Leben lang ein M*.[169] Das Auftauchen dieser kausalen Verbindung von Schwarzer Haut und Schmutz in so unterschiedlichen Kontexten wie Kinderbüchern und Werbung belegt jedoch die Intertextualität rassistisch-stereotyper Konstruktionen. Solche Texte mögen *weiße* Kinder nicht groß beschäftigen; bei Schwarzen Kindern richten sie jedoch Schaden an. So machen Fajembola und Nimendé-Dundadengar darauf aufmerksam, dass sich die meisten Schwarzen Kinder irgendwann wünschen, *weiß* zu sein, und versuchen, durch übermäßiges Waschen oder andere Strategien ihre Hautfarbe aufzuhellen.[170] Tupoka Ogette berichtet in ihrem Buch *exit Racism* von Schwarzen Kindern, die versucht haben, sich mit weißer Creme zu behandeln oder Seife gegessen haben.[171] Kübra Gümüşay wiederum verweist in ihrem Buch *Sprache und Sein* auf ein Erlebnis, das ihr zugetragen wurde: Die Großmutter versuchte in der Badewanne die schwarze Haut des Enkels heller zu schrubben.[172] Diese Situation veranschaulicht, wie tief die Assoziation von Schwarzer Haut mit Schmutz bei manchen Menschen verankert ist, und lässt darauf schließen, dass in der Kindheit erlernter Rassismus meist im Erwachsenenalter erhalten bleibt, da rassistisch geprägte Denkmuster nur schwer wieder abzulegen sind.[173]

Eine antirassistische Erziehung umfasst eine ganze Reihe an Aspekten: die Reflexion der eigenen Kindheit, den gesamten Freundeskreis der Fa-

168 Roig: Why we matter, S. 176f.
169 Vgl. Schmidt-Wulffen: Die »Zehn kleinen N-lein«, S. 144.
170 Fajembola/Nimendé-Dundadengar: Gib mir mal die Hautfarbe, S. 39
171 Vgl. Ogette: exit Racism, S. 121.
172 Vgl. Gümüşay, Sprache und Sein, S. 50.
173 Vgl. Ogette: exit Racism, S. 41.

milie, Freund*innen in Kita und Schule, das Vokabular, das in der Familie verwendet wird, den Wohnort und das Umfeld. Dies sind sehr viele Faktoren, und Fajembola und Nimendé-Dundadengar konstatieren, dass Eltern häufig kaum Werkzeuge zur Verfügung haben, um Rassismus im kindlichen Alltag zu erkennen.[174] Dem Umgang mit Büchern kommt dabei unserer Auffassung nach ein besonderer Stellenwert aufgrund der hohen Bedeutung zu, die das Lesen in unserer Gesellschaft einnimmt. »Kinderbücher sind eine frühe Form der Bildung, sie regen die Fantasie an und geben Kindern die Möglichkeit, sich selbst wiederzufinden.«[175] »Lesekompetenz ist die Basis für Bildung und ein selbstbestimmtes Leben«, schreibt die *Stiftung Lesen* auf ihrer Homepage. »Wir sind davon überzeugt, dass Lesen die zentrale Voraussetzung für Bildung, beruflichen Erfolg, Integration und zukunftsfähige gesellschaftliche Entwicklung ist«, heißt es weiter.[176] Lesen ist somit sehr positiv konnotiert. Doch gerade bei der Betrachtung von Büchern mit Kindern werden »gesellschaftliche, normative Vorstellungen und gewohnte, gelernte, eingeprägte Denkmuster reproduziert. [Diese] prägen sich während der Kindesentwicklung intensiv ein«[177]. Somit sind nicht alle Kinderbücher per se als Lektüre geeignet, nur weil es sich um Bücher handelt. Gerade die Klassiker, die nicht nur als Bücher, sondern als Literatur angesehen werden, beinhalten rassistische Ausdrücke und Ansichten und reduzieren die Erzählungen auf die Erlebnisse *weißer* Kinder. So besteht gerade bei Lesenden mit BIPoC-Identität die Gefahr, dass das Vorhaben, Kinder zu stärken und für das Lesen zu begeistern, ad absurdum geführt wird. Geschichten, in denen Schwarze Kinder nicht vorkommen oder sie sogar diffamiert bzw. exotisiert werden, sind kaum geeignet, diesen das Lesen schmackhaft zu machen. Somit besteht schon sehr früh die Gefahr einer strukturellen Benachteiligung Schwarzer oder anders rassifiziert markierter Kinder. Für *weiße* Kinder wiederum tragen solche Kinderbuchklassiker zu einer rassistischen Sozialisierung bei. Das Perfide an so einer rassistischen Sozialisierung ist, dass man den Rassismus nicht erkennt, aber ihn dennoch

174 Vgl. Fajembola/Nimendé-Dundadengar: Gib mir mal die Hautfarbe, S. 12.

175 Hödl, Saskia: Kinder müssen sich selbst sehen. Bei: Heinrich Böll Stiftung Heimatkunde, Migrationspolitisches Portal, 17.09.2020. Verfügbar unter Kinder müssen sich selbst sehen | heimatkunde | Migrationspolitisches Portal der Heinrich-Böll-Stiftung (boell.de), Zugriff am 08.02.2022.

176 Vgl. Stiftung Lesen: Vision und Mission. Verfügbar unter Vision und Mission: Stiftung Lesen, Zugriff am 04.02.2022.

177 Bordo: Vermittlung von Vorurteilen und Stereotypen im Kindesalter.

immer wieder reproduziert.[178] Die Journalistin Jana Pareigis weist darauf hin, dass die diffamierenden Darstellungen Schwarzer Menschen in Kinderbüchern wie in *Tim und Struppi* bei Betroffenen wie ihr selbst Spuren hinterlassen.[179] Die Sozialpädagogin und Erziehungswissenschaftlerin Maisha Maureen Auma bezeichnet die Regelmäßigkeit der stigmatisierenden und entwertenden Darstellungen von BIPoC(-Kindern) und ihrer Gesellschaften daher als eine Form kultureller Gewalt.[180] Emilia Roig schreibt dazu:

> »Ob in Büchern, Liedern, Filmen, in der Werbung oder bei Spielzeug: Unserem kollektiven Unterbewusstsein wurden und werden permanent Bilder von unterlegenen Schwarzen geliefert. Existierende Unterschiede zwischen Menschen sind nicht das Problem, sondern die Wertung, die damit verbunden ist.[181] [...] Was wäre gewesen, wenn meine Mutter [...] in Kinderbüchern Schwarze Kinder dargestellt gesehen hätte – nicht nur Schwarze Diener mit grotesk dicken roten Lippen?«[182]

»Wenn Kinder beginnen, literarische Welten zu erkunden, werden sie mit einer Realität tiefsitzender Ungleichheit konfrontiert«, schreibt Maisha Maureen Auma.[183]

Rassismus in Kinderbüchern: Nicht bös' gemeint

Eine häufige Abwehrreaktion auf alltagsrassistische Mikroaggressionen ist die Aussage, diese seien ›nicht böse gemeint‹ gewesen. Ganz im Gegenteil: Die meisten *weißen* Menschen in Deutschland lehnen Rassismus ganz entschieden ab und würden sich niemals absichtlich rassistisch verhalten. Ebendies trifft auf Rassismus in Kinderbüchern der deutschen Gegenwartsliteratur zu: Zum einen ist dieser heutzutage ebenfalls nicht beabsichtigt. Ganz im Gegenteil; viele sowohl frühere als auch zeitgenössische Kinderbuchautor*innen wie beispielsweise Michael Ende oder Kirsten

---

178 Ogette: exit Racism, S. 56f.

179 Afro.Deutschland (Dokumentarfilm der Deutschen Welle), (16:55). Verfügbar unter Afrozensus: Verbreiteter Rassismus gegen Schwarze in Deutschland | Deutschland | DW | 30.11.2021, Zugriff am 26.02.2022.

180 Auma, Maisha Maureen: Ein Empathiegefälle in der Kinderliteratur? Bei: Goethe Institut Finnland, 2020. Verfügbar unter Ein Empathiegefälle in der Kinderliteratur – Goethe-Institut Finnland, Zugriff am 22.05.2022.

181 Roig: Why we matter, S. 29.

182 Ebd., S. 106.

183 Auma: Ein Empathiegefälle in der Kinderliteratur?

Boie zielten gerade auf die Überwindung eines rassistisch-ausgrenzenden diskriminierenden Denkens ab, reproduzierten dabei aber (unbewusst) rassistische Stereotype, Denkmuster, Vorstellungen und Narrative; denn die »Geschichte ist größer als ein persönlicher guter Wille«[184].

Nicht böse gemeint ist daher auch unser Anliegen, diese Rassismen in Kinderbüchern aufzuzeigen. Wir wollen hierbei nicht einzelne Autor*innen an den Pranger stellen und wir wollen auch Vorlesenden nicht vorschreiben, was sie mit ihren Kindern lesen. Wir wollen stattdessen systematisch und wertfrei den historisch gewachsenen Rassismus im Genre Kinderliteratur aufdecken. Unser Anliegen ist es, darauf aufmerksam zu machen, dass Rassismus von Anfang an seinen festen Platz in der Literatur deutscher Kinderbuchautor*innen hatte und sich aufgrund literarischer Traditionen strukturell in dieser verankert hat. Angefangen bei Romanen wie Joachim Heinrich Campes *Robinson der Jüngere* und Darstellungen wie in den »Zehn kleinen N-lein« ziehen sich rassistische Denkmuster, Motive und Bilder wie ein roter Faden durch die Jahrhunderte der Geschichte der deutschen Kinderliteratur; manchmal ganz offensichtlich, manchmal nur sehr subtil. Die Abhandlung jener Bücher, bei denen die Problematik offensichtlich ist (wie z. B. in dem Buch *Wie schön weiß ich bin* von Dolf Verroen, das 2006 mit dem Gustav-Heinemann-Friedenspreis für Kinder- und Jugendliteratur ausgezeichnet wurde, eine Entscheidung, die seitens der Antirassismusforschung heftig kritisiert wurde), halten wir daher für obsolet und konzentrieren uns stattdessen auf jene Texte, die nicht offensichtlich ein rassistisches Denken propagieren, aber dennoch auf Rassismus aufbauen und nur dank diesem literarisch funktionieren können. Unser Anliegen ist es, auf diesen Sachverhalt aufmerksam zu machen, ein Bewusstsein für das ›Rassedenken‹ in Kinderbüchern zu wecken und somit Denkanstöße und Impulse zu geben.

Rassismus liegt selten (nur in der Erscheinungsform des Rechtsextremismus) in der Verantwortung einer einzelnen Person, aber sich über Rassismus zu informieren, wie Mohamed Amjahid formuliert, schon. In diesem Sinne geht es uns um eine kritische und offene Reflexion von beliebten Kinderbüchern und wir möchten zur Diskussion über die in Kinderbüchern vermittelten Werte und Menschenbilder anregen. Wir sind davon überzeugt, dass es nötig ist, bei der (literarischen) Sozialisation in

---

184 Spivak, Gayatri Chakravorty: Can the Subaltern speak? Postkolonialität und subalterne Artikulation. Berlin: Turia + Kant Verlag 2020, S. 136.

der Kindheit anzufangen, um irgendwann aus dem rassistischen Kreislauf ausbrechen und soziale Ungleichheitsverhältnisse überwinden zu können, von dem die Tradierung auch positiv konnotierter afrikanischer Klischees Teil ist.

Doch wenn Rassismus in den meisten Kinderbüchern nicht in böser Absicht reproduziert wird, wie lässt sich dann überhaupt erkennen, dass es sich um Rassismus handelt? Mit dieser Frage hat sich bereits 1997 der Council on Interracial Books for Children (CIBC)[185] beschäftigt und folgende Kriterien erarbeitet, die bis heute Gültigkeit besitzen, und die wir verkürzt wiedergeben:

- Darstellung Schwarzer Passivität und *weißer* Aktivität
- Darstellungen von Stereotypen, die Lebensweise, Anschauungen, Sprache oder Religion verunglimpfen
- Tokenism
- Handeln Schwarze Figuren autonom oder folgen sie *weißen* Mustern?
- Wessen Probleme werden dargestellt und gelöst? Schwarze oder *weiße*?
- Wird soziale Ungleichheit auf ungerechte Gesellschaftsstrukturen zurückgeführt oder biologistisch begründet?
- Sind die Darstellungen von Schwarzen Figuren authentisch? Oder handelt es sich um Fremdbilder?
- Gibt es Schwarze Rollenvorbilder und Identitätsfiguren analog zu *weißen*?
- Sind die Autor*innen und Illstrator*innen kompetent für ihr Thema und ihre Darstellungen?
- Was wollen die Autor*innen letzten Endes vermitteln? Was ist die Botschaft?

185 Der CIBC ist eine US-amerikanische Initiative, die 1965 von Lehrer*innen aus Mississippi gegründet wurde und sich für eine diversitätssensible Kinderliteratur einsetzt. Zugleich verfasst der CIBC regelmäßig Literaturkritik en an Kinderbüchern, die darauf ausgerichtet sind, negative rassistische Stereotype in Kinderbüchern und Lehrmaterialien aufzudecken. Weitere Informationen zum CIBC und ein Interview mit einem seiner Direktoren sind verfügbar unter Council on Interracial Books for Children (CIBC) – Social Justice Books, Zugriff am 17.04.2022.

Die Fachhochschule Clara Hoffbauer Potsdam hat in Hinblick auf Diversität in Kinderbüchern eine Liste rassistischer Zuschreibungen für Schwarze Menschen erstellt,[186] die wir ergänzt haben und hier wiedergeben:

- Animalisierung/Affinität zu Tieren
- Darstellung als Dienende oder Sklav*innen
- Abwertung religiös-spiritueller Praktiken
- Abwertung des körperlichen Erscheinungsbildes: sehr dunkle Haut (Colorism), sehr große Lippen, krause Haare, platte Nase, hängende Körperhaltung
- Primitivierung in der Bekleidung: beispielsweise barfuß, Lendenschutz, Bastrock, Accessoires wie Knochen, Messer, Schmuckketten um Hals, Hand- und Fußgelenke
- Blackfacing
- Infantilisierung, Naivität
- Dezivilisierung/Kulturferne/Lebensmittelpunkt in der Natur/Afrika
- Primitives Wohnen
- Geschichtslosigkeit
- *Weiße* Dominanz/white supremacy
- Unsoziales Verhalten/keine Kenntnis guten Benehmens z. B. Höflichkeit, Tischsitten
- Affinität zu Kriminalität/gesellschaftliche Gefahr
- Der ›Schmutz‹ schwarzer Haut
- Schwarz-weiß Dichotomie
- White gaze: Die Schwarzen Figuren erfüllen einen literarischen Zweck für die *weißen* Rezipient*innen.
- Kulturelle Aneignung/whitewashing

186 Vgl. Niebuhr-Siebert, Sandra: Diversität in Kinderbüchern (er)leben. Die Welt ist rund und bunt. Bei: Fachhochschule Clara Hoffbauer Potsdam, 21.02.2021. Verfügbar unter Diversität in Kinderbüchern Die Welt ist rund und bunt (fhchp.de), Zugriff am 26.02.2022.

Ganz grundsätzlich lässt sich häufig feststellen, dass rassistische Zuschreibungen durch binäre Oppositionen,[187] also das Erzeugen von Gegensätzen, entstehen: Auf diese Weise wird nicht nur das rassifizierte ›Andere‹ definiert, sondern auch, und das ist mindestens ebenso wichtig, das eigene *weiße* Selbst. Diese Zuschreibungen durch binäre Oppositionen beruhen auf dem Gegensatz Europa – Afrika und beinhalten alle damit verbundenen Konnotationen, indem auf ›Afrika‹ einfach das Gegenteil der erwünschten als ›europäisch-*weiß*‹ imaginierten Eigenschaft projiziert wird:

- Europa – Afrika
- *weiß* – Schwarz (Eigen- und Fremdbild)
- weiß – schwarz (als Dichotomie z. B. in der Sprache, in der Metaphorik oder visuell)
- Subjekt – Objekt
- erstrebenswert – verachtenswert/bemitleidenswert/bedrohlich
- normal – anders/exotisch/mystisch/phantasmatisch (auch positiv: als Trend oder Sehnsucht)
- gut – böse
- schlau – dumm
- zivilisiert – unzivilisiert/primitiv (auch positiv: unverdorben)
- sauber – schmutzig
- schön – hässlich
- erwachsen – kindlich
- Mensch – Tier/Tiermensch/Affe
- christlich – heidnisch/okkultistisch
- aktiv – passiv
- fleißig – faul
- sprechend – stumm

187 Das Konzept der »binären Oppositionen« entstammt der strukturalistischen Theorie von Ferdinand de Saussure und beschreibt die Vorstellung, dass Spracheinheiten sich durch die wechselseitige Beziehung zu anderen Termen definieren und in einer komplementären Verbindung zu diesen stehen. So bedingen und definieren sich beispielsweise ›gut‹ und ›böse‹ gegenseitig: ›Gut‹ ist nur möglich und erklärbar, wenn es auch ›böse‹ gibt.

- autonom – abhängig (auch positiv: hilfsbedürftig/gelehrig/empfänglich)
- heterogen – homogen
- Herr*in – Diener*in
- Kultur – Natur (auch positiv: naturverbunden, ursprünglich)
- legal – illegal
- mobil – immobil
- Intellekt – Körper (auch positiv: sportlich, musikalisch)
- reich – arm
- gesund – krank (Marginalisierte und rassifizierte Gruppen wurden und werden immer wieder mit Krankheiten in Bezug gesetzt, so z.B. Sünder*innen im Mittelalter mit Lepra (Morbus Hansen), Frauen mit der ›Hysterie‹, homosexuelle Männer mit HIV, Schwarze Menschen mit HIV, Ebola und neuerdings den Affenpocken, Asiaten mit dem SARS-COV2-Virus.)[188]

Dem Pol ›Europa‹ werden also einfach jede Menge positive Eigenschaften zugeschrieben und dem Pol ›Afrika‹ analog jeweils das genaue Gegenteil dieser positiven Eigenschaft. In moderneren Texten bleibt die dominante *weiße* Position dabei häufig unmarkiert; d.h. Afrika wird zwar als ›exotisch‹ bezeichnet, aber Europa nicht als ›normal‹ oder eine Schwarze Figur als ›naturverbunden‹ oder ›sportlich‹, aber die *weiße(en)* Figur(en) nicht als ›kultiviert‹ oder ›intellektuell überlegen‹. Diese unmarkierten, nicht bezeichneten *weißen* Gegenteile werden jedoch aufgrund der Verankerung der binären Oppositionen im kulturellen (Text)Gedächtnis automatisch mitgedacht. Daher liegt Rassismus oftmals auch bei scheinbar positiven

188 Zur Verbindung von Rassismus und Krankheit vgl. Alexander White, Medizinhistoriker und Soziologe an der Johns-Hopkins-Universität, im Interview mit Alisa Schellenberg: »Es gibt eine historische Angst vor einer aus Afrika kommenden Seuche«. Bei: *zeit.de*, 28.05.2022. Verfügbar unter Affenpocken: »Es gibt eine historische Angst vor einer aus Afrika kommenden Seuche« | ze.tt (zeit.de), Zugriff am 29.05.2022. Zum Komplex von Marginalisierung, Stigmatisierung und Krankheit vgl. auch Judith Bulter: Das Unbehagen der Geschlechter, S. 194f und René Girard: Der Sündenbock. Einsiedeln: Benziger Verlag 1988. Krankheit als Bedrohung wird von Normgesellschaften demnach oft als äußeres Stigma für die Schuld einer marginalisierten Gruppe aufgefasst, wobei eine falsche kausale Beziehung zwischen der Krankheit und den Erkrankten hergestellt wird.

Zuschreibungen vor. Alle die oben aufgeführten Punkte und Fragen können somit Aufschluss darüber geben, ob in Kinderbüchern rassistische Vorstellungen, Zuschreibungen, Motive oder Wirkungsmechanismen vorliegen. Entstanden sind diese *weißen* Eigen- und Fremdzuschreibungen seit dem 16. Jahrhundert; weltweit verbreitet wurden sie durch den Sklav*innenhandel, die Aufklärung und den Kolonialismus. Rassismus liegt somit dort vor, wo diese Vorstellungen konstruiert bzw. reproduziert werden, und ebenso dort, wo auf die rassistischen Konstruktionen angespielt wird bzw. wo auf diese Narrative (literarisch) aufgebaut wird. Gerade die letzte Aufzählung verdeutlicht, dass Rassismus nicht wie in der Forschung lange Zeit angenommen, eine Angelegenheit, ein ›Problem‹ der Opfer von rassistischer Diskriminierung ist, sondern ganz im Gegenteil eine *weiße* Angelegenheit. Zumindest in den Anfängen der Kinderliteratur dienten rassistische Zuschreibungen der systematischen Konstruktion von der europäischen Expansion und Hegemonialstellung zweckdienlichen Eigen- und Fremdbildern. Heute noch dienen diese Narrative, auch wenn sie nicht mehr bewusst reproduziert werden, der literarischen Unterhaltung und der moralischen Selbstaufwertung *weißer* Kinder. Für BIPoC-Leser*innen, so Maisha Maureen Auma, seien solche Bücher schädlich. Sie hindern Auma zufolge BIPoC-Kinder nicht nur am positiven Selbst- und Weltbezug, sondern zwingen sie zudem, sich an die Normalisierung ihrer Entwertung zu gewöhnen. Die Regelmäßigkeit der auf diese Weise stigmatisierenden und entwertenden Darstellungen wertet Auma daher als kulturelle Gewalt.[189] Verkompliziert wird das Erkennen von Rassismus (in Kinderbüchern) allerdings gerade durch diese Normalisierung, nämlich dann, wenn rassistische und biologistische Zuschreibungen derart im kollektiven Textgedächtnis verankert sind, dass sie als selbstverständlich gelten und von Autor*innen sowie Rezipient*innen nicht mehr bewusst wahrgenommen werden. Denn der Rassismus sei die am tiefsten in unsere Denkweise und Kultur eingebettete Ideologie, die wir haben, konstatiert der Historiker Christian Geulen.[190] Im Folgenden werden wir uns eine Auswahl an Kinderbüchern genauer ansehen und dabei Bezug auf die oben aufgeführten Kriterien nehmen.

189 Auma: Ein Empathiegefälle in der Kinderliteratur?

190 Vgl. Christian Geulen im Interview mit Marius Jung. In: Rassismus – Die Geschichte eines Wahns, ZDF-Dokumentation, 08.05.2020. Verfügbar unter Rassismus – Die Geschichte eines Wahns – ZDFmediathek, Zugriff am 13.05.2022.

Analytischer Teil

Rassismus und (Kinder)Literatur: Prägung rassistischer Narrative

Literaturwissenschaftliche Grundlagen

Text & Intertext

Dem schriftlichen ›Text‹ liegt die Vorstellung eines Gewebes (lat. textus) zugrunde, in dem sich Buchstaben zu Wörtern verbinden, Wörter zu Sätzen und Sätze schließlich zum Text. Metaphorisch deutlich wird diese Vorstellung etwa dann, wenn von einem ›roten Faden‹ oder von einem ›Erzählstrang‹ die Rede ist. Dieser Gedanke impliziert, dass alle ›Fäden‹ einer Erzählung fest miteinander verwoben sind und sich nicht vertauschen oder heraustrennen lassen, ohne dass der Text sich auflöst. Aus diesem Grund schreibt der Thienemann Verlag in seinem Statement zur »Sprachlichen Modernisierung von Klassikern« vom Januar 2013:

> »In ›Jim Knopf‹ würden Änderungen schwierig werden, weil ›ein kleiner N[*]‹ Teil der wörtlichen Rede von Herrn Ärmel, dem altklugen Inselbewohner, ist. Hier wird das Wort dem Protagonisten in den Mund gelegt. Würde man den Begriff ersetzen oder den Satz entfernen, wäre die Ironie der Szene verloren.«[191]

Der rassistische Begriff bildet somit das Zentrum dieser Szene, die ohne ihn ihren Sinn verlieren würde. Rassismus ist somit elementarer Bestandteil des Textgewebes. Die Literaturwissenschaft kennt zudem das Konzept eines ›Intertextes‹ bzw. der ›Intertextualität‹. Ein Text löst sich von seinem/r Autor*in, sobald er zu Papier gebracht ist (»Tod des Autors« nach Roland Barthes und Michel Foucault), und kann auch neue Bedeutungen annehmen, je nach dem, in welchem Kontext er rezipiert wird. Außerdem ›kommuniziert‹ jeder Text mit allen anderen Texten, die vor ihm und nach ihm entstanden sind. In Form von Zitaten, Anspielungen und Metaphern

191 Sprachliche Modernisierung von Klassikern Der Thienemann Verlag ... (yumpu.com), Zugriff am 18.02.2022.

sind alle Texte miteinander verbunden und bilden eine spezifische Form des kulturellen Gedächtnisses. Alle Texte einer Kultur bilden auf diese Weise ein gigantisches textuelles Gewebe, in dem Rassismus ein fest eingewobener Faden ist. Jede/r Autor*in ist beim Schreiben eines Textes beeinflusst von allen anderen Texten, die sie/er zuvor gelesen und in Form eines ›Textgedächtnisses‹ abgespeichert hat und knüpft in diesem Sinne an das imaginäre Textgewebe des kulturellen Intertextes an. Diese Vorstellung lässt sich auch auf Musik, Bilder, Filme und digitale Medien erweitern. Intertextualität trug und trägt entscheidend dazu bei, dass eine rassistische Denkweise sich ausbreiten konnte, populär wurde und bis heute reproduziert wird. Rassismus ist also wie ein Faden mit allen Bereichen unserer Gesellschaft ›verwoben‹ (historisch, sozial, sprachlich, kulturell, wirtschaftlich, politisch) und wird immer noch in Medien wie Texten (Filmen, Büchern, Werbung, Bildern) permanent reproduziert. Rassismus steckt somit tief im *kulturellen Textgedächtnis* unserer Gesellschaft, die ohne Rassismus in dieser Form nicht funktionieren würde. Auf diese Weise ist es möglich, dass Menschen die in einem bestimmten älteren Text propagierten rassistischen Vorstellungen und Zuschreibungen kennen und aufgreifen, ohne den Ursprungstext jemals gelesen zu haben, und somit ein kulturelles rassistisches Wissen entsteht und Verbreitung findet.

Text & Kontext

Grundsätzlich besteht zwischen der Realität (Kontext) und der (fiktionalen) Literatur (Text) ein komplexes Verhältnis der gegenseitigen Beeinflussung:

> »Zwischen außerliterarischen Lebenswelten und literarischen Thematisierungen und Inszenierungen [...] besteht ein generatives Wechselverhältnis, d.h. einerseits tragen die Texte dazu bei, Vorstellungen [...] zu subvertieren (überdenken) oder zu perpetuieren (festigen) und andererseits werden in ihnen gesellschaftliche Phänomene verhandelt.«[192]

Bei der fiktionalen Literatur handelt es sich zudem um ein Genre, das darauf ausgerichtet ist, Fantasien ausleben zu dürfen und gleichzeitig Sachverhalte zu vereinfachen und gewissermaßen überspitzt, auf ihr We-

192 Stritzke, Nadyne: Subversive literarische Performativität. Die narrative Inszenierung von Geschlechtsidentitäten in englisch- und deutschsprachigen Gegenwartsromanen. Trier: WVT Wissenschaftlicher Verlag 2011, S. 29.

sentliches reduziert, darzustellen. Daher fungiert fiktionale Literatur (und ebensolche Filme) als eine Art gesellschaftliches Brennglas: Als Produkte, die aus einer bestimmten Zeit und einer bestimmten kulturellen Mentalität oder Strömung heraus entstehen, legen sie diejenigen Themen und Narrative offen, die für diese Kultur zu dieser Zeit von Bedeutung sind. Nur so (und nicht literarisch) lässt sich beispielsweise der Erfolg von Werken wie der populärkulturellen erotischen Romantrilogie *Shades of Grey* von E. L. James (2011/12) erklären. Hier vermutet die Kultursoziologin Eva Illouz eine grundlegende Unsicherheit über Geschlechterrollen in modernen Beziehungen als Folge des fortwährenden Patriarchats und die mögliche Antwort, diese Unsicherheit durch eine Restabilisierung der Rollen (mittels BDSM) zu überwinden, als Ursache für die große Beliebtheit dieser Bücher.[193] Anders ausgedrückt: Die Beliebtheit von Büchern wie *Shades of Grey* kann als Ausdruck der Unzufriedenheit und Unsicherheit vieler Frauen im Patriarchat betrachtet werden. Literarische Texte entstehen somit oft aus einem bestimmten gesellschaftlichen Kontext heraus. Neben dem Potenzial fiktionaler Erzählungen, tiefe gesellschaftliche und individuelle Sehnsüchte offenzulegen und bis zu einem gewissen Punkt zu stillen, können sie auch zur Verarbeitung gesellschaftlicher Traumata beitragen. So wurden beispielsweise auch noch Jahre nach 9/11 auffällig viele amerikanische Actionfilme produziert, die einen erfolgreich bewältigten Angriff durch Terroristen auf das Weiße Haus zum Thema haben, wie *White House down* und *Olympus has fallen*, beide von 2013, oder in denen eine Flugzeugentführung erfolgreich abgewehrt wird, wie z. B. *Non-stop* von 2014. Hinzu kommen Spielfilme, in denen die Jagd und die Tötung Osama bin Ladens für die Öffentlichkeit erlebbar gemacht werden (*Zero Dark Thirty*, 2012) und Katastrophenfilme, in denen die Terroranschläge nacherlebt werden können (*World Trade Center*, 2006). Es kann daher davon ausgegangen werden, dass Fiktionalität das Potenzial besitzen, zur kollektiven Verarbeitung von gesellschaftlich traumatisierenden Ereignissen beizutragen. Fiktionalität wird somit oftmals von der Realität beeinflusst und kann ihrerseits in die Realität einwirken und diese beeinflussen.

In der Zeit nach 9/11 führte das Trauma der Terrorangriffe vom 11. September, aber auch dessen Aufarbeitung durch die Medien (in Text, Bild und

---

193 Vgl. Eva Illouz im Interview mit Anne-Sophie Balzer und Martin Reichert: »Ich bin für Nerds!«. Bei *taz*, 13.07.2013. Verfügbar unter »Ich bin für Nerds!« – taz.de, Zugriff am 19.02.2022.

Film, sowohl journalistisch als auch dokumentarisch und fiktional), zu einer Zunahme an (anti-muslimischem) Rassismus in der gesamten westlichen Welt. Dies geschah vor allem durch die Veränderung der Wahrnehmung, in der fortan zwischem einem christlichen »Wir« und einem islami(sti) schen »Die« unterschieden wurde; letztlich also wieder durch die rassistische Annahme einer binären Opposition. Da die Terroranschläge auch als Kränkung (als die sie sicher gedacht wären) aufgefasst wurden, war das gesellschaftliche Bedürfnis nach Abgrenzung von als ›fremd‹ rassifizierten Gruppen sowie nach *weißer* Selbstvergewisserung und Selbstbestätigung, also nach white supremacy, umso größer.

Im Folgenden werden wir Rassismus in Texten untersuchen. Zuvor wollen wir jedoch eine Triggerwarnung aussprechen, da unsere Analysen sowie die nachfolgend besprochenen Texte insbesondere für von Rassismus negativ betroffene Personen verstörend sein könnten.

Philosophische Grundlagen

Die Geburt des Rassismus aus dem Geiste der Aufklärung

Im Jahr 1872 machte der junge Philosophieprofessor Friedrich Nietzsche von sich reden, als er seine erste bedeutende Schrift veröffentlichte, die dem philosophischen und philologischen Establishment so gar nicht gefiel, da sie mit allen gängigen Vorstellungen über die griechische Antike, wie sie Goethe und Schiller propagierten, brach: *Die Geburt der Tragödie aus dem Geiste der Musik*. Während die griechische Antike in der Weimarer Klassik durchwegs heiter, positiv und philanthropisch (als ›das Wahre, Gute und Schöne‹) dargestellt wurde, kritisierte Nietzsche diese Darstellung in seiner Schrift und betonte hingegen unter Berufung auf Richard Wagner (bekanntermaßen ein Antisemit)[194] und Arthur Schopenhauer (bekanntermaßen ein Misanthrop) die negativen, tragischen Aspekte dieser Zeit und den Egoismus ihrer Held*innen.

194 Wagners Schwiegersohn Houston Stewart Chamerlain verfasste 1899 das äußerst erfolgreiche Buch *Die Grundlagen des 19. Jahrhunderts*, das den Rassegedanken mit der Kulturtheorie verband und somit dazu beitrug, Rassismus und Antisemitismus im Nationalsozialismus zu erklären und populär zu machen. Online verfügbar im Deutschen Textarchiv unter Deutsches Textarchiv – Chamberlain, Houston Stewart: Die Grundlagen des Neunzehnten Jahrhunderts. Bd. 1. München 1899., Zugriff am 13.05.2022.

Abgesehen davon, dass auch Nietzsches Werk durchaus deutsch-nationalistisch geprägt ist, ist ein ähnlich kritischer und misanthropischer Perspektivenwechsel auf das Verständnis einer anderen geschichtlich verklärten Epoche dringend erforderlich: auf die moderne Auffassung vom Zeitalter der Aufklärung. Die Aufklärung bezeichnet eine ca. 1700 einsetzende gesellschaftliche Entwicklung in Europa, die verherrlicht wird als Zeitalter des rationalen Denkens, der Erlangung von Wissen, Bildung, Gemeinwohl und der Überwindung hierarchischer Machtverhältnisse. Dies beinhaltet naturwissenschaftliche, medizinische, erkenntnistheoretische, politische sowie gesellschaftliche und industrielle Umbrüche und Errungenschaften, inklusive der französischen Revolution, der amerikanischen Unabhängigkeit und der industriellen Revolution in England. Die Aufklärung ist somit als jene Zeit bekannt, in der das Individuum erstmals an Bedeutung gewann, in dem (religiöse) Toleranz propagiert wurde und Vorurteile überwunden werden sollten. Die Vernunft galt als einzig mögliche Urteilsinstanz im Kampf gegen überholte Ideologien, Traditionen und Gewohnheiten. Die Aufklärung ist somit gemeinhin sehr positiv konnotiert; als Befreiung aus der »selbstverschuldeten Unmündigkeit« (Kant), als Schritt nach vorn in die ›Moderne‹ und als Abkehr vom ›finsteren Mittelalter‹. Faktoren, die diesen Umbruch einleiteten und begleiteten, waren nicht nur die Erfindung des Buchdrucks um 1500, der die Verbreitung von Wissen einfacher machte, sondern vor allem auch die ›Entdeckung‹ Amerikas und der Merkantilismus, einhergehend mit dem Kolonialismus und dem transatlantischen Dreieckshandel im 17. und 18. Jahrhundert. Hierbei wurden europäische Produkte in Afrika gegen Sklav*innen getauscht und diese dann in der Karibik gegen Kolonialwaren wie Zucker, Rum und Baumwolle, welche zurück nach Europa kamen und dem Kontinent Wohlstand bescherten. Vor allen seit der industriellen Revolution in Europa spielten zudem auch die afrikanischen Rohstoffe eine bedeutende wirtschaftliche Rolle für die Kolonialherren und ihr Mutterländer.

Die Kehrseite der Aufklärung besteht somit darin, dass die neuen humanistischen, politischen, wirtschaftlichen und weltanschaulichen Errungenschaften auf Ausbeutung beruhten und daher nicht für alle Menschen gleichermaßen vorgesehen waren. Die Ideale Freiheit, Gleichheit und Brüderlichkeit waren eben nicht universell; die Umsetzung der neuen Ideen funktionierte vielmehr nur durch die bewusste Ausgrenzung und Ausnutzung ganzer Menschengruppen, die explizit vom neuen Menschenbild ausgenommen wurden.

Während die Franzosen (1789) und die Amerikaner (1776) die Menschenrechte deklarierten, profitierten sie gleichzeitig vom Sklav*innenhandel und werteten Schwarze Menschen bewusst ab, um diesen zu rechtfertigen. Diese überlegene Haltung der *weißen* Europäer*innen (und Amerikaner*innen) insbesondere gegenüber Schwarzen Menschen lässt sich für das Mittelalter so nicht nachweisen, sie bildet somit ein Spezifikum der frühen Neuzeit und ist mit dem ›Rassedenken‹ verbunden.[195] Insbesondere Christoforo Colombos Landung im Amerika 1492 stellt eine geschichtliche Zäsur dar, da sie nicht nur anti-indigenen Rassismus zur Folge hatte, sondern als Konsequenz der Auslöschung großer Teile der indigenen Bevölkerung Amerikas auch die Nachfrage nach afrikanischen Sklav*innen erhöhte, was um 1530 zur Begründung des transatlantischen Dreieckshandels führte und somit den anti-Schwarzen Rassismus befeuerte. Die ›Entdeckung‹ Amerikas initiierte somit den Kolonialismus und die europäische Expansion, was die Etablierung von Menschen- und Weltbildern zur Folge hatte, die dieses Vorgehen begründen und rechtfertigen mussten. Diese blieben auch in den folgenden Jahrhunderten erhalten und wirken bis heute nach. Die Frage ob es sich um die ›Entdeckung‹ Amerikas oder einen ›Überfall‹ auf dasselbe handelt, ist somit eine Frage der Perspektive, und die Perspektive ist sehr eng mit der Frage der Macht verknüpft. Wer die Macht hat, bestimmt auch über die Perspektive und über das Vokabular, mit dem über Ereignisse gesprochen wird: »What a better way to colonize than to teach the colonized to speak and write from the perspective oft the colonizer.«[196] (Wie könnte man besser kolonialisieren, als den Kolonialisierten zu lehren, aus der Perspektive der Kolonialisierer zu sprechen und zu schreiben.) Maisha Maureen

195 Das Gefühl der kulturellen Überlegenheit der einen Bevölkerungsgruppe einer anderen gegenüber gab es natürlich schon viel früher, vielleicht sogar schon immer. Ein Beispiel ist die gefühlte kulturelle Überlegenheit der Römer*innen des Imperium Romanum gegenüber den von ihnen abwertend als ›Barbaren‹ bezeichneten, bekämpften und teilweise versklavten Gruppen (zu denen auch die damaligen Bewohner des heutigen Deutschland gehörten). Das antike Griechenland hingegen unterschied ganz pragmatisch zwischen den überlegenen Griechen und den prinzipiell unterlegenen versklavbaren Nicht-Griechen. Unkritisch sah das europäische Mittelalter Afrika allerdings auch nicht, der Hauptkritikpunkt aus europäischer Sicht bestand jedoch im ›afrikanischen Heidentum‹. Das Differenzierungsmerkmal war somit die Religion und (noch) nicht die Hautfarbe.

196 Kilomba: Plantation Memories, S. 34.

Auma weist in diesem Kontext darauf hin, dass die Errungenschaften der Aufklärung wie Demokratie, technologischer Fortschritt, Autonomie, Freiheitsrechte, Menschenrechte, Rationalität und Säkularität gemeinhin als »intrinsisch zum europäischen Wesen« gehörende Werte vermittelt würden – und nicht als Werte, die gleichzeitig an vielen geopolitischen Orten entworfen und entwickelt wurden. Die positiven Seiten der Aufklärung werden somit systematisch überhöht bei gleichzeitiger Verleugnung und De-Thematisierung ihrer Schattenseiten: Die Geschichte wird immer von den Siegern geschrieben.[197] Auf diese Weise wurde das europäische hegemoniale System als Maßstab für die gesamte Welt verallgemeinert.[198]

Die Erfindung der Menschenrassen

Antirassismusforscher*innen verorten den Ursprung von Rassismus übereinstimmend im transatlantischen Sklav*innenhandel im Zuge der europäischen Expansion. Dieser wurde moralisch zuerst durch die Bibel (Gen 9, 20–27), also einen Text, gerechtfertigt. Konkret geht es darum, dass der Urvater Noah seine drei Söhne nach einer Beleidigung in drei ›Menschengruppen‹ aufspaltet, wobei alle Abkömmlinge der einen Gruppe (der seines Sohnes Ham und dessen Sohnes Kanaan) zum Dienen bestimmt werden. Bei der anschließenden Aufteilung der Erde unter Noahs Nachkommen wurde Ham und seinen Söhnen Afrika zugeordnet. Bis zur Aufklärung wurden daher alle ›schwarzafrikanischen Ethnien‹ (also alle, die südlich der Sahara leben) als ›Hamiten‹ bezeichnet. Der Talmud interpretierte die Geschichte von Hams und Kanaans Verfluchung als ›Erbsünde‹ und das römisch-katholische Christentum übernahm diese Auffassung. Der Schweizer Theologe Johann Heinrich Heidegger behauptete im 17. Jahrhundert sogar, dass sich Kanaans Haare durch Noahs Fluch kräuselten und sein Gesicht ganz schwarz wurde,[199] obwohl in der Bibel keine Hinweise darauf zu finden sind. Schwarze seien mittels dieses Verständnisses zur ewigen Sklaverei geboren, hebt der Sozialwissenschaftler und Autor Wulf Schmidt-Wulffen hervor.[200] Diesen Gedanken einer minderwertigen, zum Dienen bestimmten ›Menschengruppe‹ griffen die Philosophen der Aufklärung bereitwillig auf (Noah Sow weist darauf hin, dass diese Denkrichtung ei-

197 Vgl. Thuram: Das weiße Denken, S. 32.
198 Vgl. Auma: Kulturelle Bildung in pluralen Gesellschaften.
199 Zit. n. Thuram: Das weiße Denken, S. 50.
200 Vgl. Schmidt-Wulffen: Die »Zehn kleinen N-lein«, S. 47.

gentlich korrekt als »*weiße* europäische Männerphilosophie« bezeichnet werden müsste)[201] und verbanden ihn mit der naturwissenschaftlichen Forschung von Carl von Linné (1707–1778), der in dem Text *Systema naturae* (1735) nicht nur Tiere, sondern auch Menschen in ›Rassen‹ unterteilte. Etwa zeitgleich finden sich Rassedenken und koloniale Fantasien auch in der Unterhaltungsliteratur wie in Daniel Defoes berühmtem Roman *Robinson Crusoe* (1719). Rassismus ist somit mit der Literatur (ebenso wie mit der Naturwissenschaft, der Theologie und der Philosophie) von Anfang an fest verbunden und die rassistischen (literarischen, theologischen, naturwissenschaftlichen und philosophischen) Texte fanden Einzug ins kulturelle Textgedächtnis; sie nahmen Einfluss auf nachfolgende Texte, Bilder, Filme etc. und wirken somit bis heute nach. Viele dieser Texte werden heute zwar nicht mehr unmittelbar rezipiert, doch manche genießen auch heute noch ein hohes Ansehen, gerade in den Wissenschafts- und Bildungsinstitutionen.

Auch in der medizinischen Forschung fand das Rassedenken schnell Anklang. Z.B. vermaßen der deutsche Arzt, Pathologe und Anthropologe Rudolf Virchow (1821–1902) und der deutsche Arzt und Hirnanatom Franz Joseph Gall (1758–1828) menschliche Schädel, mit dem Ziel, eine Verbindung zwischen physiognomischen und charakterlichen Merkmalen nachzuweisen. Die Schädelsammlungen, die für diese Untersuchung genutzt wurden, befinden sich teilweise bis heute in Deutschland, beispielweise im Berliner Medizinhistorischen Museum der Charité, in der Leipziger Anatomie, in der Blumenbachschen Schädelsammlung der Georg-AugustUniversität Göttingen und im Museum anatomicum der Philipps-Universität Marburg. Diese Schädel stammen unter anderem von den Opfern des Aufstands der Ovaherero, Nama, Damara und San, gegen ihre Kolonialherren oder von den Aborginees, die eigens zur Beschaffung von menschlichen Skeletten zwecks Untermauerung von Rassentheorien getötet wurden.[202] Der Biologismus, der in philosophischen Texten

201 Sow: Deutschland Schwarz Weiß. Der alltägliche Rassismus. München: Bertelsmann 2008, S. 46.

202 Vgl. Kelly: Rassismus, S. 22. Zwar werden immer wieder Schädel, Gebeine und andere menschliche Überreste in ihre Herkunftsländer zurückgebracht; der Prozess zieht sich allerdings in die Länge und sein Ende ist nicht absehbar. Dasselbe trifft auf aus den ehemaligen Kolonien entwendete Raubkunst zu. Schwierig gestaltet sich zudem die Anerkennung der kolonialen Gräueltaten an den Kolonialisierten als ›Völkermord‹, die bisher von Deutschland nur im historischen, aber nicht im

propagiert wurde, sollte durch die Untersuchung und den Vergleich von menschlichen Schädeln medizinisch bewiesen werden. Anatomische und anthropometrische Studien dieser Art mündeten letztendlich in Sozialdarwinismus und Eugenik (›Rassenhygiene‹) und wurden bis in die NS-Zeit weitergeführt, mit dem Ziel, die Überlegenheit der *weißen* ›Rasse‹ (white supremacy) zu belegen und die Weitergabe ›positiver‹ Erbanlagen zu fördern. Das Interesse der breiten Öffentlichkeit an ›Menschenrassen‹ wurde hingegen durch die von Carl Hagenbeck 1874 in Deutschland begründeten sogenannten ›Völkerschauen‹ bzw. ›Menschenzoos‹ befriedigt, die zudem dazu dienten, den Missing Link zwischen Affen und Menschen zu erklären sowie die Sinnhaftigkeit von Kolonialismus und Sklaverei für die breite Öffentlichkeit verständlich zu machen. Der 2019 verstorbene Schauspieler, Journalist und ehemalige BND-Beamte Theodor Wonja Michael, der als Zeitzeuge an deutschen Völkerschauen teilgenommen hat, erzählt im Interview mit der Deutschen Welle, in welchem Maße diese Schaus unauthentisch und konstruiert waren. Michael berichtet, dass die Veranstalter dieser Schau vorausgesetzt haben, er wisse aufgrund seiner Hautfarbe, wie er sich ›afrikanisch‹ zu verhalten habe, obwohl er 1925 in Deutschland geboren wurde und keine Berührungspunkte zum afrikanischen Kontinent hatte.[203] Da die Organisatoren dieser Veranstaltung jedoch auf eine wirkmächtige Show aus waren, legten sie häufig bereits vor dem Eintreffen ihrer ›Statisten‹ fest, wie diese sich möglichst publikumswirksam verhalten sollten, und planten z. B. Schaukämpfe und Tänze ein. Zudem wurden die Teilnehmer der Völkerschauen der sensationslüsternen Zuschauermenge u.a. als Menschenfresser angepriesen, was nicht der Realität entsprach. Die verschleppten (oder mit falschen Versprechungen geköderten) und ausgestellten Menschen wurden also angewiesen, sich so zu präsentieren, wie sie gar nicht waren. Die Vorführungen der ausgestellten indigenen Menschen können daher nicht als authentisch eingestuft werden; es handelte es sich vielmehr um fiktive traditionelle Handlungen, die den Klischeevorstellungen der Besucher*innen entsprechen sollten. Sie dienten somit nicht der Völkerverständigung oder einer Annäherung der Kulturen, sondern allein

völkerrechtlichen Sinne geleistet wurde. Daher werden seitens der deutschen Regierung zwar ›Wiederaufbauhilfen‹, aber keine ›Reparationen‹ gezahlt.

203 Theodor Wonja Michael im Interview mit Jana Pareigis. In: Afro.Deutschland (Dokumentarfilm der Deutschen Welle), (10:20-10:45) verfügbar unter Afrozensus: Verbreiteter Rassismus gegen Schwarze in Deutschland | Deutschland | DW | 30.11.2021, Zugriff am 26.02.2022.

der *weißen* Unterhaltung. Wenn sich die ›Exponate‹ für den Geschmack der Zuschauer*innen hingegen zu passiv verhielten, war es nicht ungewöhnlich, dass diese mit Essen oder mit Steinen auf die ausgestellten Menschen warfen. Die Völkerschauen waren zur Zeit des Kolonialismus derart beliebt, dass sie nicht nur in Zoos durchgeführt wurden, sondern auch Teil der seit 1851 in Europa und Nordamerika veranstalteten Weltausstellungen (heute ›Expo‹) waren. Für die Völkerschauen wurde zudem heftig geworben, u.a. mit Werbeprospekten und -plakaten. In für die Ausstellungen werbenden Katalogen und Broschüren wurden die vermeintlichen »Wilden« ausführlich beschrieben und als um das Feuer tanzende Kannibalen abgebildet; das mit dieser Veranstaltung konstruierte Menschenbild fand somit Eingang ins kollektive Text- (und Bild)Gedächtnis. Verschleiert wurden für die breite Öffentlichkeit jedoch nicht nur der Aspekt der Konstruiertheit der Völkerschauen, sondern auch der Aspekt der Kommerzialisierung.[204] Nüchtern betrachtet geht es also nicht darum, dass bestimmte Menschen anderen unterlegen bzw. überlegen sind, sondern darum, dass Menschen exotisch ausstaffiert wurden, um mit ihnen Geld zu verdienen.

Auch heute noch versuchen Zoos bisweilen Menschen in ihre Ausstellung zu integrieren. 2005 gab es eine Rassismus-Debatte um das »African Village« des Augsburger Zoos, eine viertägige Veranstaltung rund um ›afrikanische‹ Kultur, Kunst und Kulinarik. Die ISD kritisierte die vereinfachte klischeehafte Darstellung von ›Afrika‹ als ›Steppe‹ und den damit verbundenen kolonialen Blick, der Schwarze Menschen zu exotischen Objekten degradiere. Der Begriff ›afrikanisches Dorf‹ ist zudem exakt derselbe Begriff, der ehemals für diese Art der Zurschaustellung Schwarzer Menschen verwendet wurde. Der Leipziger Zoo wiederum bietet nach wie vor regelmäßig die Veranstaltung »Hakuna Matata« an, die er als »aufregenden Streifzug durch die Savanne Afrikas« bewirbt, und auch der Zoo Erfurt bietet eine ähnliche Veranstaltung an. Kritisiert wird an diesen Konzepten nicht nur die klischeehafte exotisierende Darstellung Schwarzer Menschen, sondern auch der Mangel an Bereitschaft zur Aufarbeitung der kolonialen Vergangenheit sowie die implizite Fortführung rassistischer Traditionen. Indem Schwarze Menschen in Zoos von *weißen* Menschen

204 Zur Geschichte der Völkerschauen vgl. die Arte-Dokumentation »›Die Wilden‹ in den Menschenzoos« vom 29.03.2022. Verfügbar auf YouTube unter »Die Wilden« in den Menschenzoos | Doku HD Reupload | ARTE – YouTube, Zugriff am 05.05.2022.

betrachtet werden, für sie tanzen, ihnen zur Unterhaltung dienen und so ihre klischeebelasteten Vorstellungen erfüllen, wird die rassistische Tradition der Völkerschauen am Leben gehalten – nur ohne Zäune.

Doch woher kommen diese Vorstellungen von der unterhaltsamen Exotik Schwarzer Menschen, die offensichtlich bis heute derart populär sind, dass sie kommerziell wirksam umgesetzt werden können? Der Ex-Fußballprofi Lilian Thuram formulierte im Frühsommer 2022 die scheinbar revolutionäre These: »Niemand wird *weiß* geboren«[205] und analog auch niemand Schwarz; ›Rasse‹ sei ein rein politisches Konstrukt.[206] Die Begriffe weiß und schwarz zur Kategorisierung von Menschen, die heute groß (Schwarz) bzw. kursiv (*weiß*) geschrieben werden, um zu markieren, dass es sich eben nicht um biologische, sondern um politische Bezeichnungen handelt, stammen ebenso wie die Zuschreibungen für *weiße* und Schwarze Menschen aus der Philosophie der Aufklärung. Um diese Herausbildung und die Verbreitung rassistischer Stereotype für *weiße* und Schwarze Menschen mittels der philosophischen Texte der Aufklärung nachzuvollziehen, untersuchen wir exemplarisch einen Text des deutschen Anatomen und Anthropologen Johann Friedrich Blumenbach (1752–1840). In seiner Dissertation *De generis humanis varietate nativa*[207] beschrieb Blumenbach 1775 (im Anschluss an Carl von Linné und etwa zeitgleich mit Immanuel Kant) »fünf Hauptvarietäten im Menschengeschlecht«. Blumenbach unterscheidet dabei die kaukasische, die mongoloide, die äthiopische, die amerikanische und die malayische »Varietät«. Die kaukasische »Varietät« hält er für die ursprüngliche und beschreibt sie als ebenmäßig und schön. Über die äthiopische »Varietät« schreibt Blumenbach, sie sei von schwarzer Farbe, mit krausem Haar, »hoekkerichter Stirne«, hervorliegenden Augen, »mit einer dicken und mit den herausstehenden Oberkiefern gleichsam zusammenfließenden Nase«, schräg hervorragenden Oberschneidezähnen, wulstigen Lippen, zurückgebogenem Kinn und krummen Beinen. Zu dieser

---

205 Thuram: Das weiße Denken, S. 17.

206 Ebenso wie das Geschlecht; zur Konstruktion des gesellschaftlich-politischen Geschlechts *gender* vgl. Butler, Judith: Das Unbehagen der Geschlechter. Frankfurt: Suhrkamp 1991.

207 Blumenbach, Johann Friedrich: Über die natürlichen Verschiedenheiten im Menschengeschlechte. Leipzig, Breitkopf und Härtel, 1798. Das Buch ist als Volltext digital verfügbar unter Deutsches Textarchiv – Blumenbach, Johann Friedrich: Über die natürlichen Verschiedenheiten im Menschengeschlechte. Leipzig, 1798., Zugriff am 17.02.2022.

Varietät gehören alle ›Afrikaner‹. Blumenbach grenzt sich anschließend von den konkurrierenden Kategorisierungen seiner Fachkollegen ab, die er im Folgenden auflistet: von Gottfried Wilhelm Leibnitz (1646–1716), der zwischen Lappländern, Äthiopiern, Orientalen (Monogloiden) und Occidentalen (Europäern) unterscheidet. Von Linné, der nach Farben differenziert: die roten Amerikaner, die weißen Europäer, die gelben Asiaten und die schwarzen Afrikaner. Bueffon hingegen unterschied Blumenbach zufolge eine lappländische Polarrasse, eine mongoloide, eine südasiatische, eine europäische, eine äthiopische und eine amerikanische Rasse. Blumenbach kommt anschließend auf »den berühmten Kant« zu sprechen und wiederholt dessen Einteilung: die weiße Rasse des nördlichen Europa, die kupferfarbene amerikanische, die schwarze senegambische und die olivenfarbige indianische. Weitere Einteilungen folgen von einem Abt de la Croix, einem Dr. John Hunter, einem Herr Zimmermann, einem Herr Klügel, einem Herr Metzger und von Christoph Meiners (1747–1810), der nur zwei Differenzierungen traf; zwischen »schönen Völkern«, nämlich die weißen »Celten, Sarmanten und morgenländische Völker« und »hässlichen Stämmen«, die dunkelfarbigen, zu denen er »das übrige menschliche Geschlecht, so weit es verbreitet ist« zählte. Blumenbach geht nach dieser Aufzählung dazu über, die einzelnen »Racen« näher zu beschreiben. Über die kaukasische »Race« schreibt er, dass sie sehr schön sei und als einzige noch die ursprüngliche weiße Farbe der Menschen besäße, während die äthiopische »Race« am stärksten davon »verartet« sei. Die äthiopische »Race« kennzeichne sich hingegen durch ihre »abweichende Farbe«. Blumenbach fährt fort: »Wenn man aber von den Äthiopiern behauptet hat, daß sie sich den Affen mehr nähern, als die anderen Menschen, das gebe ich in dem Sinne sehr gerne zu.« Am Ende seiner Arbeit kommt Blumenbach zu dem Schluss, dass alle Menschenrassen zu ein und derselben Gattung gehören, manche jedoch »degeneriert« und »verartet« seien. In seiner Funktion als Anatom nahm Blumenbach zudem Vermessungen an »Schädeln fremder Völkerschaften« vor, die die Unterschiede zwischen den Rassen belegen sollten.[208]

---

208 Vgl. Dougherty, Frank William Peter: Gesammelte Aufsätze zu Themen der klassischen Periode der Naturgeschichte. Göttingen: Klatt Verlag 1996, S. 176–190. Verfügbar unter Dougherty_Blumenbach-und-Meiners.pdf (blumenbach-online.de), Zugriff am 03.04.2022.

Die Auffassung von nur einer »Menschengattung«, hier allerdings mit nur vier »Racen«, vertritt auch Immanuel Kant (1724–1804), der in seinem Buch *Von den verschiedenen Racen der Menschen* unterscheidet zwischen 1. die Race der Weißen, 2. die N*race, 3. die hunnische (mungalische oder kalmuckische) Race, 4. die hinduische (oder hindistanische Race).[209] Wie Blumenbach ist Kant der Auffassung, die weiße »Race« sei die »Stammgattung«, die allerdings in ihrer natürlichen Form nicht mehr anzutreffen sei. Am nächsten komme ihr jedoch die blonde europäische »Race«. Kant vertrat zudem die Auffassung, Schwarze Menschen würden *weiß* geboren werden und erst durch die Sonne und die Hitze schwarz werden.[210] In dem 1785 in der *Berlinischen Monatsschrift* (die ein sehr großes Ansehen genoss), publizierten Aufsatz »Bestimmung des Begriffs einer Menschenrasse« schrieb Kant:

> »Die Menschheit ist in ihrer größten Vollkommenheit in der Race der Weißen. Die gelben Indianer haben schon ein geringeres Talent. Die N[*] sind weit tiefer, und am tiefsten steht ein Teil der amerikanischen Völkerschaften.«; »Die N[*] von Afrika haben von der Natur kein Gefühl, welches über das Läppische stiege.«
> »[Sie sind] sehr eitel und so plauderhaft, dass sie mit Prügeln auseinander gejagt werden müssen.«[211]

Georg Wilhelm Friedrich Hegel (1770–1831) wiederum proklamierte in seinen »Vorlesungen«:

> »Der N[*] stellt, wie schon gesagt worden ist, den natürlichen Menschen in seiner ganzen Wildheit und Unbändigkeit dar: von aller Ehrfurcht und Sittlichkeit, von dem was Gefühl heißt muß man abstrahieren, wenn man ihn richtig auffassen will: es ist nichts an das Menschliche Anklingende in diesem Charakter zu finden.«[212]

---

209 Kant, Immanuel: Von den verschiedenen Racen der Menschen, 1777. Verfügbar unter Kant über die verschiedenen Rassen der Menschen (1777) – Black Central Europe, Zugriff am 08.06.2022.

210 Immanuel Kants physische Geographie. Auf Verlangen des Verfassers aus seiner Handschrift herausgegeben und zum Theil bearbeitet von D. Friedrich Theodor Rink. 2 in einem Band. Königsberg, 1802, S. 9f.

211 Kants Schriften, Bd. II, 1900, S. 253. Zur aktuellen Diskussion um die Rezeption von Kants Rassendenken vgl. z. B.: Sollte man Kant als Rassisten bezeichnen?: Kritik der weißen Vernunft – Kultur – Tagesspiegel, Zugriff am 17.02.2022.

212 Hegel, Georg Wilhelm Friedrich: Vorlesungen über die Philosophie der Geschichte. Sämtliche Werke. Jubiläumsausgabe in 20 Bänden, hrsg. von Hermann Glockner, Bd. 11. Stuttgart: Frommann 1971, S. 137.

Diese Ansichten wurden auch über die Grenzen der Philosophie hinaus vertreten. Der dänische Kaufmann Anton Franz Römer propagierte in seiner Schrift *Von den Varietäten und Abarten der N[*]* (1790) folgendes Bild:

> »Die N[*] aus dem Innersten von Afrika sind fast ohne Ausnahme Menschenfresser, haben ein fürchterliches tigerartiges kaum menschliches Ansehen, und spitze, oder zackige Zähne, die wie Fuchs-Scheeren, oder das Gebiß von Füchsen in einander schliessen. Manche von diesen sind so unbändig, und gierig nach Menschen-Fleisch, dass sie ihren Nachbarn und Mit-Sclaven grosse Stücke Fleisch aus Armen, oder Beinen, beissen, und hinunter schlucken.«[213]

Blumenbach, Hegel, Kant, Leibnitz, Meiners, Egon von Eickstedt, Voltaire ... Alle diesen großen philosophischen Denker haben sich in ihrer Zeit zu ›Menschenrassen‹ geäußert und kommen übereinstimmend zu dem Ergebnis, dass insbesondere ›Rassen‹ wie die »äthiopische Race« nicht nur der ›weißen Rasse‹ unterlegen seien, sondern eigentlich gar nicht richtig menschlich, weshalb nachvollziehbar ist, dass humanistische und philanthropische Konzepte auf die »dunkle, afrikanische N-Rasse« nicht anwendbar sind. Dass es bei diesen Überlegungen explizit um die Rechtfertigung des europäischen Imperialismus und der Sklaverei geht, wird im Weiteren in Hegels »Vorlesungen« deutlich:

> »Die N[*] werden von den Europäern in die Sclaverei geführt und nach Amerika hin verkauft. Trotzdem ist ihr Loos im eigenen Lande fast noch schlimmer, wo ebenso absolute Sclaverei vorhanden ist; denn es ist die Grundlage der Sclaverei überhaupt, daß der Mensch das Bewußtseyn seiner Freiheit noch nicht hat, und somit zu einer Sache, zu einem Wertlosen herabsinkt.«

Die vorherrschende Auffassung bestand somit darin, dass es ein Fortschritt für ›Afrikaner‹ sei, als Sklave unter Christen zu leben – statt frei unter ›Wilden‹[214]. Rassentheorie darf somit nicht als Randerscheinung der Aufklärung unterschätzt werden; vielmehr handelte es sich bei dieser Ideologie im 18. Jahrhundert um eine populäre, moderne und im Zusammenhang mit dem transatlantischen Dreieckshandel auch wirtschaftlich bedeutsame Idee, die den Widerspruch zwischen Menschenrechten für *Weiße* einerseits und Sklaverei für Schwarze andererseits scheinbar auflöste, und Eingang in

213 Zit. n. Dougherty: Gesammelte Aufsätze zu Themen der klassischen Periode der Naturgeschichte.

214 Vgl. Schmidt-Wulffen, Die »Zehn kleinen N-lein«, S. 49.

viele andere wissenschaftliche Fachrichtungen und somit in immer mehr Bereiche der Gesellschaft fand. Wie relevant die von den Philosophen verbreitete Ansicht, dunkle Haut sei hässlich und minderwertig, heute noch ist, zeigt sich z. B. auf wirtschaftlicher Ebene durch den immensen Markt für Hautaufhellungsprodukte, die vor allem auf dem afrikanischen und dem asiatischen Kontinent nachgefragt werden. Ähnliches gilt für Haarglättungsprodukte. Denn dies ist die traurige Realität der Unterdrückten: »Irgendwann verinnerlichen sie, wie alle anderen auch, das Narrativ der Unterdrücker.«[215]

Die Anfänge der Kinderliteratur: Erzählen von dem ›Anderen‹

Rassismus als Moral: *Robinson der Jüngere*

Das Erzählen von dem ›Anderen‹ ist immer auch ein Erzählen von dem eigenen Selbst: Die Normgesellschaft definiert sich selbst gerade über die Abgrenzung des ›Anderen‹ und verrät zudem viel über die eigenen Ängste, Sehnsüchte und gesellschaftlichen Tabus, indem sie diese in Erzählungen auf das ›Andere‹ projiziert. Dieses Phänomen der Eigen- und Fremdkonstruktion zeigt sich zunächst in der Rassentheorie der deutschen Philosophen, die stets zwei ineinandergreifende Aspekte umfasste: die nationale Überhöhung der eigenen Kultur einerseits und die Abwertung ›anderer‹ Kulturen andererseits. Die Literatur- und Kulturwissenschaftlerin Peggy Piesche macht in diesem Zusammenhang darauf aufmerksam, dass die heute unmarkierte *weiße* Norm in ihrer Entstehungszeit während der Aufklärung gar nicht unmarkiert war. Ganz im Gegenteil:

> »In den Anfängen des deutschen Diskurses um ›Rasse‹ wurde nämlich ein Weißsein ins Zentrum des Blickfeldes gerückt, welches sich selbst markierte und ausdifferenzierte, um schließlich in einer normativen Setzung seine nunmehr bekannte transparente Gestalt anzunehmen.«[216]

In dem Glauben, »es gebe ›deutsches Blut‹ wurden Rasse und Nation aufs Engste miteinander verstrickt. In der Folge werden Deutsche noch

215 Thuram: Das weiße Denken, S. 183.

216 Piesche, Peggy: Der »Fortschritt« der Aufklärung – Kants »Race« und die Zentrierung des *weißen* Subjekts, S. 30. In: Egger, Maisha Maureen/Kilomba, Grada/Piesche, Peggy/Arndt, Susan (Hgg.): Mythen, Masken und Subjekte. Kritische Weißseinsforschung in Deutschland. Münster: Unrast 2020, S. 30–40.

heute als *weiß*, blond und blauäugig imaginiert«[217]. Die *weißen* (männlichen) Europäer richteten den Fokus also zunächst auf sich selbst. Die Künstlerin Grada Kilomba wiederum weist darauf hin, dass im Zuge dieses Selbstdefinitionsprozesses der *weißen* Norm jene Aspekte, die aus *weißer* Sicht als tabu galten und unterdrückt wurden, insbesondere Aggressivität und Sexualität, in die Konstruktion des ›Anderen‹ verlagert wurden.[218] Tupoka Ogette argumentiert, dass die systematische Abwertung Schwarzer Menschen zur Zeit des transatlantischen Dreieckshandels (z. B. durch die deutschen Philosophen) für die *weißen* Europäer zunächst deswegen psychologisch notwendig war, damit diese ihr positives Selbstbild aufrechterhalten konnten (kognitive Dissonanz). Anders formuliert: Der *weißen* europäischen Gesellschaft des 17. und 18. Jahrhunderts ist der eklatante Widerspruch zwischen Menschenrechten einerseits und Sklaverei andererseits nicht entgangen; da sie aber ungerne auf den von der Sklaverei abhängigen wirtschaftlichen Aufschwung verzichten wollte, musste die Abwertung der ›N-Rasse‹ umso überzeugender gelingen. Damit die *weißen* Europäer sich selbst nicht als grausam und doppelmoralisch wahrnehmen mussten, blieb also als Ausweg die Erschaffung eines Menschenbildes, dass N* als unterlegene, wilde und tierähnliche, zum Dienen bestimmte Menschenrasse konstruierte. Dies gelang vor allem über die Abgrenzung zum Menschenbild einer überlegenen *weißen* ›Rasse‹. Schwarze Abwertung und *weiße* Aufwertung sind somit zwei Seiten derselben Medaille und ursächlich mit der Sklaverei und dem Kolonialismus verknüpft. Menschen werden somit nicht *weiß* bzw. Schwarz geboren, sondern erst seit dieser Zeit als *weiß* bzw. Schwarz rassifiziert. Denn während die Sklaverei (und auch der erst später entstehende Kolonialismus) abgeschafft wurden, blieben ihre als ›Nebenprodukte‹ erschaffenen Menschenbilder erhalten. Noch im Jahr 2022 schreibt Lilian Thuram:

> »Ich habe den Eindruck, im kollektiven *weißen* Unterbewussten besteht die Idee fort, man müsse das Positive der *weißen* Identität verteidigen, koste es, was es wolle.«[219]

In diesem Kontext der Sehnsucht der *weißen* europäischen Gesellschaft im 17. und 18. Jahrhundert nach positiver Selbstdefinition, Selbstbestäti-

217 Vgl. Kelly: Rassismus, S. 18.
218 Vgl. Kilomba: Plantation Memories, S. 16.
219 Thuram: Das weiße Denken, S. 75.

gung, Selbsterklärung und white supremacy bei gleichzeitiger Abwertung der Schwarzen ›Rasse‹ entstand Daniel Defoes Roman *Robinson Crusoe*, der 1719 publiziert wurde und so erfolgreich war, dass Defoe bereits im Erscheinungsjahr eine Fortsetzung schreiben musste. *Robinson Crusoe* wird bis heute rezipiert, erschien in zahlreichen Auflagen, unter anderem in gekürzten Fassungen mit vielen Bildern für Kinder, und ist auch mehrfach verfilmt worden. Auch in Deutschland fand das Buch sofort großen Anklang und löste die Entstehung gleich zwei neuer literarischer Genres aus: zum einen die sogenannten ›Robinsonaden‹, die die Bearbeitung des Motivs der unfreiwilligen Isolation auf einer einsamen Insel in der Literatur aber auch in Filmen, wie beispielsweise *Cast Away* (2000), umfasst, und zum anderen den deutschen Jugendroman. Der Roman *Robinson der Jüngere* (1780)[220] des Schriftstellers und Pädagogen Joachim Heinrich Campe (1746–1818) wurde zu einem der erfolgreichsten Jugendbücher überhaupt und machte Campe zu einem der Begründer der deutschen Kinder- und Jugendbuchliteratur. Bereits 1781 publizierte Campe seinen nächsten Jugendroman *Die Entdeckung* [sic!] *von Amerika*. Campe erlangte darüber hinaus Berühmtheit, da er es sich zur Aufgabe machte, »unsere deutsche Muttersprache von fremdartigem Zusatz zu reinigen«[221], ein Anliegen, das ihm erstaunlich gut gelang, da viele von ihm vorgeschlagene deutsche Neologismen bis heute gebräuchlich sind (z. B. altertümlich für antik, Feingefühl für Takt, Erdgeschoss für Parterre). Ebenso wie Defoes Werk befasst sich *Robinson der Jüngere* zu großen Teilen mit der Auseinandersetzung mit dem eigenen *weißen* Selbst in deutlicher Abgrenzung zu dem als fremd konstruierten Schwarzen ›Anderen‹ und propagiert dabei gleichermaßen white supremacy mittels Rassedenken und die Abwertung des ›Anderen‹. Campe konstruiert ausführlich und eloquent das Bild Schwarzer Menschen als wilde, unzivilisierte, dumme, gottlose Menschenfresser, die eigentlich gar keine richtigen Menschen sind, sondern »[…] menschenaehnliche Geschoepfe, die so dum und viehisch aufgewachsen waren, daß sie gleich wilden Thieren, weder von Ekkel, noch von mitleidiger Menschenliebe abgehalten wurden, das Fleisch ihrer geschlachteten Brueder zu verzehren«

220 Campe: Robinson der Juengere.

221 Campe, Joachim Heinrich: Ueber die Reinigung und Bereicherung der Deutschen Sprache, S. 2. Volltext verfügbar unter: Ueber die Reinigung und Bereicherung der Deutschen Sprache – Digitale Bibliothek Mecklenburg-Vorpommern (digitale-bibliothek-mv.de), Zugriff am 13.03.2022.

(Robinson der Jüngere, S. 51) und denen nur die Europäer helfen können: »Aber die Englaender, die sie entdekt haben, werden sie wohl zahm machen« (Ebd., S. 52). Ebenso wie Defoe grenzt auch Campe Robinsons Schwarzen Diener Freitag von der Masse der ›Wilden‹ ab, indem er ihm europäische Züge verleiht: »[Er hatte] alle Weichheit und Sanftmut eines Europäers, besonders wenn er lächelte. Sein Haar war lang und schwarz, nicht kraus und wollig, [...] Die Farbe seiner Haut war nicht schwarz, nur sehr dunkel, aber nicht von der hässlichen eklig gelblichen Dunkelheit wie bei den Brasilianern und Virginiern und anderen Eingeborenen Amerikas. [...] Das Gesicht war rund und voll, die Nase klein aber nicht flach wie bei den N[*].« (Defoe, Robinson Crusoe, S. 192 f.). »Seine Haut was schwarzbraun und glaenzend; sein Haar schwarz, aber nicht wolligt, wie das Haar der M[*], sondern lang, seine Nase kurz, aber nicht flach; seine Lippen waren klein« (Campe, Robinson der Jüngere, Bd. II, S. 87). Doch auch Freitag, als ›geretteter Wilder‹ kann niemals Robinsons gleichberechtigter Freund sein, er bleibt immer unterlegen und findet seine Bestimmung als geläuterter Diener bzw. Sklave: »[...] schließlich trat er ganz dicht zu mir, kniete wieder hin, küßte den Boden, legte seinen Kopf auf die Erde, nahm meinen Fuß und setzte ihn auf seinen Kopf. Das tat er anscheinend zum Zeichen, daß er auf ewig mein Sklave sein wollte« (Defoe, S. 191). Daher besitzt Freitag (ebenso wie die amerikanischen Sklav*innen) auch keinen eigenen Namen, sondern heißt nach dem Tag, an dem seine Rettung stattfand, als ob seine Existenz erst mit diesem Tag begonnen hätte. Dieselben Ansichten bezüglich der Überlegenheit *weißer* Menschen und der Bestimmung Schwarzer Menschen zum Dienen finden sich auch bei Voltaire:

> »Wir kaufen die Haussklaven ausschließlich bei den N[*]; dieser Handel wird uns zum Vorwurf gemacht. Ein Volk, das mit seinen Kindern handelt, ist noch viel verurteilenswerter als der Käufer. Dieser Handel zeigt unsere Überlegenheit; derjenige, der sich einen Herrn gibt, ist geboren worden, um einen [Herrn] zu haben.«[222]

Campes Jugendroman ist dialogisch als Gespräch zwischen einem Vater und seinen Kindern aufgebaut. Der Vater erzählt die Geschichte vom ›jungen Robinson‹ und verleitet die Kinder durch Fragen, sich bestimmte

222 Voltaire: Essai sur les moers et l'esprit des Nations. In: Oeuvres Completes de Voltaire. Volltext verfügbar unter Œuvres complètes de Voltaire: Voltaire, 1694–1778: Free Download, Borrow, and Streaming: Internet Archive, Zugriff am 20.02.2022.

Antworten selbst zu geben. Immer wieder gibt es zudem Einschübe, in denen der Vater seine Kinder über grundsätzliche Sachverhalte belehrt. Nachdem Freitag sich Robinson unterworfen hat, erklärt der Vater: »Seht, Kinder, auf diese oder auf eine aehnliche Weise sind die ersten Koenige der Welt entstanden. Es waren Maenner, die an Weisheit, an Muth und an Leibesstaerke anderen Menschen ueberlegen waren« (Campe, S. 90). Der Vater klärt seine Kinder auf: »Je dummer die Menschen sind, desto mehr sind sie diesem schaedlichen Aberglauben ergeben. Ihr koent also denken, daß er vornehmlich unter den Wilden im Schwange gehen muss. Alles, was diese mit ihrem einfaeltigen Verstande nicht begreifen koennen, das schreiben sie der Wirkung boeser Geister zu« (S. 106). Bei Defoe verlangt Freitag daher, da er von Robinson geläutert wurde, dass Robinson auch sein restliches »Volk« aufklären möge: »du lernst wilde Mann gut sein, brav, zahm Mann; du lernst sie Gott kennen« (S. 208). Der Vater bei Campe erklärt zudem, dass ein weiterer Grund für Freitags Unterwürfigkeit und Ehrerbietung Robinsons äußere Erscheinung sei: »In diesem Glauben bestaerkte ihn die europaeische weisse Gesichtsfarbe und der lange Bart desselben, wodurch er ein ganz anderes Ansehen erhielt, als Freitag nebst seinen schwarzbraunen Landsleuten hatten« (S. 108). Diese Textauszüge zeigen sehr schön, wie die Konstruktion von white supremacy mittels (biologistischer) binärer Opposition gelingt: einerseits gibt es die *weißen*, zum Herrschen bestimmten Menschen, andererseits die Schwarzen, zum Dienen bestimmten Menschen; diese sind christlich, gebildet, zivilisiert und schön, jene sind heidnisch, ungebildet, unzivilisiert und hässlich. Daher müssen die Ersteren die Letzteren entweder retten und belehren oder unterwerfen. Das *weiße* Subjekt sehnt sich nach Selbstaufwertung und versucht diese zu erlangen, indem es im ersten Schritt ein ihm unterlegenes Schwarzes Objekt definiert und im zweiten Schritt die Bewunderung für sich selbst auf dieses Objekt projiziert. Der große Erfolg der beiden ›Robinson‹-Bücher veranschaulicht, wie immens groß die Sehnsucht der *weißen* europäischen/deutschen Bevölkerung nach white supremacy gewesen sein muss.

Obwohl Robinson und Freitag dauerhaft Freunde bleiben, zeigen die Erzähler auch deutlich die Grenzen dieser Beziehung auf: Freitag kann seine ›Rasse‹ nicht ändern, sondern er erfüllt seine Bestimmung ausschließlich an der Seite des *weißen* Helden. Die Texte etablieren mit Freitag zwar einen Schwarzen Protagonisten in der fiktionalen Welt des Romans, installieren aber zugleich eine Machthierarchie, in dem dem Schwarzen Protagonisten die Position als ›bester Freund‹ bzw. ›Diener‹ des *weißen* Hauptprotagonisten zugewiesen wird und er von der Beziehung zur *weißen* Figur profitiert (diese Rollenverteilung ist auch in Filmen häufig zu sehen). Der Zuschauer*innenblick ist somit ein *weißer* (white gaze) und der Stoff für ein *weißes* Publikum geschaffen. Die Schwarze Figur wiederum definiert ihre Funktion anhand der Konstruktion der *weißen* Figur. Um zu veranschaulichen, wie stark im 18. Jahrhundert erschaffene rassistisch-stereotype Rollenverteilungen in der Unterhaltungsindustrie des 21. Jahrhunderts nachwirken, ziehen wir exemplarisch die US-amerikanische romantische Komödie *Monster-in-Law* (2005) heran. Hier besteht die einzige (!) Funktion der Schwarzen Figur ›Ruby‹, dargestellt von Wanda Sykes, darin, die *weiße* Figur zu spiegeln und zu erklären. Wanda Sykes ist in diesem Film die einzige sprechende und handelnde Schwarze Figur und spielt die Assistentin einer berühmten Fernsehmoderatorin (Jane Fonda). Ihre Rolle ist komplett auf diese *weiße* Hautfigur bezogen und obwohl sie sich durchaus durch einen trockenen Humor auszeichnet, erfahren die Zuschauer*innen praktisch nichts über sie. Sie ist immer zur Stelle, wenn Jane Fonda mal wieder eine Krise kriegt, bereit, die Scherben aufzusammeln, und in der Funktion einer auktorialen Erzählerin für die Rezipient*innen die nächsten Schritte der *weißen* Figur zu antizipieren und Spannung aufzubauen, erhält aber bis zum Schluss keine eigene Geschichte und keine spezifischen Charakteristika.[223] Wie die oben erwähnte Szene aus *Jim Knopf* bauen solche Werke auf Rassismus auf und würden ohne ihn nicht funktionieren. Denn erst die Konstruktion eines/r rassifizierten und somit defizitären erklärten ›anderen‹« Antagonist*in und die Möglichkeit, diese/n zu retten oder zu belehren oder durch ihn/sie gespiegelt zu werden, bestätigen die white supremacy des/r *weißen* Protagonist*in.

Des Weiteren lassen Defoe und Campe ihre ›Freitag‹-Figuren gebrochen sprechen, eine Form der Diskriminierung nicht-*weißer* Figuren auf sprachlicher Ebene, die in zahlreichen Kinderbüchern (und -filmen) von *Tim im Kongo* über *Asterix* bis *Pippi in Taka-Tuka-Land* und *Lucky Luke* zu beobachten ist. Bis heute gibt es in Kindermedien die Tendenz, eine (vermeintliche) Herkunft sprachlich bzw. linguistisch und phonologisch überzubetonen. Beispiele aus beliebten Kinderserien sind z. B. der Name und der starke italienische Akzent der Figur ›Bella Lasagne‹ (damit ist kein

223 Diese Rolle als erklärende Figur einer *weißen* Hauptfigur bildete den Höhepunkt in Sykes Karriere, für den sie den BET Comedy Award erhielt.

Essen gemeint; Bella ist der Vor- und Lasagne der Nachname) in der Serie *Feuerwehrmann Sam* oder die Figur ›Simon Masrani‹ in der Serie *LEGO Jurassic World*, die mit übertriebenem indischem Akzent spricht. In der für ein volljähriges Publikum bestimmten Realverfilmung *Jurassic World* tut der Darsteller Irrfan Khan dies jedoch nicht. Die von Irrfan Khan dargestellte Figur scheitert in der Realverfilmung bei einer waghalsigen Rettungsaktion, da sie ihr Können überschätzt. Die Rettung gelingt schließlich dem *weißen* männlichen Hauptdarsteller. Das für erwachsene Zuschauer*innen bestimmte Medium betont somit die Überlegenheit *weißer* Figuren und die Unterlegenheit der Figur of Color auf Handlungsebene und eliminiert die PoC-Figur durch einen frühen Tod aus dem Handlungstableau. Das für Kinder bestimmte Medium hingegen lässt die Figur am Leben, macht sie jedoch durch ihr Erscheinungsbild und ihr Handeln lächerlich und diskriminiert sie somit auf der Darstellungsebene: In der LEGO-Adaptation ist ›Mr. Masrani‹ habgierig und inkompetent, er hat unordentliche Haare und ein verzerrtes Gesicht (ganz im Gegensatz zum Darsteller Irrfan Khan, der sehr gepflegt und distinguiert auftritt). Ein übertriebener Akzent und gebrochenes Sprechen sind somit eine Form von Othering in Kindermedien und das sprachliche Äquivalent zu einer Überbetonung durch die Kleidung (keine oder komische) oder einer Überbetonung physiognomischer Merkmale (sehr dicke Lippen, sehr dunkle Haut, gelbe Gesichter bei Asiat*innen etc.) oder einer Überbetonung des Habitus (komische Gewohnheiten, exotische Rituale).

Robinson der Jüngere spielt zudem auf den transatlantischen Sklav*innenhandel an, da Robinson bei seinem Aufbruch in Europa Glasschmuck und Werkzeuge mitnimmt, um sie an der Guineaküste in Gold und Elfenbein einzutauschen. Anschließend steigt er in ein Schiff in Richtung Brasilien. Somit ist wahrscheinlich, dass er sich des Schiffsverkehrs für den Sklav*innenhandel bedient. Gestrandet auf seiner Insel findet er schließlich ein größeres Goldvorkommen und schafft sich ein kleines Paradies, in dem er König ist. Dieser Topos von ›Schätzen‹ auf einer exotischen Insel inspirierte den Schriftsteller Robert Louis Stevenson nach eigenen Angaben zum Verfassen des Romans *Die Schatzinsel* (1883). Auffällig ist, dass diese ersten und bis heute beliebten Kinder -und Jugendromane nicht die ›Heimat‹ als Schauplatz haben, sondern exotische Sehnsuchtsorte, die per se Reichtum, Macht und Abenteuer verheißen. Der Topos, nach einem Schiffsunglück auf einer Insel zu stranden und dort Reichtum und Macht zu erlagen, findet sich auch in *Pippi Langstrumpf*. Pippis Vater gelingt dies als *weißem* Mann, ohne dass groß etwas erklärt werden muss, und in der Geschichte *Pippi in Taka-Tuka-Land* spielen die Schwarzen Kinder mit wertvollen Perlen, ohne sich des Wertes dieser Perlen bewusst zu sein. Die Perlen sind so wertvoll, dass (*weiße*) Diebe sie den Kindern stehlen wollen, von Pippi aber verjagt werden. Dies impliziert den kolonialistischen Glauben, dass die rechtmäßigen *weißen* Menschen (also die, die zuerst da waren) die Legitimität besitzen, über die ›Schätze‹ ›exotischer‹ Inseln zu verfügen, da die eigentlichen Besitzer*innen, die Bewohner*innen solcher Inseln, zu einfältig sind, um selbst ein Interesse daran zu haben. Selbst die aktuell beliebte Kinderbuchreihe *Die Schule der magischen Tiere* von Margit Auer greift dieses Motiv auf, indem der Inhaber der magischen Zoohandlung, Mr. Morrison, die magischen Tiere teils aus fernen ›exotischen‹ Ländern holt. Auch hier geht es darum, dass nur der fremde *weiße* Mensch (Mann) erstens den Wert dieser Tiere erkennt und zweitens das Recht besitzt, sie mitzunehmen.

Jenseits der rassistisch-abwertenden Darstellung Schwarzer Menschen und der damit verbundenen Betonung der white supremacy gab und gibt es auch solche (Kinder)Literatur, die auf Jean-Jaques Rousseaus Vorstellung des ›edlen Wilden‹ beruht, welcher aufgrund seiner Ferne zur verderblichen Kultur die natürlichere und reinere Form des Menschseins verkörpere. Diese Vorstellung wurde am prominentesten durch Karl Mays *Winnetou*-Bücher (ab 1878) vertreten. Das bis heute anhaltende Interesse vieler Kinder an I* sowie die falsche und diskriminierende Darstellung der amerikanischen First Nations und die fortwährende Verharmlosung des Genozids an ihnen mag zu einem großen Teil auf Mays verklärende Darstellungen zurückzuführen sein. Aktuelle Kritik erfuhren die durch Karl May etablierten Vorstellungen beispielsweise 2018 durch das Filmprojekt *Forget Winnetou! Loving In The Wrong Way* des Autors und Dokumentarfilmers Red Haircrow.[224]

Rassismus als Witz: *Der Struwwelpeter* & *Max und Moritz*

Kinderliteratur sollte in ihren Anfängen nicht unterhalten, sondern belehren. Der frühere Moralismus der Kinderliteratur, der ebenfalls auf Rousseau und Voltaire zurückzuführen ist (insbesondere *Émile ou De*

---

224 Red Haircrow: »Forget Winnetou! Loving In The Wrong Way«, 2018. Trailer verfügbar unter Forget Winnetou! (2018) – IMDb, Zugriff am 01.04.2022.

l'éducation) und zu dem auch Campes Werke zählen, zeigt sich auch noch sehr deutlich in Heinrich Hoffmanns *Struwwelpeter* (1845) und in Wilhelm Buschs *Max und Moritz* (1865). Im Gegensatz zu *Robinson der Jüngere* beinhalten die Werke von Hoffmann und Busch Bilder und Reime. Insbesondere die in *Max und Moritz* geschilderten Streiche generieren zudem eine gewisse Komik in Form von Häme. Um Häme geht es auch in Hoffmanns *Die Geschichte von den schwarzen Buben* im *Struwwelpeter*. Hier geht ein »kohlpechrabenschwarzer M*« (kolonialistischen Vorstellungen entsprechend nackt bis auf eine kurze rote Hose) spazieren und wird von Kindern wegen seiner Hautfarbe ausgelacht. Zur Strafe werden die Kinder vom (heiligen) Nikolaus[225], der den M* bemitleidet (»Und laßt den M[*] hübsch in Ruh'!/Was kann denn dieser M[*] dafür,/Daß er so weiß nicht ist, wie ihr?«), in ein riesiges Tintenfass gesteckt, woraufhin diese »Viel schwärzer [sind] als das M[*]kind!/Der M[*] voraus im Sonnenschein,/Die Tintenbuben hinterdrein;/Und hätten sie nicht so gelacht,/Hätt' Niklas sie nicht schwarz gemacht.« Die Geschichte intendiert somit nicht nur die pädagogische Belehrung, dass Kinder sich selbst über die groteskesten Menschen (den M[*]) nicht lustig machen dürfen, sondern zielt auch auf eine gewisse Schadenfreude der Rezipient*innen ab, die sich über die »Tintenbuben« freuen dürfen, die so lustig hinten dem M[*] herlaufen. Die schwarze Hautfarbe und das Blackfacing dienen somit der Komik, zunächst auf Textebene der Belustigung der Buben und anschließend auf Rezeptionsebene der Belustigung der Lesenden. Zugleich wird jedoch auch vermittelt, dass ›Schwarzsein‹ eine Strafe ist und diejenigen, die schwarz sind, als stigmatisiert gelten.

In Buschs Werk wiederum tritt die Komik noch signifikanter hervor und verbindet sich bei der Schilderung des vierten Streiches ebenfalls mit Blackfacing: In dieser Geschichte befüllen Max und Moritz heimlich die Pfeife ihres Lehrers Herr Lämpel mit Schießpulver, woraufhin diese, nachdem Lehrer Lämpel sie angezündet hat, explodiert. Lehrer Lämpel hat »was abgekriegt«: »Nase, Hand, Gesicht und Ohren/Sind so schwarz als wie

225 Die Verbindung von Schwarz und Strafe findet sich auch in der Figur des Helfers und Gegenspielers des heiligen Nikolaus', Knecht Ruprecht. Dieser ist eine Kinderschreckfigur, wird häufig Schwarz imaginiert (insbesondere in den Niederlandern) und bestraft traditionell diejenigen Kinder, die nicht ›artig‹ waren. Diese erhalten dann am 06.12. die Rute, während die ›lieben‹ Kinder mit Erdnüssen, Mandarinen und Lebkuchen beschenkt werden.

die M[*]en.«[226] Komisch ist diese Szene vor allem durch die Kontrastierung von dem Heiligem mit dem Profanem: Lehrer Lämpel wird zuvor als überaus korrekte Person eingeführt und kommt gerade aus der Kirche, als er Pfeife rauchen will. Nach der Explosion ist seine Identität praktisch ins Gegenteil verkehrt, er ist schwarz, seine Haare sind verbrannt, sein Kopf raucht, die geliebte Pfeife ist kaputt, die Brille verschwunden und die Einrichtung zerstört. Aus dem Lehrer ist ein M* geworden: Der »brave und biedere« Lehrer ist nun eine lächerliche Gestalt und die Vorstellung, eine Respektsperson wie einen Lehrer so zu sehen, zielt auf eine erheiternde Wirkung ab.[227] Die Spitze der Komik bildet dabei die schwarze Hautfarbe des Lehrers, da diese wie bei Hoffmann als grotesk und stigmatisierend zu verstehen ist.

Bei Busch und Hoffmann wird bereits ein Topos etabliert, der sich wie ein roter Faden durch die Kinderliteratur zieht und bis heute im kollektiven (Text)Gedächtnis verankert ist: die Erklärung von schwarzer Haut als Schmutz und Strafe. Schwarz ist in dem Verständnis dieser beiden Autoren jemand, der im Zuge einer Bestrafung schmutzig gemacht wird. Durch diese Auffassung ist nachvollziehbar, dass der heilige Nikolaus Mitleid mit dem M* empfindet: Da dieser für immer schwarz ist, trägt er (schuldlos, qua Geburt, nach christlichem Verständnis durch Erbsünde) Zeit seines Lebens ein Stigma, das ihn als schmutzig und schuldig, als gekennzeichnet, ausweist. Der M* ist bemitleidenswert, da er schuldig geboren wurde und die Last seiner Hautfarbe, des äußeren Stigmas, zu tragen hat. Seine Schuld ist ihm quasi in die Haut eingeschrieben. Dieser Zusammenhang zwischen schwarzer Haut, Schuld und Verdorbenheit findet sich auch in Buschs Comic *Die Rache des Elefanten*:

> »Ein M[*], aus Bosheit und Pläsier/Schießt auf das Elefantentier./Da dreht der Elefant sich um/Und folgt dem N[*] mit Gebrumm./Vergebens rennt der böse M[*],/Der Elefant faßt ihn beim Ohr./Er zieht ihn unter Weh und Ach/ Zu einem nahen Wasserbach./Nun aber spritzt den N[*]smann/Der Elefant mit Wasser an./Er hebt ihn bei den Hosen auf/Und trägt ihn fort in schnellem

226 Busch, Wilhelm: Max und Moritz – Vierter Streich. Verfügbar unter Lehrer Lämpel in Max und Moritz von Wilhelm Busch (wilhelm-busch.de), Zugriff am 21.05.2022.

227 Die Erheiterung von Kindern bzw. Schüler*innen durch die Diffamierung von Lehrenden ist ein kulturelles Phänomen, das z. B. in dem Lied »Von den blauen Bergen kommen wir« oder in Form von Abistreichen Ausdruck findet und dem wir auch ›Lehrer Lämpel‹ zuordnen.

Lauf./Und wirft ihn in ein Kaktuskraut;/Der Kaktus sticht, der M[*] schreit laut./Der Elefant geht still nach Haus,/Der M[*] sieht wie ein Kaktus aus.«[228]

Busch propagiert hier das Bild einer Schwarzen Figur, die kein Individuum ist, sondern einer von vielen, der Stellvertreter aus einer Gruppe, der er ähnlich ist. Dieser zeichnet sich durch die Charakteristika böse und übermütig aus, ist aber zugleich feige und dem Elefanten, einem Tier, deutlich unterlegen. Als Strafe für seinen Übermut wird er zum einen physisch verletzt und zum anderen lächerlich gemacht. Somit nimmt die Schwarze Figur hierbei die Position des Bestraften ein und der Elefant (!) die der moralisch urteilenden und strafenden Instanz. Die Schwarze Figur kann allerdings nicht genauso wie die »Tintenbuben« oder der Lehrer Lämpel bestraft werden, da sie ja bereits schwarz ist. Da die Bestrafung aber eine Abwertung der Person beinhalten muss, und die Position der strafenden Instanz bereits durch ein Tier besetzt ist, degeneriert die Schwarze Person durch die Bestrafung konsequenterweise zur Pflanze, zum (›exotischen‹, wenn auch nicht afrikanischen) Kaktus.

Rassismus als Bild: *Tim im Kongo, Lucky Luke, Asterix, Lurchi, Mecki, Zehn kleine N-lein*

Wilhelm Busch machte den ›Comic‹ für Kinder in der westlichen Welt populär. Ein weiterer wesentlicher Vertreter der Gattung Comic war der belgische Zeichner Hergé (bürgerlich Georges Rémi), dessen *Tim und Struppi*-Reihe bis heute beliebt ist. Sein erster Band *Tim im Kongo* entstand 1929 und beinhaltet in der Darstellung ein ähnliches Verständnis Schwarzer Figuren, wie Busch es in der *Rache des Elefanten* propagiert: Schwarze Charaktere haben eine Affinität zur Bösartigkeit, bei gleichzeitiger Dummheit, Faulheit, Feigheit und Unterlegenheit nicht nur gegenüber Tim, sondern insbesondere auch gegenüber Tieren. Eine weitere Gemeinsamkeit aller bisher erwähnten Darstellungen Schwarzer Figuren in der Literatur ist die (intersektionale) Unsichtbarkeit Schwarzer Frauen. 25 Jahre vor der Entstehung dieses Comics waren die Menschen aus dem Kongo bei der Weltausstellung in St. Louis (USA) als die unterste Entwicklungsstufe des Menschen präsentiert worden. Diese Weltausstellung umfasste eine ganze Reihe an Völkerschauen, die die Hierarchie der menschlichen ›Rassen‹

228 Busch, Wilhelm: Die Rache des Elefanten. Verfügbar unter Wilhelm Busch: Die Rache des Elefanten (projekt-gutenberg.org), Zugriff am 21.05.2022.

darstellen sollten. Sechs Batwa, die extra für diese Weltausstellung gewaltsam aus dem Kongo entführt worden waren, positionierten die Veranstalter dabei auf dem untersten Platz.

So ist es kaum überraschend, dass auch der Comic *Tim im Kongo* eine unerträglich kolonialistische Einstellung transportiert und Schwarze Figuren auf mehreren Ebenen stereotyp darstellt. Dies umfasst zunächst die bildliche Darstellung: Die Schwarzen Figuren haben grotesk dicken Lippen, sehr dunkle Haut, hervorquellenden Augen und sie besitzen mehrheitlich keine individuellen Gesichtszüge (Noah Sow bezeichnet diese Art der Darstellung als »das N-Wort als Bild«[229]). Männer und Frauen sind, wenn überhaupt, nur durch ihre Kleidung zu unterscheiden, aber auch das ist nicht eindeutig; Schwarze Frauen werden somit unsichtbar. Die Schwarzen Figuren leben teilweise in sich kriegerisch bekämpfenden Stämmen; sie haben einen König, einen Medizinmann und einen Fetisch. Ein »Pygmäe« wird von Tim für ein Kind gehalten: Afrika erscheint somit ›exotisch‹; mystisch und phantasmatisch und voll der (optischen) Täuschungen. Die Schwarzen Figuren sind kollektiv devot: Sie verhalten sich unterwürfig ergeben, feiern Tim bei seiner Ankunft und tragen Struppi auf einem Tablett und Tim in einer Sänfte, der von Tim besiegte Medizinmann ergibt sich sofort, möchte Tims Sklave sein und die bekehrten Schwarzen singen für den Missionar, während sie sein Boot rudern. Auch auf sprachlicher Ebene findet eine diskriminierende Darstellung statt: Die Schwarzen Figuren sprechen nicht nur gebrochen, sondern benutzen fortwährend das Wort ›Dingsbums‹ als Ersatz für Worte, die ihnen nicht einfallen. Dies impliziert den Mangel an einer eigenen Sprache sowie ein langsames Denken und einen geringen Wortschatz. Tim wird zudem immer mit ›Massa‹ angesprochen, sodass bereits die Ansprache eine Hierarchie offengelegt. Außerdem haben die Schwarzen Figuren lächerliche Namen wie ›Schneeball‹, ›Coco‹, ›Tse Tse Gobar‹. Hierbei handelt es sich wohl um Verballhornungen von ›Coco Chanel‹ und ›Zsa Zsa Gabor‹, wodurch Männern Frauennamen verliehen werden. Der Stamm, der Tim zu seinem Häuptling ernennen will, heißt ›Marodi‹, der verfeindete Stamm ›Tschibo‹, eine geheime Sekte ›Idi Oti‹ (= Idioten). Die Schwarzen Figuren zeichnen sich zudem durch Ängstlichkeit aus: Tims Begleiter Coco verhält sich ständig feige und wird von Struppi (!) dafür gerügt. Obwohl die Schwarzen Figuren die Einheimi-

229 Sow: Deutschland Schwarz Weiß, S. 182.

schen sind, kommen sie nicht mit den Tieren zurecht und geraten immer wieder in brenzlige Situationen, aus denen sie teilweise von Tim gerettet werden müssen. Natürlich werden die Schwarzen Figuren auch mittels ihrer Kleidung ge›othert‹: Teilweise tragen sie eine Art ›Stammeskleidung‹ und sind halb nackt, teilweise sind aber auch übertrieben eitel und schick gekleidet (›Hosenn*‹). Der ›Häuptling‹ trägt ein Leopardenfell.

Analog kolonial ist die Darstellung *weißer* Figuren, in erster Linie sind dies Tim und ein Missionar. Tim ist Reporter und als solcher auch im Kongo unterwegs; er und seine *weiße* Leser*innenschaft haben somit per se einen neugierigen *weißen* Blick auf den Kongo. Die Erkundung des ›Exotischen‹ (white gaze) ist der Grund für Tims Anwesenheit im Land. Tim tritt als Safaritourist auf mit beiger Kleidung, Tropenhut und Gewehr. Er geht ständig auf die Jagd und erlegt unter anderem einen Elefanten, dem er die Stoßzähne abnimmt. Im Gegensatz zu den Schwarzen Figuren ist Tim (ebenso wie Struppi) durchgängig mutig, auch wenn er mit exotischen Tieren aneinandergerät. Tim kommandiert zudem die Schwarzen Figuren; lässt sich von ihnen aber eine bevorzugte Behandlung gefallen. So schreit er die Schwarzen Figuren an, dass sie arbeiten sollen, als ein Zug (natürlich eine marode Bimmelbahn) entgleist, hilft aber selbst nicht mit. Er ist stärker als die Schwarzen Figuren und beeindruckt sie durch westliche Errungenschaften wie durch Ton- und Videoaufnahmen und Medikamente. Der Missionar wiederum hat ein Hospital errichtet und eine Landwirtschaftsschule und weist darauf hin, dass früher hier »noch alles Busch« war. Auf sprachlicher Ebene diskriminieren Tim und Struppi die Schwarzen Figuren, indem sie deren gebrochene Sprache nachäffen. Tim bezeichnet seinen Schwarzen Begleiter Coco zudem als ›Boy‹.

In dem Comic *Tim im Kongo* finden sich somit sehr viele jener oben aufgeführten Kriterien für Rassismus in der Literatur wieder; insbesondere die rassistischen binären Oppositionen: Wenn Tim und Struppi (!) sich mutig verhalten, so zeichnen sich die Schwarzen Figuren durch Feigheit aus usw.; zivilisiert vs. unzivilisiert; schlau vs. dumm; kompetent vs. inkompetent; aktiv vs. passiv; ernsthaft/seriös vs. lächerlich; christlich vs. (ehemals) heidnisch; Verachtung vs. Bewunderung. Die diffamierende Konstruktion des Schwarzen ›Anderen‹ gelingt somit über die Verkehrung der positiven, als *weiß* dargestellten Eigenschaften in ihr exaktes Gegenteil.

Der Comic *Tim im Kongo* wird seit 2005 in England und den USA mit einem Warnhinweis für Erwachsene publiziert; in Südafrika sind Teile der

Comicreihe *Tim und Struppi* bis heute verboten. In Deutschland ist *Tim im Kongo* jedoch unzensiert und unkommentiert frei verkäuflich und auch in (Kinder)Bibliotheken verfügbar. Der publizierende Carlsen Verlag preist das Heft auf seiner Homepage an, rät aber dazu, Kinder dieses aufgrund des Rassismus nicht alleine lesen zu lassen. Als Grund für die fortwährend unzensierte und unkommentierte Publikation in Deutschland nennt der Verlag Lizenzbedingungen. Die Lizenzrechte für *Tim und Struppi* liegen bei der belgischen Firma Moulinsart, die das Erbe von Hergé verwaltet und erst 2019 eine neu aufgelegte und neu kolorierte Fassung als Download in seiner App anbot, die erstmals seit 1946 wieder zahlreiche Verweise auf Belgien als »Vaterland« beinhaltet (Diese waren zuvor lange Zeit zwecks besserer internationaler Vermarkung entfernt worden). Moulinsart geriet daraufhin in die Kritik, da vonseiten des Verlags nach wie vor jede kritische Auseinandersetzung mit Kolonialismus und Rassismus in Hergés Werk fehlt.[230]

Die Comic-Reihe *Lucky Luke* des ebenfalls belgischen Zeichners Morris hingegen, die seit 1946 publiziert wird, propagiert anti-asiatischen, anti-indigenen und anti-Schwarzen Rassismus. *Lucky Luke* ist mit ca. 100 Bänden nach *Asterix* die erfolgreichste Comicreihe in Deutschland und wurde seit 1971 als Zeichentrickserie verfilmt. Zudem gibt es mehrere Realverfilmungen, zuletzt 2009. Rezipiert werden kann der Stoff zudem als Videospiel (ebenso wie LEGO Jurassic World). 2020, nach 74jährigem Bestehen, integrierte das aktuelle Autorenpaar Achdé/Jul erstmals einen handelnden Schwarzen Protagonisten in den Comic. Ihren Angaben zufolge haben die Autoren dabei erstmals in der Geschichte des Comics ganz bewusst darauf geachtet, eine Schwarze Figur (hier ›Bass Reeves‹) nicht klischeehaft darzustellen.[231] Da der Comic per definitionem die überzogene Darstellung seiner Protagonist*innen beinhaltet, hat er sich als ein für rassistische Diskriminierung besonders anfälliges Medium erwiesen. So werden die Schwarzen Figuren im *Lucky Luke*-Band *Am Mississippi* (1959) ähnlich gezeichnet wie in *Tim im Kongo*. Die ›Chinesen‹ wiederum sind durchgängig sehr gelb dargestellt und waschen viel und auch die I* erfüllen

230 Vgl. hierzu auch Westhof, Ramona: Tim und Struppi und der Kolonialismus. Bei: Deutschlandfunk Kultur, 11.02.2019. Verfügbar unter Umstrittene Neuauflage von »Tim im Kongo« – Tim, Struppi und der Kolonialismus (deutschlandfunkkultur.de), Zugriff am 12.03.2022.

231 Vgl. Jakubowski, Alex: »Lucky Luke«: Mit dem Cowboy gegen Rassismus. Bei: Head Topics, 29.10.2020. Verfügbar unter ›Lucky Luke‹: Mit dem Cowboy gegen Rassismus | Luckyluke – Comic (headtopics.com), Zugriff am 20.02.2022.

und propagieren alle gängigen Klischees und sind mit einer dunkelgelben Hautfarbe gezeichnet.

Eine weitere Comic-Reihe, in der sich diskriminierende stereotype anti-Schwarze Darstellungen finden, ist die *Asterix*-Reihe, die 1959 von René Goscinny und Albert Uderzo geschaffen wurde. Der Schwarze Ausguck der Piraten erfüllt die gängigen Klischees: Er ist sehr groß, hat überdicke Lippen, einen affenartig nach vorne gebeugten Gang und (wie die Schwarzen Figuren in *Tim im Kongo*) einen Sprachfehler. Er ist zudem isoliert von allen anderen Piraten in sein Krähennest verbannt, außerdem ist er feige.

Rassistische Comics sind im 20. Jahrhundert aber nicht nur in Frankreich und Belgien, sondern auch in Deutschland entstanden. Hier sind vor allem die lange Zeit sehr populären und weit verbreiteten Reihen *Lurchi* (ab 1937) und *Mecki* (ab 1949) zu nennen. Während Reihen wie *Tim und Struppi*, *Asterix* und *Lucky Luke* zum Selbstzweck als (Kinder)Literatur produziert wurden, war *Lurchi* ursprünglich die Werbefigur der Schuhfirma *Salamander* und *Mecki* ein Nebenprodukt der Zeitschrift *Hörzu*. Dennoch gewannen die Figuren an Popularität und bekamen eigene Reihen (aktuell werden diese von Thienemann Esslinger verlegt). Diese Reihen sollten natürlich unterhalten, aber darüber hinaus dem Zweck dienen, Kindern ›fremde Kulturen‹ vorzustellen, weshalb beide Titelprotagonisten in kolonialistischer Manier die Welt bereisen. Die Heftchen tragen daher Titel wie *Lurchi auf der Hatschi-Insel*, *Lurchi am Nordpol*, *Häuptling Adlerauge* oder *Mecki bei den E**, *Mecki bei den Chinesen* oder *Mecki bei Prinz Aladin*. Indem schon in vielen Titeln nicht die korrekten bzw. realen Bezeichnungen für die Orte oder deren Bewohner*innen verwendet werden, zeigt sich bereits, dass es eben gerade nicht um echtes Wissen über fremde Länder geht, sondern um Konstruktionen, die *weiße* Fantasien bedienen sollen und somit ausschließlich der Unterhaltung dienen.

Abgesehen davon, dass alle diese Bände rassistische stereotype Darstellungen beinhalten, ist der Band *Lurchi bei den Wilden* (aus den 1950er-Jahren) besonders hervorzuheben: »In dem Lande, wo die M[*]en/kurzerhand Gefang'ne schmoren/ist es ratsam schwarz zu sein./Also färben sie sich ein.« Afrika ist hier ein Land, dessen Einwohner M* heißen, diese essen … Lurche, dagegen hilft nur Blackfacing. Erst 2019 hat der Thienemann Esslinger Verlag die Geschichte unter dem Titel *Lurchi in Afrika* im Sammelband *Lurchis Abenteuer* neu aufgelegt. Text und Bilder der Geschichte wurden allerdings schon in den 1960ern in großen Teilen ›politisch korrekt‹ geändert. Hier wurde praktiziert, was der Thienemann Verlag bei *Jim Knopf* ausschloss: Aufgrund von Änderungen und Entfernungen an Text und Bild ist die Geschichte auseinandergebrochen und ergibt seitdem keinen zusammenhängenden Sinn mehr, da der getilgte Rassismus für die Logik der Erzählung essenziell war. M-Wort sowie Blackfacing sind allerdings erhalten geblieben.

Die *Mecki*-Reihe ist in den letzten Jahren in den Fokus der Öffentlichkeit geraten, aufgrund von Diskussionen um einen ihrer hauptsächlichen Erschaffer, den Maler Wilhelm Petersen. Petersen war Untersturmführer der SS und arbeitete während der NS-Zeit für das Reichsministerium für Volksaufklärung und Propaganda (›Propagandaministerium‹), wo er in seiner Funktion als Kriegszeichner germanische Rassenideologie bildhaft umsetzte.[232] Die Arbeit an der *Mecki*-Reihe übernahm er gezwungenermaßen, da er aufgrund seiner NS-Vergangenheit nach 1945 Probleme hatte, eine Anstellung zu finden. Intensive Anlehnungen an nationalsozialistische Rassentheorie und nationalsozialistische Kunstauffassung in den *Mecki*-Büchern sind somit kein Zufall. Dies zeigt sich anschaulich in der Geschichte *Mecki bei den N-lein* (1957):

> »›Ach‹, jammerte die Ente Watsch, ›wir landen in der Hölle.‹ – ›In der Hölle?‹, fragte ich erstaunt. ›Wie kommst du denn darauf?‹ – ›Ja‹, stammelte sie und klapperte aufgeregt mit dem roten Schnabel, ›ich sehe hier nichts als schwarze Teufel.‹ – ›Aber das sind doch keine Teufel, sondern kleine N[*]kinder. Ihre Haut ist so braun wie der Kakao, der hier wächst, und aus ihrem Lande kommen die süßesten Bananen und die feinsten Kokosnüsse. Es sind also bestimmt ganz besonders nette Menschen.‹ […] ›Kommt ihr aus Deutschland?‹ – ›Ja‹, antwortete ich erstaunt, ›aber woran erkennst du das?‹ – ›An deiner Haut‹, sagte er voll Stolz. ›Als gebildeter N[*] weiß ich selbstverständlich, daß es außer unserem Land auch noch Deutschland gibt; da sind die Menschen aber alle weiß.‹ Meine Freunde und ich sahen uns verwundert an, denn daß es außer Deutschland auch noch viele andere und schöne Länder gibt mit weißen, gelben und roten Menschen, das hatten wir auf unserem Flug um die Erde wahrhaftig feststellen können.«

232 Ein empfehlenswerter und informativer Kurzfilm vom NDR zu Wilhelm Petersen ist verfügbar unter Zeitreise: Wilhelm Petersen – Nazipropaganda mit dem Zeichenstift | NDR.de – Fernsehen – Sendungen A-Z – Schleswig-Holstein Magazin – Zeitreise, Zugriff am 20.02.2022.

Auch hier werden wieder binäre Schwarz-*weiße*-Oppositionen erschaffen: Himmel vs. Hölle; harmlos vs. gefährlich; gebildet vs. ungebildet. Allerdings wird hier, anders als in *Tim im Kongo,* die *weiße* Normposition bereits unsichtbar. Es bleibt somit den Rezipient*innen selbst überlassen, zu schlussfolgern, wer hier wem überlegen ist. Die Klärung dieser Frage dürfte allerdings auch kleinen Kindern schon gut gelingen. Des Weiteren wird hier mit der direkten Verbindung der Schwarzen Kinder mit kolonialen Lebensmitteln ein weiteres bis heute im Kontext von Mikroaggressionen weit verbreitetes rassistisches Motiv reproduziert. Auf das Stereotyp des ›Hosenn*‹ wird insofern angespielt, als dass der Schwarze Lehrer sich selbst für gebildet hält, was er nicht ist. Wie bei der übertrieben schicken Kleidung impliziert die Selbstinszenierung der Schwarzen Figuren den Versuch der Teilhabe am europäischen Kulturgut sowie dessen Scheitern. Egal wie sich Schwarze Figuren kleiden oder bilden, um an die erstrebenswerte europäische *weiße* Kultur anschließen zu können, sie können dieser nicht gerecht werden und machen sich somit im Endeffekt nur lächerlich. Bemerkenswert ist zudem, dass die Figur ›Mecki‹ mit der Aufzählung der ›Menschenrassen‹ nach Farben Linné zitiert, was darauf hinweist, wie stark die Texte der Aufklärung im kulturellen Textgedächtnis verankert sind. In dieser *Mecki*-Geschichte ist jedoch im Vergleich zu den vorher behandelten Texten ein Paradigmenwandel zu verzeichnen: Bei den N* handelt es sich nicht mehr um gefährliche Figuren wie Kannibalen (wie die Ente Watsch vermutet); Mecki betont vielmehr die »Nettigkeit« der »N-kinder«. Den Rezipient*innen wird somit gleichsam mit der Ente Watsch vermittelt, dass man zu N* nett sein muss, da diese ebenfalls nett und ›harmlos‹, wenn auch naiv und ungebildet sind. Dieser Paradigmenwandel kennzeichnet auch den Roman *Jim Knopf und Lukas der Lokomotivführer* von Michael Ende, der 1960 fast zeitgleich mit *Mecki bei den N-lein* erschien. Die ›wohlwollende‹ Haltung der Autoren, in Michael Endes Fall wohl ein ernsthaftes Bemühen, ändert jedoch nichts am Rassismus ihrer Texte. *Mecki bei den N-lein* wird im Unterschied zu *Jim Knopf und Lukas der Lokomotivführer* und *Lurchi in Afrika* allerdings inzwischen nicht mehr publiziert. Rassistische Vorurteile waren und sind bei Literaturschaffenden (und bei allen anderen *weißen* Deutschen) aufgrund des kulturellen Textgedächtnisses derart verankert, dass diese sich dessen vermutlich gar nicht bewusst sind. Intertextualität spielt auch dahingehend eine bedeutende Rolle, dass die wenigstens Autor*innen echte Kenntnisse über den Kontinent Afrika und dessen

Bewohner*innen besaßen/besitzen und daher auf bereits existierende Bilder und Texte zurückgreifen mussten/müssen. Dies zeigt sich z. B. bei Wilhelm Busch, der den natürlichen Lebensraum des Kaktus und des Elefanten an ein und dem selbem Ort vermutete. Stephanie Zehnle weist in diesem Kontext darauf hin, dass das ›Afrikabild‹ bei vielen Deutschen nicht auf politischer Bildung beruhe, sondern auf tradierten Darstellungen aus Kinderbüchern. Sie bemängelt zudem, dass mit diesen kolonialen Bilderwelten nie ein wirklicher Bruch stattgefunden habe.[233] Vorreiter sei dabei Hergé gewesen, dessen Darstellungen afrikanischer Figuren bis heute in der Welt der Comics konserviert wurden. Weitere Beispiel finden sich bei Janosch, Donald Duck, Käpt'n Blaubär. Alice Hasters vertritt zudem die Ansicht, dass die Figur Micky Mouse von Walt Disney auf Minstrel-Charakteren beruht. Bei ihrem ersten Auftritt 1928 sang die Cartoon-Figur ein Lied, das aus Minstrel-Shows bekannt ist, und die weißen Handschuhe der Figur finden sich ebenfalls in den Minstrel Shows.[234] Bei Minstrel Shows, auch Blackface Minstrelsy genannt, handelt es sich um Unterhaltungsshows, die hauptsächlich zwischen 1840 und 1870, aber auch darüber hinaus, für *weiße* Industriearbeiter inszeniert wurden. Hierbei schminkten sich die *weißen* Darsteller schwarz mit dick übermalten Lippen (Blackfacing) und führten zahlreiche Schwarze Stereotype auf; faul, kleingeistig und dumm oder fröhlich und tanzend und singend oder als hart arbeitende, naive, ihre Besitzer liebende Versklavte. Vor diesem Hintergrund erscheint es plausibel, dass auch die Darstellung von BIPoC in Kinderfilmen (wie am Beispiel von ›Mr. Masrani‹ besprochen) zum Teil den Charakter von Minstrel Shows besitzt. Das Konzept solcher ge›otherten‹ und rassifiziert markierten Figuren (dumm, tollpatschig, vergesslich, an einfachen Aufgaben scheiternd, mit starkem Akzent sprechend) ist auf die Belustigung der zuschauenden *weißen* Kinder ausgerichtet. Der Autor Nicholas Sammond macht plausibel, dass sich beliebte frühe Cartoon-Charaktere in den USA aus dem Genre der Blackface Minstrel Shows entwickelten und von diesen beeinflusst waren.[235] Sammond geht sogar noch einen Schritt weiter und behauptet,

233 Vgl. Zehnle, Stephanie: Comic im Kolonialismus – Kolonialismus im Comic. In: Raus rein. Texte und Comics zur Geschichte der ehemaligen Kolonialschule in Witzenhausen, 10.05.2016. Leseprobe verfügbar unter Leseprobe Raus Rein by avant-verlag – Issuu, Zugriff am 20.02.2022.

234 Vgl. Hasters: Was weiße Menschen ..., S. 87.

235 Sammond, Nicholas: Birth of An Industry. Blackface Minstrelsy and the Rise of American Animation. Duke University Press 2015.

dass die US-amerikanischen Cartoon-Charaktere der 1920er-Jahre nicht *wie* Minstrels seien, sondern *dass* sie Minstrels seien. Sie würden Sammond zufolge dieselben sozialen, kulturellen, politischen und ›Rasse‹-bedingten Ängste (racial anxieties) und Wünsche verkörpern wie die Minstrel Shows, welche auf die Bestimmung des Schwarzen Körpers zur Arbeit abzielen. Die Komik verfolge dabei den Zweck, diese Stereotypen weniger grausam erscheinen zu lassen; sie sogar zum Vergnügen werden zu lassen.[236] Folgt man Sammonds Argumentation, so erscheint es vor allem im Hinblick auf das Konzept der Intertextualität sehr wahrscheinlich, dass auch heute noch ›lustige‹ Zeichentrick- und Comicfiguren von den Minstrel-Charakteren beeinflusst sind; insbesondere dann, wenn sie als rassifiziert markiert sind und durch weitere Auffälligkeiten (Sprache, Physiognomie, Kleidung, Habitus) gekennzeichnet bzw. stigmatisiert sind. Blackfacing zu Unterhaltungszwecken für *weiße* Menschen gab es jedoch schon früher, z. B. bei der Theatervorführung von *The Tragedy of Othello, the M* of Venice* seit 1603, bei der die Rolle des Othello traditionell von einem schwarzgeschminkten *weißen* Darsteller besetzt wurde. *Othello* wiederum ist bekanntermaßen ein Stück von Skakespeare, lag also zunächst als Text vor, was wiederum die Bedeutung von Intertextualität in Bezug auf Rassismus belegt. Die Praxis, BIPoC-Theaterrollen mit *weißen* geblackfaceten, geyellowfaceten und geredfaceten Darsteller*innen zu besetzen, wird bis heute mit den Argumenten der ›Tradition‹ und der ›Authentizität‹ fortgeführt. Hiergegen ließe sich einwenden, dass auch weibliche Rollen im frühen europäischen Theater mit männlichen Schauspielern besetzt wurden. Traditionen zu ändern, ist demnach möglich und bedeutet nicht unbedingt einen Verlust von Kulturgut. Ganz ähnlich (und ähnlich vehement) argumentieren diejenigen, die sich gegen eine Streichung des N-Worts aus Kinderbüchern aussprechen. Daraus lässt sich schlussfolgern, dass die Fortführung rassistischer Traditionen in Theater und Literatur für einen Teil der deutschen Bevölkerung einen relativ hohen Stellenwert besitzt.

Doch nicht nur das Afrikabild der Deutschen ist stereotyp, sondern auch das Bild der immer gleich überzeichneten Bewohner*innen des afrikanischen Kontinents, und somit ist auch dieses Teil des kulturellen Textgedächtnisses. Die Darstellung des »N-Worts als Bild« (Sow) findet sich auch in vermeintlich wohlmeinenden Kinderbüchern wie z. B. in dem

236 Vgl. auch Carey, Celeste: Is Mickey Mouse a Minstrel? Bei: KBOO, 27.11.2017. Verfügbar unter Is Mickey Mouse a Minstrel? | KBOO, Zugriff am 04.06.2022.

Buch *Sambo das kleine N-lein*, das von Helene Bannerman 1899 in den USA verfasst wurde und in Deutschland ab 1953 auf deutsch rezipiert werden konnte. Sambo wird hier als »kohlpechrabenschwarz« bezeichnet, also mit genau demselben Wort wie der M* im *Struwwelpeter*. Schwarz ist somit im Deutschen (im Vergleich zum amerikanischen ›black‹) ganz besonders schwarz: Es sind ganze drei Vergleiche (Kohle, Pech und Raben) nötig, um zu beschreiben, wie unglaublich schwarz dieses Kind ist. Den diffamierenden Höhepunkt (und vermutlich auch Ausgangpunkt) der Konstruktion Schwarzer Menschen als N* und als das »N-Wort als Bild« nimmt in Deutschland das Kinderlied/der Zählreim *Zehn kleine N-lein* ein. Dieser Zählreim beruht auf dem Lied *Ten little I** aus dem Jahr 1868 und gehört seit seiner Bearbeitung, vermutlich durch Frank J. Green, 1869 zum Standardrepertoire der US-amerikanischen Blackface Minstrel Shows. Durch die Schaustellertruppe Christy's Minstrels gelangte der Zählreim bis nach Europa, wo er in Buchform zwischen 1885 und ca. 1980 weite Verbreitung fand. So existieren neben den unterschiedlichen US-amerikanischen Fassungen des Zählreims auch etliche deutsche, englische, französische und tschechische. Tatsächlich handelt es sich Wikipedia zufolge bei dem Buch *Zehn kleine N-lein* um das verbreitetste jemals gedruckte Kinderbuch in Deutschland. Zeitlich fiel die erstmalige Publikation in Deutschland mit der Berliner Kongokonferenz (1884/85) zusammen, weshalb ein direkter Bezug zwischen der Verbreitung des Buches und dem deutschen Kolonialismus hergestellt werden kann.[237] Noch in den 1990er-Jahren gehörten Buch und Lied in unreflektierter Form häufig zum Unterrichtsmaterial in deutschen Grundschulen.[238] Inhaltlich geht es darum, dass zehn Schwarze Kinder (die bis weit in die Nachkriegszeit als geschlechtslos dargestellt wurden und von uns nachfolgend als männlich gegendert werden, da sie vielfach zur Entstehungszeit der Verse männlich konnotierten Beschäftigungen wie Jagen, Klettern, Fischen, Streiten nachgehen) nach und nach ›verschwinden‹, meistens durch den Tod, in manchen Versionen treten sie jedoch am Ende alle wieder auf. Inhaltlich lassen sich verschiedene Motivkomplexe für ihr Verschwinden bzw. Sterben feststellen, wobei festzuhalten ist, dass die Grausamkeit insbesondere nach dem Zweiten Weltkrieg abnimmt und immer stärker entschärft wird. So verschwinden zunächst die besonders schlimmen Verse, wie beispielsweise die Schilderung des Tods

237 Vgl. Schmidt-Wulffen: Die »Zehn kleinen N-lein«, S. 5.
238 Vgl. Schmidt-Wulffen: Die »Zehn kleinen N-lein«, S. 166 ff.

durch Erhängen oder Zerhacken. In den Ausgaben bis 2000 bleiben die Figuren schließlich alle am Leben und treffen zum Schluss wieder zusammen. Teilweise ist der Tod der Schwarzen Figuren selbstverschuldet und beruht auf Dummheit oder Unvorsichtigkeit, etwa wenn sich die Figuren untereinander streiten, beim Balancieren nicht aufpassen oder beim Klettern abstürzen. Die Intention könnte somit Komik im Sinne von Slapstick sein. Häufig scheitern die Figuren auch bei der Begegnung mit Tieren (von der Biene gestochen, vom Fisch verschluckt, vom Bären geraubt, vom Krokodil gefressen). Hier zeigt sich deutlich die Unterlegenheit Schwarzer Figuren gegenüber Tieren. Teilweise ist die Intention jedoch auch eine moralisch-erzieherische, etwa wenn eine Schwarze Figur an einer Erkältung stirbt, weil sie barfuß gelaufen ist, oder stirbt, weil sie den Brei zu heiß gegessen hat (im Sinne der Pädagogik des *Struwwelpeter*). Auffällig häufig scheitern die Schwarzen Protagonist*innen an der Beschaffung von oder im Umgang mit Essen; sie fallen in den Kochtopf oder trinken oder essen zu viel oder werden vom Bauern beim Mundraub erschlagen. Da Hunger ein primitiver körperlicher Trieb ist, könnte diese im Lied propagierte Affinität der Schwarzen Figuren zum Essen als Verweis auf ihre Primitivität oder zu große Gier gedeutet werden. Auch hier ist ihr Tod meist selbstverschuldet. Eine Schwarze Figur wird zudem von einem Krokodil am Nil gefressen, wo sie sich wäscht; hier ist der Verweis auf die Primitivität, verknüpft mit Afrika, ganz explizit. Ein anderes Motiv, das immer wieder in den unterschiedlichen Versionen des Lieds auftaucht, ist die Verlegung des Settings in einen deutschen Kontext: die Schwarzen Figuren scheitern hierbei an der deutschen ›Heimat‹. Sie fallen von der Scheune oder vom Baum im Hain oder von der Kutsche oder in den Rhein, werden bei der Jagd erschossen, trinken zu viel Bier oder Wein, essen den Brei zu heiß oder bleiben in einem Rüben-Loch stecken (?!). Impliziert wird hier, dass Schwarze Figuren in Deutschland nicht zurechtkommen. Einheitlich ist zudem, dass dem Tod bzw. dem Verschwinden der einzelnen Figuren überhaupt keine Bedeutung beigemessen wird. Dumm, gefühllos und naiv und dabei die gesamte Zeit fröhlich lächelnd eliminieren sich die Figuren der Reihe nach selbst. Der Sozialwissenschaftler Wulf Schmidt-Wulffen hat sich in einer umfassenden literatur- und sozialwissenschaftlichen Analyse den *Zehn kleinen N-lein* gewidmet. Er zieht das Resümee, dass alle, auch die ›positiven‹ Darstellungen letztendlich darauf abzielen, Schwarze Menschen als kindlich, lernunfähig, unachtsam, naiv, ›kulturunfähig‹ und somit ›selbst schuld‹

an ihrem Scheitern sind. Pädagogisch fungieren die Schwarzen Figuren somit konstant als ›Negativvorbilder‹, denen die *weißen* Kinder eben nicht folgen sollen.[239] Somit erklären sich Verse, in denen die Schwarzen Figuren sterben, weil sie auf die Scheune geklettert sind, sich nicht warm genug angezogen haben, auf die Leiter geklettert sind, zu viel gegessen haben, zu laut gelacht haben, zu wild getanzt haben. Dies sind alles Dinge, die Eltern und Erziehende (ehemals) Kindern untersagten, bzw. Dinge, die mit dem erwünschten Verhalten *weißer* Kinder kontrastierten und somit Schwarzen Kindern zugeschrieben wurden: Die Schwarzen Figuren sind laut statt leise, wild statt ruhig, verfressen statt genügsam.[240] Die Konstruktion des ›anderen‹ dient somit in erster Linie der Konstruktion des idealen eigenen *weißen* Selbst und schafft zudem eine Differenz zwischen den Hautfarben. Schmidt-Wulffen weist zudem darauf hin, dass die in den Zählreimen erzeugten Bilder nicht beliebig sind, sondern *weiße* Ängste veranschaulichen, die durch die kollektive Verhöhnung überwunden werden sollen,[241] und zudem eine pädagogische Funktion für *weiße* Kinder hatten (white gaze).

Vorlage für *Zehn kleine N-lein* war das amerikanische Lied *Ten little I*;* es handelte sich bei den Protagonisten in dem Lied also ursprünglich nicht um Schwarze Menschen, sondern um indigene Amerikaner. Es existierten jedoch zahlreiche Variationen wie z. B. das Buch *Zehn kleine Affen*, die auf den Abbildungen stark vermenschlicht sind und den Darstellungen der N* auffällig ähneln. Zudem bestehen Parallelen zwischen *Ten little I** und dem heute noch weit verbreiteten deutschen Kinderlied *Zehn kleine I*,* das in Kitas gesungen wird und ebenfalls ein Zählreim ist (die Melodie ist allerdings eine andere). Bei diesem Lied handelt es sich um eine ›weichgespülte‹ Version des Originals; die I-Kinder werden ebenfalls gezählt und sie erleiden ebenfalls ein Unglück, als ihr Boot umkippt und sie ins Wasser fallen. Es können sich jedoch alle retten. Die Thematik ist indes dieselbe: Jeweils zehn Vertreter einer rassifiziert markierten Gruppe werden benannt, gezählt und anschließend droht ihnen die Eliminierung. Ein weiteres bis heute sehr beliebtes und verbreitetes Kinderlied in direkter Tradition der *Zehn kleinen N-lein* ist das Lied *Zehn kleine Zappelfinger*, das ebenfalls ein Zählreim ist und bei dem es ebenfalls um das Verschwinden und Wiederauftauchen geht. Gemeinsam ist beiden Liedern zudem die Melodie. Des Wei-

239 Vgl. Schmidt-Wulffen: Die »Zehn kleinen N-lein«, S. 130.
240 Vgl. Schmidt-Wulffen: Die »Zehn kleinen N-lein«, S. 142.
241 Vgl. Schmidt-Wulffen: Die »Zehn kleinen N-lein«, S. 65.

teren gibt es zahlreiche Adaptionen des Themas in Liedform, nicht nur als Widerstandslied in der NS-Zeit (*Zehn kleine Meckerlein*) oder in der DDR, sondern auch in der deutschen Gegenwartskultur: *Zehn kleine Jägermeister* (1996) der Band *Die toten Hosen* und *Zehn kleine Ottifanten* des Komikers Otto Waalkes sowie *10 kleine Punkah* (2020) der deutschen Punkrockband *Swiss und die Anderen* sowie viele andere. Diese adaptieren den Stoff für ein erwachsenes bzw. jugendliches Publikum, das Prinzip des Herunterzählens von zehn und des Verschwindens der Figuren ist indes immer dasselbe. Die *Toten Hosen* eliminieren zudem interessanterweise jeweils eine Figur durch racial profiling sowie durch Abschiebung, durch Marihuanakonsum und eine durch Ehebruch (rassistische Vorurteile in Bezug auf Kriminalität, Drogenkonsum und Sexualität). Bei den *Zehn kleinen Jägermeistern* wird somit die schwarze Hautfarbe der Figuren zumindest angedeutet. Auch in der rechten Szene ist der Zählreim nach wie vor aktuell und populär und wird weiterhin gesungen, teils in abgewandelter, modernisierter Form. Hier werden Vorurteile wie ansteckende Krankheiten, Drogenhandel und Kriminalität auf die Protagonisten projiziert oder sie werden aus purem Hass gelyncht (z. B. in dem Lied *10 kleine N-lein* aus dem inzwischen wegen Volksverhetzung indizierten Album *12 doitsche Stimmungshits* der *Zillertaler Türkenjäger*). Der Zählreim *Zehn kleine N-lein* ist somit gesellschaftlich in Deutschland immer noch relativ präsent, selbst wenn das Buch nicht mehr unter diesem Titel aufgelegt wird. Der Moravec Verlag hat jedoch 2014 eine Ausgabe mit denselben Bildern und demselben Text unter dem Titel *Zehn kleine Kinderlein* herausgegeben. Gebraucht zu erwerben, ist der Titel *Zehn kleine N-lein* jedoch problemlos in zahlreichen Ausgaben bei Amazon. Hierzu schreibt eine Käuferin am 03.05.2016: »Ich habe dieses Buch als Kind geliebt. Ich habe es immer bei meiner Oma gelesen. Leider ist es irgendwann abhanden gekommen [sic!] und keiner wusste mehr wohin es verschwunden ist. Nun haben wir es wieder bestellt und unser kleiner Sohn findet es genauso toll wie ich.« Sie gibt dem Verkäufer dafür fünf Sterne. Ein anderer Käufer schreibt am 11.06.2015: »Produkt entspricht genau der Produktbeschreibung. Buch ist nach wie vor ein Klassiker und ich bin froh es nun in meiner Sammlung von Kinderbüchern zu haben.« Fünf Sterne für das Buch. Oder am 01.02.2014: »Das Buch kenne ich noch aus meiner Jugend. Dass dieses Büchlein mit Rassismus in Verbindung gebracht wird, finde ich schade. Ich habe dieses Büchlein für mich gekauft und hoffe, meine Enkel finden es ebenso liebenswert wie ich!« Fünf Sterne. Insgesamt kommt das Buch bei Amazon auf eine Gesamtbewertung von vier Sternen (von maximal fünf) bei 39 Bewertungen. Die meisten Käufer*innen finden *Zehn kleine N-lein* einfach toll. Immerhin befinden sich unter den verfassten Rezensionen acht, die den Rassismus beklagen.

Die Tradition von Rassismus in Abzählreimen für Kinder findet sich jedoch nicht nur in den *Zehn kleinen N-lein*, sondern kann z. B. auch für den Reim »Eene, meene, miste« nachgewiesen werden. Dieser geht auf folgenden US-amerikanischen Reim zurück: »Eenie, meenie, miney, mo/Catch a n* by the toe/If he hollers let him go/Out goes you!«[242]

Maisha Maureen Auma konstatiert im Hinblick auf die (deutsche) Kinder- und Jugendliteratur eine Normalisierung der kulturell-hegemonialen diskriminierungsrelevanten Dominanz bei gleichzeitiger Dramatisierung der Differenz.[243] Wir bezeichnen diese beiden Phänomene im Folgenden bei der Untersuchung der zeitgenössischen Kinderliteratur ab der Mitte des letzten Jahrhunderts als alltagsrassistische Unsichtbarkeit (= Normalisierung der *weißen* eurozentrischen Dominanz) und als alltagsrassistische Übersichtbarkeit (= Dramatisierung der Differenz). Diese beiden Phänomene in der Kinderliteratur, die Unsichtbarkeit und die Übersichtbarkeit von rassifiziert markierten Protagonist*innen, stehen in einem komplexen Wechselspiel zueinander: Die Tatsache, dass die *weiße* Norm unmarkiert ist, verstärkte die Übersichtbarkeit von als rassifiziert markierten Figuren: Wenn *weiße* Kinder in Büchern als Norm etabliert sind, fallen Schwarze Kinder umso stärker auf. Dies ist beispielsweise daran zu erkennen, dass die Hautfarbe Schwarzer Protagonist*innen von der Erzählerinstanz immer als erklärungsbedürftig angenommen wird: Das Kind ist Schwarz, weil ein Elternteil aus Afrika kommt; das Kind ist Schwarz, weil die Handlung in Afrika spielt; das Kind ist Schwarz, weil es ein ›Südseekind‹ ist. Dies funktioniert auch umgekehrt beim Blackfacing: Durch Ruß, Schmutz oder ähnliches plötzlich schwarz geworden, können *weiße* Protagonist*innen zu Sklav*innen oder ›Südseekindern‹ werden. Hautfarbe, Herkunft und Identität werden somit miteinander verknüpft. Die Normalisierung der *weißen* eurozentrischen Norm in der Kinderliteratur lässt sich mit dem von Toni Morrison geprägten Begriff white gaze erklären; die Bücher sind demnach für *weiße* Kinder zum Konsum bestimmt.

242 Vgl. Schmidt-Wulffen: Die »Zehn kleinen N-lein«, S. 64.
243 Vgl. Auma: Kulturelle Bildung in pluralen Gesellschaften.

Wir wollen Rassismus in den Kinderbüchern nun im Hinblick auf die beiden Erscheinungsformen Unsichtbarkeit und Übersichtbarkeit betrachten.

Wir begreifen den Rassismus in der Literatur dabei als ein Spektrum, auf dem wir die von uns untersuchten Texte anordnen. Dieses Spektrum korreliert mit der zeitlichen Chronologie und beginnt mit der expliziten Übersichtbarkeit (dem Othering von rassifiziert markierten Figuren), erstreckt sich über die implizite Übersichtbarkeit (der Text funktioniert nur über Rassismen, rassifiziert markierte Figuren müssen dafür aber nicht Teil des Handlungstableaus sein. Der Rassismus ist somit sichtbar, auch wenn seine Opfer es nicht sind) und die explizite Unsichtbarkeit (es kommen keine rassifiziert markierte Figuren vor, der Rassismus zeigt sich somit in der Exklusion dieser Figuren), bis hin zur impliziten Unsichtbarkeit (Rassismen werden mittels einer Metaebene kommuniziert und rassifiziert markierte Figuren mittels des white gaze geschildert und an die *weiße* Dominanzkultur angepasst).

Alltagsrassistische Übersichtbarkeit in Kinderbüchern

Texte, die offen rassistische Vorurteile und Begriffe reproduzieren, bezeichnen wir als explizit alltagsrassistisch. Als implizit alltagsrassistisch hingegen bezeichnen wir Texte, die rassistisch diskriminierendes Gedankengut verbreiten, das vielleicht nicht auf den ersten Blick als solches zu erkennen ist, da es über den Subtext vermittelt wird. Auch hier spielt Intertextualität eine bedeutende Rolle, da der Subtext nur mithilfe des kulturellen Textgedächtnisses zu verstehen ist. In solchen Texten müssen Schwarze Personen oder People of Color nicht zwingend als Figur auftreten.

Explizite alltagsrassistische Übersichtbarkeit

Gerade die Sichtbarkeit Schwarzer Figuren in Büchern macht diese vulnerabel[244] für Vorurteile und Klischees, wodurch die Figuren oft übersichtbar werden. Comiczeichner berichten über die Schwierigkeit, in ihre Arbeit Schwarze Charaktere einzubinden, ohne dabei die gängigen Stereotype zu wiederholen. Ähnlich verhält es sich auch bei bildhaften Darstellungen und auf literarischer Ebene. In den von uns analysierten Texten ist die auf soziale Exklusion ausgerichtete exotisierende Darstellung Schwarzer Menschen der am häufigsten vorkommende Mechanismus der Ausgrenzung: Schwarze Menschen werden hierbei als eine abseits der Normgesellschaft existierende Gruppe konstruiert, deren Andersartigkeit durch ihr Aussehen und ihren Habitus belegt wird.

weiße Emanzipation: Pippi Langstrumpf

»Pippi Langstrumpf – Emanzipation nur für *weiße* Kinder?« betitelt Maisha Maureen Auma ihren Kurzbeitrag über Pippi Langstrumpf.[245]

---

244 Jeff Kwasi Klein bei »Nenn mich nicht ... Der Talk« rbb Kultur, 18.05.2021. Verfügbar unter Nenn mich nicht ... Der Talk – Bing video, Zugriff am 12.02.2022.

245 Eggers (Auma), Maisha Maureen: Pippi Langstrumpf – Emanzipation nur für *weiße* Kinder? Rassismus und an (*weiße*) Kinder adressierte Hiobsbotschaften. Bei: situationsansatz.de. Verfügbar unter Prof (situationsansatz.de) Zugriff am 05.02.2022.

Astrid Lindgrens drei Bände *Pippi in der Villa Kunterbunt* (1945), *Pippi geht an Bord* (1946) und *Pippi in Taka-Tuka-Land* (1948) wurden bisher in 77 Sprachen übersetzt und über 66 Millionen Mal verkauft. Die Geschichten um Pippi Langstrumpf wurden außerdem sehr erfolgreich mit Inger Nilsson verfilmt und erreichen somit bis heute eine sehr hohe Zahl an Rezipient*innen. Im Kanon der Kinderliteratur genießen die Bücher zudem eine Sonderstellung, da ihnen ein gewisser pädagogischer Wert zugesprochen wird. Auma weist darauf hin, dass die Figur der Pippi Langstrumpf längst eine »Ikonisierung als emanzipatorisches Modell für Kinder, insbesondere für Mädchen«, erfahren habe.[246] Die Figur besitzt das Potenzial, Kinder zur Selbstständigkeit und Unabhängigkeit zu ermutigen, erwachsene Entscheidungen und Vorschriften sowie Genderrollen zu hinterfragen. In diesem Hinblick kann die Figur der Pippi Langstrumpf in der Tradition des Narren oder Schalks interpretiert werden. Ursprünglich war der Narr eine »Institution zulässiger Kritik«, er besaß »Narrenfreiheit«, was bedeutete, dass er ungestraft Kritik an bestehenden Verhältnissen üben konnte und keinen festen Platz in der ständischen Ordnung innehatte.[247] Seine primäre Aufgabe bestand demnach nicht nur in der Unterhaltung und Bespaßung von Herrscher*innen und Hof, sondern in der persiflierenden Imitation, der kritischen Reflexion und der Infragestellung. Ähnlich wie *Till Eulenspiegel*, ein bekannter literarischer Schalk, ist Pippi ihren Mitmenschen überlegen und zeichnet sich durch anarchische Unangepasstheit aus. Beiden Figuren gemein ist zudem die Eigenschaft, die Dinge wörtlich zu nehmen, wodurch der Gesellschaft ein Spiegel vorgehalten wird und Komik entsteht. Indem Pippi Langstrumpf die Dinge nicht so macht, wie es sich ›gehört‹, sondern exakt umgekehrt, stellt sie bestehende Gewohnheiten infrage. Somit entstehen neue Möglichkeiten, die zu überraschenden, aufregenden und oft witzigen Situationen führen. Dies macht den besonderen Mehrwert von Lindgrens Figur aus. Pippi gilt als Vorbild für ›starke Kinder‹ und steht in bewusstem Kontrast zu den »lieben, wohlerzogenen und artigen Kindern« (S. 12) Tommy und Annika, deren Horizont sie jedoch erweitern kann. Ihr empowernder Nutzen für Kinder ist somit bereits anerkannt worden.

Auf der anderen Seite exkludiert kaum ein Kinderbuch Schwarze Menschen in dem Maße, wie es in *Pippi Langstrumpf* der Fall ist. Während

---

246 Vgl. Eggers, Pippi Langstrumpf.

247 Vgl. Definition des Narren bei Wikipedia Narr – Wikipedia, Zugriff am 06.02.2022.

Pippi zwar ständig Normen infrage stellt (und Ismen wie Adultismus und Sexismus), gibt es eine Norm, die sie vollkommen unreflektiert übernimmt und reproduziert: die kolonialen Machtverhältnisse. Für Pippi ist es selbstverständlich, dass ihr Vater in der Südsee nur ein König sein kann und dass sie selbst und Tommy und Annika einen Thron und die besten Hütten bekommen.

Vier rassistische Topoi treten in den ›Pippi‹-Bänden immer wieder hervor: das Topos von komischen und sinnlosen Gepflogenheiten in anderen Ländern, das Topos, dass schwarze Haut eine Ursache von Schmutz und/oder einem primitiven Lebensstil ist und sich *weiße* Menschen Schwarze Haut daher mittels Blackfacing aneignen können, das Topos der Verfügbarkeit von fernen Inseln als exotische Sehnsuchtsorte für *weiße* Menschen und das Topos Schwarzer Menschen als primitiv und handlungsunfähig.

So fällt zunächst auf, dass Pippi immer, wenn sie ihre typischen Nonsens-Antworten[248] gibt, als Referenz die Gepflogenheiten anderer Länder angibt: In Ägypten laufen die Menschen immer rückwärts, S. 16; im Kongo lügen die Menschen den ganzen Tag, S. 17; in Brasilien laufen alle Leute mit Ei in den Haaren herum, S. 20; in Guatemala schlafen alle mit den Füßen auf dem Kissen und dem Kopf unter der Decke, S. 35; in Indien werden täglich Menschen von Schlangen gefressen, S. 51; in Argentinien sind fast immer Ferien, es ist verboten, Schularbeiten zu machen, es gibt dort keine Bücher und die Kinder essen den ganzen Tag Bonbons, S. 56; in China gibt es Menschen mit Riesenohren, S. 59, und die Chinesen essen Schwalbennester, S. 61. Auf der Südseeinsel erzählt sie den Schwarzen Kindern zwar ebenfalls Nonsens über Schweden. Hier geht es allerdings um mathematischen Unsinn, während sie in Bezug auf andere Länder von Kuriositäten und ›exotisch‹ anmutenden Verhaltensweisen berichtet. Der Nonsens erfüllt somit den Zweck, andere Länder und deren Berwohner*innen abzuwerten, zu exotisieren und zu mystifizieren. Die Nonsens-Antworten erzeugen also die bekannten rassistischen binären Opposition zwischen der *weißen* Normalität und den ›anderen‹ skurilen ›exotischen‹ Ländern, Menschen und Gewohnheiten.

Des Weiteren ist Blackfacing immer wieder ein Thema. Es gibt diesbezüglich zwei verschiedene Varianten: Da ist zunächst die Variante, die ›schwarze‹ Haut mit Schmutz begründet. So berichtet Pippi in einer ihrer

248 Zur literarischen Gattung des Nonsens vgl. Nonsens – Wikipedia, Zugriff am 06.02.2022.

Nonsensgeschichten von der Hausangestellten ihrer Großmutter, die Malin heißt (S. 116 ff.). Diese sei so schmutzig, dass die Großmutter sie lange Zeit für eine »Afrikanerin« gehalten habe, zudem würde sie beißen, bellen und stehlen. Das Konstrukt ›afrikanisch‹ wird demnach mit den typischen rassistischen Mechanismen in Bezug gesetzt: Animalisierung und Kriminalisierung. Als Pippi sich wiederum vorstellt, »Taka-Tuka-Prinzessin« zu werden, beinhaltet diese Vorstellung das Schwarzfärben des eigenen Gesichts (S. 259):

> »Aber ich werde mich jeden Morgen mit Schuhcreme blank putzen lassen. Damit ich genauso schwarz werde wie die anderen.«

Im Kampf mit ihrem Vater landet Pippi mit dem Gesicht auf dem rußigen Küchenboden und wird dadurch »kohlschwarz« (S. 254):

> »Haha, und schon ist die Taka-Tuka-Prinzessin fertig!«

Die Begründung von Schwarzer Haut mit Schmutz oder Ruß impliziert zum einen die Hierarchie, dass *weiße* Haut die ursprüngliche Hautfarbe ist, und zum anderen die Abwertung Schwarzer Haut als eine ›schlechtere‹ Form von *weißer* Haut. Die zweite Variante des Blackfacings ist biologistisch begründet: Auf der Reise zur Taka-Tuka-Insel durchlaufen Tommy und Annika eine Metamorphose und werden zu »zwei nackte[n] braune[n] Kinder[n ...], jedes mit Schurz um den Bauch« (S. 340). Bis sie die Insel verlassen, sind sie »so braun, dass man fast keinen Unterschied mehr zwischen ihnen und den Taka-Tuka-Kindern sah« (S. 378). Die Vorstellung, durch das Verlassen der *weißen* Welt und den Aufenthalt auf der Insel ›schwarz‹ zu werden, impliziert einen Zusammenhang zwischen der Hautfarbe und dem primitiven Lebensstil auf der ›Südseeinsel‹. Ein weiterer Aspekt, der hier mit hineinspielen könnte, ist die *weiße* Fetischisierung Schwarzer Haut, wie sie auch bei der Verniedlichung Schwarzer Kinder zu beobachten ist. Grada Kilomba zufolge existiert gerade durch die Exotisierung Schwarzer Menschen ein *weißes* Begehren nach Schwarzer Haut und den ihr zugeschriebenen Attributen, wie Authentizität, ›Exotik‹, Erotik. Indem Pippi, Tommy und Annika schwarz werden, wird *weißen* Rezipient*innen auf fiktionaler Ebene die Möglichkeit geboten, sich dieses Begehren zu erfüllen; selbst Schwarz zu sein, scheint nicht mehr unmöglich. Wenn *weiße* Kinder auf diese Art schwarz werden und zudem den Habitus der Inselbewohner*innen übernehmen können, stellt dies Blackfishing auf literarischer Ebene dar. Pippi, Tommy und Annika sind in der Lage, sich die positiven Aspekte des Schwarzseins anzueignen, ohne dafür die negativen Aspekte in Kauf nehmen zu müssen. Sie nehmen für kurze Zeit eine aufregende neue Rolle an und leben das ›exotische‹ Leben der Inselbewohner*innen, ohne dafür jedoch Macht, Privilegien und Bequemlichkeit einbüßen zu müssen. Dieses Begehren nach Schwarzer Haut, das süß sei, so Kilmoba, sei jedoch gleichzeitig auch gefährlich, da es auf Neid beruhe und daher jederzeit in Hass umschlagen könne und bitter werde: »Nicht nur süße und bittere Worte machen es schwer, Rassismus zu identifizieren; sondern das Spiel mit süßen und bitteren Worten ist eine Form, in der Rassismus produziert wird.«[249] Der Prozess, Hautfarben Bedeutungen zuzuschreiben, ist also per se problematisch, ganz unabhängig davon, ob diese nun positiv oder negativ sind.

Der Text beschränkt sich bei der karikierenden Darstellung Schwarzen Lebens aber nicht nur auf das Blackfacing bzw. Blackfishing, sondern inkludiert auch die Kleidung und den Habitus. So äußert Pippi Langstrumpf, dass sie in den Ohren und in der Nase Ringe tragen (S. 259) und zu Trommelschlägen ums Lagerfeuer tanzen will (S. 260); ihr Vater tritt bei dem Abschiedsfest in der Villa Kunterbunt in seinen »Königsgewändern« auf (S. 249f, 261) mit Bastrock, Krone, Perlenketten, Kettchen um Hand- und Fußgelenke und Speer in der Hand. Auf diese Weise wirkt er zunächst bedrohlich. Anschließend trommelt er auf der »Zaubertrommel« und tanzt einen »wilden Kriegstanz« (S. 252). Pippi ist zudem der Ansicht, dass die Villa Kunterbunt, obwohl heruntergekommen, schöner sei als die »Lehmhütten«, in denen sie bei ihrem Vater wohnen wird, da es dort wahrscheinlich auch Flöhe geben werde (S. 270). Diese exotisierenden Vorstellungen gipfeln in der Beschreibung der »Südseeinsel« als eines *weißen* Sehnsuchtsortes im dritten Band. Die Bewohner*innen der Insel wohnen in kleinen gemütlichen Hütten zwischen Palmen (S. 342), sie tanzen unter Trommelschlägen um das Lagerfeuer (S. 346), es gibt feinen weißen Sand und ein Korallenriff (S. 348), sie essen die ganze Zeit Kokosnüsse und Brotfrüchte und Bananen (S. 352), es gibt interessante Höhlen und gefährliche Haie (S. 354), einen unerschöpflichen Vorrat an schimmernden wertvollen Perlen (S. 354f.), einen Dschungel, duftende Blumen, einen Wasserfall … Der Text kreiert hier eine Utopie für *weiße* Kinder, die sich dieser jederzeit

249 Kilomba: Das N-Wort.

bemächtigen können, inklusive der »süßen schwarzen Kinder« (S. 335) zum Spielen:

»›Ich glaube, es wird lustig, mit den kleinen schwarzen Kindern da unten zu spielen.‹ fuhr Pippi fort. Tommy und Annika seufzten. ›Warum seufzt ihr denn?‹, fragte Pippi. ›Mögt ihr keine süßen schwarzen Kinder?‹«

Diese Textstelle objektiviert Schwarze Kinder nicht nur und wertet sie ab, indem sie diese auf eine Ebene mit allen möglichen für *weiße* Kinder potenziell unterhaltsamen Dingen hebt, wie Zitronenbonbons oder Rollschuhe, die man mögen kann oder auch nicht, zudem bedient sie auch das Klischee, dass Schwarze Kinder besonders süß seien.[250] Dies ist aktuell besonders problematisch vor dem Hintergrund einer zunehmenden Fetischisierung von Schwarzen und biracial Kindern, die solche Kinder objektiviert und exotisiert. Emilia Roig zufolge gibt es inzwischen unzählige Instagram-Accounts, die sich ausschließlich der Darstellung von light-skinned und biracial Kindern und Babys widmen.[251]

Der letzte rassistische Topos betrifft schließlich das Kollektiv der Schwarzen Inselbewohner*innen. Der Text reproduziert an dieser Stelle eine ganze Reihe diffamierender Stereotype über Schwarze Menschen. Hierbei finden sich wieder die binären Oppositionen (aktiv – passiv; kultiviert – primitiv; Individuum – Kollektiv), wobei die *weiße* Normposition in der Regel unsichtbar bleibt. So werden die Inselbewohner*innen insgesamt als handlungsunfähig, unterlegen und untertänig dargestellt, wodurch es den *weißen* Protagonist*innen überlassen bleibt, die Führung zu übernehmen. Die Position als König beruht auf der *weißen* Hautfarbe von Pippis Vater, den die Inselbewohner wie einen Messias empfangen, nachdem er seine überaus große Kraft bewiesen hat (S. 250). Die Stelle, an der er angespült wurde, ehren sie mit einem Gedenkstein (S. 343), und er muss auf sie »aufpassen« (S. 342). Ephraim Langstrumpf trägt somit unausgesprochen die ›Bürde des *weißen* Mannes‹.

Geothert werden die Inselbewohner*innen durch ihren gesamten Habitus, der das primitive Wohnen, die primitive Kleidung bzw. das Fehlen von Kleidung und die ehemals anthropophage Ernährung umfasst. Bis Pippis Vater König wurde, waren die Inselbewohner*innen Kannibal*innen (S. 250). Intersektional diskriminiert werden in Bezug auf Primitivität vor

250 Vgl. Fajembola/Nimendé-Dundadengar: Gib mir mal die Hautfarbe, S. 62.
251 Vgl. Roig: Why we matter, S. 43.

allem die Schwarzen Frauen, die zur Jagd mitkommen sollen, »um die Schweine mit wilden Schreien aufzuschrecken« (S. 351). Während den Männern der Insel zumindest die kulturelle Fähigkeit zu jagen zugebilligt wird, sind die (ansonsten schweigenden) Frauen offenbar lediglich zum primitiven Schreien in der Lage. Auch die Andersartigkeit der Hautfarbe der Inselbewohner*innen wird hervorgehoben durch die Bemerkung, dass der weiße Sand »auf dem schwarzen Körper [...] so lustig « aussieht (S. 348).

Zudem werden die Hautfarben hierarchisiert und zwar durch die Inselbewohner*innen selbst: diese finden weiße Haut »viel feiner als schwarze« (S. 345) und die Schwarzen Kinder bringen ihre Bewunderung zum Ausdruck, indem sie sich »voller Ehrfurcht« vor den *weißen* Menschen auf die Knie werfen. Die Bewunderung für das eigene *weiße* Selbst wird hier also wie in *Robinson Crusoe* auf das rassifizierte ›Andere‹ projiziert.

Des Weiteren kann eine Schwarze Entindividualisierung beobachtet werden: die Schwarzen Menschen treten fast ausschließlich als Kollektiv und nicht als Individuen auf, nur zwei von den Kindern erhalten überhaupt einen Namen.

Auch auf sprachlicher Ebene kommt es zu Diskriminierungen: Während die Schwarzen Frauen erst gar nicht zu Wort kommen, sprechen die Schwarzen Kinder gebrochen und werden prompt von Pippi nachgeäfft.

Nicht zuletzt fällt auf, dass Pippi, Tommy und Annika zwar viel Spaß mit den Schwarzen Kindern haben und ihnen auch beim Abschied versprechen, wiederzukommen, sie aber ihrerseits die Schwarzen Kinder nicht in die Villa Kunterbunt einladen. Obwohl unausgesprochen, ist allen Figuren bewusst, dass die *weißen* Kinder zwar das Recht und die Möglichkeit haben, die Schwarzen Kinder zu besuchen, aber umgekehrt gilt dies nicht. Dies fällt umso stärker auf, als Pippi eigentlich ganz besonders gastfreundlich und großzügig ist. So lädt sie z. B. zu Weihnachten alle Kinder in der Stadt zu sich ein und kümmert sich um jedes einzelne. Die Schwarzen Kinder dienen den *weißen* Kindern hingegen ausschließlich als Urlaubsvergnügen und sind in der *weißen* schwedischen Welt nicht erwünscht. Die Immobilität Schwarzer Figuren in der Kinderliteratur (die nicht nur bei *Pippi Langstrumpf* zu beobachten ist) spiegelt sich in der realen Immobilität nicht-*weißer* Menschen. Diese bekommen ihren Platz oft durch dominante *weiße* Gesellschaften zugewiesen; früher durch Segregation und Apartheid, heute genießen sie de facto häufig nicht dieselbe Reisefreiheit oder dieselben Aufenthaltsrechte wie *weiße* Menschen; oder sie werden räumlich an den Rand gedrängt, wie häufig in den armen Vororten großer Städte zu beobachten ist. Aladin El-Mafaalani weist darauf hin, dass das Kopftuch für die deutsche Gesellschaft kein Thema darstellte, solange seine Trägerinnen darin die Schulen putzten. Sobald diese jedoch mit ihren Kopftüchern studieren und an ebendiesen Schulen als Lehrerinnen arbeiten wollten, war das Kopftuch plötzlich inakzeptabel.[252] Gewisse *weiße* Orte sollen als rassifiziert gelesenen Menschen somit unzugänglich bleiben; eine Tatsache, die Kindern durch Bücher schon sehr früh beigebracht wird und daher ›normal‹ erscheint. Während Pippis Nonsensgeschichten rassistische binäre Oppositionen auf einer sprachlichen Metaebene erzeugen, zielt die Darstellung der Schwarzen Inselbewohner*innen auf die binären Oppositionen auf der Handlungsebene ab: Die Schwarzen Menschen sind primitiv, unzivilisiert, passiv, kollektiv, unterwürfig, leicht zu beeindrucken, immobil und müssen beherrscht werden. Die *weißen* Menschen hingegen sind kultiviert, zivilisiert, aktiv, individuell, selbstbewusst, mobil und nehmen die »Bürde des *weißen* Mannes« auf sich, zum Wohl der Schwarzen Menschen.

Insgesamt erhalten die *weißen* Menschen in *Pippi in Taka-Tuka-Land* von den Schwarzen Menschen viel Bewunderung, Respekt und Ehrerbietung, während die *weißen* Menschen ihrerseits von den Schwarzen Menschen profitieren. Die große Leistung der *weißen* Menschen in dem Text ist es, auf die Schwarzen Menschen aufzupassen und sie zu regieren. Dafür sind die Schwarzen Menschen dann sehr dankbar und legen ihnen die Schätze der Insel praktisch zu Füßen. Die Entscheidung des Oetinger Verlages, das N-Wort in *Pippi Langstrumpf* seit 2009 nicht mehr abzudrucken, kann somit den Rassismus in diesem Werk nicht tilgen, sondern ihm bestenfalls »die Spitze nehmen«[253], so die Journalistin Hadija Haruna-Oelker. In diesem Kontext sollte erwähnt werden, dass die Figur der ›Pippi Langstrumpf‹ ein Vorbild in der realen Welt besaß. Die Journalistin Rebekka Endler weist im *SZ Magazin* darauf hin, dass der Charakter der ›Pippi Langstrumpf‹ auf dem Schwarzen Mädchen Elsa Pettersson beruht, mit dem sie zahlreiche Eigenschaften teilt. Elsa Pettersson war die Tochter des schwedischen Kapitäns Carl Emil Pettersson, dessen Schiff 1904 kenterte,

252 Vgl. El-Mafaalani: Wozu Rassismus?, S. 86.

253 Vgl. Hadija Haruna im Interview mit Daniel Bax: »Es sind auch meine Kinderbücher!« Die Journalistin Hadija Haruna über diskriminierende Ausdrücke in Kinderbüchern, die Abwehrreflexe von Feuilletonisten und Rassismus in den Medien. In: *taz*, 31.01.2013. Verfügbar unter: taz_Interview_Hadija_Haruna__31.1.2013.pdf (bildung-diversity.ch), Zugriff am 06.02.2022.

und der sich auf die Insel Tabar (Papua-Neuguinea) retten konnte, wo er drei Jahre später Sindu, die Häuptlingstochter, heiratete und fortan als ›Südseekönig‹ galt. Pettersson war insbesondere für seine Körperkraft und seine Leibesfülle bekannt (ebenso wie Efraim Langstrumpf), aber auch für seine Sanftmütigkeit und die Ablehnung von Diskriminierung. Er und seine Frau bekamen neun Kinder, Sindu verstarb jedoch kurz nach der Geburt des neunten Kindes (auch Pippis Mutter ist verstorben). Pettersson setzte durch, dass seine Kinder fortan ein katholisches Internat besuchen durften, welches eigentlich nur *weißen* Kindern zugänglich war. Seine älteste Tochter, Elsa, liebte Pettersson ganz besonders und beschenkte sie nicht nur mit Gold, sondern auch mit einer trainierten Meerkatze (Pippi besitzt einen Koffer voller Gold und den Affen Herr Nilsson). Elsa besaß als ›Häuptlingstochter‹ Autorität, die sie zum Schutz der Schwächeren einsetzte. Eine ihrer Töchter, Maria Chan, beschreibt sie als ›Wirbelwind‹. In einer Zeremonie wurde ihr zudem die Gabe verliehen, mit Haien zu sprechen (wie Pippi Langstrumpf im dritten Band) und sie hat eine eigene Sprache erfunden (Pippi erfindet das Wort »Spunk«).[254]

In Schweden war Carl Pettersson eine prominente Figur und die schwedische Presse berichtete ausführlich in Zeitungen und Reiseberichten über den ›Südseekönig‹ und seine Tochter Elsa. Zwischen 1907 und 1923 war Carl Petterson dreimal in Europa und erzählte von seinen Abenteuern. Astrid Lindgren war von 1924 bis 1926 Volontärin bei der Tageszeitung *Vimmerby Tidning*, Carl Pettersson dürfte ihr demnach bekannt gewesen sein. 2001 entdeckte der schwedische Journalist und Autor Joakim Langer einen alten Zeitungsartikel über Carl Pettersson und deckte die Pettersson-Lindgren-Verbindung anschließend auf. Gemeinsam mit der Ethnologin Hélena Regius konnte er anhand einer Fülle von Indizien belegen, dass die Figur von Efraim Langstrumpf auf Carl Petterson zurückgeht und Pippi somit auf Elsa.[255]

Astrid Lindgrens Erzählungen sind somit von den Berichten über Carl und Elsa Pettersson inspiriert und wären ohne diese beiden realen Personen vermutlich nie entstanden. Indem die Autorin jedoch die Hautfarbe

---

254 Vgl. Endler, Rebekka: Elsa in Taka-Tuka-Land. Bei: *SZ Magazin*, 31.08.2018, Heft 53/2018. Verfügbar unter Tochter der echten Pipi Langstrumpf – SZ Magazin (sueddeutsche.de), Zugriff am 22.05.2022.

255 Vgl. Langer, Joakim/Regius, Hélena: »Pippi & der König«. Leipzig: List Verlag 2004.

ihrer Hauptfigur ändert, betreibt sie wortwörtlich withewashing. Auf diese Weise lässt Lindgren den Menschen Elsa Pettersson unsichtbar werden, eignet sich ihre Geschichte gleichzeitig jedoch an. Elsa Pettersson Kinder beklagen daher, dass ›Pippi Langstrumpf‹ eine schwedische Figur sei und die Schweden daher die Deutungshoheit über ihre Mutter besäßen.

Dabei hätte eine schwarze Haut Lindgrens ›Pippi‹-Figur noch einmal abrunden können und einen wirklichen Mehrgewinn in Sachen Empowerment geliefert. Eine Schwarze ›Pippi‹ mit ihrer übermenschlichen Kraft, ihrem Mut, ihrer Großzügigkeit und Sorglosigkeit wäre ein wirklicher Gewinn für alle Kinder gewesen. Literatur besitzt grundsätzlich das Potenzial, als ›Spielfeld‹ zu fungieren, um Dinge, die in der realen Welt schwierig sind, im Schutz der Fiktion umzusetzen. Auf diese Weise funktionieren gerade gesellschaftliche Tabus oft zunächst in der Literatur oder im Film, bevor irgendwann die Realität die Fiktion imitiert.

weiße Angst: »Lotta ist ein kleiner Sklave«

Astrid Lindgrens Geschichten um Lotta und ihre Familie wurden ab 1956 veröffentlicht und in den 1990er-Jahren sowie 2006 mehrfach verfilmt. Der Band *Die Kinder aus der Krachmacherstraße* enthält eine Sammlung von Geschichten, die teils aufeinander aufbauen und Situationen aus Lottas Alltagsleben beschreiben. Das Kapitel »Lotta ist ein kleiner Sklave« wird inzwischen vom Oetinger Verlag in den aktuellen Auflagen dieses Bandes nicht mehr mitpubliziert. Doch in den meisten Ausgaben des Bandes, die in Privathaushalten oder in (Schul-)Bibliotheken im Umlauf sind, ist das Kapitel höchstwahrscheinlich noch enthalten, weshalb wir an dieser Stelle darauf eingehen möchten. Zudem möchten wir uns noch einmal ganz genau ansehen, was an der Geschichte alles problematisch ist bzw. welche Mechanismen wirksam werden, um Rassismus zu produzieren.

In der Geschichte geht es darum, dass Lotta ihren kleinen Cousin Totte gehauen hat und zur Strafe alleine im Spielhäuschen im Garten sitzen muss. Die anderen Kinder wollen daraufhin spielen, dass Lotta im Gefängnis sitzt und wollen ihr Essen reinschmuggeln. Dies soll durch den Schornstein geschehen. Dabei löst sich Ruß und Lotta wird schwarz im Gesicht. Das bringt die Kinder auf die Idee, jetzt zu spielen, dass Lotta ein »gefangener kleiner Sklave« (S. 94) sei, der gerettet werden muss. Lotta schmiert sich für dieses neue Spiel noch stärker mit Ruß ein, damit sie wie ein »richtiger Sklave aus Afrika« (S. 95) aussieht. Daraufhin weint Totte, da er denkt,

»Sklaven sind gefährlich«, denn »sie sehen gefährlich aus« (S. 95). Da Lotta ziemlich frech ist, freut sie sich über Tottes Angst und bittet: »Rettet mich jetzt gleich, ich will nämlich rumgehen und den Leuten einen Schreck einjagen« (S. 95). Als Lotta schließlich von ihrer Mutter erwischt wird, berichtet der Erzähler: »Mama war sicher auch bange vor Sklaven aus Afrika, denn sie schlug die Hände zusammen und sagte: ›Du liebe Zeit, wie siehst du aus!‹ Und Lotta musste in die Waschküche gehen und sich eine halbe Stunde lang waschen« (S. 97). Am Abend hat der kleine Totte schließlich Angst vor der Dunkelheit und Lotta singt ihm zum Trost etwas über Gottes Engel vor, die ihn in der Nacht schützen. Zudem betont sie, dass sie ihn auch beschützen wird »und kein Sklave aus Afrika« (S. 102).

In dieser Geschichte werden verschiedene Formen der Diskriminierung, Klischees und Vorurteile miteinander verbunden. Das Schwarzmalen des Gesichtes mit Ruß als Blackfacing ist ein häufig wiederkehrendes Motiv in der deutschen Kinderliteratur. Die intuitive Assoziation der Kinder eines schwarzen Gesichts mit einem Sklaven markiert die absolute Machthierarchie zwischen Schwarz und *weiß*. In der Vorstellungswelt der Kinder ist ein (eingesperrter) Schwarzer Mensch ganz automatisch ein Sklave. Die Formulierung »richtiger Sklave aus Afrika« impliziert zum einen ein homogenes Afrika-Bild (das Afrika-als-Land-Klischee) und zum anderen deutet sie die Diskriminierung durch Colorism an. Colorism hierarchisiert die Farbnuancen der Schwarzen Haut, wobei hellere Nuancen bevorzugt werden. Um wie ein »richtiger Sklave« auszusehen, muss Lotta ihre Haut mit extra viel Ruß einschmieren; je dunkler der Hautton also, umso unterprivilegierter ist der Mensch in den Augen der Kinder. Mit etwas weniger Ruß im Gesicht wäre Lotta folglich kein »richtiger Sklave«, sondern bloß ›schwarz‹. Diese extreme Dunkelfärbung der Haut, die auf eine Steigerung der Angst sowie eine Steigerung des Konzepts ›Schwarzsein‹ abzielt, referiert indirekt auf die Unterscheidung zweier Typen von Schwarzen Sklaven (auf die sich u.a. auch Malcom X in seiner Rede vom 10.12.1963 bezieht): den darkskinned ›fieldn*‹ auf der einen Seite, der seinen *weißen* Master hasst und ihm den Tod wünscht, und den lightskinned ›housen*‹ andererseits, der seinen *weißen* Master liebt und sich mit ihm identifiziert. Indem die extreme Schwarzfärbung von Lottas Haut auf die Imitation des ›fieldn*‹ abzielt, folgt prompt Tottes Angst, die bis zur Nacht anhält. Als ›schwarzer‹ Sklave, als ›fieldn*‹, wird Lotta zur Kinderschreckfigur, ähnlich wie der ›schwarze Mann‹. Eine weitere Reaktion der Kinder neben der Angst ist die Intention, Lotta zu ›retten‹. Als Lotta noch als *weiße* Person im Gefängnis saß, musste sie lediglich mit Essen versorgt werden. Der Impuls, Schwarze Menschen zu retten, wird von Mohamed Amjahid als »Retterkomplex« bezeichnet und ist in der westlichen Welt weit verbreitet und beispielsweise auch aus dem Kino als white saviorism bekannt.[256] Problematisch ist daran unter anderem das implizierte Machtgefälle zwischen denjenigen, die aufgrund ihrer Hautfarbe retten, und denjenigen, die aufgrund ihrer Hautfarbe gerettet werden müssen. Angedeutet wird zudem, dass nicht nur die Kinder, sondern auch die Erwachsenen auf Lottas ›schwarze‹ Haut wahrscheinlich mit Angst reagieren. Denn sowohl der Erzähler als auch Lotta gehen davon aus, dass sich die Erwachsenen von Lotta erschrecken lassen. Dem Hinweis des Erzählers, dass auch die Mutter sich bestimmt vor Schwarzen Menschen fürchtet, folgt eine lange Waschaktion. Dieses lange Waschen der Haut untermalt das in der Kinderliteratur immer wiederkehrende Motiv einer Assoziation von Schwarzer Haut mit Schmutz sowie die Vorstellung, dass *weiße* Haut sauber sei und Schwarze Haut niemals sauber werden könne. Zeitgleich wird häufig der hohe Stellenwert der Sauberkeit betont. Zu guter Letzt wird der »Sklave aus Afrika« noch in Opposition zu Gottes Engeln gerückt, indem Lotta betont, dass diese sowie sie selbst an Tottes Bett Wache halten, der »Sklave aus Afrika« hingegen nicht. Gerade diese kurze Textstelle markiert ganz prägnant die Trennung zwischen der christlichen *weißen* Welt, von der Schutz und Rettung ausgehen, und der Schwarzen ›afrikanischen‹ heidnischen und gottesfernen Welt, die angsteinflößend ist. Die Geschichte »Lotte ist ein kleiner Sklave« umfasst somit als rassistische Wirkungsmechanismen die bekannten rassistischen binären Opposition (heidnisch – christlich, *weiß* = ungefährlich – Schwarz = gefährlich), Blackfacing sowie das Motiv schwarzer Haut als Schmutz und *weißer* Haut als sauber.

weiße **Haut: »Jim Knopf«**

Michael Endes Abenteuerroman *Jim Knopf und Lukas der Lokomotivführer* von 1960 gehört zu den erfolgreichsten und beliebtesten deutschsprachigen Kinderbüchern und hat früh schon Literaturpreise gewonnen. Das Werk und sein ebenso erfolgreicher Folgeroman *Jim Knopf und die Wilde 13* von 1962 wurden in 33 Sprachen übersetzt und sind mehrfach verfilmt worden;

256 Vgl. Amjahid, Mohamed: Unter Weißen: Was es heißt, privilegiert zu sein. Berlin: Hanser Verlag, 2017, S. 76–91.

in den 1960ern als Adaption durch die Augsburger Puppenkiste, 1999 als Zeichentrickserie und erst 2018 sowie 2020 als Realverfilmungen für die Kinos. Angesichts des Kinostarts der beiden aktuellen Filme ist auch die Frage nach dem rassistischen Gehalt der Geschichte (erneut nach 2013) medial kontrovers diskutiert worden. So positionierte sich Baden-Württembergs damalige Kultusministerin Susanne Eisenmann beispielsweise mit deutlichen Worten gegen mögliche Änderungen. Auch Bärbel Dorweiler, die Verlegerin des Thienemann Esslinger Verlags, sprach sich 2020 im Interview entschieden für den toleranten Gehalt von Endes Geschichte aus und lehnt Änderungen daher nach wie vor ab.[257]

Im Kanon der klassischen deutschen Kinderliteratur kommt *Jim Knopf* eine absolute Sonderstellung zu, da der Titelprotagonist ›Jim‹ Schwarz ist. Der Autor Michael Ende hat sich bewusst dafür entschieden, seiner Hauptfigur eine schwarze Hautfarbe zu verleihen, wohl mit der Intension, ein Zeichen gegen Ausgrenzung zu setzen. Der Schwarze ›Jim‹ ist nicht nur die Hauptfigur des Romans, sondern auch voll integriert und durch und durch mit positiven Fähigkeiten ausgestattet. So wurde von der Forschung bisher vor allem das vermittelnde inklusive und rassentheoriekritische Potenzial des Textes gewürdigt. Der Germanist Klaus Hübner sieht gerade die Zurückweisung des Rassismus als Schlüsselthema des Textes.[258] Ende, so der literarturwissenschaftliche Konsens, spricht den *weißen* Rassismus an und verurteilt ihn.[259] Auch die Buchhändlerin Mieke Woelky, die die Streichung des Kapitels »Lotta ist ein kleiner Sklave« aus Astrid Lindgrens *Die Kinder aus der Krachmacherstraße* mit initiiert hat und somit eine Pionierposition im Kampf gegen den Rassismus in Kinderbüchern einnimmt, vertritt im Interview die Ansicht, *Jim Knopf* müsse nicht umgeschrieben werden, es handle sich nur um einzelne Wörter in den ersten zwei Kapiteln, die problematisch seien.[260] So ist Jims Hautfarbe auch immer wieder ein

---

257 Vgl. Bärbel Dorweiler im Interview mit Lisa Welzhofer: »Kinderliteratur darf nicht nur ungefährliche Häppchen servieren«. Bei: Stuttgarter Nachrichten, 28.08.2020. Verfügbar unter Stuttgarter Verlegerin zu Rassismus-Kritik an Jim Knopf: »Kinderliteratur darf nicht nur ungefährliche Häppchen servieren« – Kultur – Stuttgarter Nachrichten (stuttgarter-nachrichten.de), Zugriff am 21.03.2022.

258 Hübner, Klaus: Jim Knopf und Lukas – im 21. Jahrhundert? Bei: literaturkritik.de, 08.01.2021. Verfügbar unter Jim Knopf und Lukas – im 21. Jahrhundert? – Ein Vortrag: literaturkritik.de, Zugriff am 22.05.2022.

259 Vgl. Rösch: Grundschule Schwarz weiß?, S. 183 f.

260 Mieke Woelky im Gespräch mit Andrea Gerk: Rassismus im Lummerland. Bei: Deutschlandfunk Kultur, 31.08.2020. Verfügbar unter Debatte über Kinderbuch-

Thema und das N-Wort fällt (einmalig) gleich zu Beginn der Geschichte. Auf der anderen Seite besitzt *Jim Knopf* jedoch das Potenzial, Schwarze Kinder zu empowern, da das Buch einem Schwarzen Protagonisten eine prominente Position zuweist. Ein Schwarzes Kind ist der mutige Held der Geschichte, der eine chinesische (!) Prinzessin rettet, in die er sich verliebt. So berichtet beispielweise Tupoka Ogette, dass *Jim Knopf* aus diesem Grund ihr Lieblingsbuch war, dass sie allerdings die rassistischen Passagen und Ausdrücke mit »Bauchschmerzen« überlesen musste, um die Freude am Lesen aufrecht zu erhalten.[261] Der Rassismus in *Jim Knopf* beschränkt sich nämlich nicht nur auf das N-Wort, das einmalig fällt. Er zeigt sich vielmehr in ständig wiederkehrenden Stereotypen, mit denen Jim ausgestattet ist, und in dem *weißen* Blickwinkel (white gaze), mit dem die *weißen* Protagonist*innen und der *weiße* Erzähler auf ihn blicken.

Jim Knopf ist somit gerade aufgrund von Jims Hautfarbe ein per se ambivalentes Buch, das permanent zwischen der inkludierenden antirassistischen Intention des Autors und der exkludierenden stereotypisierenden Darstellung des Erzählers oszilliert. Denn obwohl die Intention des Autors sicherlich eine positive war, ist dem Werk eine ganze Reihe rassistischer Stereotype inhärent. Gerade diese Attitüde, (unbewusst) mit der besten Absicht Stereotype zu verbreiten, ist eine häufige Form des Alltagsrassismus, da sie die Verinnerlichung (positiver) Vorurteile offenbart und somit eine biologistische Gesinnung verrät.

Jim Knopf erzählt die Geschichte des Kindes Jim, das als Baby in einem Paket zufällig auf der winzig kleinen Insel Lummerland landet, da der Postbote die schwer lesbare Adresse auf dem Paket irrtümlich als ›Lummerland‹ interpretiert. Jim wächst fortan bei der gütigen Frau Waas auf, die ihn wie ihr eigenes Kind liebt. Hingezogen fühlt sich Jim aber vor allem zu Lukas, dem Lokomotivführer. Als der König, Alfons, der Viertelvorzwölfte, eines Tages verkündet, die Insel sei zu klein für alle, verlassen Lukas und Jim sie gemeinsam. Es folgt eine wahre Odyssee durch fantastische und exotische unbekannte Welten,[262] bei der Jim und Lukas zahlreiche Probleme und Gefahren bewältigen, eine Prinzessin befreien und schließlich wieder nach Lummerland zurückkehren, wo sie auch das Platzproblem lösen.

Klassiker – Rassismus im Lummerland (deutschlandfunkkultur.de) Zugriff am 20.01.2022.

261 Zit. n. Rösch: Grundschule Schwarz weiß, S. 183.

262 Es lassen sich tatsächlich Parallelen zu Homers *Odyssee* finden.

Die Handlung setzt ein mit Jims Ankunft auf Lummerland und der Beschreibung der kleinen Insel. So betont der Erzähler die winzigen Ausmaße der Insel, die viel kleiner sei als andere Länder, wie beispielsweise Afrika (S. 3, 20). Auf diese Weise wird gleich zu Beginn eine wenn auch nicht kausale Verbindung geschaffen zwischen dem Schwarzen Baby und Afrika, so wie das immer noch verbreitete Stereotyp reproduziert, Afrika sei ein homogenes Land.

Anschließend folgt eine genauere Beschreibung der beiden Hauptfiguren Jim und Lukas sowie die Schilderung ihres ersten Zusammentreffens. Von Lukas heißt es, er sei aufgrund seiner Arbeit als Lokomotivführer im Gesicht und an den Händen ganz schwarz. Dabei sei der Ruß seiner Dampflok so tief in seine Haut eingedrungen, dass er sich überhaupt nicht mehr abwaschen lasse. Lukas' Augen seien jedoch so blau wie der Himmel und seine Zähne blitzten weiß beim Lachen und seien so stark, dass er damit eine Nuss knacken könne. Im linken Ohrläppchen trägt er einen kleinen goldenen Ring. Lukas erscheint somit als hybride Figur, die mit dem Potenzial ausgestattet ist, eine Verbindung bzw. Brücke zwischen Schwarz und *weiß* zu schaffen. Er ist zugleich mit Schwarzen und *weißen* Merkmalen ausgestattet, wobei jedoch seine *weißen* Anteile dominieren und die Schwarzfärbung seiner Haut als Blackfacing zu sehen ist. Lukas' blaue Augen entsprechen dem *weißen* Ideal, seine blitzenden Zähne und die damit verbundene Stärke jedoch dem Schwarzen Stereotyp. *Zeit*-Autor Ulrich Greiner bezeichnet Lukas in seinem berühmt-berüchtigten Artikel daher als »Karnevalsn*«[263]. Dass Schwarze Haut angstbeetzt ist, zeigt sich an Baby Jims erster Reaktion auf Lukas' Antlitz (S.14):

> »Als das Baby hörte, wie Lukas vor sich hin grollte, begann es zu weinen. [...] Außerdem war es auch erschrocken vor dem großen schwarzen Gesicht von Lukas, denn es wusste ja noch nicht, dass es selber auch ein schwarzes Gesicht hatte.«

Aus dem zweiten Satz geht zum einen hervor, dass ein »schwarzes Gesicht« angstauslösend wirkt. Damit wird eben jene negative Assoziation von schwarzer Haut mit Angst reproduziert wie in *Lotta ist ein kleiner Sklave* oder in *Mecki bei den N-lein*, die Ende zu überwinden gedenkt. Anders formuliert: Solange Figuren in einem (Kinder)Buch mit Angst auf ein

263 Greiner, Ulrich: Die kleine Hexenjagd. In: *Die Zeit*, 17.01.2013. Verfügbar unter Kinderbücher: Die kleine Hexenjagd | ZEIT ONLINE, Zugriff am 09.02.2022.

schwarzes Gesicht reagieren, ist dieses Buch rassistisch. Dies gilt auch und vor allem dann, wenn der Erzähler oder eine Figur es für nötig befinden, Entwarnung zu geben und explizit darauf hinzuweisen, dass keine Gefahr bestehe, da Schwarze Menschen ›nett‹ und ›harmlos‹ seien. Zum anderen ist dem Baby nicht bewusst, dass es selbst Schwarz ist. Diese Aussage impliziert zum einen, dass *weiß* auch für Babys die Norm darstellt, und zum anderen, dass Jim keine Angst haben würde, wenn er um seine eigene Hautfarbe wüsste. Das »schwarze Gesicht« muss somit insbesondere für *weiße* Menschen als angsteinflößend gelten.

Die Figur Frau Waas hingegen reproduziert das Stereotyp, dass Schwarze Kinder gerade für *weiße* Menschen besonders niedlich seien(S. 15):[264]

> »Und dass das Baby schwarz war, fand sie ganz besonders nett, weil das zu rosa Stoff so hübsch aussah, und Rosa war ihre Lieblingsfarbe.«

Bei der *weißen* Vorliebe für Schwarze Babys und Kinder handelt es sich ähnlich wie beim Colorism (der Bevorzugung Schwarzen Menschen mit etwas hellerer Haut) um die (*weiße*) Priorisierung besonderer Merkmale innerhalb einer diskriminierten bzw. marginalisierten Gruppe. Dies ist vor allem insofern problematisch, als dass es inner-Schwarze Hierarchien schafft. Frau Waas nimmt sich im Folgenden Jims an und erfüllt ihm gegenüber die Mutterrolle. Im Verlauf der Geschichte erfährt Jim schließlich, dass sie nicht seine Mutter ist, was ihn erstaunt. Dieses Erstaunen wiederum bildet das beliebte Vorurteil ab, Kinder seien ›farbenblind‹ und würden Unterschiede zwischen den Hautfarben nicht bemerken.[265] Frau Waas zieht Jim jedenfalls auf, was im Großen und Ganzen sehr harmonisch verläuft. Der einzige Konfliktpunkt zwischen Mutter und Kind ist das Thema Waschen. Hierbei reproduziert die Figur Jim die stereotype Verbindung von schwarzer Haut und Schmutz. Bei diesem Stereotyp geht es um die Konnotation der Farbe ›schwarz‹ mit Dreck und Schmutz, die komplementär zur Konnotation der Farbe ›weiß‹ mit Sauberkeit und Reinheit ist (S. 16):

> »Das Waschen fand er besonders überflüssig, weil er ja sowieso schwarz war und man gar nicht sehen konnte, ob seine Haut sauber war oder nicht.«

Dieser Motivkomplex von schwarzer Haut, Schmutz und Angst, der erstmals in Bezug auf Lukas' schwarze Haut und Jims angsterfüllter Reaktion

---

264 Vgl. hierzu Fajembola/Nimendé-Dundadengar: Gib mir mal die Hautfarbe, S. 62.
265 Vgl. ebd. und Rösch: Grundschule Schwarz weiß?, S. 94.

auf diese auftaucht, wird später wieder aufgegriffen. So drohen Jim und Lukas den korrupten Bonzen in Mandala mit ihren schwarzen Fäusten (S. 71). Und die Drachen wiederum, die bösesten und gefährlichsten Kreaturen der Geschichte, zeichnen sich gerade dadurch aus, dass sie sich (wie Lukas) mit Ruß schwarz anmalen (S. 149):

> »Bei Drachen ist es nämlich umgekehrt wie bei Menschen. Menschen waschen sich morgens und abends, damit sie immer schön sauber sind, und Drachen schmieren sich morgens und abends voll [Ruß], damit sie immer hübsch schmutzig sind. Das gehört sich nun mal bei Drachen so.«

Die Sauberkeit der Haut, die als für Menschen erstrebenswert dargestellt wird, scheint nur durch das Abwaschen vom Schmutz zu gelingen. Wie bei *Max und Moritz* und im *Struwwelpeter* ist die (geblackfacete) schwarze Haut somit ein Stigma für Bösartigkeit (wie bei den Drachen) oder für schmutzige körperliche Arbeit (wie bei Lukas). Jim hingegen, der wie Hoffmanns M* »nichts für seine Hautfarbe kann«, ist in der Logik der Erzählung unschuldig stigmatisiert und darf daher nicht abgestraft werden. Um diese Sichtweise zu unterstreichen, wird Jim solidarisch Lukas zur Seite gestellt, der seine Haut ebenfalls nicht mehr sauber waschen kann, ohne dabei negativ konnotiert oder stigmatisiert zu sein. Jim ist seine Ausnahmestellung, die es ihm niemals möglich machen wird, seine Haut vollständig reinzuwaschen, sehr bewusst und er definiert sich, seine Freunde und seine Zukunft über seine Hautfarbe (S. 17):

> »Jims bester Freund war und blieb Lukas der Lokomotivführer. Sie verstanden sich ohne viele Worte, schon allein deshalb, weil Lukas ja ebenfalls fast ganz schwarz war. [...] Jims größter Wusch war nämlich, später auch Lokomotivführer zu werden, weil dieser Beruf so gut zu seiner Haut passte.«

Dies impliziert, dass gleiche Hautfarben zusammengehören und dass Jims Hautfarbe für einen Beruf prädestiniert, bei dem man schmutzig wird.[266] Das Thema Hautfarbe kommt nochmals zur Sprache bei der Begegnung mit dem Scheinriesen Herr Tur Tur. Dieser bezeichnet Jims schwarze Haut als »besondere Eigenschaft« (S. 132) und vergleicht sie mit seiner eigenen Außenseiterstellung. Da Scheinriesen im Gegensatz zu Schwarzen Menschen

---

266 Vgl. hierzu den Kanalreiniger in Preußlers »Das kleine Gespenst«. Auch hier wird die schwarze Farbe im Gesicht mit einem ›schmutzigen‹ Beruf in Verbindung gesetzt.

in der realen Welt nicht existieren, wird Jims Hautfarbe durch diesen Vergleich für die Rezipient*innen erneut ge›othert‹ und exotisiert (S. 132):

»›Herr Knopf zum Beispiel hat eine schwarze Haut. So ist er von Natur aus, und dabei ist weiter nichts Seltsames, nicht wahr? Warum soll man nicht schwarz sein? Aber so denken leider die meisten Leute nicht. Wenn sie selber zum Beispiel weiß sind, dann sind sie überzeugt, nur ihre Farbe wäre richtig, und haben etwas dagegen, wenn jemand schwarz ist. So unvernünftig sind die Menschen bedauerlicherweise oft.‹ ›Und dabei‹, warf Jim ein, ›is' es doch manchmal sehr praktisch eine schwarze Haut zu haben, zum Beispiel für Lokomotivführer.‹«

Problematisch ist hier auch der Begriff ›Natur‹, da dieser biologistisch anmutet und im Gegensatz zum Begriff ›Kultur‹ steht. Die wiederholte Verbindung der schwarzen Hautfarbe mit einem Beruf, bei dem man sich schmutzig macht, impliziert, dass Schwarze Menschen in solchen Berufen ihre Sparte innerhalb einer *weißen* Gesellschaft finden können: Schwarze Menschen können ›schmutzige‹ Berufe in der *weißen* Welt ausüben. *Weiße* Menschen hingegen wie Lukas sind per se eher ungeeignet als Lokomotivführer, da sie durch diesen Beruf ›schwarz‹ werden können. Ähnlich wie in *Pippi Langstrumpf* lotet der Erzähler hier die Möglichkeiten für *weiße* Menschen, ›schwarz zu werden‹ aus. Die Welt Schwarzer Menschen scheint *weißen* Menschen somit nicht völlig verschlossen zu sein. Umgekehrt jedoch gibt es für Schwarze Menschen keine Möglichkeit, *weiß* zu werden, oder jede Position in der *weißen* Welt einzunehmen. Jim träumt nicht davon, König von Lummerland zu werden oder eines Tages das Geschäft von Frau Waas zu übernehmen; er wünscht sich die einzige soziale Position auf dieser Insel, bei der man schmutzig wird. Denn Jim kann seine Haut nicht weißwaschen und die Taka-Tuka-Kinder werden nicht in die Villa Kunterbunt eingeladen. Schwarze Figuren leiden somit an einer Einschränkung ihrer Möglichkeiten und ihrer Mobilität.

Bei verbalen Attacken wird Jims Hautfarbe schließlich zum Zielpunkt des Angriffs. Frau Mahlzahn nennt Jim »frecher schwarzer Dreckspatz« (S. 172) und »schmutzige kleine Krabbe« (S. 174). Erstaunlicherweise ist dies die Perspektive eines Drachens, der sich ja selbst täglich mit Ruß schmutzig macht. Doch indem ein Erzähler seine Drachenfigur beleidigende Aussagen über die Hautfarbe treffen lässt, offenbart er seine eigene *weiße* Perspektive. Die untergründige Botschaft lautet dann in etwa, dass nur böse

Ungeheuer die Hautfarbe eines Menschen kritisieren. Auf diese Weise wird aber die Verbindung von schwarz, Schmutz und Stigma reproduziert (vergleichbar mit der Mentalität des heiligen Nikolaus' im *Struwwelpeter*). *Jim Knopf* ist zwar kein mutwillig rassistisches Buch, zeichnet sich durch genau solche Passagen aber als Rassismen reproduzierendes Werk aus.

Jims schwarze Haut ist somit im gesamten Verlauf des Romans Thema. Doch warum ist die Figur Jim eigentlich Schwarz? Einmal abgesehen von Endes integrativer und toleranzbetonter Intention; würde die Geschichte nicht auch mit einem *weißen* Jim funktionieren? Nein, das würde sie nicht, und zwar aus folgenden Gründen: Das Kernthema der Geschichte sind nicht die Abenteuer, die Jim und Lukas zusammen erleben; denn spannend ist nicht, was für Abenteuer erlebt werden, sondern wer sie erlebt. Anders formuliert: Unsympathische oder flach gezeichnete Protagonist*innen würden Leser*innen den Genuss selbst der interessantesten Abenteuer vermiesen. Viel entscheidender ist die ganz besondere Beziehung, die Freundschaft zwischen den beiden Protagonisten, ihre Verbundenheit zueinander, das Vertrauen, das sie sich schenken, die Gewissheit, sich auf den jeweils anderen unbedingt verlassen zu können. Konzipiert ist diese Verbindung wie eine Vater-Sohn-Beziehung, aber sie geht darüber hinaus, da ihr jede Form von Adultismus abgeht. Lukas respektiert Jim mehr, als dies normalerweise bei Eltern ihren Kindern gegenüber der Fall ist. Die Elternrolle wird durch Frau Waas besetzt, die Jim behütet, füttert, kleidet und zum Waschen schickt. Was Lukas und Jim auf so besondere Art und Weise verbindet, ist ihre Hautfarbe. Die beiden bilden eine Gemeinschaft, da sie über ihr Alleinstellungsmerkmal miteinander verbunden sind. Nur sie teilen eine optische Gemeinsamkeit, die sonst niemand im Roman aufweist. Lukas und Jim kommt durch die Konstruktion ihrer Hautfarbe somit eine Sonderposition zu, die Basis ihrer Komplizenschaft. Dass Lukas eigentlich *weiß* ist, bildet die Brücke zur *weißen* Leser*innenschaft. Wäre er Schwarz wie Jim, würden sich *weiße* Leser*innen vielleicht exkludiert fühlen; ihnen würde vermutlich die Identifikationsmöglichkeit fehlen. *Eine* Schwarze Figur ist interessant und kann von der *weißen* Gemeinschaft per Wohlwollen inkludiert werden, aber zwei Schwarze Figuren bilden eine eigene Gemeinschaft.[267] Zudem bildet Lukas die Brücke, über die sich die *weiße* Leser*innenschaft dem Schwarzen Jim annähern kann: Indem anhand der

267 Vgl. Kilomba: Plantation Memories, S. 109.

Figur des Lukas‹ die Harmlosigkeit von schwarzer Haut verdeutlicht wird und veranschaulicht wird, dass auch ein *weißer* Mensch über eine schwarze Haut verfügen kann, erscheint auch die echte schwarze Haut von Jim nicht mehr als bedrohlich und fremd. Sie soll kein Manko mehr sein. Jim ist Lukas also eigentlich gar nicht so unähnlich, so die Botschaft, und Lukas wiederum ist den *weißen* Figuren und den *weißen* Rezipient*innen eigentlich gar nicht so unähnlich. Überspitzt formuliert: Schwarz ist eigentlich *weiß*. Den Referenzpunkt bildet also stets die *weiße* Haut. Die schwarze Hautfarbe wird in der Logik der Erzählung zu einer ›Abart‹ der *weißen* Hautfarbe degradiert; Lukas ist nur angemalt und auch Jim kann unter seiner schwarzen Haut ›erbleichen‹ als wäre er angemalt. Ebenso wie in *Pippi Langstrumpf* wird schwarze Haut in *Jim Knopf* als eine veränderte Form von *weißer* Haut gedacht. Durch Schmutz, Ruß oder Sonne kann *weiße* Haut schwarz werden. Diejenigen, die Schwarz geboren werden, ›können nichts dafür‹; und als Baby weiß Jim ja noch nicht, dass er Schwarz ist; *weiß* ist auch für ihn zunächst die Norm. Diese Vorstellung knüpft epistemisch an die Überzeugung der Philosophen der Aufklärung an, dass die *weiße* Hautfarbe die ursprüngliche sei. Sie ist der Ausgangspunkt und kann sich verändern (verarten). Doch nur *weiße* Figuren besitzen in Kinderbüchern diese Möglichkeit, ihre Hautfarbe (reversibel) zu verändern (durch Sonne, durch die Südseeinsel, durch Schmutz und Ruß); Schwarzen Figuren wird diese Möglichkeit des Hautfarbenwandels in den fiktiven Welten der Romane nicht zugestanden. Der Handlungsspielraum von Figuren mit schwarzer Haut ist somit eingeschränkt; sie bleiben auf ihrer Insel oder sind für gewisse Berufe prädestiniert (Jim kann auch nicht lesen). Schwarz ist somit schwarz und nicht Schwarz: Schwarze Figuren bilden ihre Identität über *weiße* Figuren. Schwarz zu sein, bedeutet in dem Sinne, nicht *weiß* zu sein.[268] Deutlich wird somit, dass die Problematik in *Jim Knopf* schwerpunktmäßig nicht in dem N-Wort oder in Jims stereotyper ›Fröhlichkeit‹ liegt, sondern in der Konzeption eines Schwarzseins, welches sich vom Weißsein ableitet und somit rassistisch motiviert ist.

Ein weiterer problematischer Aspekt in *Jim Knopf* ist die Frage nach der Herkunft. Jim ist in beiden Romanen fortwährend auf der Suche nach seinen Wurzeln; das Rätsel, wie Jim überhaupt nach Lummerland gelangen konnte, ist Teil des Plots und somit unverzichtbar für das Funktionieren des

268 Thuram: Das weiße Denken, S. 17.

Romans. Da die alltagsrassistische Frage »Woher kommst du?« ebenfalls auf eine spannende Geschichte abzielt, ist ein Roman, der auf der Frage nach der Herkunft einer Schwarzen Figur aufbaut, nicht geeignet, Schwarze Menschen in der Normgesellschaft zu verorten. Anders formuliert: Um einen Roman zu schreiben, der tatsächlich ein inkludierendes Potenzial besitzt, hätte Michael Ende Jim Knopf nicht mittels seiner Hautfarbe und seiner Herkunft als ›fremd‹ konstruieren dürfen.

Implizite alltagrassistische Übersichtbarkeit

Doch es sind nicht nur rassistische Begriffe, Bezeichnungen, Motive oder Mechanismen, die Kinderbücher problematisch machen können. Eine bedeutende Rolle spielt auch der Subtext (die implizite Aussage des Textes), der sich beispielweise über die Erzählerhaltung und die herrschenden Regeln und Hierarchien in der fiktiven Welt der Erzählung erschließen lässt. Gerade dieser Subtext spiegelt nämlich häufig die Regeln und Hierarchien derjenigen Kultur wider, aus der der Text entsprungen ist, und zwar ohne dass sich der/die Verfasser*in oder die Rezipient*innen des Textes darüber bewusst sein müssen. So kann es vorkommen, dass Rassismus sich nicht durch bestimmte Begriffe wie das N-Wort oder Motive wie Blackfacing äußert, sondern im Subtext versteckt ist, indem beispielweise geltende Hierarchien an bestimmte Bedingungen und Merkmale geknüpft werden, die als ›selbstverständlich‹ angesehen werden. Hier ist insbesondere ein deutsches Narrativ zu nennen, das sich seit Jahrhunderten in der deutschen Sprache und im kollektiven Gedächtnis verankert hat und vor allem in Kindermedien immer wieder auftaucht: die Dichotomie von schwarz und weiß. Die schwarz-weiß-Dichotomie zieht sich wie ein roter Faden durch die Literaturgeschichte, sie findet sich in Büchern für Kinder in Text und Bild und wird verkörpert in der Figur des ›wilden schwarzen Mannes‹.

Schwarz als Antithese: *Das kleine Gespenst*

In der deutschen Sprache existiert eine ganze Reihe von Metaphern und Begriffen, die das Wort ›schwarz‹ mit einer negativen Bedeutung aufladen, wie ›rabenschwarzes Gewissen‹, ›Schwarzfärberei‹, ›Schwarzsehen‹, jemanden ›anschwärzen‹ ... Komplementär zu dieser negativen Konnotation der Farbe ›schwarz‹ ist die Farbe ›weiß‹ sprachlich sehr positiv besetzt. Auch dies schlägt sich in Metaphern, wie zum Beispiel

›blütenweiße Weste‹, nieder. Redensarten wie ›es ist nicht alles schwarz oder weiß‹ wiederum setzten die beiden Farben in Opposition zueinander. Die deutsche Sprache schafft somit sowohl eine Opposition zwischen den Wörtern ›weiß‹ und ›schwarz‹ als auch eine Hierarchie zwischen beiden Begriffen, indem der eine Begriff häufig etwas Gutes bezeichnet und der andere etwas Schlechtes.

Diese ausgeprägte Gegensätzlichkeit der Farben ›schwarz‹ und ›weiß‹ und die negative Bedeutung, die mit dem Wort ›schwarz‹ verbunden ist, treten in Otfried Preußlers beiden Werken *Das kleine Gespenst* und *Krabat* signifikant hervor. In *Das kleine Gespenst* verursacht die Farbe ›schwarz‹ Angst und Abwehr; in *Krabat* hingegen wird das, wovor man Angst haben muss, durch die Farbe ›schwarz‹ gekennzeichnet.

Das kleine Gespenst, erstmals 1966 erschienen, ist eines von Preußlers bekanntesten Werken und gilt als Klassiker der deutschen Kinderliteratur. Hier geht es um die Geschichte eines liebenswerten kleinen und natürlich weißen Nachtgespenstes, das durch einen Fehler beim Umstellen der Turmuhr plötzlich ein Taggespenst wird und fortan schwarz ist. Als Erklärung liefert der Autor die Sonne, die das Gespenst schwarz gemacht habe; eine häufige biologistische Erklärung in Kinderbüchern, wie *weiße* Figuren schwarz werden können, die sich auch in *Pippi Langstrumpf* findet. Schwarz zu sein, erschreckt das Gespenst zutiefst (S. 47):

> »›Huch, wie ich aussehe!‹, rief es entsetzt. »Ich bin ja ganz schwarz geworden! Von oben bis unten schwarz (...) Ich bekomme gleich vor mir selber Angst!«

Auch hier wird ›schwarz‹ einerseits mit Angst und andererseits mit Stigmatisierung verbunden. Schwarz zu sein, löst bei dem Gespenst Entsetzen aus, da es nun stigmatisiert ist und von anderen auch als stigmatisiert empfunden wird. So reagieren auch die Menschen mit Entsetzen auf die »schwarze Gestalt« und es ist sogleich klar, dass der »schwarze Unbekannte» von der Polizei gefangen werden muss. ›Schwarz‹ als Stigma wird somit nicht nur mit Angst, sondern auch mit Illegitimität assoziiert. Schwarz zu sein, ist daher so gravierend schlimm, dass dieser Sachverhalt sogar die Erfüllung des größten Wunsches des Gespensts, nicht mehr in der Nacht, sondern stattdessen am Tag wach zu sein, überwiegt (S. 48):

> »Schrecklich, mir vorzustellen, dass ich mein ganzes weiteres Leben als schwarzes Scheusal verbringen soll!«

Das Gespenst kann sich fortan nicht mehr frei in der Stadt bewegen, da es immerzu Aufsehen erregt (S. 63):

> »Schade nur, dass die Leute immer gleich vor mir ausreißen! Aber wahrscheinlich liegt es daran, dass ich schwarz bin. Als ich noch weiß war, muss ich bedeutend harmloser ausgesehen haben als jetzt.«

Tatsächlich ist es bemerkenswert, dass die Menschen erst mit Angst reagieren, nachdem das Gespenst schwarz geworden ist. Vor dem weißen Gespenst hatten die Kinder keine Angst, ganz im Gegenteil befürchteten die Kinder, das Gespenst habe Angst vor ihnen und statt vor dem Gespenst wegzulaufen, liefen die Kinder dem Gespenst hinterher (S. 41). Daraus kann geschlussfolgert werden, dass ein weißes *Gespenst* weniger furchteinflößend ist als eine »*schwarze* Gestalt«.

Auf seiner Flucht durch die Kanalisation wird das Gespenst von einem Verkehrspolizisten für einen »Kanalräumer« gehalten (S. 56). Daraus lässt sich schlussfolgern, dass es sehr menschliche Gesichtszüge hat, was es in die Nähe zu Schwarzen Menschen rückt und zudem eine Verbindung von Schwarzer Haut, Schmutz und einer niedrigen Position in der sozialen Hierarchie impliziert.[269] Der Verkehrspolizist reagiert auf die Verbindung von schwarzem Gesicht und Kanal dann auch konsequent barsch und respektlos mit dem Befehl, das Gespenst solle wieder in seinem Loch verschwinden. Die Vermutung des Verkehrspolizisten, dass Gespenst sei ein schmutziger *weißer* Mensch und nicht etwa ein sauberer Schwarzer Mensch, unterstreicht zudem noch einmal die völlige Abwesenheit Schwarzer Menschen in der fiktionalen *weißen* Normativität. Im Folgenden wechseln sich Verfolgungsszenen durch die Polizei ab mit Szenen, in denen das Gespenst durch seine schwarze Farbe Angst und Schrecken verbreitet. Endlich finden sich drei mutige Kinder, die dem Gespenst helfen, wieder ein Nachtgespenst zu werden und seine weiße Farbe zurückzuerlangen. Darüber ist das Gespenst dann auch mehr als glücklich (S. 141):

> »Es freute sich unbeschreiblich darüber, dass es nun wieder weiß war wie früher. Blütenweiß. Weißer als eine Wolke Schneestaub.«

---

269 Vgl. hierzu beispielsweise auch den Liedtext »Chim-Chimeney« aus Disneys Mary Poppins, in dem der Schornsteinfeger Bert sich selbst als »schwarzen Mann« bezeichnet, der auf der »untersten Sprosse der (sozialen) Leiter sitzt«. Der Schauspieler Dick van Dyke ist überdies fast durchgängig mit schwarz gefärbtem Gesicht zu sehen, was als Blackfacing zu betrachten ist.

Preußlers Text zementiert somit eine binäre Opposition von schwarz und weiß, die als absolute Gegensätze empfunden werden. Während die weiße Farbe die erstrebenswerte ist, gilt die schwarze Farbe als abscheulich, angst- und furchteinflößend und löst Entsetzen aus. Darüber hinaus stellt Preußler einen Bezug zwischen schwarz und illegitim bzw. ungesetzlich oder verbrecherisch her (Mechanismus der Kriminalisierung Schwarzer Menschen). Das Gespenst wird allein aufgrund seiner Farbe gejagt, denn bevor es versehentlich die Parade stört, hat es nichts ›verbrochen‹. Seine (Haut-)Farbe ist Grund genug, es zu fangen und zu verhaften. Mit dem Wiedererlangen der weißen Farbe ist die Wiederherstellung der Ordnung im Sinne der *weißen* Normativität verbunden. Das weiße Gespenst versinnbildlicht somit die *weiße* Normativität. Die Künstlerin Grada Kilomba wiederum nutzt die Metapher des ›weißen Gespenstes‹, um den »Schock« als ein Element des kollektiven Traumas durch Rassismus zu definieren. Die potenzielle Möglichkeit für Schwarze Menschen, jederzeit Rassismus im Alltag erfahren zu können, und dadurch ›geschockt‹ zu werden, lasse Rassismus zu einem Geist werden: »Racism becomes a ghost, haunting us night and day. A ghost in *white.*« (Rassismus wird zum einem Gespenst, das uns Tag und Nacht verfolgt. Ein *weißes* Gespenst.) Preußlers *Das kleine Gespenst* entspricht genau diesem von Kilomba beschriebenen rassistischen »Schock«, da es rassistische Vorstellungen propagiert, die Lesende in einer Geschichte über ein Gespenst nicht erwarten würden.

Schwarz als Bedrohung: *Krabat*

Assoziiert das Buch *Das kleine Gespenst* die schwarze Farbe mit Angst, Abscheu und Verbrechen, so geht Preußlers beliebtes Jugendbuch *Krabat* vielleicht sogar noch einen Schritt weiter. Auch in *Krabat* wird die Farbe ›schwarz‹ häufig hervorgehoben und hier in Bezug zu Tod und Teufel gesetzt. Wie auch in *Das kleine Gespenst* spielt Preußler in *Krabat* mit den Farben schwarz und weiß, wobei die schwarze Farbe signifikant hervorsticht. *Krabat*, erstmals 1971 erschienen und ausgezeichnet mit mehreren Jugendbuchpreisen, erzählt die Geschichte eines Jungen, der als Lehrling in eine Mühle kommt, in der »schwarze Magie« praktiziert wird. Der Begriff ›schwarz‹ zieht sich im Folgenden wie ein roter Faden durch den gesamten Roman und markiert stets das Böse. Wann immer etwas ›schwarz‹ ist, weiß der/die Leser*in schon, dass hier Vorsicht geboten ist. So heißt bereits der Ort des Geschehens »Schwarzkollm« und der See neben der Mühle wird das »Schwarze Wasser« genannt. Das böse Zentrum der Mühle bildet die »schwarze Kammer«, in der der einäugige Meister hockt, das linke Auge von einem ›schwarzen‹ Pflaster bedeckt und stets mit einem ›schwarzen‹ Dreispitz ausgerüstet. Der Meister hat die Angewohnheit, Krabat zu beobachten, meist in Gestalt eines einäugigen ›schwarzen‹ Tieres. Regelmäßig bei Neumond, also wenn die Nacht am schwärzesten ist, kommt ein ›schwarzes‹ Fuhrwerk mit sechs »rabenschwarzen« Rössern, auf dem Kutschbock ein »nachtschwarzer« Mann, der in der Hierarchie des Bösen ganz oben steht. Schnell wird Krabat klar, dass er sich in einer »Schwarzen Schule« befindet. Gerettet werden kann Krabat nur durch die Liebe der Kantorka, die mit einem hellen Kittel (S. 251) und einem »weißen« Stirnband (S. 311) ausgestattet ist.

In den Texten Otfried Preußlers lässt sich somit eine implizite alltagsrassistische Übersichtbarkeit konstatieren. Im Unterschied zu der expliziten alltagsrassistischen Übersichtbarkeit, bei der Schwarze Figuren stereotyp dargestellt oder aufgrund ihrer Hautfarbe diskriminiert bzw. mit rassistischen Begriffen bezeichnet werden, findet die alltagsrassistische Diskriminierung bei der impliziten Übersichtbarkeit im Subtext statt. Indem die Angst, die Abwehr und die Flucht vor der »schwarzen Gestalt« als normale und (selbst)verständliche Reaktionen dargestellt werden, offenbart der Erzähler seine *weiße* Perspektive und reproduziert die Vorurteile einer rassistischen *weißen* Gesellschaft. Dabei stimmt die Fremdwahrnehmung mit der Eigenwahrnehmung überein; das Gespenster lehnt seine ›schwarze‹ Farbe genauso ab wie alle anderen Figuren im Text. In *Krabat* hingegen verläuft die Kausalität in die andere Richtung. Hier haben die Protagonisten keine Angst vor etwas, weil es ›schwarz‹ ist, sondern die Dinge, vor denen man Angst haben muss, werden durch die Farbe ›schwarz‹ markiert.

Das ›Schwarze‹ wird somit in beiden Texten ge›othert‹; es wird systematisch als die ›andere‹, gefährliche, unerwünschte Farbe etabliert. Trifft das Wort ›schwarz‹ dann im Text mit einer Figur zusammen, so überträgt sich die negative Bedeutung auch auf die Figur und kennzeichnet diese als angsteinflößend, potenziell gefährlich oder zumindest verdächtig. Auf diese Weise wird das gesellschaftliche Narrativ des ›schwarzen Mannes‹ tradiert und verstärkt. Bei dem Fangspiel »Wer hat Angst vorm schwarzen Mann« rennen die Kinder vor dem »schwarzen Mann« weg, genauso wie die Figuren in *Das kleine Gespenst* vor der »schwarzen Gestalt« flüchten. Im *Krabat* wiederum wird dieses Narrativ durch den »nachtschwarzen«

Mann verkörpert. Diese bedrohlichen »schwarzen Männer« sind ein weiteres rassistisches Narrativ, das in vielen Kinderbüchern reproduziert wird.

Schwarz als wilde Männlichkeit: *Der Grüffelo*

An die Konnotationen der Farben ›schwarz‹ und ›weiß‹ knüpft auch das gesellschaftliche Narrativ des ›schwarzen Mannes‹ an, der etwas undefinierbares, diffuses Böses verkörpert und somit Angst auslöst. Die Figur ist seit dem 15. Jahrhundert (also etwa seit der ›Entdeckung‹ Amerikas) überliefert, gilt neben dem Nachtkrapp, dem Sandmann, Knecht Ruprecht oder dem bösen Wolf als eine Kinderschreckfigur[270] und taucht beispielweise in dem Fangspiel »Wer hat Angst vorm schwarzen Mann?« auf oder wird nachts unter Kinderbetten und in Kleiderschränken vermutet. Die Bedeutung der Figur ist unklar, sie stellt jedoch vermutlich eine Verkörperung des Todes dar (Knochenmann) und hat ihren Ursprung in der Pest-Epidemie in Europa. Spätere Assoziationen der Figur sind Schornsteinfeger oder sogar der Teufel. Dies ist vor allem dann der Fall, wenn die Figur zusätzlich mit Hörnern und Krallen ausgestattet ist. Eine mögliche Ursache für die Assoziation des »schwarzen Mannes« mit dem Teufel ist das hochmittelalterliche Vorurteil, ›Afrikaner*innen‹ seien gefährliche ›Heid*innen‹, also nicht nur unchristlich, sondern sogar teuflisch. Der ›schwarze Mann‹ wird jedoch nicht nur religiös bzw. übernatürlich als ›Teufel‹ konnotiert, sondern auch widernatürlich als Fabelwesen bzw. Chimäre animalisiert. Die Animalisierung Schwarzer Menschen als Tiermenschen oder Affenmenschen ist ein bekanntes rassistisches Motiv. Bei der Animalisierung des ›schwarzen Mannes‹ wird auf kein real existierendes Tier angespielt, hier kumulieren *weiße* Vorstellungen und Ängste in einem Mischwesen zwischen Tier und Mensch. Dieses Mischwesen ist dem Menschen kognitiv unterlegen, es besitzt zwar mehr Körperkraft, ist aber unzivilisiert und mit auffälligen äußeren tierischen Merkmalen wie Fell, Hörnern, Krallen und aus dem Kiefer herauswachsenden langen Zähnen ausgestattet. Diese Vorstellung des ›schwarzen Mannes‹ ist von einer recht ähnlichen Gestalt des deutschen Volksglaubens, dem ›wilden Mann‹, nicht klar abzugrenzen und verbindet sich in literarischen oder anderen künstlerischen Darstellungen

270 Z. B. bei Johann Michael Moscherosch: »Die Kinder soll man nicht erschrecken.« In: »Insomnis cura parentum. Christliches Vermaechnutz oder Schuldige Vorsorg eines Trewen Vatters.« Straßburg: Städel 1653, S. 230. Verfügbar unter Christliches Vermächnuß, oder schuldige Vorsorg eines treuen Vatters – Johann Michael Moscherosch – Google Books Zugriff am 29.01.2022.

häufig mit dieser. Der >wilde Mann< lebt im Wald und ist häufig ebenfalls unzivilisiert, animalisiert, schwarz und stark. Die Verbindung dieser beiden Gestalten, des >wilden Mannes< und des >schwarzen Mannes< zum >wilden schwarzen Mann< zieht sich quer durch die Literaturgeschichte und hat somit seinen festen Platz im kollektiven Textgedächtnis. Der Literaturwissenschaftler Dirk Matejovski liefert in seiner Untersuchung *Das Motiv des Wahnsinns* eine ausführliche Beschreibung des >wilden Mannes<, der bereits im europäischen Mittelalter große Bedeutung genoss:[271]

> »Die mittelalterliche Vorstellung vom >Wilden Mann< bezieht sich auf ursprünglich menschlich gestaltete Wesen, die, lange in gesellschaftsferner Wildnis lebend, ein monströses Aussehen bekommen haben. Der >Wilde Mann< ist schwarz, am ganzen Körper behaart, häufig physiognomisch deformiert und ernährt sich von rohen Wurzeln, Beeren oder Fleisch. Manchmal besitzt er eine Art magische Verfügungsgewalt über wilde Tiere. Die Quellen für dieses Bild vom >Wilden Mann< sind vielfältig, denn hier mischen sich keltische, biblische und klassische Überlieferungen. Die Bestiarien und Enzyklopädien beschäftigen sich ebenso mit dieser kuriosen Gestalt wie die bildende Kunst und die Heraldik.«

Das Deutsche Wörterbuch von Jacob Grimm und Wilhelm Grimm beschreibt den »wilden Mann« als mit Moos oder Laub bedeckten Menschenfresser, der insbesondere auch Kinder frisst, riesig groß, stark, nackt und mit den »Nachtleuten« in Bezug stehend.[272] Die Gebrüder Grimm erwähnen zwar nicht explizit die dunkle Hautfarbe der >wilden Männer<, aber implizit schon, da sie auf den »wilden Mann« im *Iwein* verweisen, der schwarz wie ein M* ist. Die Anthropophagie ist wiederum ein Motiv, das die Literatur buchstäblich seit Jahrhunderten immer wieder über Schwarze, >primitive< Menschen propagiert, um diese zu dämonisieren: Geschichten über Schwarze Menschenfresser reichen von *Robinson Crusoe* von Defoe über *Typee* von Herman Melville (1846), *Fünf Wochen im Ballon* von Jules Verne (1863), *Jerry, der Insulaner* von Jack London bis zu Kinderbüchern wie *Lurchi*.

---

271 Matejovski, Dirk: »Das Motiv des Wahnsinns in der mittelalterlichen Dichtung». Frankfurt: Suhrkamp 1996, S. 82 f.

272 Vgl. Deutsches Wörterbuch von Jacob Grimm und Wilhelm Grimm, Bd. 30, Sp. 63: Wildemann. Verfügbar unter Wörterbuchnetz (woerterbuchnetz.de), Zugriff am 13.06.2022.

›Wilde schwarze Männer‹ finden sich in der Literatur praktisch seit Beginn ihrer Existenz vor ca. 3.500 Jahren. Eine der ältesten schriftlich fixierten Dichtungen überhaupt ist der aus dem babylonischen Raum stammenden Gilgamesch-Epos (ca. 1800 v. Chr.). Die umfassendste erhaltene Version besteht aus zwölf Tontafeln und berichtet unter anderem von Enkidu, dem besten Freund von Gilgamesch. Im Epos wird Enkidu aus Lehm erschaffen, ursprünglich, um Gilgamesch zu zerstören oder zu kontrollieren und lebt nackt, behaart und wild mit den Tieren zusammen. Populär geworden sind die beiden Figuren Gilgamesch und Enkidu heute als Charaktere in den ›Marvel Comics‹. In den Comics wird Enkidu mit dunkler, orange-brauner Hautfarbe, Hörnern, gelben Augen und scharfen, sehr weißen Zähnen dargestellt, als »wilder schwarzer Mann«[273]. Ein weiteres Beispiel für den ›wilden Mann‹ findet sich in der Bibel. Daniel 4, 31–34 schildert, wie Nebukadnezar II., König von Babylon, sieben Jahre lang dem Wahnsinn verfällt. In dieser Zeit muss er unter den Tieren leben, seine Haare wachsen ihm lang und seine Nägel wachsen zu Vogelkrallen. Nebukadnezar wurde von dem Künstler William Blake (1757–1827) in diesem Zustand sehr eindrucksvoll dargestellt, dunkel, mit wirren langen Haaren und tierartigen Krallen. Im hohen Mittelalter finden sich Beschreibungen des ›wilden schwarzen Mannes‹ beispielsweise bei Hartmann von Aue im höfischen Roman *Iwein*. Hier beschreibt Hartmann zunächst einen ›wilden Mann‹, der im Wald lebt (V. 421–470):

> »Als ich aber ihm näher kam und ihn genau ansehen konnte, fürchtete ich ihn genauso – oder noch mehr – wie die Tiere. Seine menschliche Erscheinung war ungemein wild: er glich einem M[*]en, war mächtig und so schrecklich, dass man es nicht für möglich hielt. Wirklich, sein Kopf war größer als der eines Auerochsen. Der rohe Kerl hatte verzotteltes, rußiges Haar; es war ihm an Kopf und Kinn auf der Haut ganz und gar verfilzt. Sein Gesicht war ellenbreit und mit tiefen Runzeln bedeckt. Die Ohren waren ihm wie bei einem Waldtoren richtig vermoost mit spannenlangem Haar und so breit wie ein Trog. Der ungeschlachte Mann hatte lange, zottige und graue Barthaare und Brauen. Seine Nase war breit wie die eines Ochsen, kurz, weit und ganz behaart; das Gesicht schmal und flach; (O weh, wie schrecklich sah er aus!). Die Augen rot und zornfarben. Der Mund zog sich weit bis in die Wangen

273 Ganz aktuell gibt es eine literarische Neuinterpretation des Epos als Comic von Charles Berberian.

> hinein. Kräftige Zähne hatte er, wie ein Eber und nicht wie ein Mensch: sie ragten aus der Öffnung seines Mundes heraus, lang scharf, groß und breit. Der Kopf war ihm so gewachsen, dass sein raues Kinn an die Brust gewachsen schien. [...] Er trug seltsame Kleider: zwei Felle hatte er an; die hatte er erst kürzlich zwei Tieren abgezogen. Er trug eine so mächtige Keule, dass ich Angst vor ihm bekam.«

Bei diesem ›wilden Mann‹ im *Iwein*, der explizit mit dem M-Wort bezeichnet wird, handelt es sich somit praktisch um ein Mischwesen aus Tier und Schwarzem Mann. Später wird Iwein selbst wie Nebukadnezar vorübergehend zum ›wilden Mann‹. Er reißt sich die Kleidung vom Leib und läuft nackt in den Wald, wo er Tiere erlegt und roh verzehrt. Durch diesen Lebensstil erfährt er eine Metamorphose, sein Körper wird schwarz (V. 3595) und auch er wird zum M* (V. 3345–3349):

> »So hauste der Irre im Wald [...] bis der edle Narr wie ein M[*] an seinem ganzen Leib aussah.«

Der Schwarze Mann, so legt der Text nahe, ist eine degenerierte, heruntergekommene, primitiv gewordene, unzivilisierte Form des *weißen* Mannes. Die Schriftstellerin und Poetikdozentin Felicitas Hoppe hat den Iwein-Stoff 2011 als Kinderbuch neu interpretiert und dabei auch den ›wilden Mann‹ beschrieben (S. 27f):

> »Er war vollkommen schmutzig, von Kopf bis Fuß schwarz, als trüge er eine Rüstung aus Schlamm. Sein Kopf war größer als der eines Ochsen. Sein Gesicht war rund wie die Tafelrunde. Der Mund darin war breit wie die Ofenklappen [...]. Und seine Ohren waren groß wie Schüsseln [...] mit fettem Moosbewachsen. [...] Sein Haar war ein Teppich aus Ruß und Filz, und so war auch sein Bart. Von seinen Zähnen sprechen wir lieber nicht, das waren die Zähne eines Ebers, richtige Hauer. [...] Anstelle von Kleidern trug er Felle, die hatte er seinen Tieren abgezogen. [...] In der Faust hielt er eine Keule. Den Mann fürchtete [Iwein] auch. Vielleicht war dieser Mann gar kein Mann, sondern [ein] Ungeheuer.«

Auch die Beschreibung von Iweins Wahnsinn findet sich bei Hoppe (S. 108):

> »[Iwein] aß wie ein Tier mit Händen und Zähnen, er schlief wie ein Tier zwischen Sträuchern und Büschen, und er wusch sich weniger als ein Tier, er wusch sich nämlich gar nicht. Und so wurde sein Körper allmählich schwarz, als trüge er eine Rüstung aus Schlamm.«

Beachtenswert ist, dass Hoppe hier das bekannte rassistische Motiv eines Zusammenhangs zwischen schwarzer Haut und Schmutz aufgreift, indem Iweins Körper schwarz wird, da sich dieser nicht mehr wäscht. Zudem verwischt sie stärker als Hartmann von Aue die Grenzen zwischen Mensch und Tier. Während Iwein bei Hartmann zum M* wird, wird er bei Hoppe zum Tier. Eine weitere mittelalterliche Gestalt, die die Kriterien des ›wilden schwarzen Mannes‹ erfüllt, ist die Kinderschreckfigur Knecht Ruprecht.[274] Dieser ist als Antagonist zum heiligen Nikolaus konzipiert (Opposition christlich – heidnisch bzw. teuflisch), er ist häufig Schwarz (wie heute noch der ›Swarte Piet‹ in den Niederlanden), zudem ist er bisweilen mit zotteligem Fell und Hörnern ausgestattet (Animalisierung). Während der Nikolaus überaus positiv konnotiert ist, verbreitet Knecht Ruprecht Angst (Opposition gut – böse). Zudem vermischt sich die mittelalterliche Figur des Knecht Ruprecht bisweilen mit der Figur des Kinderfressers, dem er optisch ähnelt. Hier findet sich wieder das Motiv der Anthropophagie. Nicht zuletzt besaß Knecht Ruprecht vor allem eine pädagogische Funktion; mit ihm wurde Kindern zu erzieherischen Zwecken gedroht. Hierbei zeigt sich wieder der white gaze: Schwarze Figuren besitzen eine (oft erzieherische) Funktion für *weiße* Menschen. Eine weitere Beschreibung des ›wilden schwarzen Mannes‹ findet sich bei den Gebrüdern Grimm im Märchen »Der Eisenhans« von 1850:[275]

> »Als sie auf den Grund sehen konnten so lag da ein wilder Mann, der braun am Leib war wie rostiges Eisen und dem die Haare über das Gesicht bis zu den Knien herabhingen. Sie banden ihn mit Stricken und führten ihn fort in das Schloss. Da war große Verwunderung über den wilden Mann; der König aber ließ ihn in einen eisernen Käfig auf seinen Hof setzen […].«

Der ›wilde schwarze Mann‹ wird bei den Gebrüdern Grimm nicht nur kriminalisiert, indem er gefesselt und eingesperrt wird; er wird zudem wie bei den Völkerschauen ausgestellt, also exotisiert, indem er in einen Käfig auf dem Hof gesetzt wird, wo alle ihn gut betrachten können.

Grada Kilomba interpretiert auch die durch das frühe Kino des 20. Jahrhunderts (also zu jener Zeit als auch die Völkerschauen populär waren) bekannt gewordene Figur ›King Kong‹ als Variation des ›wilden schwar-

---

274 Vgl. Knecht Ruprecht – Wikipedia.

275 Verfügbar unter Der Eisenhans – Brüder Grimm (grimmstories.com), Zugriff am 29.01.2022.

zen Mannes‹ und weist in diesem Zusammenhang auf die rassistische Konstruktion Schwarzer Menschen als Tiere hin: »The Black subject becomes the personification oft the animal – the wild, the ape, the monkey, the ›King Kong‹ figure – another form of humanity.«[276] (Das Schwarze Subjekt wird zur Personifikation des Tieres – der Wilde, der Affe, der Menschenaffe, der ›King Kong‹ – eine andere Form von Menschlichkeit.) Bekannt ist der ›wilde schwarze Mann‹ der heutigen Generation von Eltern junger Kinder im Vorlesealter vermutlich vor allem durch das traditionelle französische Volksmärchen *Die Schöne und das Biest*, dessen Stoff viele Male verfilmt worden ist; unter anderem 1991 von Walt Disney als Zeichentrickfilm und recht aktuell 2017 ebenfalls von Walt Disney als Realfilm. Hier wird ein junger Königssohn zur Strafe von einer Zauberin in ein Biest verwandelt, da er ihr während eines Sturms keine Zuflucht gewährt. Erlöst werden kann er nur durch die Liebe. Das Biest ist in diesen Darstellungen sehr groß und stark, komplett dunkel behaart, hat Hörner und spitze Eckzähne sowie Tierohren und Krallen. Gerade die Kreation von Mischwesen in Literatur und Film, als Monster oder Bestie wie das Biest oder King Kong, scheinen somit signifikant für die rassistische Darstellung Schwarzer Menschen zu sein. Hierbei wird ihr Menschsein infrage gestellt und sie werden ähnlich wie bei Völkerschauen als »etwas« (eine ›andere Form von Menschlichkeit‹ = Menschtier oder als die Personifikation des Tieres = Tiermensch; je nachdem, aus welcher Perspektive man schaut) zwischen Mensch und Affe/Bestie konstruiert. Ein weiteres populäres Beispiel für ›wilde schwarze Männer‹ in der Kinderliteratur ist das nach wie vor bekannte Buch *Wo die wilden Kerle wohnen* von Maurice Sendak aus dem Jahr 1963. Dieses Buch wurde in diversen Formen adaptiert, u.a. 2009 für das Kino. Der Plot der Geschichte besteht darin, dass der kleine Max, der einen Wolfspelz trägt, zu wild ist und von seiner Mutter ohne Essen ins Bett geschickt wird. Allein in seinem Zimmer, gelangt Max daraufhin ins Land der ›wilden Kerle‹, das sehr weit entfernt ist. Es geht also um das Ausleben von Wildheit. Problematisch ist jedoch nicht nur, dass die Wildheit hier ausschließlich männlich konnotiert ist, sondern auch, dass sie aus der *weißen*, zivilisierten Welt ausgelagert wird. Grada Kilomba weist mit Bezug auf Sigmund Freud darauf hin, dass die *weiße* Gesellschaft unerwünschte und tabuisierte Aspekte wie Aggression

276 Kilomba: Plantation Memories, S. 42.

und Sexualität nicht nur in der eigenen Welt unterdrückt, sondern auch auf das rassifizierte ›Andere‹ projiziert:

> »Within everyday racism one is used as a screen for projections of what the *white* society has made taboo.[...] In Freudian terms the two aspects of ›aggression‹ and ›sexuality‹ categorize the psychological organization of an individual. In *white* society, however, these two aspects of ›aggression‹ and ›sexuality‹ have been massively repressed and re-projected onto racial others.«[277] (Im Alltagsrassismus wird man als Projektionsfläche für dasjenige missbraucht, das die *weiße* Gesellschaft als Tabu empfindet. [...] Freudianisch gesehen kategorisieren die beiden Aspekte ›Aggression‹ und ›Sexualität‹ die Organisation eines Individuums. In der *weißen* Gesellschaft werden diese beiden Aspekte ›Aggression‹ und ›Sexualität‹ allerdings massiv unterdrückt und auf das rassifizierte Andere re-projiziert.)

Genau dies geschieht im Folgenden bei den wilden Kerlen, die die Verkörperung von Max' eigener ausgelagerter Wildheit darstellen, die bei ihm zu Hause unerwünscht ist. Die wilden Kerle sind Fantasiegestalten, sie entstehen nur als Reaktion auf die mütterliche Sanktionierung von Max' wildem Verhalten. Bei der Konstruktion der wilden Kerle und ihrer Umgebung werden eine ganze Reihe rassistischer und kolonialistischer Stereotype reproduziert: Der Dschungel erscheint als ›exotischer‹ und fantastischer Sehnsuchtsort, fernab der Zivilisation. Die ›wilden Kerle‹ wiederum sind als ›wilde schwarze Männer‹ riesengroß, bedrohlich und stark, menschenähnliche Chimären mit Hörnern, Krallen, scharfen Zähnen und gelben Augen. Gleichzeitig sind sie dem *weißen* (männlichen) Kind unterlegen und zwar nicht auf körperlicher Ebene, sondern auf einer kognitiven. Dieser Gegensatz von Schwarzer körperlicher Überlegenheit bei geistig-mentaler Unterlegenheit und *weißer* körperlicher Unterlegenheit bei geistig-mentaler Überlegenheit ist ein häufiges rassistisches Stereotyp (Körper-Geist-Dichotomie). Ihre Unterlegenheit erkennen die ›wilden Kerle‹ auch an, indem sie den *weißen* Protagonisten Max zu ihrem König machen (so wie auch Pippis Vater kurz nach seiner Ankunft König der Südseeinsel wird). Auch hier zeigen sich rassistische Motive im Habitus: Während Max als Individuum auftritt und einen Namen besitzt, treten die wilden Kerle als Kollektiv auf und bleiben namenlos. Max »zähmt« die wilden Kerle, so wie Robinson Crusoe Freitag zähmt, und gleichzeitig

277 Kilomba: Plantation Memories, S. 42.

zähmt Max seine eigene Wildheit. Seine Zivilisiertheit wird gerade im Kontrast zu den wilden Kerlen sichtbar, gemäß dem Prinzip der *white reconstructions*. Die wilden Kerle wiederum verbeugen sich vor Max und tragen ihn, während Max sie herumkommandiert; Szenen und Gesten, die auch in *Tim im Kongo* enthalten sind. Die ›wilden Kerle‹ demonstrieren im Folgenden ihre infantile Seite und toben auf Max' Anweisung mit ihm. Sie sehen demnach bedrohlich und wild aus, sind aber vom Gemüt her kindlich (wie Max), ein häufiges rassistisches Motiv. Am Ende verliert Max die Lust. Nachdem er sich aufgrund seiner Wildheit, verkörpert durch sein Wolfskostüm, mit den wilden Kerlen ein Stück weit identifizieren konnte, wobei er stets hierarchisch über ihnen stand, möchte Max nun zurück in die zivilisierte Welt. Beachtenswert ist, dass Max seinerseits die wilden Kerle ohne Essen ins Bett schickt, obwohl sie ihm immer gehorcht haben. Es besteht somit kein Grund für eine Strafe. Max reproduziert hier das Verhalten seiner Mutter und straft diejenigen ab, die wild sind, obwohl diese auf seinen Befehl hin wild waren. Im Unterschied zu Max gehorchen die wilden Kerle und schlafen ein. Auch hier wird ein Gegensatz erzeugt: Max ist versteht sich besser darauf, Befehle zu erteilen als zu gehorchen. Die wilden Kerle hingegen gehorchen nur. Ihre Strafe (kein Essen und ab ins Bett) erhalten sie also allein aufgrund ihrer Physiognomie und nicht aufgrund ihres Verhaltens. Dies entspricht der Logik des Nikolaus im *Struwwelpeter*: Die *weißen* »Tintenbuben« werden für ihr (unzivilisiertes) Verhalten gestraft so wie Max für sein (unzivilisiertes) Verhalten. Der M* hingegen wird von den Tintenbuben wegen seiner Physiognomie gestraft, für die er nichts kann; ebenso wie die wilden Kerle. Interessant ist die pädagogische Botschaft beider Geschichten: Wer sich ›nicht gut benimmt‹, wird schwarz oder wild. Die wilden Kerle können zudem ihre fiktive ›Welt‹ nicht verlassen; Max hingegen schon. Dieses Motiv, dass rassifiziert markierte Protagonist*innen weniger Mobilität besitzen und vor allem nicht in die *weiße* Welt eintreten können, findet sich beispielsweise auch bei *Pippi Langstrumpf*.

Bei der Darstellung ›wilder schwarzer Männer‹ in der Literatur- (und Film-)Geschichte wiederholen sich bestimmte rassistische Motive somit immer wieder: Dies betriff zunächst das Motiv einer Verbindung von schwarzer Haut mit Schmutz. Die schwarze Hautfarbe der ›wilden schwarzen Männern‹ resultiert aus einem Prozess der Verwilderung bzw. der Verschmutzung, schwarze Haut wird somit rassistisch durch Schmutz und ein primitives Leben erklärt. Ausgelöst wird dieses primitive Leben wiederum entweder durch geistige Umnachtung (wie im *Iwein*), durch einen bösen Zauber (wie bei Nebukadnezar, im »Eisenhans« und bei dem Biest) oder qua ›Geburt‹ (wie bei Enkidu, den ›wilden Kerlen‹ und King Kong). Schwarz zu werden ist somit oft eine Folge der menschlichen Degenerierung, eine Strafe oder ein ›schweres Schicksal‹. Auch dies sind bekannte rassistische Motive in der Literatur. Diese ›wilden schwarzen Männer‹ zeichnen sich zudem häufig durch eine Ambivalenz aus, sie sind gut und böse gleichzeitig, wobei sich ihre gute Seite durch den schönen *weißen* Körper zeigt und ihre böse Seite durch den hässlichen wilden, dunklen Körper. Dies ist dann der Fall, wenn die schwarze Haut die Konsequenz einer Bestrafung darstellt ist und reversibel ist. Diese Darstellungen implizieren das rassistische literarische Motiv, dass *weiße* Menschen ihre Hautfarbe unter bestimmten Bedingungen ändern können (z. B. infolge einer Strafe wie die »Tintenbuben« im *Struwwelpeter*, durch Schmutz wie Lukas in *Jim Knopf* oder durch Sonne wie Pippi, Tommy und Annika in *Pippi Langstrumpf*). Zudem sind ›wilde schwarze Männer‹ nicht nur ›wild‹ im Sinne von unzivilisiert und primitiv, sondern auch im Sinne von aggressiv und bedrohlich. Schwarz wird somit rassistisch mit böse und gefährlich assoziiert.

Übereinstimmende körperliche Merkmale des ›wilden schwarzen Mannes‹ bei allen traditionellen Darstellungen über die Jahrhunderte hinweg sind seine Stärke und seine Körpergröße, die Angst auslösen, wilde, verfilzte lange Haare, ein (Tier-)Fell am Körper, der ansonsten nackt ist, Zähne, die an die Hauer eines Ebers erinnern, rote oder gelbe Augen und Krallen und manchmal auch Hörner. Der Lebensraum des ›wilden schwarzen Mannes‹ ist der Wald und seine bevorzugte Nahrung ist (Menschen-)Fleisch. In manchen Fällen ist der ›wilde schwarze Mann‹ in gewissem Sinne auch geistig primitiv, wie Iwein, der das Wissen über sich selbst verliert, oder der »wilde Mann« im *Iwein*, der keine Kenntnis über die Kultur besitzt, oder die »wilden Kerle«, die spielen wollen. In der Darstellung der ›wilden schwarzen Männer‹ in Literatur und Film kumulieren somit exakt dieselben rassistischen Mechanismen wie bei den Völkerschauen und auch bei der heutigen Diffamierung Schwarzer Menschen: Kriminalisierung (gefährliches Aussehen und böse Absichten), Exotisierung (»another form of humanity«), Primitivierung (Nacktheit, Felle, Leben im Wald, Unzivilisiertheit), Animalisierung (tierische Attribute wie Hörner, Klauen, Hauer, Schwanz, Fell), Verkindlichung (mentale Unterlegenheit, geistige

Umnachtung, Dummheit, kindliche Freude an wilden Spielen) und Homogenisierung (es gibt einen Prototyp der ›wilden schwarzen Männer‹, die Darstellungen ähneln sich verblüffend).

In dem Kinderbuch *Der Grüffelo* von Julia Donaldson (erstmals 1999 erschienen) taucht ebenfalls eine Figur auf, die alle Merkmale des ›wilden schwarzen Mannes‹ aufweist. *Der Grüffelo* ist ein in zahlreiche Sprachen übersetzter Weltbesteller und zählt somit zu den modernen Kinderbuchklassikern. Die Geschichte wurde zudem für das Theater und als Film adaptiert und erreicht folglich eine außerordentliche hohe Zahl an Rezipient*innen. Das Kinderbuch erzählt die Geschichte einer cleveren kleinen Maus, die allen Tieren im Wald, die sie fressen wollen, erzählt, sie sei mit dem Grüffelo verabredet. Dabei schildert sie diese Gestalt als so furchteinflößend, dass die Tiere von ihr absehen und sich zurückziehen:

> »Er hat schreckliche Hauer und schreckliche Klauen und schreckliche Zähne, um Tiere zu kauen. Er hat knotige Knie, eine grässliche Tatze und vorn im Gesicht eine giftige Warze. Er hat feurige Augen, eine Zunge so lang und Stacheln am Rücken, da wird's einem bang.«

Kaum ist die Maus wieder alleine, freut sie sich über ihre List, da es den Grüffelo schließlich gar nicht gibt. Der Plot besteht dann darin, dass der Grüffelo doch existiert und prompt die Maus fressen will, die ihn dann allen Tieren vorführt. Die Tiere erschrecken sich vor dem Grüffelo, der seinerseits jedoch denkt, sie hätten Angst vor der Maus. Daraufhin lässt auch der Grüffelo von ihr ab.

Auf den begleitenden Bildern des Illustrators Axel Scheffler ist der Grüffelo dann auch zu sehen: Er ist ein großes, dunkelbraunes Wesen, das aufrecht auf zwei Beinen läuft. Parallelen des Grüffelo zum ›wilden schwarzen Mann‹ bestehen in dem Fell, das den Körper bedeckt, der Körpergröße, die auf eine physische Stärke schließen lässt, dem insgesamt dunklen Erscheinungsbild der Figur, den Zähnen, die wie Hauer aus dem Mund herausragen, der Gefräßigkeit, die sich darin zeigt, dass er den Protagonisten der Geschichte verspeisen will, der unnatürlichen Farbe der Augen und den Krallen. Zudem besitzt er Hörner, mit denen auch der ›wilde schwarze Mann‹ manchmal ausgestattet ist. Der Grüffelo verbreitet Angst bei allen anderen Figuren. Somit ist auch der Grüffelo eine Kinderschreckfigur, das Schlimmste, das man im Wald treffen kann. Außerdem ist der Grüffelo in einer Geschichte mit Tieren das einzige Fabelwesen. Fajembola und

Nimendé-Dundadengar weisen darauf hin, dass Schwarze Menschen in Märchen und Sagen häufig in Form von fantastischen Gestalten zwischen Tier und Mensch dargestellt wurden.[278] Auch der Grüffelo erscheint als Chimäre; Zähne, Hörner, Ohren und Schwanz weisen ihn als Tier aus, der aufrechte Gang und die Körpergröße hingegen als Menschen. *Der Grüffelo* kann somit als Allegorie gelesen werden: Die Maus ist unschwer als schlaues *weißes* Kind (Junge) zu erkennen. Die Tiere des Waldes haben zwar menschliche Charakterzüge, dienen aber vorrangig dazu, eine potenzielle Gefahr darzustellen, der sich die kleine Maus dank ihrer großen Klugheit zu erwehren weiß. Der Grüffelo ist schließlich das personifizierte, gefährliche ›Andere‹ mitsamt aller oben aufgeführten rassistischen Implikationen. Glücklicherweise ist er so dumm bzw. die Maus so schlau, dass sie ihn irreführen kann und er schließlich flüchtet.

Somit steht auch die Figur des ›Grüffelo‹ in der Tradition eines rassistisch konnotierten Stereotyps, das sich insbesondere gegen Schwarze Männer richtet und ihnen eine Reihe von negativen, angstauslösenden Attributen anlastet. Andersherum formuliert: Würde es das Narrativ des ›wilden schwarzen Mannes‹ nicht geben und nicht die tiefsitzende gesellschaftliche *weiße* Angst vor diesem, dann gäbe es wohl auch den ›Grüffelo‹ nicht, denn dieses Werk funktioniert nur, da es auf bereits bestehenden Vorstellungen aufbaut, diese aufgreift und reproduziert.

Da es sich bei den ›wilden schwarzen Männern‹, zu deren modernen Vertretern wir den ›Grüffelo‹ zählen, um eine Überscheidung der Diskriminierungsmerkmale ›Schwarz‹ und ›männlich‹ handelt, haben wir es hier mit einer intersektionalen Diskriminierung zu tun. Schwarze Männer werden auf eine eigene, ganz spezifische Art und Weise diskriminiert und stereotypisiert. Als Konsequenz dieser einzigartigen intersektionalen Diskriminierung stehen Schwarze Männer insbesondere in den Augen vieler *weißer* Menschen unter Generalverdacht. Ihnen werden grundsätzlich ein erhöhtes Aggressionspotenzial unterstellt sowie eine generelle kriminelle Bereitschaft und eine besondere sexuelle Aggressivität. Diese Vorurteile gegen Schwarze Männer erhöhen maßgeblich ihr Risiko, (physisch oder psychisch) Polizeigewalt zu erleiden. Für polizeiliche und somit institutionelle Gewalt gegen Schwarze Männer gibt es zahllosen Beispiele, und zwar nicht nur in den USA, sondern auch in Deutschland (z. B. Kola Bankole

278 Vgl. Fajembola/Nimendé-Dundadengar: Gib mir mal die Hautfarbe, S. 66 f.

† 1994, Aamir Ageeb † 1999, Michael Paul Nwabuisi † 2001, Oury Jalloh † 2005, Laye-Alama Codé † 2005). So war es auch gerade die Gewalt gegen einen Schwarzen Mann, George Floyd, die die Black-Lives-Matter-Bewegung und somit auch die aktuelle Rassismus-Debatte in Deutschland 2020 ausgelöst hat.

Es ist somit anzunehmen, dass *Der Grüffelo* das Motiv des ›wilden schwarzen Mannes‹ und die ihm inhärenten Attribute weiter tradiert. Dass die Kinderschreckfigur des ›wilden schwarzen Mannes‹ ihren Schrecken bis ins Erwachsenenalter behält, zeigt sich daran, dass Schwarze Männer in Deutschland spätestens seit der Zeit nach dem Ersten Weltkrieg als aggressiv und promiskuitiv galten und zu ›Vergewaltigern‹ stilisiert wurden.[279] Die Bedrohlichkeit und die Animalisierung, die die *weiße* Gesellschaft auf Schwarze Männer projiziert, wird in diesem Fall umgewertet und rationalisiert; sie bleibt aber trotz anderer Gestalt in ihrer Qualität erhalten. Anders ausgedrückt: *Weiße* Erwachsene haben genauso viel Angst vor Schwarzen Männern wie *weiße* Kinder, nur aus anderen Gründen. Gerade weil in der *weißen* Vorstellung dieser Motivkomplex (Animalisierung, Sexualisierung, Kriminalisierung, Exotisierung, Primitivierung) existiert, der Schwarze Männer zu wilden Tieren und potenziellen Vergewaltigern stilisiert, erntete beispielsweise der Star-Sprinter Usain Bolt Kritik, als er 2010 für den Duft ›Animagical‹ der Firma Puma mit einen Clip warb, der exakt diese Vorstellungen bediente.[280] Schwarze Männer unterliegen einem besonders hohen Risiko der intersektionalen Diskriminierung aufgrund der Zuschreibungen, die aus der Überscheidung der Merkmale männlich und Schwarz resultieren. Zuschreibungen aufgrund von literarischen Stereotypen haben ganz reale, bedrohliche Konsequenzen für Schwarze Männer. George Floyd ist nur das zurzeit prominenteste Beispiel dafür, dass Menschen aufgrund von rassistischen Vorurteilen sterben können. Kinderbücher über starke, gefährliche, dunkle Tiermenschen reproduzieren genau dieses Narrativ Schwarzer Männer als ›wild‹ bzw. ›primitiv‹, ›aggressiv‹ und ›bedrohlich‹. Wenn *weiße* Kinder mit der Vorstellung aufwachsen, dass Schwarze Männer potenziell gefährlich sind, werden Fremd- und Eigenbilder konstruiert, die

279 Vgl. Fajembola/Nimendé-Dundadengar: Gib mir mal die Hautfarbe, S. 70, S. 88 und 99.

280 Puma – Usain Bolt Animagical – YouTube, Zugriff am 27.04.2022. Kritik an diesem Werbeclip findet sich beispielsweise hier Attention & Respect: Schöner Schwarzer Mann – das wilde Tier? (attentionandrespect.blogspot.com), Zugriff am 27.04.2022.

auf zweierlei Weise fatal sind: Mittels der Auslagerung der unerwünschten Attribute aus dem *weißen* Selbstbild wird die potenzielle Gefährlichkeit *weißer* Männer/Menschen negiert bzw. unterschätzt und gleichzeitig die Bedrohung, die von Schwarzen Männern ausgeht, überschätzt. Plakativ formuliert: Die Amokläufer an Schulen waren alle *weiß*, in Deutschland wie in den USA, während sowohl dort als auch hier Schwarze Männer durch Polizeigewalt sterben.

Alltagsrassistische Unsichtbarkeit in Kinderbüchern

Nachdem unsere Kinder, endlich alt genug für spannende Realverfilmungen, die erste Folge der Netflix-Serie *Raising Dion* konsumiert hatten, fragten wir sie, wie es ihnen gefallen habe. »Gut«, antwortete unsere Achtjährige, »nur Dion habe ich mir anders vorgestellt.« Auf Nachfrage gab sie an, dass sie erwartet hätte, der Superheld sei *weiß*. Wie kommt das? Zum einen mag es daran liegen, dass in vielen Kindermedien wie Kinderbüchern und Kinderfilmen überhaupt keine Schwarzen oder anders rassifiziert markierte Protagonist*innen vorkommen. Zum anderen ist die Überraschung unserer Tochter über einen Schwarzen Superhelden darauf zurückzuführen, dass es in denjenigen Medien, die BIPoC integrieren, in der Regel nur zwei verschiedene Möglichkeiten gibt: Entweder die als rassifiziert markierte Figur tritt in einer Nebenrolle auf (als beste/r Freund*in oder nur in der Kulisse) oder aber die Erzählung hat einen ›exotischen‹ Kontext zum Thema (z. B. Afrika oder die Südsee als Schauplatz). In den gängigen literarischen Genres für Kinder wie Krimis, Abenteuergeschichten, Superheldengeschichten, Bauernhof- oder Pferdegeschichten, Sachbüchern, Wimmelbüchern ... mit Schauplatz in Europa/Deutschland/USA kommen Schwarze Protagonist*innen eher nicht in der Rolle der Hauptfigur vor. Daher berichtet beispielsweise der bekannte deutsche Rapper Samy DeLuxe in einem Interview mit der Deutschen Welle, dass er extra wegen seines Sohnes einen Song über einen »Superhelden mit brauner Haut« geschrieben habe,[281] da sein Sohn traurig gewesen sei, weil er sich als einziger im Freundeskreis nicht mit den Figuren aus *Harry Potter* identifizieren konnte.[282] Die Aktivistin und Autorin Noah Sow wiederum kritisiert, dass *Harry Potter* das Prinzip »Halbblut« propagiere, welches voraussetzt, dass so etwas wie »Reinrassigkeit« beim Menschen existiere.

281 Vgl. »Superheld« von Samy DeLuxe.

282 Samy Deluxe im Interview mit Jana Pareigis. Bei: Afro.Deutschland (Dokumentarfilm der Deutschen Welle), (5:18), verfügbar unter Afrozensus: Verbreiteter Rassismus gegen Schwarze in Deutschland | Deutschland | DW | 30.11.2021, Zugriff am 26.02.2022.

Dies sei ein Vehikel für rassistische Ansichten und erhebe Weißsein erneut zur gesellschaftlichen Norm, wodurch nicht-*weiße* Leser*innen ausgeblendet würden,[283] wie es das Beispiel von Samy Delux' Sohn demonstriert.

Während Weißsein auch in der älteren deutschen Kinderliteratur vor 2000 die gesellschaftliche Norm darstellte, findet jedoch etwa zur Zeit des Millenniums ein paradigmatischer Wandel in Bezug auf die Erscheinungsform von Rassismus statt: Während sich der Rassismus in älteren Kinderbüchern mittels Biologismus und den durch diesen implizierten Kategorien (Naturalisierung, Verkindlichung, Exotisierung, Homogenisierung, Kriminalisierung etc.) konstituierte, so verschiebt sich die Kategorisierung immer mehr in Richtung Kultur bzw. Religion (was sicherlich auch mit 9/11 zusammenhängt), wobei jedoch fortwährend impliziert wird, dass die Norm in Kinderbüchern deutsch und *weiß* ist, und alles, das davon abweicht, nicht deutsch sein kann. Aus eben dieser *weißen* Eigen- und Fremdkonstruktion resultiert die alltagsrassistische Frage: »Woher kommst du?« Statt der Idee einer ›Hierarchie‹ zwischen *weiß* und Schwarz existiere nun die Idee einer ›Differenz‹, für die kein Platz in der *weißen* Norm sei, so Grada Kilomba: »Those who are ›different‹ remain perpetually incompatible with the nation; they can never actually belong, they are irreconcilably *Ausländer*.«[284] (Diejenigen, die ›anders‹ sind, bleiben dauerhaft unvereinbar mit der Nation; sie können niemals wirklich dazugehören, sie sind unanpassbare *Ausländer*.) Der neue kulturelle Rassismus, der anhand von Differenzen konstituiert wird, baut jedoch auf dem alten biologistisch-hierarchischem Rassismus auf; wie anhand der Frage »Woher kommst du?« verdeutlicht werden kann. Bei dieser Frage handle es sich nicht, wie oft angenommen, um einen Mangel an Informationen, den der/die Fragende beheben möchte, erläutert Grada Kilomba, sondern um eine *weiße* Projektion auf die befragte Person. Denn der/die Fragende wolle nicht hören, dass die befragte Person deutsch sei und z. B. aus Köln komme, er/sie wolle eine ›exotische Geschichte‹ hören, die die im kollektiven (Text-)Gedächtnis verankerten kolonialen Fantasien über den/die ›Andere/n‹ wiederaufleben lasse. Dabei suchen die Fragenden nach dem ›Paradies‹: »Impatiently, question after question, [the] audience searches for ›paradise‹: ›What about your parents, where are they from?‹

283 Sow: Deutschland Schwarz Weiß, S. 190 f.
284 Kilomba: Plantation Memories, S. 65.

They keep asking until a fabulous exotic story is told.«[285] (Ungeduldig, Frage um Frage, suchen die Zuhörer*innen nach dem ›Paradies‹: ›Was ist mit deinen Eltern, wo kommen die her?‹ Sie fragen solange weiter, bis eine märchenhafte exotische Geschichte erzählt wurde.) Diejenigen Topoi also, die in älteren Kinderbüchern mittels der alltagsrassistischen Übersichtbarkeit etabliert wurden (Südseeparadies, Menschenfresser, Sklaverei, Baströckchen und Trommeln), werden nun durch den kulturellen Rassismus implizit wieder aufgerufen. Dabei kommt es zu der absurden Situation, dass diese Frage im Sinne der Fragenden, die ja eine exotische Geschichte hören wollen, bisweilen überhaupt nicht beantwortet werden kann und zwar gerade aufgrund der Maafa, auf die die Frage eigentlich anspielt. Es geht also zuallerletzt um die sachlich präzise Beantwortung der Frage »Woher kommst du?«, sondern um all jene Konnotationen, die dieser Frage inhärent sind: die Anspielung auf einen möglichen kolonialen (oder anders unterlegenen) Hintergrund der Person, auf die territoriale Exklusion der Person, auf die Fragende/r-Befragte/r-Hierarchie. Die Frage beinhaltet somit Kolonialismus und Rassismus im Mikrokosmos: Sie ist eine Mikroaggression. Der Rassismus ist jetzt nicht mehr explizit (wie zu Zeiten als das N-Wort zum alltäglichen Sprachgebrauch zählte), er wird stattdessen auf eine Metaebene verlagert und durch Anspielungen abgerufen, die von all jenen, die am kulturellen (Text-)Gedächtnis teilhaben, verstanden werden. Die diskriminierenden Mechanismen in der Kinderliteratur bleiben dabei häufig gleich: das Propagieren einer *weißen* Normativität, die territoriale Ausgrenzung als rassifiziert markierter Figuren, Othering nicht in dem Sinne des »N-Worts als Bild«, sondern in Form von Faschingsverkleidungen, der white gaze nicht mehr (ausschließlich) im Sinne der Exotisierung, sondern im Sinne der Exklusion oder der Assimilation von ›Anderen‹.

Explizite alltagsrassistische Unsichtbarkeit

Sehr viele Kinderbücher beinhalten eine doppelte Form von alltagsrassistischer Unsichtbarkeit: sowohl die Unsichtbarkeit der *weißen* Norm als unmarkierte Position (white gaze) als auch die tatsächliche Unsichtbarkeit Schwarzer Protagonist*innen in Form ihres Nichtvorhandenseins. Diese

285 Kilomba: Plantation Memories, S. 68.

Bücher ordnen wir der expliziten alltagsrassistischen Form der Unsichtbarkeit zu.

Weiße als Normativität

»Nicht gesehen zu werden, nicht gehört zu werden, ist unerträglich. Weil es unsere Menschlichkeit infrage stellt. Menschen, die weder gesehen noch gehört werden, denen nicht geglaubt wird, sind vielen Formen von Gewalt ausgesetzt«, schreibt Emilia Roig.[286] Menschen, die wie die Autorin Alice Hasters über ihre Rassismuserfahrungen berichten, erzählen häufig von Situationen, in denen sie ignoriert und übergangen wurden.[287] Die Betroffenen fühlen sich in solchen Momenten unsichtbar und verunsichert. Dieses ›Übergehen‹ und ›Unsichtbarmachen‹ Schwarzer Menschen und People of Color ist ein Phänomen, dass sich in der klassischen Kinderliteratur, aber auch in neueren Kinderbüchern sehr gut beobachten lässt. Sehr viele (nicht nur deutsche) Kinderbücher propagieren über alle Genres hinweg eine genuin *weiße* Welt. Dieses Phänomen bezeichnen wir als explizite Unsichtbarkeit, da BIPoC einfach gar nicht vorkommen, als ob es sie nicht gäbe. Dies betrifft zunächst fast den gesamten Kanon der klassischen deutschen und der in Deutschland beliebten schwedischen und englischen Kinderliteratur vorwiegend aus der zweiten Hälfte des letzten Jahrhunderts. Zu nennen sind hier z. B. die Werke von Sven Nordqvist, Astrid Lindgren, Otfried Preußler, mit Einschränkung Michael Ende, Erich Kästner, Janosch, Alan Alexander Milne, Beatrix Potter, Lewis Carroll, Frances Hudgson Burnett. Seit dem Ende des 19. Jahrhunderts etablierten Schriftsteller wie Edgar Allen Poe, Sir Arthur Conan Doyle, Agatha Christie und Dorothy L. Sayers den ›Kriminalroman‹ als literarisches Genre für Erwachsene und analog entstand nach 1900 auch ein Angebot an Krimi- und Abenteuerbüchern für jüngere Leser*innen. Kindern wird in diesem Genre Handlungsmacht verliehen, sie sind klüger als die Erwachsenen, sie sind eigenmächtig und wichtig und sorgen für Gerechtigkeit. Deutscher Vorreiter in diesem Genre war Erich Kästner mit *Emil und die Detektive* (1929). Enid Blyton, die nicht nur die *Fünf Freunde* (ab 1953), sondern auch die *Geheimnis um …*- (ebenfalls ab 1953) und die *Rätsel um …*-Serie (ab 1962) sowie weitere Abenteuergeschichten

286 Roig: Why we matter, S. 13.
287 Vgl. Hasters: Was weiße Menschen …, S. 44.

verfasste, hat Krimireihen populär gemacht.[288] Zu erwähnen sind noch Astrid Lindgrens *Kalle Blomquist* (1946), Max von der Grüns *Die Vorstadtkrokodile* (1976), die *Drei???* (seit 1964), *TKKG* (seit 1979) oder neuerdings beispielsweise die Reihe *Der Watson-Club ermittelt* von Eva Debney (seit 2018), die auf etablierten Strukturen dieses Genres aufbaut und teils in London spielt. Während *Die Vorstadtkrokodile* immerhin in der Hinsicht inklusiv sind, dass ein behindertes Kind Teil der Kinderbande ist,[289] zeichnet sich das Genre insgesamt jedoch dadurch aus, dass fast alle (Haupt-)Figuren männlich und *weiß* sind. Auf den Mangel an weiblichen Identifikationsfiguren hat die Branche inzwischen mit Werken wie die *Drei !!!* (extra für Mädchen und leider auf andere Weise problematisch) oder *Conni und die Detektive* reagiert. Identifikationsfiguren für Kinder, die rassifiziert-marginalisierten Gruppen angehören, sind in diesem Genre jedoch kaum zu finden. Umso erstaunlicher ist diese Tatsache im Hinblick darauf, dass manche Romanreihen, wie die *Drei???* oder der *Watson-Club*, in amerikanischen und englischen (Groß-)Städten der Gegenwart spielen, was die vollständige Abwesenheit rassifiziert gelesener Menschen äußerst unwahrscheinlich macht. Die absolute Dominanz der *weißen* Norm im Genre der Kinderkrimis kann exemplarisch dadurch veranschaulicht werden, dass Figuren, die nur marginal von dieser Norm abweichen, bereits stark ge›othert‹ werden. Als Beispiel kann die Figur des italienischen Eisverkäufers ›Giovanni‹ in der Serie *Die drei ??? Kids* genannt werden, der sich nicht nur ausschließlich mit seinem typisch ›italienischen‹ Produkt, dem Eis, beschäftigt (das natürlich das beste Eis überhaupt ist, da es ja von einem ›echten‹ Italiener gemacht wurde, dem die Eisproduktion praktisch ›im Blut‹ liegt), sondern auch noch mit einem ausgeprägten italienischen Akzent spricht und mit einem riesigen schwarzen Schnurrbart übertrieben gezeichnet ist.

---

288 Auch in Enid Blytons Kinderbüchern findet sich Rassismus in den Darstellungen, Zuschreibungen und Illustrationen. 2022 wurde ihre *Abenteuer*-Reihe neu übersetzt wieder veröffentlicht. In diesem Kontext kam es zur Rassismus-Diskussion um Blytons Werk. Vgl. z. B. Nieder, Heike: Der Preis der Nostalgie. In: Süddeutsche Zeitung, 09.06.2022. Verfügbar unter Enid Blyton wird neu aufgelegt – Kultur – SZ.de (sueddeutsche.de), Zugriff am 13.06.2022.

289 Der Aktivist für Inklusion und Barrierefreiheit, Raul Krauthausen, weist allerdings darauf hin, dass die Darstellung des rollstuhlfahrenden Kurt in diesem Buch nicht empowernd sei und ihm selbst wie ein Spiegel seine von der Gesellschaft wahrgenommene Unzulänglichkeit verdeutlicht habe. Vgl. Die dunkle Seite meiner Behinderung – Raul Krauthausen, Zugriff am 26.03.2022.

Doch nicht nur fiktive Geschichten wie Krimis exkludieren BPIoC, sondern auch Sachbücher, Bilderbücher und Wimmelbücher. Gerade Wimmelbücher zeigen meist Alltagssituationen wie die Stadt, die Baustelle, den Bauernhof ..., also Situationen, in denen *weiße* Menschen im realen Leben auf BPIoC treffen. Diese Realität wird in Wimmelbüchern jedoch häufig eben nicht widergespiegelt. Als Vater der Wimmelbücher in Deutschland gilt Ali Mitgutsch, der kürzlich erst verstorben ist. Sein Wimmelbuch *Im Zoo* beispielsweise beinhaltete eine einzige als rassifiziert markierte Person, nämliche eine Frau mit Kopftuch, die Teller wäscht. Die ebenfalls sehr beliebte Autorin von Wimmelbüchern, Rotraud Susanne Berner, hat das Genre modernisiert und immerhin vereinzelt light-skinned Schwarze Figuren eingefügt, wie z. B. eine Mutter mit Sohn in ihrem Jahreszeitenzyklus. Zu achten gilt es in Wimmelbüchern jedoch nicht nur darauf, ob BIPoC dargestellt werden, sondern auch darauf, in welchen Situationen diese präsentiert werden. Sind nur Kinder of Color zu sehen oder auch Erwachsene? Sind diese nur in Rollen wie Spaziergänger oder kinderwagenschiebene Mutter dargestellt oder in Positionen mit niedrigem Prestige wie als Schwarze Müllmann oder kopftuchtragende Gemüseverkäuferin oder auch als Vorbilder und Alltagsheld*innen wie z. B. Ärzt*innen, Erzieher*innen, Polizist*innen, Feuerwehrmänner/frauen und Lehrer*innen?

Saskia Hödl, die 2020 für einen bei der Heinrich-Böll-Stiftung publizierten Aufsatz Kinderbücher in Bezug auf Diversität untersucht hat, konstatiert, dass es für die jüngsten Lesenden am wenigsten Angebote gibt:

> »In diesem Alterssegment ist die Auswahl an Büchern mit Protagonist:innen, die Schwarz oder of Color sind und die mit dem Alter entsprechend dicken Seiten ausgestattet sind, leider verschwindend gering. Ein schönes Buch aus dem Jahr 1962 sei an dieser Stelle aber erwähnt: ›The Snowy Day‹ von Ezra Jack Keats. Zwar ist es bisher nur auf Englisch erhältlich, aber in seiner textlichen Minimalistik ist es ein wunderbares Bilderbuch für Eltern, die sich auch für ihre Kleinsten Bücher mit einem Schwarzen Hauptprotagonisten wünschen. Es handelt davon, dass der kleine Peter einen Tag im Schnee verbringt.«[290]

290 Hödl, Saskia: Kinder müssen sich selbst sehen.

Im Genre Wimmelbücher sind in den letzten Jahren allerdings erfreulicherweise große Fortschritte zu verzeichnen, wer gezielt nach ›Diversity Wimmelbüchern‹ sucht, wird schnell fündig werden.[291]

In der beliebten *Conni*-Reihe gibt es hingegen nach wie vor fast keine nicht-*weißen* Figuren. Einmal lädt Conni das Schwarze Mädchen Semire zum Geburtstag ein (*Conni feiert Geburtstag*) und im Kindergarten bringen ein wildes türkisches (Emir) und ein wildes asiatisches Kind (Son) ihren Turm aus Bauklötzen zum einstürzen (*Conni ist wütend*). Ansonsten trifft Conni nur auf *weiße* Menschen, beim Fußball, beim Schwimmen, in der Schule, beim Reiten, beim Musikmachen, beim Arzt, im Urlaub ... alle, alle Kinder und Erwachsenen, sind *weiß*. Ebenso sieht es in der *Max*-Reihe von Christian Thielmann und Sabine Kraushaar aus, die sich analog zu *Conni* an Jungs richtet: Max beste Freundin Pauline ist *weiß*, im Kindergarten sind alle *weiß*, auf der Baustelle ... Dies betrifft auch viele weitere Hefte der *Pixi-Lesemaus*-Reihe.

Auch in beliebten Sachbüchern sieht es nicht viel besser aus: In der *Wieso? Weshalb? Warum?*-Reihe des Ravensburger Verlags (mit und ohne tiptoi-Funktion) fahren Schwarze oder anders rassifizierte Menschen keine Autos, keine Polizeiautos, keine Krankenwagen und Feuerwehrfahrzeuge und arbeiten auch nicht auf der Baustelle (*Die Welt der Fahrzeuge*, 2013), sie besuchen keinen Ponyhof und reiten nicht (*Die Welt der Pferde und Ponys*, 2014), sie entdecken und erforschen keine Dinosaurier (*Alles über Dinosaurier*, 2000/*Wir erforschen die Dinosaurier*, 2011), sie essen keine europäischen Speisen (*Unser Essen*, 2002); sie entdecken erst recht keine Ritterburg (*Wir entdecken die Ritterburg*, 2000); sie nehmen keine Gesteins- und Bodenproben, tauchen nicht und klettern nicht in Höhlen und auf Berge, machen keinen Urlaub, klatschen sich nicht ab (*Unsere Erde*, 2013) und stellen sich auch keine Fragen über das alte Rom (*Altes Rom*, 2014).

Stattdessen sieht man: schlitzäugige Chines*innen mit großen runden Strohhüten auf Reisfeldern arbeiten, nackte australische Ureinwohner, die Insektenlarven und Honigameisen essen, light-skinned Kinder auf einer Insel unter Bananenstauden Bananen essen, japanische Kinder in traditioneller Kleidung rohen Fisch essen, die »ersten Menschen« (mit

291 Eine Auswahl gibt es beispielsweise hier Kinderbücher ab ein Jahr mit Schwarzen AkteurInnen in Haupt- und Nebenrollen – von Mutter zu Mutter (von-mutter-zu-mutter.de), Zugriff am 26.02.2022.

dunkler Haut) nackt jagen und sammeln (*Unser Essen*, 2002); einen großen Schwarzen kahlköpfigen Piraten, mit dicken Lippen, platter Nase, großem goldenen Ohrring, bis an die Zähne bewaffnet und dürftig bekleidet (natürlich nicht der Piratenkapitän; dieser ist rothaarig und schick gekleidet, mit Pistole statt Messer bewaffnet; *Alles über Piraten*, 2007); foulende und verletzte light-skinned Profifußballer mit Afrofrisuren (*Die Welt des Fußballs*, 2018); Inuit im Schnee, Berber in der Wüste (*Die Erde*, 2013); einen nackten Schwarzen Mann mit Speer, der sich zwischen den Bäumen im Dschungel versteckt (*Entdecke die Tiere* [!] *Afrikas*, 2012);[292] Schwarze Menschen, die auf dem römischen Sklavenmarkt verkauft werden (*Altes Rom*, 2014).

BIPoC sind somit innerhalb derselben Kindersachbücher zugleich unsichtbar, weil nicht vorhanden, in der ›normalen‹ Welt und übersichtbar in ›exotischen‹ Kontexten. Dieser Sachverhalt signalisiert nonverbal, aber deutlich, wo BIPoC ihren Platz haben. Die Autorin und Aktivistin Tupoka Ogette bemerkt in diesem Zusammenhang, dass die Teilnehmer*innen ihrer Antirassismus-Workshops, insbesondere Erzieher*innen und Lehrer*innen, gerade aufgrund solcher Kinderbücher ein stark traditionell rassistisches Afrikabild hätten.[293] Diese Texte sind zwar eigentlich recht einfach zu erkennen, aber Vorlesende müssen ein Bewusstsein entwickeln, darauf zu achten. Josephine Apraku, die ein Buch über antirassistischer Erziehung geschrieben hat, rät dazu, Kindern gegenüber auch das Fehlen von Schwarzen Menschen zu thematisieren.[294] Kinder gewinnen ansonsten durch die Rezeption solcher Bücher den Eindruck, dass das ›richtige‹ Leben *weiß* sei. Jeff Kwasi Klein macht darauf aufmerksam, dass *weiße* Kinder bereits ab dem frühkindlichen Alter ihr Weißsein als Norm begreifen und alle anderen als Abweichung dieser Norm.[295] Dieser Sachverhalt kann mit Sicherheit zu großen Teilen auf die *weiße* Normativität in Kindermedien

292 »Welche Tiere leben im Regenwald? […] Erst am Abend kommen die meisten Tiere aus ihren Verstecken und begeben sich auf Futtersuche.«

293 Vgl. Ogette, Tupoka: »Wanted: Schwarze Held_innen in deutschen Kinderbüchern.«

294 Josephine Apraku im Gespräch mit Isabel Robles Salgado: Kleine Jahre, große Fragen: Soll ich mit meinen Kindern über Rassismus sprechen? Bei: littleyears.de, 25.06.2020. Verfügbar unter Kleine Jahre, große Fragen: Soll ich mit meinem Kind über Rassismus sprechen? Ein Gespräch mit Josephine Apraku – Littleyears, Zugriff am 12.02.2022.

295 Vgl. Apraku, Josephine: Wie erkläre ich Kindern Rassismus? Berlin: Familiar Faces 2021, S. 8.

zurückgeführt werden. Dagegen gilt es unbedingt vorzugehen: »Denn ihre [*weißer* Kinder] Erfahrung und ihre Lebensrealität ist nicht universell – das zu begreifen, ist der Grundstein für ein gesundes Selbstbild und für eine Erziehung zur Akzeptanz Anderer.«[296]

Schwarze Kinder ausschließlich in ›exotischen‹ Kontexten abzubilden, ist in doppelter Weise fatal: Zum einen, da es sie exotisiert, und zum anderen, da es ihre Ausgrenzung verschleiert; Schwarze Kinder sind ja schließlich in den Büchern vorhanden. Saskia Hödl schreibt daher:

> »Deshalb sind […] jene Bücher besonders wichtig, die Vielfalt zum Thema machen, ohne sie explizit zu fokussieren. Eine Beiläufigkeit, die man in vielen Kinderbüchern noch vermisst. Vor allem in Sachbüchern für Kinder, in denen es um Alltägliches, wie etwa ums Bahnfahren geht, den Bauernhof, um Weihnachten oder die Einsatzfahrzeuge – hier werden in der Regel ausschließlich *weiße* Menschen abgebildet. Meist sind diese Menschen darüber hinaus cis, gemeinsamlebend und in Heterobeziehungen. Sie sind christlich, ohne Behinderung, wohnen in einem Haus mit Garten, besitzen ein Auto und haben das immer gleiche Übermaß an Spielzeug.«
>
> »Kinder lernen von diesen Auslassungen sowohl über sich als auch über die Anderen. Schwarze wie *weiße* Kinder. Sie lernen, wer präsent ist. Wer eine Stimme hat, wer wen benennen darf, wer gehört wird, wer gesehen wird und wer wichtig ist. Und wer eben nicht.«[297]

Gerade die Kinderliteratur läuft somit Gefahr, hauptsächlich »singuläre Geschichten« zu erzählen, die *weiß*- und westzentrische Narrative vermitteln, warnt Maisha Maureen Auma. Sie schreibt in diesem Zusammenhang von einer »Normalisierung der Vernichtung von Multiperspektivität«[298]. Auma verweist auf verschiedene Studien, die Kinder- und Jugendbücher in Bezug auf ihre Hauptcharaktere untersucht haben. So ermittelte eine Studie der Florida State University von 2011, dass von den 6.000 untersuchten Büchern, die zwischen 1900 und 2000 veröffentlicht wurden, 100 % männliche Hauptrollen besaßen. Weibliche Charaktere kamen in überhaupt nur 33 % der Bücher vor.[299] Die Forscher*innen David Kuyck

296 Hödl, Saskia: Kinder müssen sich selbst sehen.

297 Ogette: exit Racism, S. 121.

298 Auma: Ein Empathiegefälle in Kinderliteratur?

299 Vgl. McCabe/Fairchild/Grauerholz/Pescosolido/Tope: »Gender in Twentieth-Century Children's Books: Patterns of Disparity in Titles and Central Characters« März 2011. In: Gender & Society. Verfügbar unter Gender in Twentieth-Century

und Sarah Park Dahlen wiederum fanden heraus, dass von 3.000 Kinderbüchern, die 2015 veröffentlicht wurden, 73,3 % *weiße* Hauptrollen besaßen, 12,5 % hatten Tiere in der Hauptrolle und 14,5 % der Hauptrollen kamen den Vertretern rassistisch marginalisierten Gruppen zu. 2018 hingegen waren 50 % aller Hauptrollen *weiß*, 27 % waren Tiere und 23 % repräsentierten rassistisch marginalisierte Gruppen. Als rassistisch marginalisiert gelten in der Studie African-American Kinder (10 %), Asian-American Kinder (7 %) und First-Nation Kinder (1 %). Kinder of Color bekamen somit 2018 seltener Hauptrollen in Büchern als Tiere.[300] Diese Zahlen gelten für die USA; für Deutschland und Europa liegen keine Studien vor; es dürfte jedoch keinesfalls besser aussehen. Der Aktivist für Inklusion und Barrierefreiheit, Raul Krauthausen, schätzt, dass in 95 % der in Deutschland erschienenen Kinderbücher überhaupt keine BIPoC-Protagonist*innen vorkommen, auch nicht als Nebenfiguren.[301] Zudem muss berücksichtigt werden, dass die in den übrigen 5 % der Kinderbücher vorkommenden BIPoC keinesfalls durchweg positiv und empowernd dargestellt werden; denn diese 5 % beinhalten die Bücher mit diffamierenden bzw. exotisierenden Darstellungen. Genau wie die Exotisierung Schwarzer Kinder durch einen ›Afrika‹-Kontext sendet die Darstellung von Kindern of Color in den ewigen Nebenrollen oder als sprachlose Figuren in der Kulisse eine eindeutige Botschaft an lesende Kinder. Die ausschließliche Darstellung von BIPoC in einem ihnen zugeordneten ›kulturellen‹ Kontext kann als Form des kulturellen Rassismus bzw. als ›Kulturalisierungsfalle‹ betrachtet werden. Als rassifiziert markierten Kindern und Erwachsenen wird in der Kinderliteratur kein Platz in der deutschen Normgesellschaft gewährt. Die Verlegerin Özge Efendi erzählt im Interview, dass sie als Kind nie ein Kinderbuch gelesen habe, in dem die Heldin ein türkisches Mädchen sei: »Wenn man sich als Kind nie in

---

Children's Books: Patterns of Disparity in Titles and Central Characters – Janice McCabe, Emily Fairchild, Liz Grauerholz, Bernice A. Pescosolido, Daniel Tope, 2011 (sagepub.com), Zugriff am 21.02.2022.

300 Vgl. Kuyck, David/Park Dahlen, Sarah: Diversity in Children's Books. Bei: Center for Intercultural Dialogue, 09.09.2019. Verfügbar unter Diversity in Children's Books – Center for Intercultural Dialogue, Zugriff am 21.02.2022.

301 Vgl. Krauthausen, Raul: Was fehlt: Vielfalt in Kinderbüchern. Bei: raul.de, 16.08.2018. Verfügbar unter Was fehlt: Vielfalt in Kinderbüchern – Raul Krauthausen, Zugriff am 21.03.2022.

diesen Fantasiewelten wiederfindet, oder nie in diesen Welten gezeigt wird, dann macht das etwas mit einem.«[302]

Weiße als Andere: Black-, Yellow- und Redfacing

Doch nicht nur, dass Schwarze oder andere rassifiziert markierte Figuren in deutschen Kinderbüchern nicht vorkommen; selbst wenn sie mal vorkommen, entpuppen sie sich häufig als verkleidete *weiße* Figuren. Das 20. Jahrhundert kennzeichnet sich durch eine ganze Reihe an stereotypen Vorstellungen über Schwarze Menschen und Afrika, über Asien und Asiat*innen (insbesondere China), über indigene Amerikaner*innen, über Inuit sowie über Sinti*zze und Rom*nja. Im Gegensatz zu den Bemühungen, den anti-Schwarzen Rassismus durch Änderungen an Kinderbüchern etwas abzudämpfen, ist im Hinblick auf alle anderen Gruppen, die in für Kinder bestimmten Texten diskriminiert werden, bisher wenig passiert. Während das N-Wort und das M-Wort inzwischen als diffamierend anerkannt sind und aus der Alltagssprache allmählich verschwinden, gilt dies für andere traditionelle Fremdbezeichnungen wie das Z-Wort nicht im selben Maß und für das I-Wort und das E-Wort fast gar nicht. Gerade diese Fremdbezeichnungen finden sich besonders oft in Kinderbüchern. Der Stein des Anstoßes für die ›Kinderbuchdebatte‹ 2013 war das Faschingsfest in Otfried Preußlers *Kleine Hexe*. Die Beschreibung von Faschingsfesten und dem Sternsingen in den Kinderbuchklassikern beinhaltet sehr oft die Reproduktion von rassistischen bzw. ›kulturellen‹ Vorurteilen und Klischees sowie die Schilderung von Blackfacing, Yellowfacing und Redfacing, so auch in *Die kleine Hexe*. In dem Kapitel »Wollen wir wetten« sind zwar aus den als »N-lein« verkleideten Kindern die »Messerwerfer« geworden und auch aus den »Türken« die »Cowboys«. Die »E*«-Frauen sind hingegen ganz verschwunden (auf der kolorierten Abbildung sind sie allerdings noch zu sehen). Geblieben sind jedoch die »I*«, der »Wüstenscheich«, der »Menschenfresser« und die »kleinen Chinesinnen«. Über diese Charaktere verbreiten der Erzähler und die Figuren im Folgenden fleißig Klischees: »Die Chinesenmädchen kreischten auf Chinesisch« (S. 76), der Wüstenscheich trägt einen Turban (S. 76), der

302 Özge Efendi im Interview mit Sina Philipps: Ein Kinderbuch zum Nachkochen. Bei: hessenschau, 18.05.2022. Verfügbar unter Ein inklusives Kinderbuch zum Nachkochen | hessenschau.de | Kultur, Zugriff am 22.05.2022.

I* »Blutige Wolke« ist tapfer, trägt einen Speer, redet vom Marterpfahl und hat eine Kriegsbemalung (76 ff.).

Auch das Jugendbuch *Krabat* (1971) von Otfried Preußler enthält kulturelle Klischees. Hier wird gleich zu Beginn Blackfacing geschildert, als der kleine Lobosch sich zum Sternensingen mit Krabat als »M-König« verkleidet, wobei er sein Gesicht mit Ruß färbt (S. 7, 205 ff.). Des Weiteren beinhaltet der Text die diffamierenden Begriffe Z* (S. 53), »z*haft dunkle Hautfarbe« (S. 184), »anschwärzen« (S. 130). *Krabat* zeichnet sich zudem durch eine Reihe antitürkischer Diskriminierungen aus, wie beispielsweise den Fluch »Himmelfixtürken« (S. 88). In einer Szene, die den Russischen Türkenkrieg im Rahmen des dritten Nordischen Krieges (1701–1711) schildert, wird ein Kriegsheld als »Türkenfresser« (S. 278) bezeichnet. Bei der Beschreibung des türkischen Lagers wiederum hebt der Erzähler die bunten Turbane hervor, die grüne Fahne des Propheten, die »bis an die Zähne bewaffneten Janitscharen« sowie die mit Spießen und Säbeln bewaffneten »nubischen Garden«. Es entsteht somit ein sehr klischeebeladenes Bild der Türken, das historisch nicht unbedingt korrekt sein muss, da der Text mit einer Distanz von rund 250 Jahren zum historischen Ereignis entstanden ist.

Dimiter Inkiows beliebte Reihe *Ich und meine Schwester Klara* (1977–95) schildert wiederum in einer Geschichte Yellowfacing. Hier versucht Klara ihren Bruder mit Zwiebelschalen gelb zu färben, damit er sich zu Fasching als »Chinese« verkleiden kann (S. 134):

> »›Ich weiß! Ich weiß! Du gehst als Chinese!‹ – ›Gut‹, nickte ich, ›ich gehe als Chinese.‹ – ›Aber Chinesen sind gelb, wie jeder weiß.‹ – ›Dann werde ich mein Gesicht eben gelb anmalen.‹ – ›Ich weiß was Besseres!‹, rief Klara. ›Ich werde dich gelb färben. Von oben bis unten. So gelb, dass du noch gelber wirst als ein richtiger Chinese.‹«

Auch Michael Endes *Jim Knopf* zeichnet sich in hohem Maße durch Exotisierung aus. Das Land ›Mandala‹, das Jim und Lukas nach dem Verlassen der Insel Lummerland bereisen, ist kein völlig neu erfundenes Fantasieland. In der ersten Fassung von 1960 hieß das Land noch ›China‹, die Änderung in ›Mandala‹ erfolgte erst 1983. Die Änderung des Namens ändert jedoch nichts an der Reproduktion der gängigen *weißen* Fantasien über China zur Entstehungszeit des Romans. Dabei ist manches an Endes Beschreibungen offensichtlich fantastisch, wie die immer kleiner werdenden Kindeskinder.

Genauso vieles jedoch ist offensichtlich stereotyp, wie das »gelbe« Gesicht der Palastwache (S. 42), das hohe Alter und die unglaubliche Weisheit und Gelehrsamkeit der Bewohner*innen, das Kichern der Schreiber, das ständige Lächeln und die ausgewählte Höflichkeit, die Gebäude aus Porzellan (S. 38), die vielen Fähnchen und Lampions und Wäscheleinen sowie die Kleidung (»Alle [Menschen in Mandala] hatten Mandelaugen und Zöpfe und trugen große runde Hüte auf den Köpfen.«, S. 39). Verballhornt werden zudem die Namen der Bewohner (»Ping Pong«, »Pi Pa Po«), die Sprache, die Schrift (die auch noch fälschlicherweise von oben nach unten dargestellt wird) und das Essen. Hier geht es gar nicht darum, dass Jims und Lukas' Freund Ping Pong das Essen von Lummerland genauso wenig verzehren möchte, wie Lukas und Jim geneigt sind, das typische Essen von Mandala zu probieren. Es geht vielmehr darum, dass die Perspektive des Erzählers und der Rezipient*innen eine *weiße* ist: Menschen, die hundertjährige Eier essen und ein Käsebrot ablehnen, werden ge›othert‹. Und somit ist evident, dass alleine die Änderung einzelner Wörter, wie des Namens dieses Landes, wenig bewirkt, wenn zugleich alle Stereotype über dieses Land erhalten bleiben und die dominante Perspektive die *weiße* ist. Ähnlich wie Pippi Langstrumpfs Vater aufgrund seiner Hautfarbe eine Sonderstellung auf der ›Südseeinsel‹ zukommt, finden auch Lukas und Jim in ›Mandala‹ Beachtung. Ihre Andersartigkeit wird nicht ausgegrenzt, denn sie werden vom Kaiser sofort ernst genommen. ›Mandala‹ mitsamt seinen Bewohner*innen stellt sich somit ebenso wie die ›Südseeinsel‹ als exotisierter *weißer* Sehnsuchtsort heraus, in dem *weiße* Menschen anerkannt werden, wirken können und Abenteuer erleben. Die Handlungsmacht liegt dabei immer bei Lukas und Jim, den ›schwarzen‹ Abgesandten einer *weißen* Welt. Nur Lukas und Jim sind imstande, Li Si zu retten und Herr Tur Tur und Nepomuk zu helfen, die ihrerseits wiederum jeweils für das ›Andere‹, das Exotische stehen. Die Abgesandten der *weißen* Kultur werden so zu Heilsbringern stilisiert. Bei der Befreiung der Kinder aus Kummerland wiederum verbreitet der Text die gängigen Stereotype über die bekanntesten als rassifiziert markierten Gruppen, mit der Intention, die hohe Reichweite und Internationalität des Einflussgebietes der Piraten der »Wilden 13« aufzuzeigen: So sitzen bei dem Drachen Frau Mahlzahn I*kinder und kleine E* und »braune« Jungen mit Turban (S. 167). Der I* ist ein Häuptlingssohn, er hat Federn in den Haaren (S. 169), ist »sehr tapfer« (S. 170), träumt von seinem Wigwam (S. 181) und wurde von der

»Wilden 13« gefasst, weil er sich beim Fischen mit dem Kanu zu weit aufs Meer hinaus getraut hatte (S. 202). Er isst am liebsten Maisbrot und gebratenen Büffel und raucht danach die Friedenspfeife (S. 212). Der E* wiederum träumt vom Iglo am Nordpol und von heißem Lebertran. Er wurde von einem Eisberg entführt, auf dem er zum Nordpol schwimmen wollte (S. 202) und isst am liebsten Walfisch (S. 212). Ein holländisches Mädchen träumt von Tulpenfeldern und Käse. Fünf Kinder mit »brauner Haut« und Turban sind von der »Wilden 13« überfallen worden, als sie abends mit ihren Elefanten im Fluss gebadet haben (S. 202). Was von Michael Ende zu Beginn der 1960er-Jahre vermutlich antirassistisch gemeint war, wirkt heute genau anders herum: als Reduktion der Kinder auf von *weißen* Europäer*innen formulierte Klischees.[303]

Genau diese Klischees und die mit ihnen verbundenen Abenteuergeschichten sind es, die Kinder (und erwachsen gewordene Kinder) dazu bewegen, sich verkleiden zu wollen, und die bis heute die Tradition von Black-, Yellow- und Redfacing zu Fasching aufrechterhalten. Denn die Voraussetzung für Verkleidung und Blackfacing ist Klischeebildung. Nur was vorher als Identitätsmerkmal konstruiert wurde, lässt sich imitieren. Wenn man sich also als I* verkleiden will, muss es zuvor bereits eine Vorstellung davon geben, was ein I* überhaupt ist. Eine Identität wird somit fremdkonstruiert, bevor sie übernommen werden kann. Diese Klischeebildung ist in Kindermedien besonders prägnant. Kinder wachsen somit erstens mit einer ziemlich genauen Vorstellung davon auf, was ein I* ist, und zweitens mit dem Wissen, dass sie das Recht besitzen, die dieser Vorstellung zugesprochenen Implikationen übernehmen zu können, wenn sie das Verlangen danach haben. Erst die Überzeichnung von Merkmalen regt dazu an, diese bei Fasching imitieren zu können. Indem ›Kulturen‹ auf ihre Klischees reduziert werden, lassen sich diese beim Verkleiden übernehmen. Hinzu kommt, dass sich Faschingskostüme ebenso wie andere kulturelle Elemente, die sich die Dominanzkultur aneignet, wieder ablegen lassen. *Weiße* Menschen besitzen somit die ›Mobilität‹, sich Schwarz zu inszenieren und anschließend wieder *weiß*, ein I*-Kostüm wieder ablegen zu können oder die nach Feng-Shui eingerichtete Wohnung wieder umzudekorieren. Diese Mobilität ist ebenfalls rassistisch konnotiert, da sie ein *weißes* Privileg

303 Vgl. Sander, Lalon: Ohne N-Wort geht's auch. »Jim Knopf Film und Diskriminierung«. In: taz, 17.04.2018. Verfügbar unter »Jim Knopf«-Film und Diskriminierung: Ohne N-Wort geht's auch – taz.de, Zugriff am 21.03.2022.

darstellt. ›Schwarz zu sein‹ kann somit zwar zeitweise zum Trend werden, an dem *weiße* Menschen sich beteiligen, indem sie Schwarze Kleidungsstile, Frisuren oder Slangbegriffe übernehmen oder Schwarze Musik hören und Tanzschritte imitieren, ist aber irgendwann auch wieder ›out‹.

Interessanterweise ist ›Fasching‹ ideengeschichtlich traditionell ein Fest, an dem soziale Machtverhältnisse umgedreht werden und somit Kritik an den Herrschenden geübt werden kann. Die Bloggerin Ella Hartmann weist darauf hin, dass gerade unter diesem Aspekt der Herrschaftskritik ›kulturelle‹ Kostüme besonders unangebracht seien, da sie Machtverhältnisse ja nicht umdrehen, sondern im Gegenteil besonders deutlich hervorheben würden. Bei der kulturellen Aneignung von Symbolen der amerikanischen First Nations würden zudem keine Grenzen überschritten, da rassistische Stereotype für diskriminierungsbetroffene Menschen Alltag und nicht Ausnahme seien.[304]

In dem Brauch, sich zu Fasching als Vertreter*in einer ›anderen Kultur‹ zu kostümieren und zu schminken, sowie in der Darstellung dieses Brauchs in der Kinderliteratur kumulieren somit mehrere rassistische Problematiken. Verkleidung impliziert (in der Tradition von Minstrel Shows) immer Elemente der Persiflierung und Verballhornung, da mittels des white gaze ›typische‹ Charakteristika des ›Anderen‹ ermittelt und zugespitzt imitiert werden. Zudem wirken in einer Verkleidung die rassistischen Mechanismen der Homogenisierung des ›Anderen‹ und dessen Fremdbezeichnung. Ein weiterer bedeutender Aspekt ist die kulturelle Aneignung, bei der Elemente einer ›anderen Kultur‹ ohne tiefergehende Vorkenntnis um und Respekt vor deren Bedeutung durch die dominante Gruppe aufgegriffen und kommerziell verbreitet werden, wobei es zu einer Abwertung der ursprünglichen Bedeutung kommt. In der Verkleidung als I* sind immer noch Reminiszenzen an die ›Entdeckung‹ Amerikas enthalten, ohne die es das westliche Konstrukt der I* gar nicht gäbe. Dies wiederum impliziert die anhaltende Romantisierung der amerikanischen First Nations sowie die fortwährende Abwertung des ihnen zugefügten Leids. Ebendiese rassistischen Implikationen von Faschingsverkleidungen kritisierte in Deutschland 2017 die

304 Vgl. Hartmann, Ella: Kulturelle Aneignung und Alltagsrassismus im Fasching: Warum ich meinen Kindern keine I-Kostüme nähe. Bei: ringelmiez.de, 13.02.2015. Verfügbar unter Kulturelle Aneignung und Alltagsrassismus im Fasching: warum ich meinen Kindern keine Indianerkostüme nähe. | ringelmiez, Zugriff am 26.03.2022.

Kampagne »Ich bin kein Kostüm«, die sich gegen Verkleidungen als ›afrikanische Buschmänner‹, ›Chines*innen‹, ›Geishas‹, ›Araber*innen‹ oder ›I*‹ einsetzte.[305] Die Betroffenen argumentieren, dass sie genau wegen dieser durch *weiße* Menschen reproduzierten Klischees im Alltag Rassismus in Form von Vorurteilen erleiden müssten. Die Befürworter von ›kulturellen‹ Kostümierungen hingegen argumentieren, dass ein Verbot ihnen wiederum einen Teil ihres traditionellen Kulturguts nehmen würde. Doch so manche Tradition ist leider rassistisch und kulturelle Aneignung ist kein kultureller Austausch, sondern mit hierarchischen Machtstrukturen verbunden und impliziert die Reproduktion von bereits vorhandenen Stereotypen.

weiße Lieder über ›Andere‹

Stereotype über fremdbezeichnete Gruppen werden nicht nur in Kinderbüchern, sondern auch in Kinderliedern verbreitet, die wiederum häufig in Buchform als Kinderliedersammlung (z. B. von Ravensburger) abgedruckt sind. So wurde zum Beispiel der Zählreim »Zehn kleine N-lein« nicht nur als Bilderbuch rezipiert, sondern häufig auch gesungen. Ein weiteres Beispiel für Rassismus in Kinderliedern sind Pfadfinderlieder des letzten Jahrhunderts, die den deutschen Kolonialismus und die Taten von Lothar von Trotha verherrlichten, der für den Genozid an den Nama und Herero verantwortlich war und die ersten Konzentrationslager errichtete. Diese Lieder werden heute allerdings nicht mehr regulär gesungen (außer vom Deutschen Pfadfinderbund in Namibia, dessen Hymne bis heute das rassistische Lied »Hart wie Kameldornholz« ist, dessen Melodie mit der Melodie des Panzerlieds der Wehrmacht übereinstimmt). Zu nennen ist zudem das Gesangsbuch *Mundorgel* (1953) von Hans-Günther Toetemeyer und Peter Wieners der christlichen Jugendorganisation CVJM-Kreisverband Köln e. V., das bis in die 1960er-Jahre Fahrtenlieder wie »N*aufstand in Kuba« enthielt. Entfernt wurden aus den Neuauflagen der *Mundorgel* zudem Fahrtenlieder, die zuvor von der Hitlerjugend gesungen wurden. Des Weiteren wurden im 19. und 20. Jahrhundert zahlreiche Kinderlieder gesungen, die sich mit Z* beschäftigen (»Lustig ist das Z*leben«, »Die Z*frieda«, »Drei Z* fand ich einmal«, »Du schwarzer Z*« und viele wei-

305 Zu dieser Thematik vgl. auch die 3sat-Kulturdokumentation vom 13.02.2021 »Ich bin kein Kostüm! Die Debatte um kulturelle Aneignung«, verfügbar unter Ich bin kein Kostüm! – YouTube, Zugriff am 25.03.2022.

tere). Diese diffamierenden bzw. romantisierenden Lieder sind inzwischen nicht mehr verbreitet. Auch das anti-türkische bzw. anti-muslimische Lied »C-a-f-f-e-e« ist nicht mehr so bekannt wie im 20. Jahrhundert. Lieder wie »Drei Chinesen mit dem Kontrabass«, »Ein Mann, der sich Kolumbus nannt'«, »Alle Kinder lernen lesen«, »Aramsamsam« oder »Die Affen rasen durch den Wald« werden hingegen gerne noch im Kindergarten und in der Grundschule gesungen. Diese wollen wir uns nun näher anschauen.

Das Lied »Alle Kinder lernen lesen«, das häufig zur Einschulung in der Grundschule gesungen wird, proklamiert eine ähnliche ›Internationalität‹ wie die Szene in *Jim Knopf*:

> Alle Kinder lernen lesen
> Indianer und Chinesen.
> Selbst am Nordpol lesen alle Eskimos
> Hallo Kinder jetzt geht's los!

Hierzu sagt die Bloggerin Sohra Behmanesh im Interview:

> »Da wurden sich also einige Volksgruppen rausgesucht, die hierzulande als besonders ›exotisch‹ gelten, um deutlich zu machen, dass alle-alle, also WIRKLICH alle, sogar die!! lesen lernen. [...] wie viel Abwertung und Exotismus da zwischen den Zeilen schwingt. Mal ganz davon abgesehen, dass in dieser Strophe für zwei Volksgruppen eine Fremdbezeichnung verwendet wird, die von den Betroffenen selbst abgelehnt wird, und es nicht einmal stimmt, dass alle Kinder dieses Planeten lesen lernen (können oder dürfen).«[306]

Nur auf den ersten Blick harmlos ist auch das Lied »Drei Chinesen mit dem Kontrabass«, das standardmäßig auf dem »Tiptoi«-Stift aufgespielt ist und mit dem in deutschen Grundschulen bisweilen die Vokale geübt werden:

> Drei Chinesen mit dem Kontrabass
> Saßen auf der Straße und erzählten sich was
> Da kam die Polizei:
> »Ja, was ist denn das?«
> Drei Chinesen mit dem Kontrabass.

Hier sitzen also drei Menschen mit Musikinstrumenten auf der Straße, wobei betont wird, dass es sich um Chinesen handelt. Da sie mit ihren Instru-

306 Sohra Behmanesh im Interview mit Isabel Robles Salgado.

menten sitzen und nicht stehen, wird die Assoziation mit Straßenmusikern geweckt. Straßenmusik gilt mitunter als Betteln und wird nicht gern gesehen, daher kommt konsequenterweise die Polizei, um die unerwünschten Subjekte zu vertreiben (Kriminalisierung). Dass die Polizei es für nötig hält, drei nicht-*weiße* Männer anzusprechen, ohne dass ein zwingender Grund dafür vorliegt, kann als racial profiling gewertet werden. Doch nicht nur die Handlung beschreibt eine rassistische Situation; zugleich wird mit dem Lied auch noch das Vorurteil reproduziert, dass Chines*innen die deutsche Aussprache nicht beherrschten, sowie diese angebliche Aussprache imitiert (›nachgeäfft‹).

Ein Beispiel für die elementare Umdeutung des Genozids an den amerikanischen First Nations als ›Eroberung‹ Amerikas wiederum ist das Kinderlied »Ein Mann, der sich Kolumbus nannt'«:

Ein Mann, der sich Kolumbus nannt‹ – wiede wiede witt bum bum
War in der Schifffahrt wohl bekannt – wiede wiede witt bum bum
Es drückten ihn die Sorgen schwer.
Er suchte neues Land im Meer.
Gloria Viktoria – wiede wiede witt juheirassa
Gloria Viktoria – wiede wiede witt bum bum
Als er den Morgen Kaffee trank – wiede wiede witt bum bum
Da rief er fröhlich »Gott sei Dank!« – wiede wiede witt bum bum
Denn schnell kam mit der ersten Tram
Der spanische König zu ihm an.
[Gloria Viktoria ...]
Kolumbus sprach er, lieber Mann – wiede wiede witt bum bum
Du hast schon manche Tat getan – wiede wiede witt bum bum
Eins fehlt noch unsrer Gloria.
Entdecke mir Amerika.
[Gloria Viktoria ...]
Gesagt, getan, ein Mann, ein Wort – wiede wiede witt bum bum
Am selben Tag fuhr er noch fort – wiede wiede witt bum bum
Und eines Morgen schrie er: »Land«.
Wie deucht mir alles so bekannt.
[Gloria Viktoria ...]
Das Volk an Land stand stumm und zag – wiede wiede witt bum bum
Da sagt Kolumbus: »Guten Tag!« – wiede wiede witt bum bum
Ist hier vielleicht Amerika?

Da schrien alle Wilden »Ja«.
[Gloria Viktoria ...]
Die Wilden waren sehr erschreckt – wiede wiede witt bum bum
Und schrien all: »Wir sind entdeckt! « – wiede wiede witt bum bum
Der Häuptling rief ihm: »Lieber Mann
Alsdann bist Du Kolumbus dann.«

Die dominante *weiße* Kultur trifft hier die Entscheidung, wie ein historisches Ereignis erzählt wird. Kolumbus (eigentlich Christoforo Colombo) wird zum berühmten und passionierten ›Entdecker‹ stilisiert, der im Auftrag des spanischen Königs Amerika entdecken soll, wodurch ein historischer Irrtum negiert wird. (Es ging ja eigentlich um den Seeweg nach Indien). Das Lied soll zudem lustig sein, da der König mit der Straßenbahn angereist kommt. Amerika wiederum ist nicht nur angeblich das eigentliche Ziel der Reise, sondern auch keine Fremdbezeichnung mehr. Die Einwohner*innen wiederum müssten in der Logik des Textes dann eigentlich ›Amerikaner*innen‹ heißen, werden jedoch »die Wilden« genannt. Diese sind »stumm und zag«, also passiv und hilflos. Insbesondere »stumm« ist ein sehr bezeichnender Begriff, der im Sinne der Literaturwissenschaftlerin Gayatri Chakravorty Spivak die subalterne Objektposition beschreibt. Die »Wilden« agieren nicht, sie reagieren nur und antworten auf in kolonialer Manier gestellte Fragen. Sie sind zudem »erschreckt« und »entdeckt«, beides ein Zeichen für die Anerkennung der white supremacy. Der Häuptling kennt Kolumbus' Namen bereits, was unlogisch erscheint, aber die universelle Gültigkeit der *weißen* Perspektive belegt. Die »Wilden« hingegen erscheinen als namenloses homogenes Kollektiv. Als rassistischer Mechanismus wirken hier demnach wieder die binären Oppositionen (wild – zivilisiert, passiv – aktiv, stumm – sprechend, homogen – heterogen, unbekannt/unwichtig – bekannt/wichtig). Erlebtes Unrecht und Leid der amerikanischen First Nations werden in diesem Kinderlied zudem unsichtbar gemacht und das historische Geschehen ganz elementar umgedeutet.

Um aufzuzeigen, wie verbreitet die in dem Lied propagierte Perspektive heute noch ist, untersuchen wir exemplarisch das Sachbuch der vielfach ausgezeichneten Kindersachbuchautorin Maja Nielsen: *Kolumbus: Seefahrer, Entdecker, Abenteurer* (Gerstenberg, 2013). Die Autorin berichtet ausführlich aus Cristoforo Colombos Perspektive. Sie erzählt von seiner Kindheit, seinen Ängsten und Gefühlen, Träumen und Wünschen: »Cristoforo ist hellwach, als er das hört. Ein westlicher Seeweg! Nach Indien reisen! Hat er davon nicht schon als Kind geträumt?« (S. 13). Problematiken spricht sie zwar an, reproduziert dabei jedoch sofort exotische Klischees und erzeugt dabei white supremacy sowie die bekannten binären Oppositionen: »Keiner stellt infrage, ob die billigen Glöckchen, die Glasperlen und die roten Kappen, die sie mitgenommen haben, wirklich eine geeignete Tauschware für ein hochzivilisiertes Volk sind, das sogar Elefanten mit Edelsteinen schmückt« (S. 24; anspruchsvoll vs. anspruchslos). »Inder! [...] Alle Menschen tragen ihr schwarzes Haar lang. Manche haben ihre Körper bemalt. Die Inder stehen wie vom Blitz getroffen am Strand, die Augen ebenfalls weit aufgerissen. Sie scheinen wie in Ehrfurcht erstarrt. Als wären die Neuankömmlinge Götter« (S. 29; Exotisierung, aktiv vs. passiv, Bewundernde vs. Bewunderte). »Die Inselbewohner, die sich im Dickicht des Waldes versteckt hatten, kommen jetzt näher, stimmen in die allgemeine Freude ein. Sie sind sehr freundlich und völlig arglos. Lächelnd reicht Kolumbus ihnen ein paar Halsketten aus Glas. Damit ist das Eis endgültig gebrochen. Die Indios freuen sich in den Augen der Spanier wie die kleinen Kinder über das hübsche Geschenk. Und wie die kleinen Kinder versuchen sie, den Fremden sogleich jede erdenkliche Freude zu machen« (S. 31; Infantilisierung; erwachsen vs. kindlich, Entdecker vs. Entdeckte, Aktion vs. Reaktion). »Wo sonst auf der Welt behandelt man einfache Seeleute wie Götter? ›Hier muss man keinen Finger krumm machen. Lediglich Befehle muss man geben!‹, sagt einer zufrieden. ›Nicht einmal das!‹, schmunzelt ein anderer. ›Die Wilden lesen einem doch jeden Wunsch von den Lippen ab.‹ ›Wer dieses Paradies verlässt, muss verrückt sein‹« (S. 41). Doch das Paradies wird zur »Hölle« (S. 46): »Als [Kolumbus] die Bucht von La Navidad am 4. Januar 1493 auf der Nina verlässt, ahnt er nicht, dass er bei seiner Rückkehr im Herbst desselben Jahres keinen seiner Männer mehr lebend antreffen wird« (S. 41; Himmel vs. Hölle, zivilisiert vs. unzivilisiert, Herren vs. Diener). Im Gegensatz zu dem Lied kann das Sachbuch die Gewalt der Europäer gegenüber den First Nations nicht verschweigen, fertigt sie allerdings nur sehr kurz ab, um sich anschließend wieder erfreulicheren Dingen zuzuwenden: »Es ist der Auftakt zu einem gnadenlosen Kampf gegen die Einwohner Hispaniolas, an dessen Ende jeder Widerstand gegen die Spanier gebrochen ist. Als Kolumbus 1492 zum ersten Mal nach Hispaniola kommt, ist die Insel Heimat für etwa 300.000 Indios. Zwei Jahre später ist ein Drittel davon tot« (S. 51). Dem persönlichen Empfinden, den Hoffnungen und der Enttäuschung der Figur des ›Kolumbus‹ wird in diesem Sachbuch sehr viel Platz eingeräumt. Der Genozid an den First Nations wird hingegen nur mit wenigen Sätzen thematisiert in recht neutraler Sprache. Obwohl die Autorin am Ende erwähnt, dass »zehn Millionen Indios« den Tod fanden (S. 56) und die »Nachfahren der Indios« den Untergang ihrer »jahrtausendealten Kulturen« beklagen, wendet sie sich sofort wieder der Bedeutung von Kolumbus zu und kommt zu dem Schluss, dass dieser, obwohl er für Leid und Tod von den »Indios« mitverantwortlich gemacht wird, ein sagenumwobener »genialer Navigator und überragender Seefahrer« gewesen sei, der »die Welt von Grund auf verändert hat« (S. 57). Die kritische Perspektive der First Nations auf Kolumbus wird von der Autorin somit nicht übernommen. Stattdessen weist sie darauf hin, dass Kolumbus Nachfahren es aufgrund ihrer Berühmtheit nicht leicht haben, dass aber auch ihnen die »Sehnsucht nach weiten Fahrten im Blut« liegt (S. 58). Durchweg werden Fremdbezeichnungen verwendet.

Über das Kinderlied »Die Affen rasen durch den Wald« wurde erst im Frühjahr 2022 kontrovers diskutiert. Den Ausschlag für die Diskussion gab ein Instagram-Post auf dem Kanal »aroundtheworld« des ZDF. Der/die Verfasser/in des Posts sah das kolonialistische Klischee von kriminellen und triebgesteuerten Affen, welches auf Schwarze Menschen projiziert werde, im Fokus des Kinderlieds und verwies dabei auf den Musikethnologen Nepomuk Riva. Kritik kam vor allem von Twitter-Nutzer*innen sowie von der *taz*. Dort hieß es: »Vor lauter Wokeness hat das ZDF auf Instagram schwarze Menschen mit Affen gleich gesetzt«[307]. Philipp Bovermann schreibt in der *Süddeutschen Zeitung* dazu, dass der Clou bei diesem Lied gerade darin bestehe, dass man es rassistisch lesen könne, aber nicht müsse. Rassistisch sei es solange, wie die rassistischen Vorstellungen bestünden, die jedoch auch durch die Diskussion über das Lied reproduziert würden. Direkte rassistische Bezüge würden nämlich nicht hergestellt.[308] Grada Kilomba hingegen wertet das Lied rassistisch, da es *weiße* Menschen dazu

307 Mertins, Silke: Das ZDF sollte sich entschuldigen. In: *taz*, 16.01.2022. Verfügbar unter Rassismus in Kinderbüchern: Das ZDF sollte sich entschuldigen – taz.de, Zugriff am 28.03.2022.

308 Vgl. Bovermann, Philipp: Die ganze Affenbande brüllt. Rassismus in Kinderliedern. In: *Süddeutsche Zeitung*, 19.01.2022. Verfügbar unter Ist das Lied »Die Affen rasen durch den Wald« rassistisch? – Kultur – SZ.de (sueddeutsche.de), Zugriff am 28.03.2022.

anrege, gewisse Vorstellungen auf Schwarze Menschen zu projizieren. Dies betreffe beispielsweise die sich immer wiederholende Zeile des Refrains: »Der eine macht den andren kalt«, die auf das *weiße* Verlangen (desire) abziele, das Schwarze Subjekt zu eliminieren (wie es auch in den »Zehn kleinen N-lein« der Fall sei). Die Assoziation Schwarzer Menschen mit Affen ist tief in der kollektiven Erinnerung verankert, wie sich in den Einzelanalysen von Grada Kilombas Untersuchung *Plantation Memories* zeigt. Hier berichtet die Interviewpartnerin Alicia, ein *weißer* Exfreund hätte ihr das Lied »Die Affen rasen durch den Wald« vorgesungen, nachdem er das frisch aufgetragene Kokosöl in ihren (Afro-)Haaren gerochen hätte. Diese Verknüpfung des Lieds mit Schwarzen Menschen bzw. einem ›afrikanischen‹ Habitus (wie der Haarpflege mit Kokosöl), die *Weiße* scheinbar automatisch herstellen, ist als rassistisch zu bezeichnen. Kilomba argumentiert, dass das Lied diese rassistische diskursive Verknüpfung geradezu evoziere: »African – Africa – jungle – wild – primitive – inferior – animal – monkey«[309] (Afrikanisch – Afrika – Dschungel – wild – primitiv – Tier – (Menschen)Affe). Dasselbe Prinzip der diskursiven Verknüpfung wirke Kilomba zufolge z. B. auch bei der Angst vor ›Ausländern‹ und der Forderung, diese auszuweisen: »immigrants – illegal – lawless – criminals – dangerous – fear – eliminate« (Immigranten – illegal – gesetzlos – Kriminelle – Gefahr – Angst – beseitigen).

Zu bedenken ist zudem, dass es in dem Lied zwar um Tiere geht, allerdings sind diese stark vermenschlicht. Die Assoziation von Affen, die sich menschlich verhalten, mit Schwarzen Menschen, die auch heute noch als ›Affen‹ beleidigt werden, liegt demnach nahe, insbesondere da diese Assoziation eine lange rassistische Tradition besitzt und somit im kulturellen (Text-)Gedächtnis verankert ist. Die Zeile »einer macht den andren kalt« ist zudem, wie Kilomba andeutet, eine Reminiszenz an das Lied »Zehn kleine N-lein«, in dem es heißt: »Neun kleine N-lein/Die hatten einmal Krach/Sie vielen über einander her/Da waren's nur noch Acht.« Dieses Motiv spiegle die Hoffnung der *weißen* Gesellschaft, die sich selbst überlassenen N* könnten sich eventuell selbst aus der Welt schaffen, schreibt der Sozialwissenschaftler Wulf Schmidt-Wulffen.[310]

Auf »aroundtheworld« wurde zudem das Lied »Aramsamsam« kritisiert, das ausschließlich aus Fantasieworten besteht, die in Kindergärten

309 Kilomba: Plantation Memories, S. 77.
310 Vgl. Schmidt-Wulffen, Die »Zehn kleinen N-lein«, S. 60.

gerne mit einem gemeinsam ausgeführten Bewegungsablauf gesungen werden. Hier wurde argumentiert, das Lied verballhorne die arabische Sprache sowie die Körperbewegungen während des islamischen Gebets.

Grundsätzlich sind Liederbücher auch in Bezug auf die Abbildungen nicht ganz unproblematisch. So werden bei Weihnachtsliedern z. B. manchmal die heiligen drei Könige dargestellt, inklusive eines ›schwarzen‹ Caspar.

Implizite alltagsrassistische Unsichtbarkeit

Neben dem Korpus an Kinderbüchern, das Schwarze Kinder als Protagonist*innen und als Rezipient*innen und Schwarze Autor*innen als Literaturschaffende komplett ausblendet oder marginalisiert, existieren jene Bücher, die positiv oder ›neutral‹ gemeinte, aber dennoch problematische Darstellungen Schwarzer Figuren und PoC enthalten. Maisha Maureen Auma beurteilte die Situation auf dem deutschen Kinderbuchmarkt im Interview mit der Heinrich-Böll-Stiftung 2014 daher insgesamt als problematisch. Es sähe zwar so aus, als ob Menschen, die als ›Andere‹ konstruiert werden, mehr in der Literatur gespiegelt würden, so Auma, aber die Art und Weise wie dies geschehe, sei wenig dominanzkritisch.

Während die explizite alltagsrassistische Unsichtbarkeit Schwarze Figuren in Kinderbüchern im wörtlichen Sinne unsichtbar werden lässt, definieren wir als implizite alltagsrassistische Unsichtbarkeit hingegen das Phänomen, dass über BIPoC-Figuren mit dem *weißen* Blick (white gaze) berichtet wird. Unsichtbar wird hier nicht die als rassifiziert markierte Figur an sich, sondern die spezifische Schwarze bzw. People-of-Color-Erfahrung. Die Autorin Chantal-Fleur Sandjon führt dies auf den Mangel an Authentizität zurück: So könne das Imaginieren Schwarzer und People-of-Color-Erfahrungen durch *weiße* Buchschaffende immer nur eine Annäherung basierend auf dem eigenen Wissen, der eigenen Sozialisation, den eigenen Werten und Normen, Vorurteilen und Bewertungen sein.[311] Denn man kann keine Lebenswirklichkeiten für Menschen schaffen, deren

311 Vgl. Sandjon, Chantal-Fleur: Schwarze Kinder, weiße Perspektiven. Wie divers ist die Kinderbuchbranche? Bei: Heinrich Böll Stiftung Heimatkunde, Mirgationspolitisches Portal, 08.10.2020. Verfügbar unter Schwarze Kinder, weiße Perspektiven. Wie divers ist die Kinderbuchbranche? | heimatkunde | Migrationspolitisches Portal der Heinrich-Böll-Stiftung (boell.de), Zugriff am 09.02.2022.

Lebenswirklichkeiten man nicht teilt.[312] Diversität setzt somit immer Multiperspektivität[313] voraus und kann nicht von einer genuin *weißen* Autor*innenschaft hergestellt werden, so gut diese es auch meint. Indem also *weiße* Autor*innen über Schwarze oder People-of Color-Figuren schreiben, wird deren Erleben immer *weiß*gewaschen (whitewashing).

Das *weiße* Bild vom schwarzen Kontinent: *Wir sind nachher wieder da, wir müssen kurz nach Afrika*

Die Geschichte *Wir sind nachher wieder da, wir müssen kurz nach Afrika* (2013) des Bestseller-Autors Oliver Scherz[314] verlagert Schwarze Menschen auf eine Metaebene. Immer wieder gibt es Anspielungen und assoziative Szenen, die auf die *weiße* Vorstellung des Konzepts Schwarzer Menschen im kollektiven Gedächtnis verweisen. Das Buch ruft dabei einige typische rassistische Klischees über Afrika und ›afrikanische‹ Menschen auf, ohne Schwarze Figuren jedoch selbst auftreten zu lassen. Obwohl die Handlung zu einem großen Teil in Afrika spielt, sind zwei *weiße* Geschwister, Joscha und Marie, die Held*innen der Geschichte. Diese helfen dem aus dem Zoo ausgebrochenen Elefanten Abuu nach ›Afrika‹ zu kommen, wo er seine riesengroße Familie zu finden hofft. Da er jedoch nicht weiß, wo Afrika ist, und zudem von der Polizei gesucht wird, da er ja ausgebrochen ist, ist er auf die Hilfe der Kinder angewiesen. Auf dem Weg nach Afrika erleben die drei einige Abenteuer und trotzen so mancher Gefahr, bis sie tatsächlich Abuus Familie finden. Am Ende der Geschichte werden die Kinder von ihren Eltern im Bett geküsst, es war also alles nur ein Traum.

Scherz' Geschichte propagiert das klassische ›exotische‹ Afrika-Bild: ein wunderschönes heißes ›Land‹ mit Wüste, Dschungel und Steppe und vielen ›exotischen‹ Tieren. Die Geschichte zeichnet sich jedoch nicht nur durch eine klischeehafte Schilderung von Afrika aus, sondern auch durch die starke Vermenschlichung der sprechenden afrikanischen Tiere (vgl. Wainaina: »Schreiben Sie so über Afrika«). Zudem propagiert Scherz als

312 Vgl. Stefan Weber bei »Nenn mich nicht ... Der Talk« rbb Kultur, 18.05.2021. Verfügbar unter Nenn mich nicht ... Der Talk – Bing video, Zugriff am 12.02.2022.

313 Vgl. Kelly: Rassismus, S. 58.

314 Dieses Buch wurde äußerst positiv in der FAZ vom 05.03.2014 besprochen von Tilmann Spreckelsen, der sich in der Kinderbuchdebatte sehr emotional gegen diskriminierungskritische Änderungen an Kinderbüchern eingesetzt hat. Die Rezension zu Oliver Scherz ist verfügbar unter Das Kinderbuch »Wir sind nachher wieder da ... « (faz.net), Zugriff am 31.03.2022.

Gegenbild des schönen ›exotischen‹ Afrikas die fantastische Vorstellung eines dunklen, bösen und gefährlichen Afrikas, das sich unter Wasser befindet. So kommt zuerst Marie, als die Kinder und der Elefant das Mittelmeer überqueren, der Gedanken, dass sich Afrika unter Wasser befinden könnte, mitsamt See-Elefanten, See-Kühen, See-Löwen und See-Leoparden. Dieses ›dunkle Afrika‹ ist in der Fantasie der Kinder komplett schwarz, dunkler als bei ihnen in der Nacht (S. 59). Fortan schauen der Elefant Abuu und Joscha auf das »wilde« Leben am Meeresgrund und beobachten kämpfende Schatten. Marie jedoch verschließt die Augen: »Das Leben am Meeresboden macht ihr Angst. Es schlägt seine wilden Wellen sogar bis hinauf zum Floß und lässt sie auf ihre Füße schwappen« (S. 60). Afrika wird somit ambivalent imaginiert: als heißer und exotischer Sehnsuchtsort auf der einen Seite und als schwarz, abgründig und gefährlich auf der anderen Seite.

Mehrdeutig ist auch die Konzeption der Geschichte von Abuus Elefantenfamilie als einer ›afrikanischen‹ Familie. Diese Geschichte, in der eine Familie auseinandergerissen wurde, als eines ihrer Mitglieder nach Europa entführt wurde und dort so lange gefangen gehalten wurde, dass ihr Nachkomme in Gefangenschaft geboren wurde, der in kolonialer Manier von seinen ›Besitzern‹ einen neuen fremden Namen (Bodo) bekommen hat, und dann, nachdem seine entführte Mutter vor Kummer gestorben ist (Suizid durch Nahrungsverweigerung)[315], ausbricht, um zurück nach Afrika zu kommen, und dabei von der Polizei gejagt wird, weist allzu bittere Parallelen zur Maafa und zur Geschichte der Schwarzen Sklaverei auf. Die Vermenschlichung von Tieren in Kindergeschichten oder Kinderliedern legt grundsätzlich den Gedanken nahe, diese Tiere als Allegorie zu verstehen. Was Scherz wahrscheinlich als »Wenn die Elefanten in den Zoos reden könnten, würden sie den Menschen Folgendes sagen:« gemeint hat, verursacht »Unbehagen« (Butler). Denn schon lange bevor *weiße* Menschen mit Tieren so verfahren sind, sind sie mit Schwarzen Menschen so verfahren, und die Ausbeutung der ›afrikanischen‹ Natur (z. B. durch den Verkauf von Elfenbein, von dem in dem Buch die Rede ist) ist auch eine späte Folge des Kolonialismus, der die globale Stellung einiger afrikanischer Länder als ›Entwicklungsländer‹ bzw. ›Drittweltländer‹ verschuldet hat. Ebendiese durch den Kolonialismus begründete Ausbeutung des afrikani-

315 Grada Kilomba weist darauf hin, dass Suizid häufig die Folge von Rassismus ist und zwar zu Zeiten der amerikanischen Sklaverei ebenso wie heute noch. Vgl. dies., Plantation Memories, S. 121–127.

schen Kontinents (mittels des Verkaufs von Elfenbein) veranlasst das *weiße* Mädchen Marie in der Geschichte dann zu der Annahme, Afrika sei ein »gemeines Land« (S. 26).

Problematisch bzw. unsensibel empfinden wir außerdem die Szene, in der Elefant und Kinder von Europa aus das Mittelmeer in Richtung Afrika auf einem Floß überqueren, in einen Sturm geraten und von einer fiesen Krake (mit »schlauen schmalen Schlitzaugen«, S. 62) angegriffen werden. Der Elefant wird von der Krake unter Wasser gezogen und von den Kindern, die an die afrikanische Küste angespült werden, für tot gehalten. Zwei *weiße* Kinder wollen also von Europa aus über das Mittelmeer nach Afrika und ertrinken fast, aber es geht glücklicherweise für alle gut aus. Unsensibel empfinden wir diese Schilderung jedoch vor dem nur allzu realen Hintergrund, dass Schwarze Flüchtende vom afrikanischen Kontinent regelmäßig im Mittelmeer auf dem Weg nach Europa ertrinken, während die europäischen Machthaber*innen darüber diskutieren, in wie weit es vertretbar ist, diesen Menschen nicht zur Hilfe zu kommen.

Alle Tiere sind also stark vermenschlicht, und es stellt sich die Frage, wo denn die ›afrikanischen‹ Menschen sind. Aber in der Heimat der *weißen* Kinder sind auch keine Menschen, könnte man einwenden, doch das stimmt nicht ganz. Zwei Menschen, die Eltern der Kinder, treten am Ende des Buches persönlich auf und es gibt zahlreiche Hinweise auf menschliches Leben: die Polizei, die den Elefanten sucht und immer wieder an der flüchtenden Gruppe »vorbeirauscht«, die Straße und die grauen Häuser, in denen vermutlich alle schon schlafen, es ist ja schließlich Nacht, die Erinnerung an diejenigen, die Abuu im Zoo das Wasser gebracht haben. Solche Hinweise auf menschliches Leben gibt es in ›Afrika‹ nicht. Afrika erscheint somit als unbewohntes, wildes ›Land‹. Anstelle von Menschen gibt es neugierige Affen, allen voran ein männlicher(!) Gorilla, der die beiden »Halbaffen« (S. 83), Joscha und Marie, schließlich stellt. Doch wenn zwei *weiße* Kinder als »Halbaffen« bezeichnet werden, was wären denn dann in der Logik der Erzählung zwei Schwarze Kinder? Ebenso wie das Lied »Die Affen rasen durch den Wald« wird hier auf das rassistische Narrativ des Schwarzen Menschen als ›Affen‹ bzw. als biologistisches Bindeglied zwischen Mensch und Affe (Völkerschau) zumindest angespielt. Der Text legt mehrfach nahe, Menschen mit Affen zu identifizieren; der Erzähler bezeichnet die Geschwister als »Halbaffen«, während der Bär sie »Stroh-Affen« nennt (S. 30), vermutlich aufgrund ihrer dunkelblonden

Haare. Ähnlich wie Pippi, Tommy und Annika auf dem Weg zur Taka-Tuka-Insel schwarz werden, so werden die Geschwister Joscha und Marie auf dem Weg nach Afrika affenähnlich. Dafür, dass die afrikanischen Tiere in der Geschichte als Allegorie für Schwarze Menschen gelesen werden können (ob dies nun von Autor so beabsichtig war oder nicht), gibt es einige Anhaltspunkte. Der Elefant Abuu, das Tier, das im Mittelpunkt der Erzählung steht, verkörpert als ein typischer Vertreter Afrikas stereotype ›afrikanische‹ Narrative, die ebenfalls auf Schwarze Menschen zutreffen: Er löst zunächst bei den Kindern Angst aus, da er aufgrund seiner Größe bedrohlich wirkt (Kriminalisierung), er ist jedoch dringend auf die Hilfe der *weißen* Kinder angewiesen (Hilflosigkeit, Passivität), er ist irgendwie naiv, kindlich und liebenswert (Infantilisierung), obwohl Elefanten ihm zufolge eigentlich sehr weise sind, er ist taff, indem er nach dem Tod seiner Mutter aus dem Zoo ausgebrochen ist (Narrativ starker Schwarzer Menschen), er hat keine Manieren, da er die Blumen aus der Vase isst und sich dem Mund mit der Tischdecke abwischt (S. 17, Naturalisierung, Unzivilisiertheit) und er hat eine riesige Familie (Sexualisierung). Stereotyp ist zudem die hohe Bedeutung der Familie für den Elefanten Abuu, die ›afrikanischen‹ Menschen ebenfalls nachgesagt wird, und die Art und Weise, wie Abuu über seine Familie erzählt:

> »Da gab es meine Tante Susu. Sie ist dafür bekannt, nicht ganz so weise zu sein und unentwegt zu reden. Hinter ihr lief mein Cousin Harun. ›Er trägt seinen Kopf höher als alle anderen. Er wird der Stolz der Steppe sein‹, hat meine Mutter gesagt« (S. 51).
>
> »Und meine Urgroßmutter hat sie alle geführt. Sie wusste von ihrer eigenen Urgroßmutter, wo man noch Wasser findet. Sie wusste, wo das Gras noch grün war. Aber das wusste nicht nur sie allein. Auch die Löwen kannten die Wege, die zum Wasser führen. [...] ›Passt auf die Löwen auf‹, hat meine Urgroßmutter immer gesagt. ›Sie sind gerissen und kennen keine Angst.‹ Und meine Urgroßmutter hatte recht« (S. 52).

Aus dem Kontext genommen, klingen diese Zitate wie die Erzählung eines ›afrikanischen‹ Kindes, das vielleicht einem Nomadenvolk angehört oder in einem kleinen Dorf lebt. Es ist die Art von Erzählung, die *weiße* europäische (deutsche) Menschen von Schwarzen ›afrikanischen‹ Menschen erwarten. Die Vorstellungen also, die *weiße* Europäer*innen von ›Afrikaner*innen‹ haben, werden hier auf die afrikanischen Tiere projiziert. Schwarze Menschen sind demnach in diesem Buch (das in Afrika spielt) sowohl explizit wie auch implizit unsichtbar, aber die *weiße* Idee davon, wie Schwarze Menschen typischerweise sind, wird dennoch mittels der afrikanischen Tiere propagiert und der Autor schreibt dabei in einer literarischen Tradition des Erzählens von ›Exotik‹. Dabei ist es nicht nur ein einzelnes Tier, das die ›afrikanischen‹ Stereotype verkörpert; die Klischees sind auf viele verschiedene Tiere verteilt. Während die Elefanten die Nomadenvolk-Großfamilien-Mentalität repräsentieren, hat das Kamel, das die Gruppe in der Wüste rettet und zum Wasser führt, sehr dicke Lippen, wie der Erzähler mehrfach betont (»Auch Joscha und Marie sehen das Kamel. Es hat dicke Lippen und lächelt zufrieden«, S. 78) Im Dschungel kommen alle Tiere neugierig und aufdringlich auf die Kinder zu und fassen sie an. Dieses Verhalten weckt die Assoziation mit ›afrikanischen‹ Straßenkindern, die Tourist*innen umringen. Der Gorilla im Dschungel wiederum erinnert an die offen rassistisch konnotierte Affenfigur »King Louie« aus dem Film *Das Dschungelbuch* (1967) von Walt Disney; er gibt den Ton an, bringt die anderen Tiere endlich zum Schweigen und erwartet von den Kindern eine Rechtfertigung ihrer Anwesenheit in seinem ›Reich‹. Er ist somit der ›König‹ des Dschungels und die Kinder müssen ihm etwas ganz Besonderes darbieten, um ihn zufriedenzustellen. Diese Aufgabe erscheint schwer angesichts der Tatsache, dass alle Tiere den Kindern in irgendeiner Form durch besondere körperliche Fähigkeiten überlegen sind. Also bietet Joscha dem Affen etwas, das kein Tier ihm bieten kann: eine Menschengeschichte. Auch King Louie erwartet etwas von Mogli, das kein Tier ihm geben kann (das Feuer). Es gibt also durchaus intertextuelle Parallelen zwischen der Konzeption der beiden Affenfiguren. Die Kinder können die Affen mit ihrer Geschichte überzeugen und werden zum Dank von ihnen aus dem Dschungel herausgetragen. Affen, die Menschen tragen, die soeben ihren Intellekt als Alleinstellungsmerkmal bewiesen haben, erinnern wiederum unangenehm an Szenen aus *Tim im Kongo*, in denen Tim von den Schwarzen Figuren in einer Sänfte getragen wird, da sie seine intellektuelle Überlegenheit anerkennen. Die Dichotomie von Körper und Geist, die Schwarzen Menschen die körperliche Überlegenheit zuschreibt und *weißen* Menschen die geistig-mentale Überlegenheit, ist ein klassisches rassistisches (biologistisches) Stereotyp. Zu guter Letzt treffen die Kinder und Abuu auf den »König von Afrika«, den Löwen Jawaad. Dieser brüllt die ganze Zeit, ist latent bedrohlich und erwartet, dass sich alle vor ihm verbeugen. Anschließend will er als Gegenleistung dafür, dass er Abuu den Weg zu den Elefanten zeigt, die beiden Kinder fressen und sammelt sein Löwenrudel um sich. Als er schließlich merkt, dass er gegen den Elefanten nicht ankommt, versucht er, sein Gesicht zu wahren. Der Löwe repräsentiert somit den gierigen, qua Gewalt regierenden, nicht ganz so klugen und eitlen Despoten/Diktator, dem man schmeicheln und den man fürchten muss. Jede dieser Schilderungen für sich genommen erscheint zwar harmlos, aber in ihrer Gesamtheit häufen sich die anti-Schwarzen und ›afrikanischen‹ Klischees. Die *weißen* Geschwister wiederum verkörpern sexistische Klischees; der Junge ist mutig, gibt Anweisungen und kann sich in der Welt zurechtfinden, das Mädchen ist ängstlich und packt den Proviant.

Dass am Ende alles nur ein Traum war, verstärkt die Exotisierung des afrikanischen Kontinents und rückt ›Afrika‹ als Konzept in die Nähe eines Phantasmas, eines Wunderlands oder Traumbildes, eine Vorstellung, die durch die Fata Morganas und das dunkle ›Untersee-Afrika‹ verstärkt wird. Ein ähnliches Afrika-Bild propagiert auch der Comic *Tim im Kongo*; hier wie dort ist Afrika mystisch, trügerisch und fremdartig, voll der Überraschungen und Sinnestäuschungen, potenziell gefährlich, aber für *weiße* Menschen aufregend zu entdecken und erforschen. Die Wüsten-Szene mit den Fata Morganas wiederum stellt einen direkten intertextuellen Bezug zu einer Szene in *Jim Knopf* her, in der Jim und Lukas ebenfalls durstig durch die Wüste reisen und sich dabei ebenfalls im Kreis bewegen. Auch der eher unübliche Begriff »Kindeskinder«, den Abuu im Bericht über seine Familie verwendet (»Nach ihr kamen die Tanten meiner Tante und die Tanten der Tanten, und die Kindeskinder der Tanten«, S. 52), ist eine intertextuelle Referenz auf Endes *Jim Knopf*, und zwar auf die immer kleiner werdenden mandalanischen »Kindeskinder«. Die zahlreichen intertextuellen Bezüge und Anspielungen in Oliver Scherz' Kindergeschichte belegen zum einen, wie stark die Tradition des rassistisch-stereotypen Erzählens von ›Exotik‹ bis heute präsent ist. Gleichzeitig wird deutlich, dass die rassistischen Motive und Narrative, die Scherz aufruft, auf die älteren Kinderbücher (und -filme) zurückgeführt werden können, was wiederum verdeutlicht, dass diese weiterhin tradiert werden, eben weil sie fester Bestandteil des kollektiven Textgedächtnisses sind.

Zuletzt stellt sich noch die Frage nach der Bedeutung, also nach dem tieferen Sinn der Erzählung. Auf den ersten Blick erscheint die Handlung als eine rührselige Geschichte, in der liebe und tapfere *weiße* Kinder (ein Mädchen und ein Junge zur besseren Identifikation für die Rezipient*innen) dem armen Elefanten helfen. Die Aussage, dass Menschen, die Afrika bzw. seinen tierischen Bewohner*innen schaden, böse sind, und Afrika vielmehr geholfen werden muss, ist demnach eine der Funktionen des Textes. Dies bildet jedoch nur die innere Handlung ab, denn der Handlungsrahmen ist ja die Situation zweier Kinder, die alleine zu Hause sind, zunächst nicht einschlafen können und dann träumen, bis die Eltern schließlich wieder da sind. In diesem Kontext reduziert sich ›Afrika‹ auf einen spannenden Traum, also eine Unterhaltungsmöglichkeit für die Protagonist*innen und die Rezipient*innen gleichermaßen. Dies entspricht dem white gaze im Sinne von Toni Morrison: Afrika und Schwarze Menschen haben nur dann eine Bedeutung und finden Erwähnung, wenn sie *weißen* Menschen einen Mehrwert bringen. Dies tut auf Handlungsebene auch der Elefant Abuu: Zwar ist vordergründig er es, dem die Kinder helfen; bei genauerem Hinsehen bringt er allerdings den *weißen* Kindern einen Benefit, indem sie auf ihm reiten dürfen und er ihren Eintritt in eine ›exotische‹ fremde Welt legitimiert. Da alles am Ende nur ein Traum war, bleibt allein der Benefit der *weißen* Kinder.

Die *weiße* Normativität in der Fremde: »Thabo«

Die Autorin Hilal Sezgin unterscheidet zwei Gefahren des nicht-authentischen Schreibens: zum einen, dass Texte, die meist einer homogen *weißen*, deutschen, bildungsnahen Autor*innenschaft entstammen, als objektiv rezipiert werden, obwohl der/die Verfasser*in keine Betroffenenperspektive besitzt. Die zweite Gefahr sieht Sezgin darin, dass Vertreter*innen ebendieser Gruppe Betroffene und deren Lebenswirklichkeiten kennen und diese zum einen generalisieren und zum anderen diese Beziehung zu Betroffenen zur moralischen Legitimation der eigenen Berichterstattung instrumentalisieren. In diesem Fall werden die Subalternen urplötzlich zu Autoritäten, da dies das eigene Handeln erklärt und rechtfertigt.[316] Ähnlich funktioniert Hengameh Yaghoobifarah zufolge die moralische Selbstlegitimierung, aufgrund der eigenen antirassistischen Auseinandersetzung Schwarze Kulturgüter konsumieren zu können: »Ich setze mich

316 Sezgin, Hilal: Verzeihen statt Pingpong spielen. Betroffene zu Wort kommen zu lassen, ist richtig, birgt aber Gefahren. Es verallgemeinert ihre Positionen und zieht künstliche Grenzen, S. 37. In: Berendsen, Eva/Cheema, Saba-Nur/Mendel, Meron (Hg.): Trigger Warnung. Identitätspolitik zwischen Abwehr, Abschottung und Allianzen, S. 37–39.

mit meiner eigenen anti-Blackness auseinander, aber dafür kann ich ja dann auch Beyoncé hören. Ich kann mich mit Schwarzer Kultur schmücken, weil ich mich ja damit auseinandersetze.«[317]

Unter Berücksichtigung der Aspekte der kulturellen Aneignung (Blackfishing), des whitewashing und des white gaze wollen wir uns nun die relativ neue Romanreihe *Thabo* von Kirsten Boie anschauen. Kirsten Boie ist eine der beliebtesten und erfolgreichsten Kinderbuchautor*innen Deutschlands und ihre Texte gelten bereits als ›moderne Klassiker‹. Sie hat nicht nur viele Preise für ihre Bücher bekommen; seit Kurzem gibt es auch einen Kirsten-Boie-Preis für Kinderliteratur, der 2022 zum zweiten Mal verliehen wird. Ihre Romanreihe *Thabo* ist 2016 gestartet und spielt in Swasiland, das Kirsten Boie durch viele Reisen und durch ihre Unterstützung eines Hilfsprojekts für Aids-Waisen sehr gut kennt.

> »In diesem Fall habe ich am Anfang immer gedacht, es steht mir nicht zu, darüber zu schreiben, weil es zu einer Form von geistigem Kolonialismus führt. Wenn wir Bücher über Afrika wollen, dann sollen das die Autoren [sic!] aus Afrika schreiben, und unsere Verlage sollen diese Lizenzen kaufen. Aber es gibt sie nicht in der Landessprache. Ich weiß nun auch, dass es nicht nur in Swasiland an Kinderbüchern mangelt, sondern in den meisten afrikanischen Ländern. Aus diesen Erfahrungen heraus habe ich es dann gewagt, über Afrika zu schreiben«,

äußerte sich Kirsten Boie Anfang 2016 im Interview mit der *Süddeutschen Zeitung*. Ihre Intention sei dabei vor allem gewesen, dem einseitig negativen Afrika-Bild etwas entgegenzusetzen: »Durch die vielen Erlebnisse, die ich hatte, wollte ich einfach ein lustiges Kinderbuch schreiben, denn eigentlich gibt es über Afrika nur Problembücher«, so Boie.[318] Die Autorin hat eines dieser »Problembücher« selbst verfasst: *Es gibt Dinge, die kann man nicht erzählen* von Kisten Boie schildert das Leid der Aidswaisen in Swasiland.

---

317 Interview von Eva Berendsen und Saba-Nur Cheema mit Hengameh Yaghoobifarah: »Wir machen Identitätspolitik aus Notwehr«, S. 201. In: Berendsen, Eva/Cheema, Saba-Nur/Mendel, Meron (Hgg.): Trigger Warnung. Identitätspolitik zwischen Abwehr, Abschottung und Allianzen, S. 191–205.

318 Vgl. Kirsten Boie im Interview mit Roswitha Budeus-Budde: Ein Nashaorn als Ansporn. Bei: *Süddeutsche Zeitung*, 02.03.2016. Verfügbar unter Bücher für junge Leser – Ein Nashorn als Ansporn – Kultur – SZ.de (sueddeutsche.de), Zugriff am 01.03.2022.

›Afrika‹ für Kinder nun positiv und lustig darzustellen, ist natürlich erstmal ein ehrenhaftes Anliegen. Gibt es doch schon viel zu viel negative und einseitige Berichterstattung über diesen großen und vielfältigen Kontinent. Zudem spricht Kirsten Boie in *Thabo* auch explizit das Thema Rassismus an, schamfrei und ganz selbstverständlich, indem sie ihre Protagonist*innen vor Rassismus warnen lässt (S. 92, 94, 122). Wie wichtig dieser offene Umgang mit Rassismus ist, kann gar nicht genug betont werden.

Allerdings ist das Erzählen in *Thabo* in doppelter Form dem white gaze ausgesetzt: eine *weiße* Autorin berichtet mittels eines Schwarzen Kindes an ein (*weißes*) europäisches/deutsches Publikum. Das Erzählen in *Thabo* zeichnet sich literarisch durch den Kniff aus, dass der Ich-Erzähler (Thabo) sich an ein imaginäres Publikum wendet, das er stets mit »meine Damen und Herren« adressiert, und dem er das Leben im »Lion Park« erklärt. Somit ist klar, dass die Rezipient*innen nicht einheimisch sind, sondern eher im Milieu jener Tourist*innen zu verorten sind, die den »Lion Park« besuchen und mit denen Thabo viel Erfahrung hat. Da Kirsten Boie eine deutsche Schriftstellerin ist, deren Bücher in erster Linie von deutschen Kindern gelesen werden, kann davon ausgegangen werden, dass das Zielpublikum für *Thabo* in erster Linie auch deutsche Kinder sind. Die Umsetzung ihres Anliegens, für diese ein »lustiges Buch« statt eines »Problembuchs« zu schreiben, wollen wir im Folgenden untersuchen.

Da Boie ja bereits mit *Es gibt Dinge, die kann man nicht erzählen* auf die humanitäre Situation in Swasiland aufmerksam gemacht hat, grenzt sie *Thabo* nun bewusst davon ab. Literaturwissenschaftlich gesehen steht ein Text jedoch für sich und gilt unabhängig von Autor*in und Entstehungskontext. Auch in der Praxis ist davon auszugehen, dass *Thabo* gekauft, verschenkt, ausgeliehen und gelesen wird, ohne dass der Entstehungskontext und die Absicht der Autorin bekannt sind und berücksichtigt werden.

»Thabo von Kirsten Boie ist ein unterhaltsamer Kinderkrimi vor exotischer Kulisse«, wirbt Amazon.[319] Und tatsächlich ist die fiktionale Welt in *Thabo* sehr positiv dargestellt: Es existiert zwar Gefahr in Form von Tieren, Unwettern und Krankheit; so wird das potenzielle Risiko einer Malaria-Infektion angesprochen (S. 54). Das weit größere Risiko einer HIV-Infektion wird im Text jedoch nicht thematisiert, obwohl es direkte Konsequenzen

319 Thabo. Detektiv & Gentleman 1. Der Nashorn-Fall (Thabo. Detektiv und Gentleman): Boie, Kirsten, Bohn, Maja: Amazon.de: Bücher, Zugriff am 24.02.2022.

für die literarischen Figuren hat, die ohne Eltern aufwachsen. Swasiland besitzt gerade aufgrund der hohen HIV-Raten eine Sonderstellung unter den afrikanischen Ländern. Kirsten Boie hat selbst über das Leid der Kinder berichtet, blendet es in *Thabo* jedoch systematisch aus. Sie schildert also die Konsequenzen, ohne die Ursache zu nennen und ohne die negativen Begleiterscheinungen (Trauer, Leid, existenzielle Schwierigkeiten) zu schildern. Die Thematik des Waisendarseins aufgrund von HIV wird somit einem whitewashing unterzogen; der Roman ist an europäische Kinder gerichtet und soll diese unterhalten. Im Interview auf die Waisenthematik angesprochen, antwortete Boie: »Sie [Thabo und seine Freunde] interpretieren das zumindest für sich positiv, wenn Thabu [sic!] zum Beispiel sagt: ›Die arme Emma, die hat es immer mit ihrer Mutter zu tun. Und wir können einfach machen, was wir wollen.‹ Das ist natürlich eine sehr verkürzte Sichtweise, und die entspricht bestimmt nicht einem Dauergefühl.« Diese Sichtweise sei jedoch nötig gewesen, so Boie, um die »Identifikationsmöglichkeit für meine Leser [sic!]« größer zu machen. Kirsten Boie geht nicht soweit, die Eltern in der fiktionalen Welt des Romans am Leben zu lassen, aber sie geht soweit, die Trauer der Kinder unsichtbar zu machen. Einzig die Trauer des Nashornbabys wird herzergreifend geschildert: »Unter der Schirmakazie stand das Nashornkalb noch immer reglos neben seiner Mutter und hat geweint. […] Emma hat sich neben das Baby gekniet. Es ist nicht weggelaufen. Es hat immer nur geweint und geweint. [Emma] wollte nicht, dass ich es mitkriege, meine Damen und Herren, aber sie hat geschluchzt« (S. 45 ff.). Dieses literarische Verfahren,[320] das Leid der Schwarzen Kinder auszublenden, sie als starke Charaktere dazustellen, die trotz ihres Schicksals mutig, fröhlich und dankbar sind, spielt auf zwei rassistische Topoi an: zum einen auf den Mythos, dass Schwarze bzw. indigene Menschen Schmerzen, Trauer und Leid nicht im selben Maß empfinden, wie *weiße* Menschen es tun,[321] und zum anderen auf das Stereotyp des ›edlen Wilden‹. Wir erinnern uns: Dieses Motiv wurde zuerst von Rousseau kreiert und dann von Karl May verbreitet und beschreibt einen von der schädlichen Kultur unverdorbenen, reinen Natur-Menschen. Folgende

320 Auf ebendiesem literarischen Verfahren, *weißes* Mitleid für afrikanische Tiere zu erzeugen und Schwarze Menschen gleichzeitig auszublenden, basiert auch die Geschichte *Wir sind nachher wieder da, wir müssen kurz nach Afrika* von Oliver Scherz.

321 Dieser Rassismus findet sich z. B. auch in der sprichwörtlichen Annahme, I* würden keinen Schmerz kennen.

Textstellen vereinen beide Topoi miteinander: »Für Touristen ist ihre Zeit bei uns die schönste Zeit des Jahres, hat Miss Agatha mir erklärt, für die sie viel Geld bezahlen. Aber ich kann immerzu hier leben, immerzu, und ohne zu zahlen. Ich weiß, ich habe es gut« (S. 187). Diese Stelle ist problematisch, denn sie idealisiert das Leben im ›Lion Park‹ und unterschlägt, dass sich die Tourist*innen im Gegensatz zu Thabo und seinen Freunden satt essen können und komfortabel untergebracht sind. Armut, Hunger und Krankheit sind Bestandteile von Thabos Leben; sie werden von der Autorin zwar erwähnt, aber nicht problematisiert. Da Thabo zudem immer wieder darauf hinweist, dass für die Tourist*innen andere Regeln gelten und man sie besonders behandeln muss, ist nicht davon auszugehen, dass die Tourist*innen mit Thabo tauschen wollen würden. Plakativ formuliert: Das alltägliche Leben im ›Lion Park‹ mag für Thabo gut genug sein, für die Tourist*innen wäre es das jedoch nicht. Dies wiederum impliziert, dass Thabo einfach mehr gewöhnt ist; resilienter ist, mehr aushält und erträgt, als die Tourist*innen es könnten. Noch prägnanter wird das Motiv des ›edlen Wilden‹ anhand dieser Textstellen erkennbar:

> »Eigentlich sollte man doch erwarten, dass die Menschen in England rund um die Uhr nichts anderes tun als lachen. Sie sind so reich, und sie haben Autos und Fernseher und drei Paar Schuhe und Computer und Medizin und immer genug zu essen. Aber man merkt es ja schon an den Touristen. Sie ärgern sich so leicht über Kleinigkeiten. Und sie lachen und freuen sich selten« (S. 51 f.).
>
> »Wir brauchen viele Schuppen, meine Damen und Herren, wir bewahren immer alles auf bei uns. [...] Man weiß nie, wann man die Dinge noch einmal brauchen kann« (S. 198).

Naturverbundenheit, Sparsamkeit, Dankbarkeit und Duldsamkeit werden hier Konsum, Reichtum und Unzufriedenheit gegenübergestellt, wobei klar ist, dass Geld nicht glücklich macht und Thabo an einem Ort lebt, wo andere Urlaub machen. Thabo als Opfer von Armut, Elternlosigkeit durch HIV, Nahrungsmittelknappheit und Jahrhunderten der Ausbeutung, Kolonisation und Apartheit ist dem Narrativ der Erzählung folgend der eigentliche Gewinner, da er ein von der europäischen Kultur unverdorbener ›Afrikaner‹ ist. Ganz abgesehen davon, dass die hier angedichteten Eigenschaften – Stärke, Duldsamkeit und Bescheidenheit – darauf ausgerichtet sind, *weiße* Kinder moralisch zu erziehen (white gaze), erschafft auch die positive Darstellung Schwarzer Menschen als Vorbilder eine Differenz zwischen den Hautfarben und verknüpft zudem die Hautfarbe und die Herkunft mit bestimmten charakterlichen Merkmalen.

Kolonialismus und Apartheit werden ebenso wie Sexismus immer wieder angesprochen, ohne jedoch hinterfragt zu werden: »Der Kittel eines Zimmermädchens macht aus einer englischen Dame doch noch lange kein Zimmermädchen! Ein Zimmermädchen ist schwarz und war Miss Agatha schwarz? [...] Wer glaubt denn, dass weiße Frauen Cabins putzen?« (S. 148). Die Autorin geht selbstverständlich davon aus, dass die kindlichen Rezipient*innen es besser wissen als Thabo. Gerade dadurch besteht aber die Gefahr, dass Lesende sich aufgrund ihres Wissensvorsprungs überlegen fühlen und über Thabos ›afrikanische Rückständigkeit‹ den Kopf schütteln könnten. Zudem stellt die Autorin es in dieser Szene so hin, als ginge die Rassentrennung (denn darum handelt es sich hier) von den Schwarzen Figuren aus und nicht von den *weißen*: Die *weiße* Miss Agatha hat kein Problem damit, einer niederen Beschäftigung nachzugehen, die traditionell von Schwarzen Menschen ausgeübt wird; Thabo jedoch schon. Es sind somit die Schwarzen Figuren, die an den Schwarz-*weißen*-Hierarchien festhalten wollen. Überhaupt wird mehrfach erzählt, wie gerne, hingebungsvoll und talentiert Schwarze Figuren putzen (z. B. S. 143). Dies impliziert, dass die Schwarzen Figuren mit ihrem Platz in der Welt vollkommen zufrieden sind und die hierarchischen Machtverhältnisse nicht nur anerkennen, sondern auch absegnen. Denn es sind die *weißen* Menschen, die finanziellen Ressourcen und die technische Ausstattung im ›Lion Park‹ besitzen. England gilt als Referenzpunkt für Filme sowie für Schulen. Afrikanische Filme, die Thabo schauen kann, gibt es anscheinend nicht. Zu dieser Selbstverständlichkeit der white supremacy gehört beispielsweise, dass die Tourist*innen denken, sie könnten nach Thabo pfeifen (S. 5 f.), dass es einen Schuhputz*boy* gibt, einen Pool*boy* und einen *Boy*, der fegt, und dass die kleine Lemonade gemeinsam mit den kleinen Primaten auf der Frühstücksterrasse herumklettert und mit ihnen um Essen bettelt: »Lemonade war mindesten so vorwitzig wie die Meerkatzen« (S. 100). Lemonades Betteln wird von den Figuren wiederholt (als schlechtes Benehmen) problematisiert, ihr Hunger jedoch nicht. Dieser ist ebenso selbstverständlich wie die Elternlosigkeit: »Viele Kinder sind ganz alleine [...] darüber jammert man nicht« (S. 78). Genauso selbstverständlich ist das Maß an Einsicht gegenüber den Gästen: »Die Gäste reisen schließlich durch unser Land, um Löwen zu sehen und sich zu erholen. Sie wollen nicht an traurige Dinge wie hungrige Kinder erinnert werden, man kann sie verstehen« (S. 102). Natürlich geht es der Autorin an dieser Stelle darum, der *weißen* europäischen Konsumgesellschaft den Spiegel vorzuhalten; doch ganz abgesehen dafür, dass sie Schwarze Figuren zu erzieherischen Zwecken für *weiße* Menschen instrumentalisiert, etabliert sie zugleich das Narrativ stoischer afrikanischer Kinder, die nicht nur in der Lage sind, dies alles zu ertragen, sondern sogar noch mit Verständnis auf *weiße* Befindlichkeiten reagieren. Thabo und seine Freunde werden dabei zu Vorbildern stilisiert, die in gewisser Weise demütig sind, tapfer, anspruchslos. Dabei werden diese Figuren in zweierlei Weise instrumentalisiert: Einmal zu erzieherischen Zwecken für *weiße* Kinder (die nicht so anspruchsvoll und undankbar sein sollen) und einmal als Prototypen der starken Schwarzen Kinder, auf deren Befindlichkeiten man nicht so viel Rücksicht zu nehmen braucht, da sie ja besonders stark und taff sind. Thabo und seine Freunde sind somit Beispiele für das unter anderem von Thomas Jefferson proklamierte Narrativ, dass Schwarze Menschen insgesamt resilienter seien als *Weiße*; dass sie weniger Schlaf bräuchten, nur vorübergehend trauern würden und weniger schmerzempfindlich seien.[322] Dieses Narrativ zielt letztendlich darauf ab, Schwarze Menschen der Körperlichkeit und Natur zuzuordnen und *weiße* Menschen analog dem Verstand und der Kultur. Dieses Narrativ hat leider bis heute Gültigkeit. Alice Hasters weist in diesem Kontext z. B. auf eine Studie der University of Virginia hin, die bestätigt, dass Medizinstudierende die Schmerzempfindlichkeit Schwarzer Menschen geringer einschätzten als die *weißer* Menschen.[323] Der Afrozensus 2020 wiederum lässt auf ähnliche Verhältnisse in Deutschland schließen, indem er zeigt, dass die anti-Schwarze Benachteiligung im Gesundheitswesen am stärksten ist, noch vor dem Wohnungsmarkt. 2021 erregte der Fall der Grünen Frankfurter Stadtverordneten Mirrianna Mahn mediale Aufmerksamkeit. Mahn waren während ihres Krankenhausaufenthalts nicht nur die Schmerzmittel verweigert worden, um die sie gebeten hatte, sie wurde zudem von einem Mediziner (der beim Sprechen ein gebrochenes Deutsch imitiert hat) darauf hingewiesen, dass sie als »Afrikanerin« und ihre »Landsleute« bekanntermaßen »mehr

322 Vgl. Hasters: Was weiße Menschen ..., S. 138. Dieses Narrativ bestätigt auch Fatma Aydemir; Ders.: Arbeit, S. 28. In: Sasha Marianna Salzmann (Hgg.): Eure Heimat ist unser Albtraum, S. 25–34.

323 Vgl. ebd.

aushalten [können] als andere«[324]. Ein aktueller Fall aus Niedersachen ist die siebenjährige Valérie Iyobor, die am 21. März 2022 infolge einer unbehandelten Blinddarmentzündung verstarb, weil die Ärzt*innen ihre Schmerzen nicht ernst nahmen und dem Mädchen lediglich zum Verzehr von Bananen (!) rieten. Die Aktivistin Sista Oloruntoyin unterstrich in diesem Kontext, dass das Verhalten der Ärzt*innen nicht darauf zurückzuführen sei, dass diese rassistisch seien, sondern vielmehr darauf, dass die *weißen* Ärzt*innen ihr Leben lang von rassistischen Strukturen geprägt worden seien.[325] Schwarze Kinder in Kinderbüchern als besonders stark und widerstandsfähig darzustellen, ist somit gefährlich, da dies ein gängiges Narrativ bestätigt, welches zur strukturellen Benachteiligung Schwarzer Menschen im Gesundheitswesen führt. Auch Alice Hasters weist darauf hin, dass Schwarzen Menschen bereits in die Wiege gelegt wird, dass sie stark sein müssen.[326] In der Untersuchung *Plantation Memories* von Grada Kilmoba äußert sich die Interviewpartnerin Kathleen folgendermaßen zur medialen Repräsentation Schwarzer (emotionaler) Stärke: »I don't want to be super-human anymore than I want to be sub-human. [...] when I am weak, I would like to have the freedom of being weak.«[327] (Ich möchte kein Über-Mensch sein, genauso wenig wie ich ein Unter-Mensch sein will. [...] wenn ich schwach bin, dann möchte ich auch die Freiheit besitzen, schwach sein zu können.) Gerade diese stereotype Idealisierung Schwarzer Stärke birgt die Gefahr der Objektivierung, die dazu führt, dass subjektive Schwächen übersehen oder nicht ernst genommen werden.

Die Zufriedenheit und die Bescheidenheit der Schwarzen Kinder in *Thabo* wiederum spielen auf den modernen white saviorism an (von Amjahid als »Retterkomplex« bezeichnet). Alice Hasters schreibt dazu: »Afrika ist unsere Erinnerung daran, dass wir froh, dankbar und bescheiden sein sollten, weil es eben dort Menschen gibt, die viel ärmer sind als wir. Wir sind alle mit diesen Bildern aufgewachsen.«[328]

---

324 Vgl. Lother, Sophia: Rassismus im Krankenhaus: Frankfurter Politikerin erhebt drastische Vorwürfe. Bei: *Frankfurter Rundschau*, 15.12.2022. Verfügbar unter Rassismus im Krankenhaus: Frankfurter Politikerin erhebt drastische Vorwürfe, Zugriff am 11.04.2022.

325 Vgl. Dauber, Gregory: Starb Valérie, weil eine Ärztin sie nicht ernst nahm? Bei: *T-online*, 05.04.2022. Verfügbar unter Valérie (†7) aus Uelzen stirbt nach Arztbesuch: Handelte ihre Ärztin fahrlässig? (t-online.de), Zugriff am 11.04.2022.

326 Vgl. Hasters: Was weiße Menschen ..., S. 139.

327 Kilomba: Plantation Memories, S. 152.

328 Hasters: Was weiße Menschen ..., S. 166.

Vor Rassismus hingegen warnt ausgerechnet die alte Miss Agatha, selbst ein Relikt aus der Kolonialzeit, die nicht sehr erbaut ist, wenn der schmutzige Thabo auf ihrem guten englischen Seiden-Chintz-Sofa sitzt:

> »Man soll niemanden nur wegen seiner Herkunft, seiner Hautfarbe oder seiner Religion verdächtigen, Emma! [...] Pass auf, dass du keine kleine Rassistin wirst!« (S. 92).
>
> »Japaner sehen verdammt anders aus als Chinesen! Nicht alle Asiaten sehen gleich aus, das solltet ihr doch wissen! Ich wüsste wirklich gerne, wie du es fändest, Thabo, wenn irgendwer behaupten würde, alle Afrikaner sehen gleich aus« (S. 94).

Die Botschaft der alten Miss Agatha (vielleicht ein Alter Ego der Autorin?) ist hier also, dass Menschen als Individuen zu betrachten sind und gleich behandelt werden müssen. Sie hat natürlich Recht, die Kinder dürfen Mr. Wu (der eigentlich Amerikaner und gleichzeitig ›der Gute‹ in dieser Geschichte ist) nicht aufgrund seines chinesischen Aussehens als Nashornmörder vorverurteilen (dies wäre die biologistische Erklärung). Japaner*innen optisch von Chines*innen zu unterscheiden und die einzelnen afrikanischen Menschen (aufgrund ihrer Herkunft?) voneinander, ist wieder gefährlich nahe an ›Rasse‹-Konzepten. Wenn Japaner*innen anders aussehen als Chines*innen, wie sehen denn dann (›echte‹) Deutsche aus? Blond und blauäugig oder *weiß* oder Schwarz oder japanisch? Über das Aussehen von Menschen aufgrund ihrer Nationalität zu philosophieren, ist grundsätzlich problematisch. Doch davon abgesehen bedeutet Rassismus nicht ausschließlich, jemanden aufgrund seines rassifiziert gelesenen Aussehens individuell zu diskriminieren; Rassismus ist vor allem ein strukturelles Problem und das eigentliche Rassismusproblem dieses Romans liegt auf einer anderen Ebene. Denn hier hätte nun auch die Möglichkeit bestanden, darauf einzugehen, wie die Macht im ›Lion Park‹ verteilt ist: Wer Strom, technische Ressourcen und Essen hat und wer nicht? Wer welche Schule besucht? Wer die Zimmer und die Schuhe putzt? Warum sich Miss Agatha als alte englische Dame überhaupt in Swasiland aufhält und ›Respekt verdient‹? Doch anti-Schwarzer Rassismus im Zuge der Kolonisation und der im Nachbarland lange praktizierten Apartheit wird nicht thematisiert, sondern als selbstverständlich hingenommen, da er Teil der ›exotischen‹ Kulisse ist. Würden Ressourcen und Macht gerechter verteilt sein, so ginge Thabo vermutlich mit Emma auf dieselbe Schule und würde in einer Wohnung mit Strom wohnen. Der Roman würde dann allerdings an Faszination für das *weiße* deutsche Zielpublikum einbüßen. Durch das Thematisieren des anti-Schwarzen Rassismus hingegen würde er wieder zu genau dem ›Problembuch‹ werden, das Kirsten Boie ja nun gerade nicht schreiben wollte. *Thabo* gelingt also nur durch genau jene Kombination, mit der wir kulturelle Aneignung definieren: die Übernahme der positiven Elemente einer Kultur und die Ausblendung der negativen Seiten, bei einer gleichzeitigen elementaren Umdeutung. Denn damit das Buch kein »Problembuch« ist, sondern eine »lustige« Geschichte, wird nicht nur das Leid, das aus den negativen Aspekten des Lebens in Swasiland resultiert, komplett getilgt, sondern die Resultate dieses Leids positiv umgedeutet (Rassismus gegen Schwarze wird nicht thematisiert, HIV lässt die Beaufsichtigung der verwaisten kleinen Geschwister zur lästigen Aufgabe werden, Hunger ist peinlich bzw. witzig, Armut macht glücklicher als der Reichtum der Europäer*innen). Die positiven Elemente wiederum, die zur Konstruktion jener von Amazon gepriesenen »exotischen Kulisse« beitragen, werden überbetont, übersichtbar gemacht in Form ›typisch afrikanischer‹ Klischees. Diese Klischees reproduzierten erneut die rassistischen Mechanismen und die damit verbundenen binären Oppositionen: Thabo ist ›unkultiviert‹; er spricht mit vollem Mund (S. 85, 87), er trägt keine Schuhe, wohnt mit Onkel Vusi in einer Hütte und schläft auf einer Matte (Naturalisierung; zivilisiert vs. unzivilisiert), es gibt eine traditionelle Heilerin (S. 89), die besser ist als alle europäischen Ärzt*innen, die Gäste der ›Lions Lodge‹ wollen ihre Autos in Sicherheit wissen (S. 116), Mr. Winterbottom zweifelt daran, dass Swasiland ein Rechtsstaat ist (Kriminalisierung), der ermittelnde Inspector ist fett, trinkt gerne und ist ständig bei Familienfeiern. Die Klischees betreffen zudem die Religion: Thabo ist christlich und zitiert immer wieder den Reverend, dessen Gottesdienste er besucht und dessen Ratschläge er sich zu Herzen nimmt. Aber wenn der Regen in ›Afrika‹ ausbleibt greifen die Menschen auf ihren nebenbei praktizierten Ahnenkult zurück: »Wir entzünden Feuer, deren Rauch die Wolken anlocken soll, wir singen und tanzen und fasten, und knien nieder und beten, wie Reverend Hlope es will« (S. 60, Exotisierung; Christentum vs. Heidentum). Des Weiteren wird ein latenter Schwarzer Sexismus propagiert: Thabos Onkel hat ihn aufgenommen, obwohl eigentlich von einem Mann niemand verlangen kann, dass er ein Kind großzieht (»ein Mann ist keine Frau«, S. 63) und Rinder werden als Brautpreis benötigt

(S. 227, Sexualisierung). Die Bedeutung der Familie und die Größe der Verwandtschaft werden ironisch überbetont (»Was ist ein Mensch [...] ohne Tanten und Großonkel und Cousins vierten Grades?«, S. 145). Die *weiße* Angst vor Schmutz ist mehrfach Thema: Miss Agatha möchte nicht, dass Thabo und sein Freund ihr Sofa schmutzig machen und Thabos Onkel weist ihn an, den Jeep für die Safari zu waschen, da die Tourist*innen sich ihre Kleidung nicht am Wagen schmutzig machen wollen (sauber vs. schmutzig). Hunger und Nahrungsmangel dienen wiederum mitunter der Komik: Lemonades Hunger und ihre peinliche Bettelei bei Tourist*innen um Essen werden zum ›running gag‹ und in einer Szene trägt Sifiso eine von den Tourist*innen ergatterte Ananas einen ganzen Abend mit sich herum, aus Angst, seine Geschwister würden sie ihm wegessen. Dies weckt unwillkürlich die Assoziation mit dem (fiktiven) Rattenhörnchen Scrat aus dem Pixar Animationsfilm *Ice Age*, das seine Nuss permanent mit sich herumträgt (intertextueller Bezug). Auch das Thema Armut wird durch Ironie und Komik bagatellisiert und umgedeutet; es geht ständig um Schuhe (»Wir hier bei uns werfen bestimmt keine guten Schuhe weg. Manche Kinder tragen sogar nur einen Schuh«, S. 288). Afrikanische Klischees zu den Themen Armut, Hunger, Krankheit, Sexismus und Religion werden von Boie somit nicht nur aufgerufen und reproduziert, sondern mitunter als Mittel der Komik eingesetzt. Immer wieder werden rassistische binäre Oppositionen erzeugt, die allerdings teils positiv umgedeutet werden: So reproduziert die Autorin, wenn sie von dem Mangel an Infrastruktur, Thabos schlechten Tischmanieren oder Miss Agathas Sorge um ihr Sofa berichtet, immer noch die Oppositionen zivilisiert – unzivilisiert, sauber – schmutzig, kultiviert – unkultiviert, reich – arm. Zudem erschafft die Autorin aus pädagogisch-moralischen Gründen scheinbar positive Oppositionen, die allerdings nicht minder rassistisch sind, da auch sie Hautfarben mit Eigenschaften verknüpfen und auf die Belehrung *weißer* Kinder ausgerichtet sind: hier die zufriedenen afrikanischen Menschen – dort die unzufriedenen Europäer*innen. Hier die starken und bescheidenen afrikanischen Kinder und dort die kindlichen europäischen *weißen* Rezipient*innen, die sich ein Vorbild nehmen können.

Last but not least werden Tiere auf die von Wainaina sarkastisch kommentierte Art und Weise vermenschlicht: die Löwen beschützen die Kinder, das würden Menschen genauso machen, Leoparden sind scheu, Impala-Antilopen dumm, Warzenschweine sind gute Mütter und Nilpferde haben des Öfteren schlechte Laune (»Ein Nilpferd greift an, weil Sie ihm im Weg stehen oder weil ihm Ihre Jacke nicht gefällt, oder weil es sich gerade mit einem anderen Nilpferd gestritten hat, und jetzt muss es seine schlechte Laune an irgendwem auslassen.«, S. 55) und das Nashornbaby weint die ganze Zeit um seine tote Mutter.

Wie sieht es nun aus mit der Thematik der kulturellen Aneignung, von Kisten Boie als »geistiger Kolonialismus« bezeichnet? Wie bereits erwähnt, ist kulturelle Aneignung ein schwieriges Thema, da sie auch positiv als Hommage interpretiert werden kann. Zwei Punkte spielen hier unserer Ansicht nach bei *Thabo* eine besondere Rolle: die Funktion und die Absicht. Wie bereits erläutert, funktioniert *Thabo* nur aufgrund von Umdeutungen. Das Ziel ist die angenehme Unterhaltung der Rezipient*innen und um dies zu erreichen, werden negative Aspekte getilgt oder, wie die Elternlosigkeit, positiv umgedeutet. Diese Umdeutungen sind ein eindeutiger Hinweis auf kulturelle Aneignung. Hierbei werden Identitäten durch Zuschreibungen überlagert und, ähnlich wie bei Karl May, romantisiert; ansonsten würde die Geschichte nicht funktionieren. Schwieriger ist die Beurteilung der Absicht. Die Autorin hatte sicherlich sehr positive Absichten, denn sie fühlt sich Land und Leuten persönlich verbunden. Dennoch muss bei einer derart populären Autorin auch der Aspekt der Kommerzialisierung berücksichtigt werden. Kirsten Boie und ihr Verlag verdienen viel Geld durch diese Bücher, die über das Leben in Swasiland positiv berichten. Das Erzählen von Swasiland, einem Land, das die Autorin berührt und inspiriert hat, wird demnach trotz aller positiver Absichten, von einer *weißen* Person aus einer Dominanzkultur übernommen, umgedeutet und kommerzialisiert. Aus unserer Perspektive liegt daher im Fall von *Thabo* eine problematische Form der kulturellen Aneignung vor.

Der Roman vermittelt zudem trotz der Orts- und Menschenkenntnis der Autorin keine authentische Perspektive; die ›afrikanischen‹ Elemente dienen, wie die Beschreibung bei Amazon es verspricht, einer »exotische Kulisse« für einen Kinderkrimi nach europäisch-amerikanischer Tradition. Drei Kinder, die gemeinsam ein Verbrechen lösen, dabei klüger sind als die Polizei und kurzzeitig selbst in Gefahr geraten, ist genau das Erzählmuster, das auch in *Kalle Blomquist*, die *Drei???* oder *Der Watson-Club* abgerufen wird. Boie hat es sicherlich geschafft, dieses Genre in einem ›afrikanischen‹ Kontext populär zu machen und dabei positiv über den Kontinent zu erzählen: »Ich möchte, dass der Leser am Ende der Lektüre sagt: Das ist ja klasse, da würde ich ja auch gerne mal hin, das würde ich ja auch gerne mal machen, das ist auch toll«, beschreibt Boie die Zielsetzung für ihren Roman.[329]

Aber Boie erreicht ihr Ziel nur mittels eindimensionalen Erzählens, unter dem Blickwinkel des white gaze und durch kulturelle Aneignung und whitewashing auf literarischer Ebene. Bei genauem Hinsehen erzählt Boie nämlich nicht über Afrika oder Swasiland, sondern über eine fiktive Welt mit fiktiven Charakteren, die mit Elementen geschmückt werden, welche Europäer*innen als ›afrikanisch‹ imaginieren. *Weiße* Identifikationsmöglichkeiten bieten indes die Figuren Miss Agatha und Emma, die neben Thabo die wichtigsten Protagonistinnen sind. Die Geschichte folgt somit nicht mehr dem klassischen Narrativ, dass die *Weißen* dem armen hilflosen Schwarzen helfen, sondern dem, dass die guten *Weißen* den Schwarzen gegen die bösen *Weißen* helfen.

Boie schildert zudem als Anliegen: »Ich wollte, dass die Leser merken, dass es keine Rolle spielt, dass der Held schwarz ist.« Hier ließe sich einwenden, dass die kulturelle Erfahrung, Schwarz zu sein, am besten dann für eine Geschichte keine Rolle spielen sollte, wenn sie nicht mit dem Themenkomplex ›Afrika‹ verknüpft wird. Ganz im Sinne seiner Erschafferin äußert die Figur Thabo, dass man Menschen ihre Staatsbürgerschaft nicht ansehe und dass es zum Beispiel viele Amerikaner*innen gebe, die wie Afrikaner*innen aussehen, aber trotzdem Amerikaner*innen seien, nur um dann hinterherzuschieben, dass deren Vorfahren sehr wohl Afrikaner*innen gewesen seien (S. 122). Hier wären wir nun wieder bei der »märchenhaften exotischen Geschichte« (Kilomba), bei der Schwarze Menschen außerhalb von Afrika ihre Hautfarbe erklären müssen. Boies Protagonist*innen erkennen somit rassifiziert markierten Figuren wie Schwarzen Amerikaner*innen oder Mr. Wu ihre amerikanischen Identität implizit ab. Indem herumgerätsel wird, ob der asiatisch aussehende Mr. Wu wohl chinesischer oder japanischer Herkunft ist und ob Schwarze Amerikaner*innen nun Vorfahren aus Afrika haben oder nicht, wird ›asiatisch‹ bzw. ›chinesisch‹ und ›japanisch‹ ebenso wie ›schwarz‹ mit Herkunft, Aussehen und Klischees verknüpft (diskursive Verknüpfung). Genau darin besteht die von Auma erwähnte »Kulturalisierungsfalle«: Die ›schwarze‹ Hautfarbe wird mit der afrikanischen Kultur verbunden, die Boie in bunten Farben schildert, die *weiße*

329 Vgl. Kirsten Boie im Interview von Roswitha Budeus-Budde.

Hautfarbe hingegen mit der europäischen Kultur (im Roman hauptsächlich die englische). Anschließend kommt es zu (stereotypen) Wertungen und Urteilen über die Kulturen (afrikanisch: Armut, Hunger, Mangel an Infrastruktur, aber stolz und fröhlich; europäisch: kultiviert, reich und unzufrieden). Die Differenz der Hautfarben ist hier gar nicht das Problem, sondern die Verknüpfung der Hautfarbe mit der Kultur und den damit verbundenen Stereotypen und sich daraus ergebenden Hierarchien. Denn genau diese Vorstellungswelten sind es, die im Alltag zu Mikroaggressionen gegenüber Schwarzen Menschen führen, wenn diese immer wieder gefragt werden: »Woher kommst du?«

Zwischen den beiden Kinderbüchern *Wir sind nachher wieder da, wir müssen kurz nach Afrika* und *Thabo* bestehen einige Parallelen in Form von sehr ähnlichen stereotypen Motiven: Die Elternlosigkeit Thabos, die dieser tapfer erträgt, steht der Elternlosigkeit des Elefanten Abuu gegenüber, von der auch dieser sich nicht unterkriegen lässt. Afrikanische Protagonist*innen haben keine Tischmanieren und die Grenzen zwischen Menschen und Tieren verschwimmen bisweilen. So werden Tiere in beiden Geschichten stark vermenschlicht und sind die einzigen, denen *weißes* Mitleid zugestanden wird bzw. deren Leid Anerkennung findet. Menschen hingegen werden im afrikanischen Kontext animalisiert, indem sowohl zwischen den *weißen* Geschwister Joscha und Marie als auch der Schwarzen Lemonade Parallelen zu Affen gezogen werden. Der Handel mit Elfenbein (*Wir sind nachher...*) und der Handel mit dem Horn des Nashorns (*Thabo*) gelten als typisch afrikanische Probleme und werden verurteilt. Afrika ist in beiden Büchern exotisch: naturnah und kulturfern und wird im Gegensatz zur europäischen Heimat aufgewertet, in Boies Geschichte etwas deutlicher als in Scherz' Erzählung.

Was also von Boie, die bereits echtes Interesse und Engagement für Swasiland bewiesen hat, als Hommage gedacht war, beinhaltet leider dennoch problematische Narrative und reiht sich ein in die Tradition der einseitigen Afrikadarstellung. Wir möchten an dieser Stelle darauf hinweisen, dass wir es aus den oben angeführten Gründen für problematisch halten, dass der publizierende Oetinger Verlag zusätzlich Material zu *Thabo* für die Schule bereitstellt. Die Schule ist bereits eine Rassismen reproduzierende Institution: »Während Rassismus äußerst selten expliziter Unterrichtsgegenstand ist, finden sich auch heute noch häufig rassistische Denkmuster in Schulbüchern, Schullektüren und

Unterrichtsmaterialien.«[330] Dazu zählen auch eine problemorientierte und einseitige Perspektive auf den Kontinent Afrika sowie das Fehlen bestimmter Lehrinhalte wie Rassismus und Kolonialismus. Es werden ausschließlich *weißes* Wissen und *weiße* Kultur vermittelt; dabei ließe sich im Deutschunterricht zum Thema Lyrik genauso gut May Ayim wie Goethe besprechen. Statt jedoch afrodeutsche Lyrik mit *weißer* deutscher Lyrik gleichwertig zu thematisieren und ernst zu nehmen, zielen Bildungsinstitutionen wie die Schule eher auf die Betonung kultureller Differenzen ab. Rassistische Diskriminierungen, die auf historisch begründeten Ungleichheiten basieren, sind für die Betroffenen jedoch häufig viel relevanter als folkloristische Zuschreibungen.[331] Wenn jedoch *Thabo* im Deutschunterricht behandelt wird, werden exakt jene folkloristischen Zuschreibungen vertieft, was nicht dazu beiträgt, bestehende Vorurteile über den Kontinent Afrika und seine Bewohner*innen aufzubrechen und abzubauen. Die historisch begründeten Ungleichheiten werden jedoch außen vorgelassen. Die Geschichte wird nach wie vor aus der Perspektive der Sieger erzählt und gelehrt.

Das Fremde in der *weißen* Normativität: *Die Schule der magischen Tiere*

Das Wichtigste an Kinderbüchern, die Diversität propagieren, sei die Selbstverständlichkeit, so die Bloggerin für diverse Kinderbücher, Carla Heher. Themen wie unterschiedliche Hautfarben, Herkunft oder Behinderung sollen eher nebenbei und nicht als Problemstellung behandelt werden. Auch die Journalistin und Autorin Saskia Hödl hebt hervor, dass gerade solche Kinderbücher empowernd wirken, die Vielfalt zum Thema machen, ohne sie explizit zu fokussieren.[332] Diese Beiläufigkeit ist zurzeit nicht so einfach zu finden. Einen Versuch hat jedoch die bekannte deutsche Verfasserin von Kinderliteratur, Margit Auer, unternommen. Ihre noch relativ neue und sehr erfolgreiche Kinderbuchreihe *Die Schule der magischen Tiere* integriert ein Schwarzes Kind und ein türkisches Kind. Die Reihe startete 2013, sie umfasst zahlreiche Bände (inklusive zwei Spinn-off-Reihen), die in über 20 Sprachen übersetzt wurden und regelmäßig auf Bestsellerlisten zu finden sind, und wurde 2021 fürs deutsche Kino verfilmt. Der *Schule der magischen Tiere* kommt eine ganz besondere pädagogische Bedeutung zu,

330 El-Mafaalani: Wozu Rassismus?, S. 104.
331 Vgl. ebd., S. 108.
332 Haruna-Oelker: (K)eine zeitlose Kunst.

da die Rezeption dieser Reihe in der Grundschule institutionell gefördert wird. So wurde der erste Band der Reihe 2021 als Leselernausgabe an alle hessischen Grundschüler*innen verschenkt[333] und die Lehrergewerkschaft (*gew*) regt auf ihrer Homepage dazu an, mit Klassen zu Bildungszwecken den Kinofilm anzusehen (»Der Film legt großen Wert darauf, zu einem Blick unter die Oberfläche anzuregen. Nach und nach erkennen die Kinder im Film, dass sich mehr hinter ihren Mitschüler*innen verbirgt, als sie zunächst glaubten.«)[334] Für diesen Zweck stellt die *gew* sogar Begleitmaterial für Lehrer*innen bereit. Das Werk von Margit Auer wird also anerkanntermaßen als pädagogisch wertvoll eingeschätzt. Doch wie wird in der *Schule der magischen Tiere* nun genau von dem ›Anderen‹ erzählt?

Der Plot der Reihe besteht darin, dass in nur einer Klasse der ›Wintersteinschule‹ jedes Kind nach und nach ein ›magisches Tier‹ geschenkt bekommt, mit dem ausschließlich das jeweilige Kind kommunizieren kann. Das Konzept der Reihe sieht vor, dass die kindlichen Protagonist*innen mithilfe ihrer magischen Tiere Ängste, Sorgen oder Konflikte überwinden können. Die Tiere passen dabei perfekt zu den ihnen zugehörigen Kindern, indem sie deren Identität stützen und ihnen durch Krisen hindurchhelfen. So bekommen die Kinder ihr magisches Tier genau dann zugeteilt, wenn sie Hilfe brauchen, z. B. weil die Familie des Kindes gerade einen sozialen Abstieg durchleben muss, weil ein Kind vor einer schier unzubewältigenden Aufgabe steht oder weil eine soziale Veränderung in Form eines Umzugs oder Schulwechsels bevorsteht. Die Tiere sind untereinander befreundet und die Kinder mehr oder weniger auch, wobei einige Kinder eine Art ›inneren Kreis‹ der Hauptprotagonist*innen bilden. Vor allen anderen Menschen muss die Besonderheit dieser Klasse und ihrer Tiere jedoch verheimlicht werden.

Bei der genaueren Betrachtung der beiden rassifiziert markierten Kinder in dieser Reihe, der türkischen Hatice und des Schwarzen Anthony, fallen zwei Dinge als allererstes auf: Zum einen, dass diesen beiden Kindern keine Schlüsselrolle in den Büchern zukommt. Beide Kindern werden zwar den Leser*innen in denjenigen Bänden, in denen sie ihre magischen Tiere erhalten, genauer vorgestellt, in allen anderen Bänden der Reihe spielen sie jedoch nur eine marginale Rolle oder kommen überhaupt nicht vor. Zum

333 Der Lehrerclub | Hessen lernt lesen, Zugriff am 15.02.2022.
334 DIE SCHULE DER MAGISCHEN TIERE – GEW NRW (gew-nrw.de), Zugriff am 15.02.2022.

anderen fällt auf, dass die ›Anderen‹, insbesondere die türkischstämmige Hatice, gar nicht so anders sind. Hier scheint es, als hätte die Autorin (vielleicht aus Unwissenheit) lediglich das reproduziert, was in ihrem Bewusstsein über das ›Andere‹ präsent ist. Im Fall des türkischen Mädchens Hatice sind dies im Wesentlichen das türkische Essen und die türkische Sprache; im Fall des Schwarzen Jungen Anthony sind dies eine Familie in Afrika und eine ausgeprägte Vorliebe für Fußball sowie eine latent aggressive Männlichkeit. Beide Figuren verkörpern also typische Klischees.

Diese Klischees treten insbesondere in den beiden Bänden der Reihe hervor, in denen Hatice und Anthony ihre magischen Tiere erhalten. In Hatices Fall besteht die persönliche Krise darin, dass sie Angst vor Wasser hat, aber die ›Seepferdchen‹-Prüfung ablegen muss (Band 6: Nass und nasser). Anthony hingegen will sich bei einem wichtigen Turnier im Fußball beweisen, ist dabei aber zu verbissen und aggressiv (Band 10: Hin und weg!). Obwohl Anthony Fußball liebt und offenbart auch talentiert ist, gestaltet sich sein Training schwierig, da Anthony deutliche soziale Defizite besitzt. Er kann sich nicht in die soziale Struktur des Fußballvereins einfügen (»Anthony war nicht im Fußballverein. Er konnte den Trainer nicht leiden und außerdem wollte er nicht ständig Jo treffen«, S. 111), er ist permanent eifersüchtig auf den ›coolen‹ *weißen* Jungen Jo, dem er sich (beim Fußball) unterlegen fühlt (»Jo war sein schärfster Konkurrent. Bei ihm sah alles so leicht aus!«, S. 111; »Anthony wurde rot. Hatte Jo gesehen, wie oft er danebengeballert hatte?«, S. 31), er ist verbissen und rücksichtslos beim Training und macht immer wieder Dinge kaputt. Den Erwachsenen gegenüber ist er frech und unaufmerksam, er wird wiederholt von der ganzen Klasse ausgelacht, weil er Fragen nicht beantworten kann, in seiner Klasse ist er ein Außenseiter und er lässt seinen Mitschüler*innen bei der Referatsvorbereitung im Stich. Er verhält sich sexistisch (»›Meint da mal wieder jemand, Mädchen könnten nicht Fußball spielen?‹ – ›Können sie auch nicht!‹, rief Anthony, der gerade den Kiesweg entlanggejoggt kam.«, S. 48. – Als die Mädchen dann doch mitmachen wollen, fürchtet er sich vor ihrer Konkurrenz.), er verhält sich Tieren gegenüber rücksichtslos, indem er seinen Fußball ins Meerschweinchengehege schießt (»›Verzieht euch‹, murmelte Anthony, [...] ›Hier trainiere ich‹«, S. 77. Auch sein eigenes magisches Tier behandelt er zunächst nicht gut und lässt es im Rucksack eingesperrt, S. 113). Zudem besitzt er ein schlechtes Selbstbewusstsein, was dazu führt, dass er sich ständig beweisen will. Sein eigenes magisches Tier, ein Meerschweinchen, lehnt Anthony zunächst ab, da es ihm nicht imposant genug ist. Anthony erfüllt somit das Stereotyp aggressiver, sexistischer und sportlicher Schwarzer Männlichkeit. Zudem wird sein Afrika-Bezug immer wieder betont. Anthony besucht gerne seine große Familie in Südafrika, wo dann alle Fußball spielen, bei ihm zu Hause gibt es Couscous mit Gemüse, er wünscht sich als magisches Tier ein ›afrikanisches‹ Tier (»In Südafrika hatte Anthony mal mit seinen Eltern eine Safari gemacht. Die Tiere, die er dort gesehen hatte, waren unglaublich! Anthony stellte sich einen magischen Elefanten vor, der im Tor stand, während er Torschüsse übte. Oder vielleicht bekam er einen Strauß? Den schnellsten Laufvogel der Welt? Oder eine Giraffe, die ihm die Bälle vom Baum holte, wenn er zu hoch geschossen hatte«, S. 94 f.). Problematisch ist neben der klischeehaften Darstellung zudem die Bezeichnung Anthonys als »dunkelhäutiger Junge«, da dies eine Fremdbezeichnung ist, die Schwarze Aktivist*innen ablehnen.

Auf etwas andere Weise problematisch hingegen ist die Darstellung des türkischen Mädchens Hatice. Hatice erhält im sechsten Band als magisches Tier eine Robbe, die ihr helfen soll, ihre Angst vor Wasser zu überwinden. In diesem Band geht es darum, dass die Schulklasse Schwimmunterricht erhält und Hatice gemeinsam mit drei Klassenkamerad*innen ihre ›Seepferdchen‹-Prüfung ablegen muss, was ihr schwerfällt, da sie Angst vor Wasser hat. Die Angst vor dem Wasser ist somit für die Figur Hatice das Problem, das die Hilfe eines magischen Tieres erfordert. Auch wenn Hatice ebenso wie ihre Freundin Sibel (die nur eine sehr marginale Position in der Buchreihe einnimmt) außerordentlich ›europäisch‹ charakterisiert ist (die ganze Familie spricht perfekt Deutsch, die Frauen der Familie tragen kein Kopftuch, Hatice hat keinen rein türkischen Freundeskreis etc.), tangiert das Problem »Angst vor Wasser« jedoch das Phänomen, dass muslimisch erzogene Mädchen und Frauen tatsächlich oft nicht schwimmen (können), da sie keine konventionelle Badekleidung tragen (können). Die Berührungsängste eines türkischen Mädchens mit dem Wasser reproduzieren somit genau wie die sportliche Aggressivität eines Schwarzen Jungen ein weit verbreitetes Stereotyp. Hatices Berührungsangst mit dem Wasser wird allerdings nicht religiös, sondern psychologisch begründet. Durch diese Begründung wird das Problem lösbar gemacht und kann somit überwunden werden. Die Botschaft der Bücher besteht somit darin, dass auch türkische Mädchen schwimmen lernen können (und sollen) und Schwarze Jungen ihre Aggressionsprobleme lösen können, wenn sie nur die richtige (europäische/deutsche) Hilfe bekommen. Während anhand der meisten anderen Protagonist*innen soziale Probleme verhandelt werden, werden anhand der Figuren Hatice und Anthony kulturell-stereotype Probleme verhandelt.

Zudem fällt auf, dass Hatice selbst in ihrem ›großen Moment‹ marginalisiert wird. Obwohl es in diesem Band eigentlich um sie und die Überwindung ihrer Angst geht, steht während der Schwimmprüfung am Ende des Buches ein Kind aus dem ›inneren Kreis‹ der Schüler*innen im Fokus, das sich mit seinem magischen Tier gestritten hat. Sobald Hatice dank ihres neuen magischen Tiers schwimmen kann, ist sie fortan in dem Buch nicht mehr von Bedeutung. Bei der Schulaufführung, mit der das Buch abschließt, tritt sie nicht auf.

Neben der Hauptreihe der *Schule der magischen Tiere* existiert außerdem noch die ›Spinn of‹-Reihe *Endlich Ferien*, in der sich ein Buch nochmals Hatice und dem Wasser widmet. In diesem Band sind Hatice und ihre Familie die Hauptprotagonist*innen, wodurch sich die Leser*innen hier ein genaueres Bild über die Familie Akay verschaffen können. Auch in diesem Band reproduziert die Autorin mitunter erwartbare Klischees über ›die Türken in Deutschland‹. So wohnt Hatice mit ihren Eltern und drei Geschwistern in einer Hochhauswohnung im siebten Stock, was Armut impliziert. Beide Eltern sind keine Akademiker*innen; Hatices Mutter arbeitet im Supermarkt, ihr Vater im Baumarkt. Hatices zwei Brüder sind nicht gut in der Schule, einer ist sitzengeblieben. Alle Familienmitglieder haben recht dunkle Haut, wie auf den zahlreichen Bildern gut zu erkennen ist. Die Familie isst gerne türkisches Essen und hört gerne laute türkische Musik, was die deutsche Nachbarin des Öfteren dazu veranlasst, sich zu beschweren (S. 19). Außerdem hat Hatices Familie nicht nur vier eigene Kinder, sondern auch noch eine »riesige Verwandtschaft« in der Türkei. Während ihres Urlaubs, um den es im ›Spinn of‹-Band geht, und der ausnahmsweise nicht bei den Verwandten in der Türkei, sondern stattdessen in Dänemark verbracht wird, überrascht die Familie Akay die Rezipient*innen plötzlich durch ihre liberalen Ansichten und Lebensgewohnheiten: So kümmert sich fast ausschließlich Vater Mehmet um Baby Leyla (was auch für eine *weiße* deutsche Familie äußerst ungewöhnlich wäre), Mutter Elif macht ständig Yoga und beide Eltern haben überhaupt kein Problem damit, dass ihre (prä)pubertäre Tochter ganze Tage mit einem älteren Jungen verbringt, den die Familie noch gar nicht kennengelernt hat. Während also auf der einen Seite typisch türkische Klischees reproduziert werden, zeigt sich die Familie auf der anderen Seite auffällig stark europäisiert und hyperintegriert. Als Resultat dieser widersprüchlichen Charakterisierung wirkt die Familie daher auf seltsame Art konstruiert. Beide Attitüden jedoch, das Fladenbrotessen bei lauter türkischer Musik sowie die unbekümmerte Liberalität der Eltern, gehen an der Realität türkischen (Er)Lebens in Deutschland vorbei. Hatice und ihre Familie wirken dagegen wie eine sehr liberale *weiße* deutsche Familie, die hier und da mit einigen ›türkischen‹ Attributen gespickt wurde. Die Darstellung spiegelt jedoch in keiner Weise die Lebenswirklichkeit deutsch-türkischer Kinder. Türkischstämmigen Kindern wird durch dieses whitewashing der Familie Akay somit kaum eine Möglichkeit zur Identifikation mit der Figur Hatice gegeben. Bei *weißen* deutschen Kindern besteht hingegen die Gefahr, dass sie einige Vorurteile bestätigt sehen, aber vielleicht eine Liberalität, wie sie in Hatices Familie gelebt wird, von deutsch-türkischen Mitschüler*innen erwarten könnten. Hatice ist somit zwar türkisch; sie hat türkische Eltern und einen türkischen Namen, isst türkisches Essen und hört türkische Musik, aber ihre ›Andersartigkeit‹ beschränkt sich im Wesentlichen auf diese äußeren Faktoren. Abgesehen davon, dass die Figur insgesamt etwas blass gezeichnet ist, ist ihr gesamter Habitus genauso ›deutsch‹ wie der ihrer Klassenkamerad*innen. Hatices türkischer Name proklamiert somit eine Diversität, die kaum umgesetzt wird.

Auf diese Weise wird Hatice zum *token*. Tokenism bezeichnet die Praxis, die Gleichstellung (rassifiziert) marginalisierter Gruppen oder Personen zu propagieren, wobei diese allerdings nur Symbolcharakter besitzt. Ungleichheitsverhältnisse sollen somit verschleiert, zugleich aber aufrechterhalten werden. Bekannt ist diese Praxis z. B. aus der Arbeitswelt, wenn ein Unternehmen aufgrund der Einstellung einer Schwarzen, behinderten oder anders marginalisierten Person von sich behaupten kann, divers zu sein. Das Phänomen ist aber auch aus dem Kino bekannt, wenn in Mainstreamfilmen eine Rolle beispielsweise Schwarz besetzt wird (token character). Kritisch ist hierbei vor allem die Reduktion einer Person, des tokens, auf das ihr angeheftete Prädikat, ihre Repräsentation (Schwarz, muslimisch, homosexuell, behindert etc.), da dies die Individualität des tokens negiert. Ciani-Sophia Hoeder weist auf einen weiteren wichtigen Punkt hin:

»Dominante Gruppen lassen eventuell einige wenige Marginalisierte im Zentrum zu, aber sie werden nur akzeptiert, solange sie die Ideologie der dominanten Gruppe bestätigen – also dieselbe Meinung vertreten wir eh schon.«[335]

Der Politikwissenschaftler und Soziologe Aladin El-Mafaalani definiert kulturellen Rassismus daher folgendermaßen:

»Es ist demnach prinzipiell akzeptabel, wenn etwa schwarze [sic!] Menschen [bzw. muslimische Menschen] in Europa leben, allerdings nur, wenn sie sich kulturell der Dominanzkultur unterordnen, assimilieren, sich also wie weiße [sic!] Menschen verhalten.«[336]

Die Journalistin Birgit Müller-Bardorff warnt hingegen vor dem Bemühen um Diversität als Selbstzweck in der Kinderliteratur. Das Mädchen im Rollstuhl, der Junge mit schwarzer Hautfarbe auf dem Cover sei zum Signet für ›woke‹ Kinderliteratur geworden.[337] Der *Council on Interracial Books for Children* (CIBC) wertet Tokenism daher als Erscheinungsform von Rassismus in Kinderbüchern.[338] Die Figur der Hatice verkörpert somit genau das Gegenteil der geforderten Diversitätssensibilität: Statt diverse Figuren und Lebensrealitäten ganz selbstverständlich zu schildern, wird Hatices als ein token auf ihr Diversitätsmerkmal reduziert, das sie nach außen hin repräsentiert, während ihre literarische Lebenswirklichkeit an die der *weißen* deutschen Norm angeglichen ist. Hatices türkische Identität wird zwar zu Beginn der Erzählung exponiert, die Verweise auf die türkische Sprache und das türkische Essen werden im Verlauf der Erzählung jedoch immer seltener. Grada Kilomba nennt das Verleugnen, das bewusste Nicht-sehen einer Identität, die anders als *weiß* und deutschstämmig ist, »invisibilizing the visible«[339], das Unsichtbarmachen des Sichtbaren. Dies

335 Hoeder, Ciani-Sophia: Was bedeutet Tokenism? Bei: RosaMag, 17.04.2020. Verfügbar unter Was bedeutet »Tokenism«? | RosaMag (rosa-mag.de), Zugriff am 04.03.2022.

336 El-Mafaalani: Wozu Rassismus?, S. 125.

337 Vgl. Müller-Bardorff, Birgit: Wie divers sollen Kinderbücher sein? Bei: *Augsburger Allgemeine*, 13.03.2022. Verfügbar unter Kinderliteratur: Wie divers sollen Kinderbücher sein? | Augsburger Allgemeine (augsburger-allgemeine.de), Zugriff am 22.03.2022.

338 Renschler/Preiswerk: Kriterienliste für die Beurteilung von Rassismus in Kinderbüchern. In: Eder/Harzhauser/Rabus (Hg.): Jugendliteratur gegen Rassismus und Fremdenfeindlichkeit. Internationales Institut für Jugendliteratur und Leseforschung. Wien, 1998. Zit. n. Schmidt-Wulffen: Die »Zehn kleinen N-lein«.

339 Kilomba, Grada: Plantation Memories, S. 92.

ist von den Akteur*innen zwar positiv gemeint (»Well, but for me you are not Black«; Aber für mich bist du nicht Schwarz), aber problematisch, da es einen wesentlichen Teil der Identität nicht akzeptiert und ausblendet. Der Politikwissenschaftler Joshua Kwesi Aikins wiederum bezeichnet das Unsichtbarmachen nicht-*weißer* Lebensrealitäten als »rassistischen Assimilationsdruck«. Dieses Unsichtbarmachen von Identitäten jenseits des *weißen* Mainstreams diene als *weißer* Schutzmechanismus, so Kilomba, der *weiße* Menschen davor bewahren solle, sich mit Differenzen und Diskriminierung auseinandersetzen zu müssen. Das Unsichtbarmachen impliziert zudem, dass ein Teil der Identität, der nicht konform ist, auch nicht erwünscht ist, dass diese Identität ausgetilgt werden muss. Das Propagieren einer Anpassung diverser Identitäten an die *weiße* Dominanzkultur in der Kinderliteratur birgt somit die Gefahr gespaltener Identitäten. Teile der Persönlichkeit zu verdrängen, um die Akzeptanz der Mehrheitsgesellschaft zu erlangen; um den *Weißen* zu gefallen, ist eine außerordentlich problematische Botschaft. Grada Kilomba unterscheidet in diesem Kontext mit Bezug auf bell hooks die Machtpositionen von Subjekten und Objekten durch kulturelle Normen:

> »[S]ujects are those who alone have the right to define their own reality, establish their own identities, name their history. As objects, however, our reality is defined by others, our identities created by others.«[340] (Subjekte sind diejenigen, denen selbst das Recht zukommt, ihre eigene Realität zu definieren, ihre eigenen Identitäten zu etablieren, ihre Geschichte zu bezeichnen. Als Objekte jedoch wird unsere Realität von anderen definiert und unsere Identitäten werden von anderen erschaffen.)

Diese Vorstellungen, dass die ›Anderen‹ sich an die normative Identität der Dominanzgesellschaft anzugleichen haben, werden gesellschaftlich und politisch in Deutschland im Zuge der Diskussion um eine ›deutsche Leitkultur‹ seit über 20 Jahren kontrovers verhandelt. Integration wird in diesem Sinne als Bringschuld verstanden, als Anschluss der Migrant*innen an die Mehrheitsgesellschaft. Der Gedanke einer deutschen Leitkultur richtete sich gerade an Migrant*innen, die sich integrieren, also die deutschen Werte und Normen übernehmen sollen.[341] »Schon hier fängt die

---

340 Kilomba, Grada: Plantation Memories. S. 10.

341 In diesem Kontext fiel die Forderung des nordrhein-westfälischen Ministerpräsidenten Hendrik Wüst (CDU) im April 2022 von Angeboten für die ukrainischen

Ungleichheit an«, schreibt Olga Grjasnowa, »[w]enn wir davon ausgehen, dass wir jemanden integrieren müssen, dann meinen wir damit auch, dass es eine Gesellschaftsnorm gibt, die besser und überlegener ist als andere. Die ›anderen‹ müssen sich ›uns‹ anpassen, sich integrieren.«[342] Grada Kilmoba definiert Assimilation in diesem Sinne als »being as similar as possible to whiteness«[343] (dem Weißsein so ähnlich wie möglich sein). In der *Schule der magischen Tiere* gelingt die Anpassung an die Werte und Normen der ›Deutschen Leitkultur‹ am Beispiel von Hatices türkischer Familie insbesondere über die Ausblendung der muslimischen Religion und über die Überbetonung der Geschlechtergerechtigkeit. Diese Haltung widerspricht jedoch der Forderung nach Diversität, in der Realität wie auch in der Fiktion.

> »Kinderliteratur, die den interkulturellen Austausch befördern möchte, sollte von vielgestaltigen Welten und Kulturen erzählen, unterschiedliche literar-ästhetische Traditionen in den Texten spiegeln, vielfältige Sprache und Themen zulassen, kulturell geprägte Symbole, Motive und Bilder präsentieren und kulturelle Verflechtungen und Überschneidungen sichtbar machen.«

So die Literaturwissenschaftlerin Karin Vach, die auch Vorsitzende der Kritikerjury für den Deutschen Jugendliteraturpreis ist.[344]

> »Wenn die andere Kultur etwa exotisch und folkloristisch überhöht wird, ist es ebenso wenig weiterführend wie eine einseitige Ausrichtung hin zur sogenannten Zielkultur bzw. eine Bewegung der Kulturen in Richtung Anpassung und Eingliederung.«

Wünschenswert sei daher eine Mehrperspektivität, die zum Austausch und zum Hinterfragen alter Auffassungen anrege. Ein paar türkische Worte und der Verzehr von Fladenbrot machen jedoch noch keine Vielfalt aus.

Flüchtlinge, durch die diese ihre »kulturelle Identität« pflegen könnten, negativ auf. Vergleichbare Angebote zur Pflege der kulturellen Identität oder zur Erhaltung der Muttersprache (auch diese sollen den Flüchtlingen aus der Ukraine angeboten werden) sind unseres Wissens nach bisher keiner anderen Gruppe von Flüchtlingen unterbreitet worden.

342 Grjasnowa, Olga: Privilegien, S. 115. In: Aydemir, Fatma/Yaghoobifarah, Hengameh (Hgg.): Eure Heimat ist unser Albtraum. Berlin: Ullstein Verlag 2020, S. 114–121.

343 Kilmoba: Plantation Memories, S. 132.

344 Karin Vach im Interview mit Anne Minnerup. Bei: Akademie für Leseförderung Niedersachsen, 2018. Verfügbar unter Im Gespräch mit Prof. Dr. Karin Vach | Akademie für Leseförderung Niedersachsen (alf-hannover.de), Zugriff am 22.03.2022.

Die Frage ist also, ob die Anwesenheit der türkischstämmigen Figur Hatice auf das Bestreben nach politischer Inklusion zurückgeführt werden kann oder nur ein Feigenblatt darstellt, um dem populären Ruf nach mehr Diversität nach außen hin gerecht zu werden. Doch Inklusion setzt Differenz voraus und diese ist in Hatices Familie kaum festzustellen. Inklusion entsteht im Dialog und in der zwischenmenschlichen Interaktion und beides fehlt. Hatice koexistiert nur im Klassenverband. Also was ist die Funktion dieser Figur? Wohl nicht die produktive Auseinandersetzung parallel existierender Lebenswirklichkeiten mit dem Ziel des gegenseitigen Respekts, denn dafür sind sich die Lebenswirklichkeiten aller Protagonist*innen zu ähnlich. Im Fall der Figur Hatice bestand die Intension der Autorin somit vermutlich nicht in der Vermittlung von Mehrperspektivität, für deren Darstellung die Autorin mutmaßlich gar nicht kompetent ist. (Auch diese Kompetenz, aus einer ›anderen‹ Perspektive als der *weißen* schreiben zu können, listet der CIBC als Kriterium für Rassismus.) Es ging Margit Auer wahrscheinlich bei der Konzeption der türkischen Figuren eher darum, diese einem *weißen* deutschen Zielpublikum als ›positiv‹ darzustellen, als ›integriert‹, als gar nicht ›so anders‹, sondern als relativ ›normal‹, also letzten Endes als ›deutsch‹. Dieser Kniff soll die Figuren den *weiß*-deutschen Lesenden näherbringen, Identifikation und Sympathie ermöglichen. Ein deutscher Habitus wird dabei als Erfolgsgarantie vermutet, und türkische Elemente jenseits einiger weniger sprachlicher Ausdrücke und Lebensmittel werden jedoch tunlichst vermieden. Dies betrifft insbesondere den Islam und alles, was nach der ›Unterdrückung der Frau durch den Islam‹ riechen könnte. Natürlich sind nicht alle Türk*innen muslimisch; dennoch ist der Islam beim Sprechen über Türk*innen immer ›der Elefant (das Kopftuch) im Raum‹. In der *Schule der magischen Tiere* umgeht die Autorin die Religionsproblematik, indem sie eine mögliche Religion erst gar nicht erwähnt. An dieser Stelle wäre eine Positionierung der Autorin und ihres Werkes möglich gewesen: ›Der Islam gehört zu Deutschland‹. Ganz selbstverständlich, schamfrei und unkompliziert. Die Autorin hätte die Möglichkeit gehabt, türkische Traditionen zu schildern, die von den türkisch rassifizierten Figuren praktiziert und von den deutsch rassifizierten Figuren akzeptiert und respektiert werden. Stattdessen schweigt die Autorin. Vermutlich hätte sie mit so einem Statement aus anderer Ecke Kritik geerntet. Aber soll man denjenigen Recht geben, die am lautesten schreien? Vermutlich hätte sich eine islamische Figur nicht so gut vermarktet, da die liberale Einstellung aneckt? Diese Gründe würden Hatice umso mehr zum token machen. Hatices Position als türkische Figur, als token, legt noch ein weiteres Problem offen: Sie muss ein token sein, das türkischstämmige Menschen in Deutschland möglichst sympathisch repräsentiert, denn anderen türkischen Figuren ist der Eintritt in die fiktive Welt der deutschen Kinderbücher nach wie vor größtenteils verwehrt. Andersherum formuliert: Wäre Hatice negativ gezeichnet, wäre das rassistisch, da sie die einzige ist und gleichsam mit ihr eine ganze Bevölkerungsgruppe durch eine deutsche Autorin diskreditiert würde. Ein *weißes* deutsches Kind in einem Buch negativ darzustellen, ist hingegen unproblematisch, denn *weiße* deutsche Figuren sind auch in Kinderbüchern Individuen und stehen nicht stellvertretend für eine Gruppe. Fehler und Makel zu haben, entpuppt sich somit als *weißes* Privileg, wie Kübra Gümüşay darlegt: »Individualität. Komplexität. Ambiguität. Makel. Fehler. Alle diese Dinge sind Privilegien. [Denn sie] werden [...] Menschen, die von der Norm abweichen, nicht zugestanden.«[345]

Während manche der Protagonist*innen in allen Büchern der Reihe gleichermaßen wichtig sind, gilt dies nicht für Anthony und Hatice. Beide Figuren spielen nur in jenen Büchern eine Rolle, in denen sie ihr magisches Tier erhalten. Hatice und Anthony gehören nicht zum ›inneren Kreis‹ der Protagonist*innen und kommen in den anderen Bänden der Reihe kaum bis gar nicht vor; alle Protagonist*innen in diesen Bändern sind *weiß*-deutsch, weshalb wir *Die Schule der magischen Tiere* trotz Hatice und Anthony der Diskriminierungsform der alltagsrassistischen Unsichtbarkeit zuordnen. Bei beiden Kindern wird zudem der Bezug zu den Herkunftsländern, die regelmäßig bereist werden, betont.

Weitere kulturstereotype Spezifika in der deutschen Kinderliteratur, die auch in der *Schule der magischen Tiere* in Erscheinung treten, und die wir hier kurz erwähnen wollen, sind die traditionelle Aufwertung des Englischen (oder Amerikanischen) sowie der klischeehafte Umgang mit dem Französischen. Bereits in Theodor Fontanes Roman *Frau Jenny Treibel* gilt das Englische als pädagogisch und erstrebenswert und in gewisser Weise dem Deutschen überlegen. Kinderbücher deutscher Autor*innen spielen oft in England (z. B. *Der Watson-Club*) oder den USA (*Die drei ???*) oder

345 Gümüşay: Sprache und Sein, S. 63.

haben englische bzw. amerikanische Protagonist*innen, obwohl sie in Deutschland spielen (z. B. die noch ziemlich neue *Miss Ellie*-Reihe von Susanne Fülscher und Kristina Nowothnig). Dieses Phänomen ist auch in der *Schule der magischen Tiere* zu beobachten. Die Lehrerin und der Inhaber der magischen Zoohandlung sind Geschwister aus England und werden auch mit ›Miss‹ und ›Mr.‹ angesprochen. Ein weiteres Phänomen in dieser Reihe ist die Verballhornung des französischen Akzents im Deutschen (hier durch eine magische Katze), eine Tradition, die in der Debatte um die Netflix-Serie *Emily in Paris* in die Kritik geraten ist. Die magische Katze kommt aus Paris und wurde von Mr. Morrison am Eifelturm aufgelesen, sie ist eitel, eingebildet und anspruchsvoll, prahlt und stolziert und verlangt Croissants zum Frühstück und erfüllt somit gängige Klischees über Frankreich.

Die *Schule der magischen Tiere* führt somit bestehende (literarische) stereotype Traditionen fort; inklusive der klischeehaften Darstellungen von verschiedenen Nationalitäten und Hautfarben: der Schwarze Junge spielt gerne Fußball, hat Familie in Afrika, wünscht sich ein ›afrikanisches‹ magisches Tier und hat ein Minderwertigkeits- und ein Aggressionsproblem; das türkische Mädchen hat keine nennenswerten Charakteristika, wohnt mit im Dienstleistungssektor arbeitenden Eltern und vielen Geschwistern im Hochhaus, reist oft in die Türkei zur großen Verwandtschaft und ist ebenso wie das Schwarze Kind im Klassenverband unsichtbar; die liebe englische Lehrerin ist eine ›Miss‹ und der französische Kater eitel.

Anmerken kann man zu der *Thabo*-Reihe sowie zu der Reihe *Die Schule der magischen Tiere* zudem, dass es zwar rassifiziert markierte Kinder gibt, aber keine erwachsenen BIPoC als Vorbilder oder Bezugspersonen. In beiden Reihen sind die erwachsenen Bezugspersonen (Miss Agatha und Miss Cornfield) *weiß*, weiblich und englisch und verkörpern somit stereotype pädagogische Ideale. Auch dieses systematische Fehlen von rassifiziert markierten Rollenvorbildern in der deutschen Kinderliteratur gilt dem CIBC zufolge als Indikator für Rassismus.

Bücher wie *Die Schule der magischen Tiere* praktizieren somit Tokenism, indem sie rassifiziert markierte Figuren an der Handlung teilhaben lassen, diese aber an die *weiße* Dominanzkultur anpassen. Die Figuren sind somit *weiß* gewaschen und besitzen eine Feigenblatt-Funktion: Der Trend nach Vielfalt ist scheinbar erfüllt, eine echte Teilhabe von BIPoC an der Kinderliteratur wird jedoch verhindert, nicht nur auf der Produktionsseite (indem nicht-authentisch über BIPoC berichtet wird), sondern auch auf der Rezeptionsseite, indem BIPoC-Kinder sich in den literarischen Figuren schwerlich spiegeln können. Es bleibt somit eigentlich alles wie es ist.

Zwischenfazit: Kinderliteratur zwischen rassistischer Diffamierung, rassistischer Romantisierung und Diversität

Im Fokus der ›Kinderbuchdebatte‹ von 2013 standen das N-Wort und die Diskussion um seine Bedeutung und Verwendung. Darauf wollen wir im Folgenden noch ausführlich eingehen. Im Anschluss an die literaturwissenschaftlichen Analysen lässt sich jedoch bereits feststellen, dass nicht allein das N-Wort problematisch ist. Vielmehr ist die Darstellung Schwarzer Figuren durch *weiße* Buchschaffende in der deutschen Kinderliteratur insgesamt problematisch, denn diese verkörpern viele Stereotype und reproduzieren rassistische Narrative, die seit Jahrhunderten existieren:

- Romantisierung: Das Narrativ des ›edlen Wilden‹, der von der schädlichen Kultur unberührt ist und ein Vorbild für Europäer*innen sein kann (z. B. in *Winnetou*, in zahlreichen Sachbüchern für Kinder über die I* oder in *Thabo*).
- Exotisierung: Rassifiziert markierte Figuren werden in einem exotischen Kontext verortet bzw. durch einen exotischen Kontext jenseits der *weißen* Normativität erklärt. Sie besitzen eine geringere Mobilität als *weiße* Figuren bzw. überhaupt keine. Afrika wird auf exotische Tiere, Sonne, Wüste und Dschungel reduziert (z. B. *Wir sind nachher wieder da …*, *Pippi Langstrumpf*).
- Kriminalisierung: Das Narrativ des gefährlichen und starken Schwarzen (Mannes), auch (aber nicht zwingend) als Kannibalen (wie z. B. in *Robinson Crusoe*, *Lurchi*, *Lotta* oder in dem Narrativ des ›wilden schwarzen Mannes‹ und in jeder Darstellung von aggressiven Schwarzen Männern).
- Animalisierung: Affenähnlichkeit Schwarzer Menschen in der Tradition der Völkerschauen oder Darstellung als Chimäre/Biest/Monster bzw. Vermenschlichung von Affen (*Wo die wilden Kerle wohnen*, *Der Grüffelo*, »Die Affen rasen durch den Wald«, Lemonade in *Thabo*, *Wir sind nachher wieder da …*).

- Verkörperlichung: Das Narrativ des guten und gelehrsamen Sklaven, der die überlegene Kultur anerkennt und sich in sie einfügt, um für sie zu arbeiten (wie z. B. Freitag in *Robinson Crusoe* bzw. *Robinson der Jüngere*. Dieser Überlegenheitsgedanke ist aber auch in der Vorstellung einer ›deutschen Leitkultur‹ verankert und findet sich ebenfalls in der Christianisierung der Kolonien. Auch die ›wilden Kerle‹ und der Affe in *Wir sind nachher wieder da ...* erkennen die kognitive Überlegenheit der *weißen* Kinder an und ordnen sich ihr unter). Hierbei wird eine binäre Opposition zwischen körperlicher und mentaler/kognitiver Stärke konstruiert und Schwarzen Menschen körperlichen Fähigkeiten zugewiesen (Kraft, Sportlichkeit, Musikalität, Resilienz, Schmerzunempfindlichkeit), während *weißen* Menschen die Fähigkeit zu einem überlegenen Denken zugeordnet wird.

- Passivität: Die *weißen* Figuren agieren, die Schwarzen Figuren reagieren (z. B. *Pippi Langstrumpf, Ein Mann, der sich Kolumbus nannt‹*).

- Black-, Red- und Yellowfacing sowie Black-, Red- und Yellowfishing: Vermeintlich charakteristische Merkmale werden überspitzt und negativ dargestellt (als Minstrel-Charaktere, ›Coon‹ bzw. ›Hosenn*‹, durch einen überzogenen Akzent oder Sprachfehler, dunkel geschminkte Haut, exotische oder fehlende Kleidung, einen komischen Habitus etc., wie z. B. bei *Pippi Langstrumpf, Lotta, Ich und meine Schwester Klara*) oder positiv imitiert (Fasching etc.).

- Kulturelle Aneignung/whitewashing: Übernahme eines Kulturguts durch eine hierarchisch dominante Kultur, Umdeutung, Kommerzialisierung (Überschneidungen mit Blackfishing und Black-, Red- und Yellowfacing oder Aneignung fremder Geschichten wie bei *Pippi Langstrumpf*, *Thabo*).

- Homogenisierung: Schwarze Figuren sind keine Individuen, sondern ähneln sich stark. Sie erhalten keine Namen und keine spezifischen Eigenschaften (z. B. in »Zehn kleine N-lein«, *Pippi in Taka-Tuka-Land*, »Ein Mann, der sich Kolumbus nannt‹«). Auch das Bild des afrikanischen Kontinents bzw. exotischer Inseln ist homogen stereotyp (*Wir sind nachher wieder da...*, *Pippi Langstrumpf, Thabo*).

- Naturalisierung (zivilisiert vs. unzivilisiert): Das Narrativ des armen, unwissenden, hilfsbedürftigen Afrikaners (z. B. bei *Mecki*, *Thabo*).

- Infantilisierung: Das Narrativ des ›Coon‹ bzw. ›boy‹, des ›ewigen Kindes‹, das einfältig, lustig, aber nicht ernst zu nehmend und hilflos ist und beaufsichtigt und regiert werden muss, das zwar körperlich stark scheint, aber dennoch auf die Hilfe mental überlegener *weißer* Menschen angewiesen ist (wie z. B. in den »Zehn kleinen N-lein«, *Pippi Langstrumpf*, Abuu in *Wir sind nachher wieder da…*, *Tim im Kongo*).
- Verbindung von schwarzer Haut und Schmutz, schwarz-weiß-Dichotomie in Bild und Sprache (rassistische Mechanismen der Abwertung schwarzer Haut; z. B. bei Otfried Preußler, Astrid Lindgren, Michael Ende, in Ansätzen Kisten Boie).
- Tokenism bzw. Virtue signalling[346]: Das Propagieren von scheinbarer Diversität, die jedoch auf den zweiten Blick nicht umgesetzt wird (z. B. in *Die Schule der magischen Tiere*).
- White gaze: Schwarze Figuren haben immer eine Funktion für die *weiße* Leserschaft; es hat also eine Bedeutung, dass die Figur Schwarz ist, mit einer *weißen* Figur würde der Text nicht funktionieren (dies betriff im Prinzip fast alle Texte von *weißen* Literaturschaffenden).
- White saviorism: Die Darstellungen *weißer* Figuren als Retter*innen und Helfer*innen (z. B. bei *Wir sind nachher wieder da …*, *Pippi Langstrumpf*).
- Exklusion aus einer als *weiß* dargestellten Normativität: Es kommen keine rassifiziert markierten Figuren vor (dies betrifft z. B. viele Wimmelbücher und Sachbücher oder die Pixi-Lesemaus-Reihen wie *Connie*).

Insgesamt lässt sich in den von uns untersuchten Kinderbüchern eine starke Verallgemeinerung der europäisch-westlichen Zivilisation als hegemoniale Kultur, von Mignolo als »western code« bezeichnet, konstatieren. Andere Gesellschaften und Menschen werden im Vergleich abgewertet und als Abweichung dargestellt.[347] Zudem bestätigt sich die Funktion des white gaze in der Kinderliteratur des 18., 19., 20. und 21. Jahrhunderts: Wenn eine

346 Dieser negativ konnotierte Begriff bezeichnet den Gestus, die eigene moralische Korrektheit öffentlich zu demonstrieren beispielsweise durch die Solidarisierung mit den Opfern von Katastrophen oder wie im Jahr 2022 mit der sich mit Russland im Krieg befindenden Ukraine. Dies umfasst auch das Abbilden von rassifiziert markierten Figuren in Kinderbüchern zwecks der Demonstration des eigenen Antirassismus.

347 Vgl. Auma: Kulturelle Bildung in pluralen Gesellschaften.

Schwarze Figur auftritt, so hat ihre Hautfarbe immer eine Bedeutung für das *weiße* Lesepublikum, und diese ist von den *weißen* Autor*innen intendiert. Mal geht es dabei um Belehrung, Pädagogik und Moral, mal um Komik und immer um white supremacy. Die von uns untersuchten Bücher stellen dabei keine Ausnahmen oder Einzelfälle dar, sondern wurden exemplarisch herangezogen, um Mechanismen aufzuzeigen, die fast den gesamten Kanon der deutschsprachigen Kinderbücher betreffen.

Viele dieser Mechanismen, die in auch neueren Kinderbüchern zu finden sind, stellen zwar keinen offenen Rassismus im Sinne von Rassenhass dar und beinhalten auch kein explizit rechtes Gedankengut, sind aber Artefakte eines subtilen (Alltags-)Rassismus, die auf im kulturellen Textgedächtnis verankerte Stereotype, Zuschreibungen und Narrative referieren. Diese werden immer noch fortwährend reproduziert und scheinen bisweilen vermeintlich positiv zu sein, spielen aber im Endeffekt auf das Gleiche an: die Abwertung und Ausgrenzung Schwarzer oder anders rassifiziert markierter Menschen auf vielen Ebenen bei gleichzeitiger, und das ist hier unserer Ansicht nach das eigentliche Ziel des literarischen Rassismus, Aufwertung des *weißen* Selbstbildes. Obwohl die Kinderliteratur im 21. Jahrhundert eine sehr heterogene Gattung ist, zeigt sich dennoch auch bei aktuellen Publikationen ein ausgeprägter Trend zur *weißen* Perspektive, dem white gaze. Dieser impliziert nicht nur die Marginalisierung anderer Lebensrealitäten, sondern beruht in vielen Fällen vermutlich auch auf Unwissenheit und einer ungenügenden antirassistischen Aufklärung. Einige der schlimmsten rassistischen Darstellungen unserer Zeit scheinen sich somit in Kinderbüchern zu befinden und es ist schwer vorstellbar, dass (BIPoC und *weiße*) Menschen, die damit aufgewachsen sind, davon unbeeinflusst geblieben sind. Wenn Kinder beim Lesen und Vorlesen wieder und wieder mit *weißer* Überlegenheit und der Abwertung und Stereotypisierung von BIPoC konfrontiert werden, prägen sich diese Motive zumindest unbewusst ein. Alle oben besprochenen Texte haben sich einer großen Beliebtheit erfreut und sind viel rezipiert worden. Sie sind somit wie die Texte der Aufklärung Teil des kulturellen Textgedächtnisses, entfalten wie diese ihre Wirkungsmacht per Intertextualität über die Generationen hinweg und sind somit auch heute noch im Weltbild von Rezipierenden sowie von Literaturschaffenden präsent. Ob wir also wollen oder nicht, prägt diese seit der Kindheit vermittelte Einstellung auch unsere Selbst- und Fremdwahrnehmung. Der Clou liegt dabei genau darin, dass *weiße* Überlegenheit ebenso wie rassistische

Klischees (wie Unterlegenheit, infantile Dummheit, Exotik, Körperlichkeit etc.) in diesen Texten nicht als etwas Besonderes dargestellt, sondern nur nebenbei vermittelt werden, als ganz selbstverständlich, als ›normal‹. Diese Bücher können also als alltagsrassistisch gewertet werden. Diese (Miss-) Verhältnisse werden gesellschaftlich durchaus wahrgenommen, weshalb aktuell der Trend besteht, BIPoC-Figuren in Geschichten zu integrieren und diesen auch tragende Rollen zukommen zu lassen. Einen Versuch in diese Richtung unternimmt beispielsweise die Autorin Henriette Wich, die auch die *Drei !!!* verfasst hat. Sie schreibt seit 2021 die Reihe *Team Lupe ermittelt*, die bisher zwei Bände umfasst. Hier sind von den vier Kindern eines afrodeutsch, eines türkischstämmig, eines im Rollstuhl und eines in einer Regenbogenfamilie lebend. Schön ist, dass nichts davon zum Thema wird, sondern ganz ›normal‹ ist. Vermissen kann man nur die mangelnde Charaktertiefe bei allen Figuren. Sie haben keine Gedanken oder Gefühle und stehen in keiner emotionalen Verbindung zueinander. Es handelt sich somit eher um Schablonen als um literarische Charaktere. Da die Reihe jedoch auch zum Selbstlesen für Grundschüler*innen konzipiert ist und den Fokus weniger auf die Interaktion der Figuren, sondern mehr auf den Spannungsbogen, die comicartigen Bilder und die Rätsel zum Mitmachen legt, ist das verständlich. Dennoch stört bei solchen Büchern grundsätzlich der Mangel an Authentizität: Denn eine Diversität, die von Büchern und Reihen wie *Team Lupe* proklamiert wird, setzt Multiperspektivität[348] voraus und diese kann nicht von Menschen erschaffen werden, die sie nicht selbst leben. Auch aus diesem Grund, dem Mangel an Authentizität und kultureller Kompetenz der deutschen Autorin Margit Auer, ist die Charakterisierung der Figur Hatice als ›türkisch‹ in der *Schule der magischen Tiere* so misslungen. Sandjon sieht deshalb die Buchbranche und die Verlage in der Verantwortung, »Diversität als mehr zu definieren als nur einen ästhetisch-visuellen Trend und Teilhabe sowie gerechte Beteiligung in den eigenen Strukturen zu verankern«.[349] Emilia Roig beklagt im Interview, dass Diversität häufig nur ein Label sei, Virtue Signalling.[350] Auch der Grünen-Politiker und Aktivist Jeff Kwasi Klein macht darauf aufmerksam,

348 Vgl. Kelly: Rassismus, S. 58.

349 Sandjon, Chantal-Fleur: Schwarze Kinder, weiße Perspektiven.

350 Vgl. Emilia Roig im Interview mit Mischa Kreiskott: Diversity-Tag: Ein Label, das an Bedeutung verliert. Bei: NDR Kultur, 31.05.2022. Verfügbar unter Diversity-Tag: Autorin Emilia Roig sieht noch viele Aufgaben | NDR.de – Kultur – Buch, Zugriff am 01.06.2022.

dass »Vielfalt« zwar aktuell als »Trend« gelte, aber dennoch nach wie vor auch als Bedrohung wahrgenommen werde.[351] Dies spiegelt sich auch in der Kinderbuchbranche. So weist Monika Obergshaus, die Leiterin des Klett Verlags, darauf hin, dass Verlage bei der Publikation von Kinderbüchern einen Spagat zwischen der Ziel- und der Käufergruppe hinlegen müssten. Kinder müssten die echte Realität, den Alltag, im Kinderbuch dargestellt sehen, so Obergshaus; dies umfasse auch aus Elternperspektive furchterregende oder als problematisch wahrgenommene Themen. Krieg, Flucht, Tod, Nachhaltigkeit, konventionelle Landwirtschaft oder eben Diversität im Hinblick auf Geschlechterrollen, Familienbilder, Religion, Nationalität, Hautfarbe, soziales Umfeld und sexuelle Orientierung sollten somit thematisch Einzug in Kinderbücher finden. Es seien jedoch die Eltern, die fürchten, ihre Kinder zu überfordern, indem sie ihnen als ›schwierig‹ empfundene Themen zumuten, und daher bevorzugt das Altvertraute kaufen. Diese Sorgen hält Obergshaus allerdings für unbegründet und rät dazu, Kindern mehr zuzutrauen: »Wenn es [Kindern] wirklich zu viel wird, legen sie das Buch weg.«

---

351 Vgl. Jeff Kwasi Klein bei »Nenn mich nicht … Der Talk« rbb Kultur, 18.05.2021. Verfügbar unter Nenn mich nicht … Der Talk – Bing video, Zugriff am 12.02.2022.

Perspektiven der ›Kinderbuchdebatte‹

Sind demnach die Erwachsenen das Problem? Wie sieht es mit der Forderung nach und der Akzeptanz von Diversität bei den erwachsenen Menschen in Deutschland aus? Um dieser Frage nachzugehen, werfen wir einen genaueren Blick auf die sogenannte ›Kinderbuchdebatte‹ von 2013 insbesondere im Kontext der Phänomene ›political correctness‹ und ›cancel culture‹.

Cancel culture: Die Sorge um Meinungs- und Kunstfreiheit im Hinblick auf political correctness

Im Mai 2019 hat das Allensbacher Institut im Auftrag der *Frankfurter Allgemeinen Zeitung* eine Umfrage zum Thema Meinungsfreiheit im Hinblick auf die häufig als heikel wahrgenommenen Themenbereiche Flüchtlinge, Islam, Antisemitismus, Entfremdung, Nationalsozialismus, Rechtsextremismus, die AfD, Nationalismus, Patriotismus, Homosexualität und Behinderung durchgeführt.[352]

Dabei zeigte sich unter anderem, dass zwei Drittel der Bevölkerung der Auffassung sind, »aufpassen« zu müssen, wie sie sich äußern, und dass 35 % der Befragten die Meinung vertreten, dass freie Meinungsäußerungen zu den oben genannten Themen nur noch im privaten Umfeld, aber nicht öffentlich getätigt werden könnten. 41 % aller Befragten kritisierten, dass die political correctness insgesamt übertrieben werde. Dies zeigte sich insbesondere im Hinblick auf die ›Kinderbuchdebatte‹ von 2013:

> »Völlig verständnislos reagierten die Bürger auf nachträgliche Korrekturvorschläge zu Texten, die sicherstellen sollten, dass sie heutigen Sensibilitäten und Normen entsprechen. Dass beispielsweise Astrid Lindgrens ›N[*]könig‹ in

352 Institut für Demoskopie Allensbach: »Grenzen der Freiheit«. Eine Dokumentation des Beitrags Von Prof. Dr. Renate Köcher in der Frankfurter Allgemeinen Zeitung Nr. 119 vom 23. Mai 2019. Verfügbar unter FAZ_Mai2019, Layout 1 (ifd-allensbach.de), Zugriff am 28.02.2022.

›Pippi Langstrumpf‹ zum ›Südseekönig‹ mutieren müsste, um nach heutigen Maßstäben politisch korrekt zu sein, löst nur Kopfschütteln aus. 75 Prozent plädieren für die Beibehaltung der Originalversion, nur 14 Prozent votieren dafür, Begriffe, die heute als nicht mehr zeitgemäß oder beleidigend empfunden werden, auszutauschen. Das Verständnis für solche Forderungen ist in den letzten Jahren nicht gewachsen, sondern zurückgegangen.«[353]

Die Sorge um Zensur und um die Gefährdung der Meinungs- sowie Kunstfreiheit stehen im Zentrum der ›Kinderbuchdebatte‹, in der sich Journalist*innen in den wichtigsten deutschsprachigen Leitmedien äußersten und fast einhellig die Entscheidung des Thienemann Verlags, jene Änderungen durchzuführen, kritisierten. Ihre Positionen und Argumentationen wollen wir im Folgenden wiedergeben, um anschließend darauf einzugehen.

»Was aber, wenn eine Zensur doch stattfindet?« – die Argumente der Kritiker*innen von Änderungen in Kinderbüchern

Im Folgenden geben wir die wichtigsten journalistischen Beiträge zur ›Kinderbuchdebatte‹ wieder und nehmen im direkten Anschluss zu jedem Beitrag kurz Stellung. Im nächsten Schritt gehen wir dann auf die Reaktionen der Befürworter*innen von Änderungen ein.

Von allen Kritiken von Änderungen an Kinderbüchern hat Ulrich Greiners Beitrag »Die kleine Hexenjagd« vom 17.01.2013 im ›Kultur‹-Teil der *Zeit* vermutlich am stärksten Aufsehen erregt.[354] Bereits der Begriff »Hexenjagd« im Titel impliziert das Unrecht, Wörter in Büchern zu ändern, und spielt auf die ›political correctness‹ in der Rolle als ›Hexenjägerin‹ an. Greiner argumentiert mit dem auf die Kunstfreiheit abzielenden Begriff der ›Zensur‹ sowie im weiteren Verlauf des Beitrags mit dem Begriff der ›Meinungsfreiheit‹ – bei gleichzeitiger Bagatellisierung des N-Wortes (das als »verletzend empfunden werden könnte«) auf der Ebene der Betroffenen von Rassismus (»Gefühle von Minderheiten«) sowie auf der Ebene der Nicht-Betroffenen von Rassismus (»Samen des Rassismus säen«). Zunächst versucht Greiner plausibel zu machen, dass das Streichen von Formulierungen aus Kinderbüchern zur kontinuierlichen Beschneidung

353 Ebd., S. 7.
354 Greiner, Ulrich: Die kleine Hexenjagd.

von Freiheiten führe. Rassistische wie sexistische Diskriminierungsvorwürfe könnten Greiner zufolge immer mehr Änderungen an Kinderbüchern nach sich ziehen, welche Greiner als »Fälschungen« wertet, wodurch letzten Endes die Zerstörung von literarischer Kunst erreicht werde sowie in letzter Konsequenz die Auslöschung der Vergangenheit (»Geschichtsklitterung«). Greiner spricht in diesem Zusammenhang von einem »Furor politischer Korrektheit« und hält eine Übertragung der Erkenntnisse der Antirassismusforschung auf Kinderliteratur daher zum einen aus genannten Gründen für nicht umsetzbar und zum anderen auch für unnötig. Antirassist*innen sollten sich Greiner zufolge lieber der Realität zuwenden als der Fiktion. Das Bemühen um politische Korrektheit im Hinblick auf Antirassismus, Antifeminismus und Antisemitismus bezeichnet Greiner als »ideologisch« und somit als Selbstzweck, der keine praktische Relevanz besitze, da Hasstäter Greiner zufolge sowieso nicht lesen würden. Die Befindlichkeit von »Mitbürgern nichtdeutscher Herkunft«, von denen es immer mehr gebe und die rassistische Begriffe »nicht sehr komisch« fänden, dürfe, so Greiner, heute erwachsenen deutschen Kindern »nicht die Erinnerung stehlen« an die wichtige Rolle jener Bücher in ihrer Lesebiografie. Die Überlegung, ob »Worte Schaden anrichten«, bezeichnet Greiner als »naiv«, da Begriffe wie das N-Wort, das »ehemals harmlos und heute kränkend« sei, nicht den »Samen des Rassismus« in der »kindlichen Seele« säen würden.

Greiners theoretisch durchgespielter Vermutung, dass einmal begonnenes Verändern von Texten im Prinzip immer mehr textliche Veränderungen nach sich ziehen könnten, stimmen wir theoretisch zu; die letzten neun Jahre haben diese Theorie jedoch widerlegt. Antirassismusforschung auf Kinderliteratur anzuwenden, halten wir im Gegensatz zu Greiner für unbedingt notwendig, wenn auch in einer anderen Art und Weise, als in der von Greiner angenommenen. Das Argument, dass niemand Rassist*in wird, weil er/sie das N-Wort in einem Kinderbuch liest, halten wir für zu kurz gedacht, sowohl was Greiners Rassismusverständnis angeht, als auch was das N-Wort angeht. Dasselbe gilt für Greiners Vermutung, dass Hasstäter*innen nicht lesen würden. Wir vertreten wie dargelegt die Auffassung, dass ein permanentes Wiederholen rassistischer Begriffe und Stereotype in Kinderliteratur zur alltagsrassistischen Sozialisation von (*weißen*) Kindern beiträgt. Wie im ›Theorieteil‹ dieses Buches bereits ausführlich besprochen, war das N-Wort noch nie ein neutraler Begriff, sondern bestenfalls von den Autor*innen nicht abwertend gemeint, aber dennoch so konnotiert. Was die schönen Erinnerungen angeht, sind wir im Gegensatz zu Greiner der Auffassung, dass man schöne Erinnerungen an die Kindheit nicht stehlen kann, selbst wenn man Texte mit einem Abstand von 20 Jahren oder mehr anders bewertet. Als alltagsrassistisch (und faktisch falsch) werten wir Greiners Ansicht, dass diejenigen, die mit dem N-Wort gemeint sind, keine deutsche Herkunft besäßen. Die Aussage, dass diese das N-Wort »nicht sehr komisch« finden würden, ist eine Bagatellisierung und verfehlt den Kern des Problems. Auffällig ist, dass Greiner die Frage, ob »Worte Schaden anrichten« nur auf *weiße* Kinder bezieht. Die Aufforderung, antirassistische Forschung auf die Realität zu richten, sowie die Marginalisierung der vom N-Wort negativ betroffenen Gruppe wiederum entspricht der Tendenz, »Minderheiten-Issues als Luxusprobleme einer Bildungselite verächtlich«[355] zu machen. Zudem vertreten wir die Auffassung, dass Bücher, die Kindern in Betreuungseinrichtungen oder zu Hause vorgelesen werden, nicht abseits der Realität des kindlichen Alltags stehen, sondern Teil von ihr sind.

Ob Kindern Ausdrücke wie das N-Wort »heutzutage noch zumutbar« sind, fragt Sieglinde Geisel, die den Beitrag »Debatte um sprachliche Säuberungen« für die *Neue Zürcher Zeitung* am 18.01.2013 verfasst hat.[356] Geisel weist darauf hin, dass man das N-Wort »heute nicht mehr sagen [dürfe]« und seinen Kindern dies beim Vorlesen erklären müsse. Da manche Eltern dies als »schlimm« empfinden würden, werde nun über »Säuberungen von Kinderbuchklassikern« debattiert. Geisel weist darauf hin, dass es sich bei diesen Büchern um »Originaltexte« handle, gegen deren Änderung sich beispielsweise die Familie Preußler, aber auch die Familie Lindgren, jahrelang gewehrt hätten. Daraus resultiere »ein ungutes Gefühl beim Gedanken, dass die Klassiker der Kinderliteratur nun systematisch im Sinn der political correctness gesäubert werden sollen«, so Geisel. Sie weist zum Ende ihres Beitrags darauf hin, dass »politisch nicht ganz korrekte Witze auf Kosten der Chinesen« sowie »aus feministischer Sicht nicht mehr zeitgemäße« Szenen in *Jim Knopf* jedoch erhalten blieben.

355 Berendsen/Cheema/Mendel: Finger auf Wunden, S. 13.

356 Geisel, Sieglinde: Debatte um sprachliche Säuberungen. In: *Neue Zürcher Zeitung*, 18.01.2013. Verfügbar unter Debatte um sprachliche Säuberungen | NZZ, Zugriff am 27.02.2022.

Geisel argumentiert hauptsächlich auf einer moralischen Ebene. Die Formulierung »man darf das so nicht sagen« impliziert immer sowohl das Vorhandensein einer (ethisch-moralischen) Kontrollinstanz als auch das Vorhandensein einer strafenden Instanz und ist somit darauf ausgerichtet, den/die Sprechende/n als das eine Wahrheit verkündende Opfer von Restriktionen darzustellen. Auf derselben Ebene ist ihr Hinweis einzuordnen, dass die Urheber*innen mit den Änderungen im Grunde nicht einverstanden waren und Druck ausgeübt worden sei. Die Beobachtung, dass die Änderungen in Kinderbüchern darauf zurückzuführen seien, dass manche Eltern ihre Kinder über die Verwendung des N-Worts nicht aufklären wollen würden, halten wir für falsch. Wie dem Statement des Thienemann Verlags zu entnehmen ist, ist der diskriminierende Charakter des N-Wortes der Grund, es aus der *Kleinen Hexe* zu entfernen. Geisels Argumentation ist somit darauf ausgerichtet, die Änderungen als unmoralisch darzustellen.

»Wir wollen vorlesen und nichts erklären müssen«, titelte Tilmann Spreckelsen (der übrigens in der Jury für den Kirsten-Boie-Preis 2022 saß) in der *FAZ* am 09.01.2013.[357] Spreckelsen sieht »harte Zeiten« auf die Liebhaber von Otfried Preußlers Werk zukommen aufgrund der vom Thienemann Verlag ausgeführten Änderungen und wertet diese als Zeichen, dass »Kinder- und Jugendliteratur von vorneherein nicht ernst« genommen werde, wenn sie »ohne Skrupel« umgeschrieben werde. Spreckelsen hält es für angebracht, Bücher, die man seinen Kindern nicht vorlesen wolle, so wie sie sind, beiseite zu legen. In Büchern etwas »Anstößiges« umzuschreiben, lehnt er jedoch ab mit der Begründung, dass dadurch »über dieses Moment der Irritation nicht mehr gesprochen« werde und somit auch nicht über das, was »ernsthafte Literatur« ausmache.

Wir haben selten ein derartig emotionales Plädoyer für die Ernsthaftigkeit der literarischen Qualität von Kinderbüchern gehört oder gelesen und vermuten einfach, dass mehr dahintersteckt. Zudem stellt sich die Frage, wie ernst die Belange derjenigen Menschen genommen werden, die in ebendiesen Kinderbüchern diskriminiert werden. Dass das N-Wort ein Indikator für »ernsthafte Literatur« ist, wagen wir hingegen zu bezweifeln.

357 Spreckelsen, Tilmann: Wir wollen vorlesen und nichts erklären müssen. In: *Frankfurter Allgemeine Zeitung*, 09.01.2013. Verfügbar unter »Kleine Hexe« ohne »Negerlein«: Wir wollen vorlesen und nichts erklären müssen – Feuilleton – FAZ, Zugriff am 27.02.2022.

Ob man mit Kinderbuchklassikern so »umspringen darf«, fragen sich Wieland Freund und Jaques Schuster in ihrem Beitrag »N-lein sagt man nicht!« in der *Welt* vom 11.01.2013.[358] Um diese Frage zu beantworten, befasst sich Freund zunächst mit den Argumenten, die für Änderungen sprechen (Pro), anschließend geht Schuster ausführlich darauf ein, was aus seiner Sicht gegen Änderungen spricht (Contra). Für Änderungen spricht Freund zufolge vor allem die Umständlichkeit, beim Vorlesen Wörter entweder selbst umändern oder erklären zu müssen. Erklärende Fußnoten seien dabei auch keine Lösung, sondern eher zwei Ausgaben der entsprechenden Werke; eine abgeänderte und eine historisch-kritische.

Gegen Änderungen an Kinderbuchklassikern spricht aus Sicht von Schuster ein von ihm wahrgenommenes immer stärkeres Fortschreiten der political correctness und einer damit verbundenen Zensur: »Was heute korrekt ist, kann morgen schon tabu sein.« Schuster argumentiert, dass das N-Wort seiner »Zeit gemäß« gewesen sei und Eltern die Entscheidung überlassen werden sollte, welche Bücher sie vorlesen wollen. Des Weiteren ist der Verfasser des Beitrags der Ansicht, dass eine Sozialisation, die das N-Wort inkludiert, nicht das Potenzial besitze, eine rechte Gesinnung verursachen zu können. Vielmehr würden jene, die »in freisinnigem Geist aufgewachsen« sind, die »Urfassung von Texten durchaus vertragen«. Diese seine Ansicht bezeichnet Schuster als »Toleranz« und geht davon aus, dass seine Toleranz den politisch korrekten »Tugendwächtern« und »Sittenrichtern« nicht behagen werde. In diesem Kontext kommt Schuster auf die »Freiheit der Kunst« zu sprechen und vergleicht die Änderungen an den Klassikern der Kinderliteratur, welche er als Kunst einstuft, mit der Zerstörung der Buddha-Stauen von Bamyian 2001 durch die Taliban.

Die Aussage »Was heute korrekt ist, kann morgen schon tabu sein« zeugt von Unsicherheit, ebenso wie die teils vehement versicherte Ansicht, das N-Wort sei zur Entstehungszeit nicht rassistisch gewesen. Wie Greiner streitet Schuster ab, dass das N-Wort bei (*weißen*) Kindern Schaden anrichten könne, wir sind da anderer Meinung. Dass Eltern selbst über den Lesestoff entscheiden sollten, sehen wir genauso, allerdings sind Eltern nicht die einzigen, die vorlesen. Wer seine Kinder tagsüber in Betreuungseinrichtungen bringt, verliert jede Kontrolle darüber, was sie vorgelesen

358 Freund, Wieland/Schuster, Jaques: »N-lein sagt man nicht«. In: *Welt*, 11.01.2013. Verfügbar unter »Negerlein« sagt man nicht! – WELT, Zugriff am 27.02.2022.

bekommen. Gerade in Kitas und Kindergärten sind sowohl das Fehlen diversitätsgeschulten Personals als auch veraltete Bücher zu beklagen. Schuster bedient sich zudem einer Rhetorik, bei der er sich selbst als »mutig« inszeniert, indem er sich gegen die political correctness auflehnt, um die Kunst zu verteidigen. Den Vergleich des Thienemann Verlags mit den Taliban (!) wiederum ordnen wir daher demselben rhetorischen Verfahren zu wie die Säuberungen und die Hexenjagd; nur dass hier mit der Täter- statt mit der Opferperspektive argumentiert wird.

Bettina Gaus bedauert in ihrem Beitrag »Kolumne: Macht. Von N-lein und Mägdelein« in der *tageszeitung* vom 22.02.2013,[359] dass »Eltern es unzumutbar [finden], Kindern zu erklären, dass manche Begriffe im Lauf der Zeit ihre Bedeutung ändern« und daher Wörter aus Büchern gestrichen wurden, die »von manchen Lesern als diskriminierend empfunden werden«. Im »Kampf gegen Rassismus«, so Gaus, habe sich die Familie Preußler »lange gewehrt« und Astrid Lindgren sei es sogar lebenslang gelungen, »Säuberungen ihrer Bücher zu verhindern«, Verlage wollten Gaus zufolge allerdings »lieber unangreifbar sein«. Geliebte Kinderbücher dürfe man aber nicht gleich »auf den Index setzen«, so Gaus, vielmehr solle man »Vertrauen in Eltern setzen«. Außerdem würden Kinder »den Zusammenhang zwischen Hautfarbe und Herrschaft gar nicht automatisch herstellen«. Gaus weist darauf hin, dass Bücher für Erwachsene auch nicht geändert würden, und fordert zu mehr Respekt gegenüber der Kinderliteratur auf. Sie ist zudem der Meinung, dass ansonsten auch Sexismus in Kinderbüchern »korrigiert werden« müsste und plädiert dafür, Kinderbücher nicht zu ändern, solange »sie verständlich sind«.

Die Argumentation von Gaus, ähnlich wie von Geisel, der Thienemann Verlag hätte besagte Änderungen durchgeführt, da manche Eltern (aus Scham?) ihren Kindern das N-Wort nicht vorlesen oder erklären wollen würden, finden wir verquer. Wir sind der Auffassung, dass das N-Wort in Kinderbüchern nichts zu suchen hat, weil es Schwarze Menschen verletzt und auf ein negatives Konzept des Schwarzseins referiert, und nicht, weil es *weiße* Eltern ihren Kindern nicht erklären wollen. Niemanden zu verletzen, ist aus unserer Sicht das dringendste Anliegen; Kindern kein rassistisches Vokabular beizubringen, kommt direkt danach. Gaus' Auffassung, Kinder

359 Gaus, Bettina: Von N-lein und Mägdelein. In: *taz*, 22.02.2013. Verfügbar unter Kolumne Macht: Von Negerlein und Mägdelein – taz.de, Zugriff am 01.03.2022.

würden den Zusammenhang zwischen Hautfarbe und Herrschaft nicht automatisch herstellen, widersprechen wir. Diese Annahme gilt von der Forschung längst als überholt. Gaus' anschließender Aussage, dass wenn man anfängt, Rassismus in Kinderbüchern ausfindig zu machen, man sich auch dem Sexismus zuwenden müsste, stimmen wir eindeutig zu. Uns fallen da noch Ableismus ein sowie Fat- und Bodyshaming bzw. Lookismus. Gerade Kindermedien neigen dazu, Menschen in die Kategorien schön, schlank, klug, gesund und nett bzw. dick, hässlich, dumm, tollpatschig und böse einzuteilen. Dieser bereits im Mittelalter propagierte Leib-Seele-Konvergenz begegnet man nicht nur in klassischen Disneyfilmen, sondern auch in modernem Bastelmaterial wie den Depeche TOP Model Ausmalbildern, die im Grundschulalter bei Mädchen extrem populär sind. Ein Beispiel in Kinderbüchern ist die *Drei!!!*-Reihe. Hier wird ebenso wie bei Barbiepuppen ein Körperbild propagiert, dem niemand gerecht werden kann. Wenn man es so betrachtet, fällt immer stärker auf, welch einseitiges Menschenbild Kinderbücher propagieren und wie sich die Normgruppe definiert. Zudem sind wir der Auffassung, dass zwischen Kinderliteratur und der Literatur für Erwachsene differenziert werden muss und dass beides daher nicht gleich behandelt werden kann. Während Erwachsene (in den meisten Fällen) in der Lage sind, von Texten propagierte Werte, Hierarchien und Menschenbilder kritisch zu reflektieren und zu hinterfragen bzw. abzulehnen, sind Kinder dies eben (noch) nicht. Erwachsenen können »problematische« Texte zugemutet werden, Kinder hingegen nehmen Texte, die ihnen von Bezugspersonen vorgelesen werden, sehr ernst.

Bei der Debatte um Kinderbücher müsse man zwischen Zensur und Rassismus abwägen, konstatiert Jakob Hein in seinem Beitrag »Werte und Worte. Rassistische Begriffe in Kinderbüchern« für die *Tageszeitung* am 15.01.2013. Prinzipiell spricht er sich gegen Rassismus genauso aus wie gegen Zensur; vertritt jedoch die Ansicht, dass im Fall von Kinderbüchern beides »nicht gleichwertig behandelt werden« könne. Sprache in Kinderbüchern zu verändern, begreift Hein als »eine Form der Informationskontrolle«, bei der »unerwünschte Inhalte« unterdrückt würden und somit verhindert werde, dass »Kindern bestimmte Worte vermittelt werden«. Letzteres wertet Hein als Zensur. Dennoch, so Hein, spreche »im Moment einiges für die beabsichtigten Korrekturen«. Diese Einsicht begründet er mit der Intention und der Gesinnung der Autor*innen dieser Werke, die sich allesamt gegen Unterdrückung eingesetzt hätten. Um den aus Heins Sicht antirassistischen Charakter der besagten Kinderbücher zu erhalten, plädiert er daher für die Entfernung des N-Wortes, da dieses, so Hein, zur Entstehungszeit nicht rassistisch gewesen sei und der Charakter des Buches also durch die Beibehaltung eines Wortes, dessen Konnotation sich geändert habe, verändert werden würde.

Heins Argumentation finden wir im Unterschied zu den Beiträgen seiner Kolleg*innen erfrischend sachlich, wenn uns auch seine These, die Bücher würden nur durch das Entfernen des N-Wortes ihren antirassistischen Charakter behalten, verblüfft hat. Ironischerweise argumentiert Hein, dass die Änderungen daher im Sinne der Autor*innen seien, während seine Kolleg*innen exakt das Gegenteil behaupten. Daraus wird jedoch ersichtlich, was für einen großen Deutungsspielraum die gesamte Debatte bietet. Davon abgesehen beweist auch Hein ein falsches bzw. verkürztes Rassismus-Verständnis: Alltagsrassismus in Kinderbüchern ist eben *nicht* gleichbedeutend mit einer rassistischen Grundeinstellung der Kinderbuchautor*innen, sondern ein Hinweis auf den über Jahrhunderte gewachsenen strukturellen Rassismus in Deutschland und in allen *weißen* Dominanzgesellschaften. Dieser wird gerade durch unbeabsichtigte alltagsrassistische Klischees, Stereotype und Mechanismen am Leben gehalten. Kinderbuchautor*innen (und alle anderen Menschen auch) können somit integrative antirassistische Absichten verfolgen und trotzdem Rassismen reproduzieren.

Bemerkenswert sind in vielen Beiträgen die Rhetorik und die Metaphorik: Begriffe wie das N-Wort in der *Kleinen Hexe* nehmen in der Logik von Greiner die Position einer (zu Unrecht) verfolgten Frau ein, auf die eine Hexenjagd veranstaltet wird. Das (rechtlich anerkanntermaßen rassistische) N-Wort ist in dieser Logik also das ›Opfer‹, da es im Kontext des Textes als Kunst begriffen wird. Ähnlich argumentieren Sieglinde Geisel und Bettina Gaus, wenn sie von »Säuberungen« schreiben. Der Kunstkritiker und Autor Hanno Rauterberg stellt in seinem (kontrovers diskutierten) Essay »Wie frei ist die Kunst?« von 2018 fest, dass im Zusammenhang mit einem vermuteten Angriff auf die Kunstfreiheit häufig der Begriff »Säuberung« falle: Dieser verweise »auf jene kunstfeindlichen Zeiten, als tatsächlich Bücher und Bilder verbrannt wurden, man Künstler verfolgte und die Freiheit der Kunst systematisch zersetzte. Von dieser Art systematischer Auslöschung kann indes in den liberalen Demokratien des

Westens keine Rede sein.«[360] Die Intention dabei ist jedoch, Rassismus in Kinderbüchern mittels Begrifflichkeiten aus dem Kontext der Minderheitenverfolgung (Frauen, Juden) zu verteidigen.

Dass diese Form der Inszenierung in Anlehnung an verfolgte Minderheiten mittels historisch aufgeladener Symbole oder Begriffe zwecks der Selbststigmatisierung als Opfer gesellschaftlich in den letzten knapp zehn Jahren populär geblieben ist, zeigt sich beispielsweise anhand der medialen Diskussionen im Winter 2021/22 aufgrund des Tragens von ›Judensternen‹ bei Corona-Demonstrationen, eine Handlung, die als groteske Form der kulturellen Aneignung gewertet werden kann und die rhetorisch an die »Hexenjagd« und die »Säuberungen« anschließt. Die radikalen Impfgegner*innen versprachen sich durch das Tragen dieses hochgradig mit Bedeutung aufgeladenen Symbols einen Imagetransfer, der sie als Verfolgungsopfer kennzeichnen sollte. Dadurch stellten sie einen unmittelbaren Vergleich zwischen ihrer Situation (als Gegner*innen von Schutzimpfungen und Corona-Maßnahmen) mit der Situation der jüdischen Bevölkerung während des Holocausts her, was wiederum als inakzeptable antisemitische Verharmlosung des Holocausts zu werten ist und eine dramatische Abwertung des Leids seiner Opfer impliziert. Für die Verharmlosung dieser Verharmlosung im *Tagesspiegel* öffentlich von Meredith Haaf in der *Süddeutschen Zeitung* kritisiert, wusste sich der inzwischen ehemalige *Tagesspiegel*-Kolumnist Harald Martenstein nicht anders zu helfen, als die Gültigkeit der Meinungsfreiheit in Deutschland infrage zu stellen und darüber hinaus vor einer »neuen totalitären identitären woken Ideologie« zu warnen.[361] Kurioserweise wird Antirassismus also als größere Bedrohung wahrgenommen als Rassismus bzw. Antisemitismus. Dabei gilt es zu bedenken, dass Rassismus und Antisemitismus sowie andere Diskriminierungsformen und Ismen regelmäßig Menschen ernsthaft verletzen oder sogar töten; was man vom Antirassismus nun nicht behaupten kann. Dieser besitzt lediglich das Potenzial zu verärgern, indem er gewohnte *weiße* Privilegien und *weiße* Perspektiven infrage stellt. Dass die von Martenstein geäußerte Einstellung jedoch in weiten Teilen der deutschen Gesellschaft

360 Rauterberg, Hanno: Wie frei ist die Kunst? Der neue Kulturkampf und die Krise des Liberalismus. Berlin: Suhrkamp 2018, S. 9.

361 Marstenstein, Harald: »Es wächst eine neue totalitäre Ideologie heran«. In: *Welt am Sonntag*, Nr. 9, 27.02.2022, S. 43. Verfügbar unter Harald Martenstein: »Es wächst eine neue totalitäre Ideologie heran« – WELT, Zugriff am 22.05.2022.

verbreitet ist, bestätigen auch die Ergebnisse der Umfrage des *Instituts für Demoskopie Allensbach*. Auch Meredith Haaf propagiert jedoch nicht die Auffassung, dass Harald Martenstein nicht schreiben darf, was er will, sie vertritt lediglich die Ansicht, Martensteins Beitrag sei »inhaltlich nicht der Rede wert«; konstatiert darüber hinaus allerdings, und das ist wesentlich bedeutender, eine »schleichende Desensibilisierung für die Einmaligkeit des Holocaust und die Gefahren des Antisemitismus«[362]. Haaf stellt des Weiteren fest, dass gleichzeitig ausgerechnet antirassistisches Engagement als gesellschaftliche Bedrohung wahrgenommen werde, eine Beobachtung, die ebenfalls mit der vom *Allensbacher Institut* festgestellten Ablehnung der political correctness übereinstimmt.

Anhand dieser Diskussion sowie den Ergebnissen der *Allensbacher* Studie lässt sich feststellen, dass die zentralen Themen der ›Kinderbuchdebatte‹ vor knapp zehn Jahren (Zensur, Meinungsfreiheit, Kunstfreiheit, political correctness) heute aktueller sind denn je.

In diesem Kontext wollen wir kurz auf den Begriff der political correctness eingehen, da sich Ängste und Emotionen häufig in diesem Begriff zu subsumieren scheinen.

In den 1980ern an US-amerikanischen Universitäten im Zuge linker Bewegungen entstanden, zielte der Begriff ursprünglich auf die Gleichbehandlung aller Menschen auf sprachlicher Ebene ab: »Als ›politically correct‹ und damit wünschenswert wird eine Sprachverwendung tituliert, bei der die Sprecher einen aktuellen Sprachgebrauch auf Grundlage bestimmter Normen kritisch hinterfragen.«[363] Durch die Bewusstmachung sprachlicher Diskriminierung sollte die Bewusstmachung tatsächlicher Diskriminierung erreicht werden.[364] Der im deutschsprachigen Raum in den 1990ern etablierte Begriff erfuhr jedoch schnell eine Abwertung und entwickelte sich (vor allem in rechten und konservativen Kreisen) zum diffamierenden Kampfbegriff für politische Gegner, der »vermehrt

362 Haaf, Meredith: »Die gefährliche Leichtfertigkeit im Umgang mit Judenhass«. In: *Süddeutsche Zeitung*, 10.02.2022. Verfügbar unter Gefährliche Leichtfertigkeit im Umgang mit Judenhass – Meinung – SZ.de (sueddeutsche.de), Zugriff am 27.02.2022.

363 Forster, Iris: Political Correctness. Bei: Bundeszentrale politische Bildung, 15.10.2010. Verfügbar unter Political Correctness / Politische Korrektheit | bpb.de, Zugriff am 04.03.2022.

364 Vgl. Stefanowitsch, Anatol: Sprachverbote. Bei: sprachlog.de, 23.04.2010. Verfügbar unter Sprachverbote | Sprachlog, Zugriff am 04.02.2022.

mit lächerlicher Euphemisierung und dogmatischer, intoleranter Politik assoziiert« wurde. Die Kritik an diesem Begriff geht dabei über eine grundlegende Skepsis von Antidiskriminierungsmaßnahmen seitens konservativer Kreise hinaus; vielmehr wird befürchtet, dass reale Missstände durch euphemistische Bezeichnungen verschleiert werden könnten. Ein gutes Beispiel ist der ›facility manager‹, an dessen Lebenswirklichkeit des Toilettenputzens sich durch die Begriffsänderung nichts ändert, außer der sprachlichen Aufwertung seiner Berufsbezeichnung. Diese sprachliche Aufwertung jedoch birgt die Gefahr, dass das ›Problem‹ unsichtbar wird, da sein sprachlicher Repräsentant verschwunden ist. Des Weiteren besteht, sprachwissenschaftlich gesehen, die Gefahr von »Euphemismusketten«: »Ein US-amerikanisches Beispiel ist hier die Kette *Negros – black people – coloured people – African-Americans*« für Schwarze Menschen. Die negativen Konnotationen schieben sich hier immer weiter auf den nächsten Begriff, das Problem wird also immer nur kurzfristig gelöst. Doch wie kommt das? Wörter[365], z. B. zur Bezeichnung Schwarzer Menschen (wie das N-Wort), sind sprachliche Zeichen (Bezeichnendes/Signifikant). Sie sind quasi-materiell und verweisen auf etwas, das nur durch sie hindurch ausgedrückt werden kann: ein immaterielles Konzept (Bezeichnetes/Signifikat). Die Beziehung zwischen Signifikanten und Signifikat ergibt schließlich die Bedeutung. Diese ist gesellschaftlich festgelegt und wandelbar. Wörter können daher (wie die berühmten ›Teekesselchen‹) mehrere Sachen gleichzeitig bezeichnen: eine Maus kann ein kleines Nagetier sein, aber auch ein Teil der Computerhardware. Der Signifikant ist somit nicht wichtig; er ist lediglich eine Worthülse. Wichtig ist der Prozess der Bedeutungsbildung, also die Frage, welches Signifikat ein Signifikant bezeichnet. Von daher ist es belanglos, welches Wort für die Bezeichnung Schwarzer Menschen gewählt wird, solange dieses auf das falsche Signifikat abzielt. Mit den deutschen Wörtern N*, M*, Farbige oder Dunkelhäutige war niemals das Signifikat ›Schwarzen Menschen‹ gemeint, sondern immer das Signifikat ›*weiße* Vorstellung des Schwarzen Menschen‹ mitsamt all seiner Konnotationen, denn alle diese Begriffe waren Fremdbezeichnungen. Daher konnten auch wohlmeinende Wörter nicht funktionieren, die negativen Konnotationen des Signifikats übertrugen sich jedes Mal auf ihren neuen Signifikanten (das neue Wort) und machten wiederholte Neubezeichnungen notwendig.

365 Nach der Semiotik von Ferdinand de Saussure und Roland Barthes.

Anders verhält es sich mit Eigenbezeichnungen wie ›Schwarz‹ oder ›afrodeutsch‹, die auf das ›richtige‹ Signifikat abzielen. Eigenbezeichnungen zählen wir daher nicht zur politisch korrekten Sprache, da sie außerhalb dieses Konstrukts stehen.

Des Weiteren wird kritisiert, dass politisch korrekte neue Wortbildungen häufig länger, komplizierter und weniger verständlich sind als die etablierten Worte, die sie ersetzen sollen. Dies wiederum störe die Reinheit der Kommunikation.

Die Debatte um politische Korrektheit ist insgesamt sehr kontrovers und verdeutlicht noch einmal, dass Sprache nicht neutral ist, sondern immer eine bestimmte (und oft die unmarkierte Norm-)Position spiegelt. Die Diskussion um political correctness offenbart zudem noch einmal das Potenzial von Sprache, Einfluss auf die Gestaltung der Wirklichkeit zu nehmen:[366] Die Wahl von Wörtern kann gesellschaftliche Gegebenheiten sichtbar oder unsichtbar werden lassen und sie kann gesellschaftliche Probleme wie Anti-Schwarzen Rassismus zu lösen versuchen.

Für die Kritik an Sanktionierungen wiederum (z. B. mittels Ausschluss, Zurechtweisung oder Bloßstellung) infolge von Aussagen, Einstellungen oder Handlungen, die als ›politisch nicht korrekt‹ gedeutet werden (sondern als rassistisch, sexistisch, homophob etc.), hat sich in den letzten Jahren der Begriff *cancel culture* etabliert. Cancel culture wird negativ als Gefahr für die Meinungs- und Kunstfreiheit vor allem in den Bereichen Medien und Wissenschaft gewertet. 2020 wies ein offener Brief, den viele anerkannte (auch deutsche) Schriftsteller*innen und Intellektuelle unterzeichneten, auf die Gefahren der cancel culture hin, wobei insbesondere die Art und Weise der durch cancel culture umgesetzten Kritik kritisiert wurde:

> »Herausgeber werden gefeuert für die Veröffentlichung kontroverser Artikel, Bücher werden vom Markt genommen wegen angeblicher Inauthentizität, Journalisten wird es verboten über bestimmte Themen zu schreiben [...] Die angemessene Art, falsche Gedanken zu attackieren, besteht darin sie als solche zu entlarven, in der Argumentation und Überzeugung des anderen, nicht indem man sie zum Schweigen bringen oder hinwegwünschen will.«[367]

---

366 Vgl. hierzu auch Gümüşay: Sprache und Sein.

367 Der vollständige offene Brief ist verfügbar unter A Letter on Justice and Open Debate | Harper's Magazine (harpers.org), Zugriff am 03.03.2022.

Cancel culture meint von den Betroffenen also ein ›Zumschweigenbringen‹ (Silencing) von im Sinne der political correctness unerwünschten Meinungen und wird ebenso als politischer Kampfbegriff verwendet wie der Begriff der political correctness selbst. In manchen Fällen mag dies berechtigt sein. In vielen Fällen jedoch dienen die Begriffe ›political correctness‹ und ›cancel culture‹ als Totschlagargumente derjenigen, die sich nicht kritisieren lassen wollen. Durch die Bezeichnung als ›politisch korrekt‹ wird eine Kritik automatisch abgewertet, nicht ernst genommen, bagatellisiert, lächerlich gemacht. Eine ernsthafte Auseinandersetzung mit dem Gegenstand an sich ist von diesem Punkt an nicht mehr möglich; der/die Sprecher*in hat deutlich gemacht, dass er/sie darüber nicht diskutieren wird und deutet seine/ihre Opferrolle bereits an. Dabei gibt es vor allem in den Feuilletons, den Meinungs-, Kultur- und Gesellschaftsseiten der großen deutschen Zeitungen diese Tendenz (wie zu Beginn des Kapitels aufgeführt) einiger scheinbar unterdrückter Autor*innen, die sich selbst zu Opfern der political correctness stilisieren, gegen dieses ›Zumschweigenbringen‹ aufzubegehren: »Man wird ja wohl noch sagen dürfen!« Dies betrifft auffällig oft jene (*weißen*, männlichen) Menschen, die die kulturelle Hegemonie qua Gewohnheit für sich beanspruchen und ihre Ansichten in den Medien kundtun dürfen. Auf Widerspruch, der als vermeintliche Einschränkung ihrer Gewohnheitsrechte empfunden wird, reagieren sie daher verständlicherweise patzig. Wenn solche Demagogen ihre Gewohnheit, auf niemanden Rücksicht nehmen zu müssen, durch die Bekämpfung von Rassismus, Sexismus, Antisemitismus oder Islamfeindlichkeit bedroht sehen, greifen sie zu einer Rhetorik, in deren Logik sie sowohl die Opfer als auch die Held*innen sind, die mutig vermeintliche Tabus brechen und Wahrheiten aussprechen.[368] Diese Personen übersehen bzw. ignorieren in der Regel jedoch, dass es gar keine Instanz gibt, die ihnen etwas verbieten will oder kann. Es gibt keine Sprech- oder Schreibverbote, daher kann es auch keine Zensur geben. Was als Einschränkung der Meinungsfreiheit wahrgenommen und dargestellt wird, ist in Wirklichkeit das Gegenteil: Diejenigen, die traditionell in Deutschland unterdrückt wurden, keine Stimme hatten und denen kein Raum für ihre Meinungsäußerung zugestanden wurde, können sich jetzt wehren und finden Verbündete. Die Aussage einiger Meinungsmacher in den Medien: ›Ich darf meine Meinung nicht

368 Vgl. Gümüşay: Sprache und Sein, S. 123.

frei äußern‹ bedeutet demnach eigentlich ›Ich stoße mit meinen Ansichten auf Widerstand und das gefällt mir nicht, denn das bin ich nicht gewohnt‹. Es gibt also objektiv betrachtet sogar mehr Meinungsfreiheit bzw. die Meinungsfreiheit gilt heute für mehr Menschen.[369] Die eigentliche Schwierigkeit der Opfer einer vermeintlich eingeschränkten Meinungsfreiheit scheint in der Annahme von und in dem Umgang mit Kritik zu bestehen. Dies trifft unserer Ansicht nach auf die oben besprochenen Kritiker*innen zu, auf Harald Martenstein oder beispielsweise auch auf den Journalisten Axel Hacke, der sich als Opfer von antirassistischer Kritik inszenierte, nachdem er ein Buch publiziert hatte, das sowohl das N-Wort im Titel enthält als auch das »N-Wort als Bild« auf dem Cover, oder auf den Literaturkritiker Denis Scheck, der sich im Zuge der Kinderbuchdebatte minstrel-show-mäßig fürs Fernsehen schwarz schminkte und heftig gegen den Thienemann Verlag austeilte. Die sich so verhaltenen Personen sind fast ausschließlich ›alte *weiße* Männer‹, also Mitglieder der erwiesenermaßen immer noch am stärksten privilegierten Gruppe unserer ›ersten Welt‹. Es ist daher wohl kaum zynisch, zu vermuten, dass die oben erwähnten Personen wohl schlicht und einfach den real drohenden Verlust von gewohnten Privilegien befürchten und daher verbal um sich schlagen. Kübra Gümüşay warnt davor, mit solchen Protagonist*innen (in ihrem Beispiel die AfD), die sich dieser Rhetorik bedienen, öffentlich zu diskutieren, da das Ernstnehmen ihrer Positionen »Hass als Meinung« legitimiere.[370]

Hass ist eine nicht zu unterschätzende Motivation, aber viel verbreiteter sind sicherlich heftige Abwehrreaktionen infolge von white fragility. Diese beruhen auf Unsicherheit und Verletzlichkeit und dürfen nicht mit Hass verwechselt werden. Deshalb ist grundsätzlich auch im Hinblick auf antirassistische Positionen und Kritik Vorsicht geboten, denn »wo wokeness angesagt ist, präsentieren sich nicht immer alle ganz ausgeschlafen«[371]. Antirassistische Kritik sollte daher immer gut durchdacht und begründet erfolgen, sonst leistet sie der Sache keinen Dienst. Die Autor*innen Eva Berendsen, Saba-Nur Cheema und Meron Mendel warnen davor, die Welt pauschal in Gut und Böse zu spalten und Macht mit Bosheit gleichzusetzen. Sie verurteilen daher das Rügen oder »Niederkrähen« von Gegner*innen sowie die selbstgerechte Betonung der eigenen Position als Opfer oder als

369 Vgl. El-Mafaalani: Wozu Rassismus?, S. 135.
370 Vgl. Gümüşay: Sprache und Sein, 128.
371 Vgl. Berendsen/Cheema/Mendel: Finger auf Wunden, S. 10.

dessen Anwält*innen. Denn auf diese Weise werde die Betonung von Differenz und Privilegien zum Selbstzweck. Antirassismus als Selbstzweck würde die Fronten wieder verhärten, zur Klischeebildung führen, in diesem Fall in Form von Klischees über ›alte *weiße* heterosexuelle Männer‹, Privilegien würden mit Schuld assoziiert werden und es würde zu einem intellektuellen Diskriminierungswettstreit (»Unterdrückungsolympiade«) kommen. Dies kann jedoch nicht das Ziel von Rassismuskritik sein. Wir möchten uns daher für ein positives und konstruktives Verständnis von Kritik aussprechen, bei dem vermeintlich diskriminierende Handlungen erstens aufgrund von antirassistischem Wissen, zweitens aufgrund von ›gesundem Menschenverstand‹ und drittens auch im Hinblick auf die Perspektive des vermeintlich rassistisch Handelnden hinterfragt werden sollen, denn diese ist oft genug wohlmeinend und fußt auf einem Mangel an antirassistischem Wissen und Aufklärung. Somit ist in Bezug auf Rassismuskritik gegenseitiges Verständnis und Entgegenkommen gefragt; denn wenn sich alle streiten, ist niemandem geholfen. Rassismuskritik darf also nicht mit religiösem Eifer ausgeübt werden und (unabsichtlicher) Rassismus darf nicht öffentlich moralisch verurteilt werden. Die Wahrnehmung der freien Meinungsäußerung als zu heikel, führt uns langfristig in ein neues politisches Biedermeier und birgt die Gefahr eines Erstarkens rechter Parteien.

Insgesamt kann jedoch konstatiert werden, dass immer häufiger Kritik an *weißen* Traditionen aufkommt. Rassismus wird in Kinderbüchern, in Kinderliedern und in Faschingskostümen erkannt und kritisiert. Diese Kritik wird von denen, die ihr nicht zustimmen, als ›Woke-Angriff‹ bezeichnet und abgewehrt. Die Formulierung ›Woke-Angriff‹ implizit, dass dabei übers Ziel hinausgeschossen wird, ganz im Sinne der Täter-Opfer-Umkehr wie bei den »Säuberungen« oder der »Hexenjagd«. Interessant sind dabei zwei Dinge: zum einen, dass die jüngst kritisierten rassistischen Traditionen auffällig oft im Kontext der Kindererziehung zu verorten sind, was darauf schließen lässt, dass Rassismus in der modernen Erziehung tatsächlich immer noch eine (meist unbemerkte) Rolle spielt. Zum anderen ist beachtenswert, dass genau aus dem Grund, dass es ›Kinderdinge‹ sind, über die diskutiert wird, die Rassismuskritik abgewehrt wird: Bücher, Lieder oder Kostüme werden als harmlos bezeichnet, als Spaß, als ›Kinderkram‹, mit dem sich die antirassistische Forschung besser nicht beschäftigen sollte, da man diese Kinder-Dinge, so wie Ulrich Greiner es tut, nicht der Realität zuordnet.

»Nicht alle Menschen, die in Deutschland leben, sind *weiß*« – die Argumente der Befürworter*innen von Änderungen

Im Zentrum der Kritik stehen in der ›Kinderbuchdebatte‹ die Themen Zensur, Meinungsfreiheit, Kunstfreiheit (die Frage, ob Literatur verfälscht bzw. ›zensiert‹ wird), die Frage nach der Anwendbarkeit von political correctness und Kriterien der Antirassismusforschung auf die Kinderliteratur, die Frage, ob das N-Wort bei Kindern Schaden anrichtet, sowie die Frage nach dem rassistischen Gehalt des N-Worts.

Im Verlauf der ›Kinderbuchdebatte‹ haben sich Schwarze Stimmen zu Wort gemeldet, deren Aussagen wir im Folgenden zusammenfassen wollen:

Am 28.01.2013 nahm die *Initiative Schwarze Menschen in Deutschland* (ISD) in einem offenen Brief Stellung zur ›Kinderbuchdebatte‹.[372] Hier bezeichnen die Verfasser*innen zunächst ganz konkret den blinden Fleck der gesamten in den Kulturteilen der jeweiligen Zeitungen geführten Debatte: Schwarze Menschen werden durchwegs nicht mitgedacht, doch »das deutsche Leser_Innenpublikum besteht nicht nur aus *weißen* Personen«. Zudem nehmen die Verfasser*innen klar Stellung zum N-Wort: »Das mit dem N-Wort verbundene koloniale Konzept ›Untermensch‹ war Teil einer moralischen Rechtfertigungsstrategie *weißer* deutscher Menschen [...], die Schwarzen Menschen das Menschsein absprach.« Sprache muss den Verfasser*innen zufolge ein Spiegel der Gesellschaft sein und es sei die Aufgabe der *weißen* Mehrheitsgesellschaft, »sich daran zu gewöhnen, Schwarzen Menschen in der aktuellen Debatte auf Augenhöhe zu begegnen«. Kinder würden zudem bereits mit drei Jahren eine ausgeprägte Sensibilität für gesellschaftliche Strukturen und Hierarchien besitzen und segregierte sowie gegenderte Verhältnisse wahrnehmen – auch und gerade wenn diese beim Vorlesen kommuniziert würden (Maisha Maureen Auma). Ebenso würden sie die mit dem N-Wort verbundenen Konnotationen – Stigmatisierung, Beleidigung und Abwertung – verstehen und verinnerlichen. Bezugnehmend auf die Künstlerin Grada Kilomba begreifen die Verfasser*innen »Rassismus als sich stets wiederholende traumatisierende Reinszenierung kolonialer

372 Vgl. Ein offener Brief von Tina Bach, Josephine Jackson, Adetoun Küppers-Adebisi, Michael Küppers-Adebisi, Claus Melter & Farah Melter, verfügbar unter Gegen Rassismus in Medien und in Kinder- und Jugendbüchern | ISD-Bund e. V. (isdonline.de), Zugriff am 02.03.2022.

Figurationen«, beispielsweise in Form von Gesichtslosigkeit, Passivität, Exklusion und Homogenisierung. Die Verfasser*innen verweisen daher auf ihre seit Langem bestehende Forderung nach einer »Abschaffung von Begriffen in der deutschen Sprache, die durch eine koloniale und von Rassismus geprägte Vergangenheit gekennzeichnet sind«. In diesem Zusammenhang beklagen die Verfasser*innen ein mangelndes Verständnis von Rassismus (im Sinne der Konstruktionen von Naturalisierung, Homogenisierung, Polarisierung, Hierarchisierung) in der Gesellschaft sowie in den deutschen Medien. Außerdem weisen die Verfasser*innen auf den für die gesamte Diskussion bedeutenden Punkt hin, dass die Bezeichnung einer Handlung als ›rassistisch‹ häufig als Angriff auf die ganze Person missverstanden werde. Dies sei jedoch ein Abwehrmechanismus, der darauf abzielt, sich nicht ernsthaft und differenziert mit den Vorwürfen und Fragestellungen auseinandersetzen zu müssen. Das Bedürfnis vieler Kritiker*innen von Änderungen in Kinderbüchern, »im Wissen um die Problematik des N-Wortes auf deren Nutzung zu bestehen«, werten die Verfasser*innen als ein »bewusstes Abwerten-Wollen« und unterstellen daher eine »Diskriminierungsabsicht«. Stattdessen fordern die Verfasser*innen ein »ernsthaftes und behutsames Ringen um rassismuskritische Kinderbücher« und richten »die Erwartung und den Anspruch an Journalist_innen und die Presse sowie an Literatur- und Theaterschaffende, ihr Publikum mit ihren Texten und Begriffen nicht auf diskriminierende Weise zu informieren und keine rassistischen Begriffe und Gruppenkonstruktionen zu verwenden«:

> »Die Verantwortung der Presse und der Medien ist es, Rassismus zu thematisieren und ihm entgegen zu treten. Es ist nicht Aufgabe der Medien, durch Artikel und andere Beiträge die Verwendung rassistisch geprägter Sprache zu rechtfertigen.«

Abschließend appellieren die Verfasser*innen an alle Medienvertreter*innen, ihren Beitrag zu leisten, um »Rassismus zu hinterfragen, statt ihn zu (re)produzieren«. Auf einige dieser Punkte möchten wir nun näher eingehen.

Der blinde Fleck: Schwarze Menschen in Deutschland

»Schwarze Menschen werden nicht mitgedacht«, so Simone Dede Ayivi, »Gedanken macht man sich lediglich um die Rechte des weißen Urhebers und das ungetrübte Vergnügen des weißen Rezipienten, der am liebsten alles so haben will, wie es schon immer war.«[373]

Im Gegensatz zu Greiners Behauptung kann man schöne Erinnerungen nicht stehlen. Es gilt aber zu bedenken, dass dieselben Bücher, die manchen »heute erwachsenen Kindern« (Greiner) schöne Erinnerungen beschert haben, bei anderen Kindern, die heute erwachsen sind, das Gegenteilige bewirkt haben. Die Aktivistin Tupoka Ogette spricht von »Bauchschmerzen«, die ihr *Jim Knopf* verursacht habe. Diese »schönen Erinnerungen« entpuppen sich somit als *weißes* Privileg. »Das sind auch meine Kinderbücher, ich habe die auch als Kind gelesen!«, sagt Hadija Haruna-Oelker im Interview mit der *taz* und weist darauf hin, dass gerade das systematische Ausblenden Schwarzer Deutscher als Rezipient*innen von Kinderliteratur beweise, dass *weiße* Normdominanz in Kinderbüchern sehr wohl eine langfristige schädliche Wirkung habe. Die Marginalisierung Schwarzer Menschen zeigt sich auch durch den von Greiner verwendeten Ausdruck »Mitbürger nichtdeutscher Herkunft«, der Afrodeutschen ihr Deutschsein abspricht. Diese Denkweise ist aber nicht nur faktisch falsch, sondern auch eine alltagsrassistische Form des Unsichtbar-gemacht-Werdens. Schwarze deutsche Kinder (und ihre Eltern) werden von Kritiker*innen wie Greiner als unsichtbar behandelt, sie werden aus der Gruppe der Leserschaft exkludiert und übergangen. Was bei allen Kritiker*innen somit schmerzlich auffällt, ist ein Mangel an Empathie für das Befinden Schwarzer Kinder. Deutlich ist vielen Kritiken anzusehen, dass die Argumente für Änderungen gar nicht ernst genommen, sondern lächerlich gemacht werden. Diese Ablehnung gipfelte in Denis Schecks öffentlicher Darbietung. Zudem beweisen die Kritiker*innen durch die Bank ein falsches Rassismusverständnis, wenn sie davon ausgehen, dass Begriffe wie das N-Wort *weiße* Kinder nicht zu (Alltags)Rassist*innen werden lassen. Dieses Verständnis ignoriert die Existenz des Alltagsrassismus (der sehr wohl durch Vorurteile generierende stereotype Reproduktionen in Kinderbüchern befeuert wird), da es Rassismus mit Rechtsradikalität gleichsetzt. Der Berliner Verein *glokal e. V.* macht auf ein weiteres Problem neben den Diskussionen um das N-Wort in der deutschen Kinderliteratur aufmerksam:

---

373 Ayivi, Simone: Rassismus in Kinderbüchern: Wörter sind Waffen. In: *Tagesspiegel*, 18.01.2013. Verfügbar unter Koloniale Altlasten: Rassismus in Kinderbüchern: Wörter sind Waffen – Kultur – Tagesspiegel, Zugriff am 03.03.2022.

»Leider bleibt die aktuelle Kinderbuchdebatte meist auf der Ebene der Begrifflichkeiten stehen. […] [E]in Buch wird nicht alleine dadurch antirassistisch, dass diskriminierende und verletzende Begriffe ausgetauscht werden.«[374]

Jenseits der Frage, wie rassistisch (gemeint) das N-Wort zur Entstehungszeit der Klassiker der deutschen Kinderliteratur war, brauchen wir dringend eine öffentliche, aber auch institutionelle Diskussion darüber, welche Werte Kinderbücher propagieren. Kinderbücher als Literatur ernst zu nehmen, so wie viele Kritiker*innen es fordern, bedeutet nicht, jedes Wort zu konservieren, sondern, sich literaturwissenschaftlich mit jenen Büchern zu beschäftigen und sie auf ihren Gehalt hin zu analysieren.

Die Gefährdung der Kunst- und Meinungsfreiheit durch Zensur

Angesichts des medialen ›Shitstorms‹ meldete sich auch der für die Änderungen verantwortliche Verleger des Thienemann Verlags Klaus Willberg zu Wort und beklagte die unreflektierte und unsachliche Argumentation der gesamten Diskussion. Insbesondere den Mangel an einem sorgfältigen und gewissenhaften Umgang mit bestimmten Begrifflichkeiten in den Beiträgen seriöser Publikationen durch Autor*innen, die eigentlich einer journalistischen faktenbasierten Verantwortung verpflichtet seien, ärgere und wundere ihn, so Willberg. Als Beispiel für den unkorrekten Umgang mit Begriffen nennt Willberg das Wort ›Zensur‹. Zur Klärung dieses Begriffs zitiert er die Definition von Wikipedia:

»Zensur ist ein restriktives Verfahren in der Regel von staatlichen Stellen, um durch Massenmedien oder im persönlichen Informationsverkehr (etwa per Briefpost) vermittelte Inhalte zu kontrollieren, unerwünschte beziehungsweise Gesetzen zuwiderlaufende Inhalte zu unterdrücken und auf diese Weise dafür zu sorgen, dass nur erwünschte Inhalte veröffentlicht oder ausgetauscht werden.«

Da die sprachlichen Modernisierungen des Thienemann Verlags vom Urheber sowohl initiiert als auch autorisiert worden seien, könne von Zensur keine Rede sein; dieser Vorwurf sei somit unhaltbar. Diese Ansicht vertritt auch der Journalist und Autor Enrico Ippolito: »Ein Teil des Problems

374 Glokal e. V.: Kinderbuchdebatte, 07.02.2013. Verfügbar unter Kinderbuchdebatte | glokal e. V. Zugriff am 04.02.2022.

sind diejenigen, die von Denk- und Sprachverboten sprechen und behaupten, dass man nichts mehr sagen dürfe, nur um dann ellenlange Texte in Zeitungen darüber zu schreiben, wie sie nichts mehr sagen dürfen.«[375] Ebenso wie bei der Diskussion um kulturelle Aneignung und Blackfacing im Kontext von Faschingskostümen besteht ein Teil der Aufregung darin, dass vorschnell von Verboten und Zensur (cancel culture) gesprochen wird, obwohl lediglich Kritik geübt wurde. Die Beschneidung der Meinungs- bzw. Kunstfreiheit wird mit der Kritik an einer geäußerten Meinung bzw. der alternativen Fassung eines Kinderbuchs gleichgesetzt, was faktisch falsch ist. Statt ›Ich (oder man) darf ja nichts mehr sagen‹ müsste es eigentlich korrekterweise heißen: ›Wenn ich das sage, kann es sein, dass ich dafür kritisiert oder zurechtgewiesen oder im schlimmsten Fall sanktioniert werde‹. Rhetorisch ist jedoch nur durch ein Überhöhen der Kritik als »Verlust der Meinungsfreiheit« das Einnehmen der Opferposition möglich: Es handelt sich demnach um eine Täter-Opfer-Umkehr auf rhetorischer Ebene. Zudem geht es um die Frage, was eine Meinung (Meinungsfreiheit) und was eine Diffamierung (hate speech) darstellt. Ähnlich verhält es sich mit der Kunst aufgrund des offenen Kunstbegriffs: Wer entscheidet, was als Kunst gilt und was nicht? Wie schwierig die Klärung dieser Frage oft ist, zeigt sich anhand von Künstlern wie dem Rapper Bushido oder dem Satiriker Jan Böhmermann, deren kulturelle Endprodukte die Bundesprüfstelle für jugendgefährende Medien bzw. die Karlruher Richter beschäftigen, da sie zwar unter dem Prädikat ›Kunst‹ geschaffen wurden, aber öffenlich Ismen und Diffamierungen verbreiten. Ein bedeutender Aspekt ist daher die Konkurrenz von Kunst- und Meinungsfreiheit zu anderen Rechten wie dem »Schutz der Jugend und dem Recht der persönlichen Ehre« (GG, Art. 5,2). Dies zeigt sich unter anderem anhand des 2018 erschienenen Essays »Wie frei ist die Kunst?« von Hanno Rautenberg und der um dieses Essay entstandenen Diskussion. Rautenberg konstatiert, dass im Zuge einer »Krise des Liberalismus« eine neue Unsicherheit in Bezug auf Kunst herrsche. Diese Unsicherheit führe dazu, dass Ausstellungen abgesagt, Gedichte übermalt, Gemälde diskutiert, Schmähgedichte kritisiert oder eben Begriffe in Kinderbüchern geändert (bzw. als cancel culture kritisiert) werden. Dass die Kunst allerdings noch nie völlig frei war, gibt Rautenberg selbst zu:

375 Ippolito, Enrico: Beleidigung, S. 82 f. In: Aydemir, Fatma/Yaghoobifarah, Hengameh (Hg.): Eure Heimat ist unser Albtraum, S. 72–87.

> »Nie war die Freiheit der Kunst eine totale Freiheit, das ist bekannt: Sie wird durch andere Rechte begrenzt, wenn es um den Schutz der Jugend oder den Persönlichkeitsschutz geht. Ebenso kennt die Freiheit materielle Grenzen [...]. Zudem kommt es vor, dass die Kunst ihre Autonomie freiwillig preisgibt und sich in den Dienst der politischen oder ökonomischen Macht stellt.«

Doch im Hinblick auf die political correctness des 21. Jahrhunderts komme es nun dazu, so Rautenberg, dass »die Gegenwart mit ihrer Geschichte [ringt], weil frühere Zeiten nicht auf heutige Weise dachten und handelten und ihre Artefakte nun manchen sexistisch, rassistisch oder sonst wie überholt vorkommen [...] Das Sag- und Zeigbare soll neu kartografiert werden.« Rautenberg fordert daher einen »universalistischen Freiraum für die Kunst«. Kritik an dieser Perspektive äußert beispielsweise der Journalist Sebastian Frenzel:

> »Allerdings sehen manche Aktivisten gerade in propagierten Universalismen wie der Autonomie der Kunst maskierte Privilegien, in deren Genuss vorwiegend weiße Männer Europas oder Nordamerikas kommen. Wird die Kunst also durch Moral und politische Gesinnung eingegrenzt, wie Rauterberg meint, oder ist die ›Kunstfreiheit‹ ein ebenso moralischer und politischer Kampfbegriff, der Ausgrenzung kaschiert?«[376]

Diese Ansicht vertrat bereits 2006 die Aktivistin Noah Sow in Bezug auf Comedy und Satire:

> »Die Rolle des Comedians als jemand, der die unausgesprochenen Gedanken der weißen Gesellschaft zugespitzt äußern darf, wird neuerdings dazu genutzt, um unter dem Deckmantel der ›Satire‹ die Verteidigung des Herrenrechts auf rassistische Ausdrücke neu zu formulieren. Dahinter versteckt sich offener Rassismus, der sich aber auf eine neue, vermeintlich gesellschaftsfähige Plattform flüchtet. [...] Die Binsenweisheit, ›Satire dürfe alles‹, wird aggressiv dafür strapaziert, dass weiße Deutsche alle anderen Menschen rassistisch beleidigen können.«[377]

---

376 Frenzel, Sebastian: Wird Kunst durch Moral und politische Gesinnung eingegrenzt? Bei: *Monopol Magazin*, 17.08.2018. Verfügbar unter Wird Kunst durch Moral und politische Gesinnung eingegrenzt? | Monopol (monopol-magazin.de), Zugriff am 08.03.2022.

377 Sow: Deutschland Schwarz Weiß, S. 218.

Maisha Mureen Auma weist daher darauf hin, dass mit Kunst und Kultur zusammenhängende Hierarchien und Traditionen von Exklusionen und Marginalisierungen dringend sichtbar gemacht, thematisiert und problematisiert werden müssen.[378]

Rassismus mit dem Freifahrtschein der Kunstfreiheit als *weißes* Privileg konsumieren und reproduzieren zu können, wäre somit ein weiteres Indiz für den strukturellen Rassismus in der *weißen* (deutschen) Gesellschaft. Frenzel weist zudem darauf hin, »dass jenseits dieser Aufreger seit Jahren außerordentlich wertvolle Entwicklungen laufen, die von der Personalpolitik der Museen über kanonkritische Überlegungen bis hin zu ästhetischen Auseinandersetzungen reichen. Ein gutes Werk, ob es von Balthus oder Dana Schutz stammt, kann diesen Auseinandersetzungen standhalten; viele neue faszinierende Werke entzünden sich erst an ihnen.« Die Kontroversität der Diskussionen um Kunstfreiheit, Meinungsfreiheit, Zensur und cancel culture, die zwar verunsichern, tragen jedoch auch dazu bei, dass altbewährte Traditionen überdacht werden und Raum für Neues entsteht.

Das Offenlegen des Privilegs, Kunst genießen zu können, ohne sich dabei beleidigen zu lassen, richtet somit den Fokus der Wahrnehmung auf diejenigen, die dieses Privileg innehaben, und bezeichnet sie als Gruppe, die zuvor in ihrer unmarkierten Normposition unsichtbar waren: *weiße* (oft männliche und ältere) Menschen. Kübra Gümüşay zufolge stoßen aus eben diesem Grund auch Bezeichnungen wie ›Mansplaining‹, ›Alman‹ oder ›alter, *weißer* Mann‹ auf Widerstand, da sie diesen Perspektivenwechsel, die Privilegien der so Bezeichneten und das Fehlen von Neutralität sprachlich offenbaren.[379]

Doch wie sieht es nun ganz konkret mit den Kinderbüchern aus? Ist die Kunstfreiheit gefährdet? Hadija Haruna-Oelker weist darauf hin, dass Verlage ihre Bücher regelmäßig modernisieren und dass an diesem Verfahren zuvor niemand etwas auszusetzen hatte.[380] Simone Dede Ayivi schreibt dazu:

---

378 Vgl. Auma: Kulturelle Bildung in pluralen Gesellschaften.

379 Gümüşay: Sprache und Sein, S. 49.

380 Vgl. Haruna, Hadija: Rassismus-Debatte: Wer ist hier empfindlich? Bei: *mediendienst-integration.de*, 22.01.2013. Verfügbar unter Rassismus-Debatte: Wer ist hier empfindlich? | Artikel | MEDIENDIENST INTEGRATION (mediendienst-integration.de), Zugriff am 22.05.2022.

»Es geht nicht um Zensur, es geht nicht um einen Eingriff in die Kunstfreiheit, es geht nicht darum, bestimmte Wörter zu verbieten. Wer darauf besteht, seinen Kindern rassistische Wörter vorzulesen, kann das immer noch tun, auch wenn mich dieses Anliegen gruselt.«[381]

Auch Tupoka Ogette unterstreicht die Freiheit in der Entscheidung: »Es gibt keine Sprachpolizei oder Zensur.«[382] Jeder dürfe sagen, was er will, müsse aber dafür die Verantwortung übernehmen; wer das N-Wort sage, verhalte sich rassistisch. Welche Folgen hat diese Erkenntnis auf ein Verständnis der Kinderliteratur als Kunstform? Greiner argumentiert: »Wer da mit Korrekturen anfängt, darf gar nicht mehr aufhören.« Da hat er nicht unrecht. Der Rassismus ist dem Buch *Jim Knopf und Lukas der Lokomotivführer* z. B. derart inhärent, dass das Buch ohne den Rassismus literarisch nicht mehr funktionieren würde. Insofern müsste man Kritiker*innen Recht geben, die behaupten, eine Änderung würde das literarische Kunstwerk gefährden. Ob die literarische Qualität der Texte durch Änderungen gefährdet ist, ist unserer Ansicht nach jedoch die falsche Frage. Die viel wichtigere Frage lautet, ob Eltern ihren Kindern einen Text, der auf Rassismus aufbaut, wirklich vorlesen wollen. Und immer wieder: Was ist mit den Schwarzen oder anders rassifizierten Kindern? Sollen diese Kinder die Bücher, die ja nicht zu Unrecht Klassiker sind, nur dann rezipieren dürfen, wenn sie sich dabei rassistisch beleidigen lassen? In Bezug auf die *Kleine Hexe* gilt auch zu bedenken, was der Thienemann Verlag in seinem Statement schreibt: Texte und Sprache ändern sich und sind auch schon oft geändert worden. Der Sinn des Textes verändert sich dadurch nicht. Die Definitionsmacht und die Entscheidung liegen schließlich immer noch bei der *weißen* Dominanzgesellschaft. Auch innerhalb der ›Kinderbuchdebatte‹ wurden Schwarze Menschen nicht im gleichen Maß gehört wie *weiße* Menschen.[383] So ist z. B. die Äußerung der damaligen Familienministerin Kristina Schröder, sie lese das N-Wort nicht laut vor, prominenter kommuniziert worden als der Brief von Mekonnen Mesghena, der die ›Kinderbuchdebatte‹ durch seine Kritik am N-Wort in *Die kleine Hexe* überhaupt erst ausgelöst hatte. Zuletzt zu bedenken ist auch die Intention des/der Schöpfer*in eines Textes, mit der Hein in der *taz* argumentiert. So bedauerte der 1983 verstorbene Zeichner

381 Ayivi, Simone: Rassismus in Kinderbüchern: Wörter sind Waffen.
382 Ogette: exit Racism, S. 80.
383 Kinderbuchdebatte | glokal e. V., Zugriff am 04.02.2022.

Hergé es, Schwarze auf diffamierende Art gezeichnet zu haben.[384] Auch Otfried Preußler und seine Familie haben den Änderungen vor dem Tod des Autors noch zugestimmt. Das Gleiche gilt für Astrid Lindgrens Familie (wenn auch nicht für sie selbst).

Kinder und das N-Wort

Einen weiteren Punkt der ›Kinderbuchdebatte‹ bilden die historische Bedeutung des N-Worts und die Frage, wie mit diesem Begriff heute gegenüber (*weißen*) Kindern umzugehen ist. Viele Kritiker*innen behaupten, das N-Wort sei zur Entstehungszeit des Textes nicht rassistisch gewesen und spielen seine Bedeutung daher herunter. Wie bereits ausführlich besprochen, ist diese Behauptung jedoch falsch: Das N-Wort war schon immer rassistisch. Die bekannte österreichische Kinderbuchautorin Christine Nöstlinger bringt das eigentliche Problem in Bezug auf das N-Wort bei der Schilderung von Änderungen an ihrem eigenen Werk auf den Punkt: »Obwohl mir ein Sternchen beim [N-Wort] und dazu der Hinweis, dass dieser Ausdruck vor 30 Jahren nicht als diskriminierend galt, auch gereicht hätte.«[385] Das N-Wort *galt* also nicht als rassistisch. Das Wissen um die rassistische Bedeutung des N-Worts und seine verletzende Wirkung waren demnach im deutschsprachigen Raum nur noch nicht so verbreitet, dass sie als allgemeinbekannt angesehen werden konnten. Dies ist heute anders: »Die zunehmende Beteiligung von den ›Anderen‹ der Moderne, in gegenwärtigen, gesellschaftlichen Feldern der Wissenschaft, Politik und Kultur, macht die Widersprüche in der modernen Grundlage unserer Ungleichheitsstruktur immer offensichtlicher«, schreibt Maisha Maureen Auma.[386] Rassistische Begriffe und Ansichten sind seit der mit der Aufklärung verbundenen *weißen* Selbstkonstruktion (die die systematische Abwertung des ›Anderen‹ impliziert) derart tief im kollektiven deutschen Textgedächtnis verankert, dass sie erst dann auffallen, wenn jene ›Anderen‹ zunehmend beteiligt werden und ihre Perspektive darlegen können. Dem N-Wort nicht so viel Bedeutung beizumessen, ist somit nur dann möglich, wenn sich dieses Wort nicht auf einen selbst bezieht. Das N-Wort nicht schlimm zu finden, ist somit keine Selbstverständlichkeit, sondern ein *weißes* Privileg.

384 Haruna-Oelker: (K)eine zeitlose Kunst.
385 Nöstlinger, Christine: Der [N-Wort] bleibt ein [N-Wort]. Bei: *Zeit*, 24.01.2013. Verfügbar unter Kinderbücher: Der Neger bleibt ein Neger | ZEIT ONLINE, Zugriff am 12.05.2022.
386 Auma: Kulturelle Bildung in pluralen Gesellschaften.

Ein weiteres häufiges Argument, das N-Wort in Kinderbüchern zu belassen, besteht darin, dass Eltern keine ›Scheu‹ davor haben sollten, Kindern dieses Wort einfach kurz zu erklären (Geisel, Spreckelsen, Gaus). Die Bloggerin Sohra Behmanesh beurteilt solche Aussagen folgendermaßen:

> »Sie [die Eltern] wollen damit rechtfertigen, weiterhin Pippi Langstrumpf und Jim Knopf vorzulesen. Was mir dabei aufgefallen ist, dass diese Eltern ausnahmslos nicht selbst von Rassismus betroffen sind, und ich glaube, dann ist es leicht, in die Falle zu tappen, und zu denken: ›So schlimm ist das nicht.‹ [...] Aus meiner Erfahrung ist es auch so, dass gerade diese Eltern gar nicht das rassismuskritische Wissen haben, um ihren Kindern verständlich zu machen, inwiefern Jim Knopf und Pippi Langstrumpf Schwarze und Braune Menschen stereotypisieren, abwerten und stigmatisieren.«

Der Argumentation der Kritiker*innen folgend, müsste man die Begriffe stehen lassen, um die Kinder aufzuklären. Hier stellt sich die Frage, welche Intention mit dem Lesen verfolgt wird: Vorlesen oder antirassistische Aufklärung? Wir sind der Auffassung, dass kindliche Aufklärung zu gesellschaftlich als tabuisiert empfundenen Themen (Rassismus, Sexismus, sexuelle Aufklärung, Ableismus, Fatshaming) nicht nebenbei erfolgen sollte, sondern gut vorbereitet sein will, denn nicht jede/r besitzt ein ausreichendes antirassistisches Wissen, um teils komplexe Rassismen in Kinderbüchern ad hoc erklären zu können. Zudem senden Vorlesende Kindern eine verwirrende Doppelbotschaft, wenn sie ihnen das N-Wort vorzulesen und ihnen im selben Zug erklären, was es bedeutet und dass man es nicht sagen darf, es selbst aber gerade ausgesprochen haben. Dasselbe gilt für Bücher wie *Jim Knopf*, die auf vielen Ebenen rassistisch sind. Ein entspanntes Vorlesen wäre bei solchen Büchern vor lauter Zwischenerklärungen kaum noch möglich und zudem äußerst doppelmoralisch. Und last but not least kann nicht darauf vertraut werden, dass Kinder dieses ›verbotene‹ Wort dann auch wirklich nicht sagen.

Natürlich müssen Kinder auch situationsbedingt (also zum Beispiel beim Vorlesen) über Rassismus aufgeklärt werden, unbedingt sogar. Aber mit ihnen ein Buch zu lesen, von dem man vorher schon weiß, dass es rassistische Narrative enthält, halten wir für eine fragwürdige Methode. Wir plädieren daher dafür, Kinderbücher von rassistischem Vokabular (Simone Dede Ayivi) wie auch von rassistischem Gedankengut (Rösch) zu befreien, denn diese Bücher, so literarisch wertvoll sie auch sein mögen, werden nicht als historische Produkte rezipiert und vermarktet, »sondern in einer aktuellen (verallgemeinbaren) Gültigkeit kanonisiert« (Maureen Maisha Auma).

Abwehrreaktionen

Warum entbrennt eigentlich unter Erwachsenen ein derart emotionsgeladener Streit um Kinderbücher? Und dies, wo doch kaum etwas passiert ist? Die Vehemenz, mit der die Kritiker*innen von Änderungen argumentierten, lässt den Eindruck entstehen, bei jenen Büchern handle es sich um die Lieblingslektüre älterer *weißer* Herren und nicht um Kinderbücher. Dabei ging es letztlich doch nur um ein einziges Wort. Simone Dede Ayivi schreibt dazu:

> »Eigentlich bedeutet die Frage nur: Sollen unsere liebsten Kinderbücher auf rassistische Begriffe verzichten, damit sie auch schwarze Kinder und Eltern zu ihren Lieblingsbüchern erklären können? Ja; warum denn eigentlich nicht? Das wäre doch sehr schön!«[387]

Woher resultieren also diese heftigen Reaktionen?

Eine Antwort auf diese Frage gibt der Berliner Verein für machtkritische Bildungs- und Beratungsarbeit, *glokal e.* V.:

> »In unseren Seminaren stellen wir oft fest, dass es Weißen Teilnehmenden leichter fällt, Werbeplakate oder Medienbeiträge rassismuskritisch zu analysieren, die Analyse von Kinderbüchern und -filmen hingegen oft mit starken eigenen Widerständen verbunden ist. Kinderbücher rufen bei vielen Erwachsenen schöne Gefühle und Erinnerungen hervor, die nicht gerne angetastet werden. Wenn Kinderbücher oder Kinderfilme zur Disposition stehen, scheint es schnell ans Eingemachte zu gehen, denn Kinderbücher schaffen Identitäten. So liest sich der Versuch der Weißen Mehrheitsgesellschaft die Bücher in ihrem Original zu erhalten, inklusive aller rassistischen und diskriminierenden Passagen, als eine große Verlustangst. Die Angst ein sich selbst geschaffenes positives Selbstbild zu verlieren ebenso wie die Angst, die jahrhundertelange Definitionsmacht sich ›Selbst‹ und ›Andere‹ definieren zu können in Frage stellen zu müssen.«[388]

Auch die Journalistin Hadija Haruna-Oelker empfindet die Reaktionen der Kritiker*innen von Änderungen als »zu schrill, um [sie] als typische

387 Ayivi, Simone: Rassismus in Kinderbüchern: Wörter sind Waffen.
388 Kinderbuchdebatte | glokal e. V., Zugriff am 04.02.2022.

Abwehrreaktionen zu werten, wenn es um das Thema Rassismus geht« und fragt sich, worauf diese »Empfindlichkeit« zurückzuführen sei, und seit wann »mit dem N-Wort ein Teil des deutschen Kulturguts bewahrt werden« müsse. Haruna-Oelker kommt zu dem Schluss, dass die Heftigkeit der Reaktionen auf die Tatsache zurückgeführt werden könne, dass die Verfasser*innen der oben zitierten Beiträge sich dabei ertappt fühlen würden, dass sie »sich selbst nicht an den Formulierungen [stören] – und sie unter Umständen heute noch verwenden«[389]. Daraus resultiere dann die Angst, »sich von den eigenen Vorurteilen verabschieden zu müssen« und zu reflektieren, »dass man einen rassistischen Begriff benutzt, obwohl man um seine abwertende Bedeutung weiß«[390]. Extreme Reaktionen wie der Vergleich des Thienemann Verlags mit den Taliban hingegen lassen noch auf etwas anderes schließen. Die Taliban gelten seit 9/11 als die Verkörperung des ultimativen Feindbilds für den christlichen Westen. Die Gleichsetzung des Thienemann Verlags mit den Taliban setzt den Verlag folglich in einen Gegensatz zu den *weißen*, christlichen, westlichen Werten. Weil der Thienemann Verlag das N-Wort aus seinen Publikationen getilgt und so das ungeschriebene Gesetz der *weißen* Solidarität gebrochen hat, wird er zum Feind des christlichen Westens und folgerichtig abgestraft. Auch Lilian Thuram weist darauf hin, dass *weiße* Menschen, die sich mit den Interessen von marginalisierten Gruppen solidarisieren, von der *weißen* Dominanzgesellschaft häufig als ›Verräter*innen‹ abgestempelt werden.

Nimmt man diese Punkte zusammen, so lässt sich konstatieren, dass es sich bei den meisten Argumenten der Kritiker*innen von Änderungen in Kinderbüchern um white fragility handelt. White fragility ist ein Abwehrmechanismus für Rassismusvorwürfe und dient letzten Endes dazu, *weiße* Privilegien zu schützen und *weiße* Dominanz und *weiße* Solidarität zu sichern. Tupoka Ogette beschreibt, wie sich die *weiße* Verletzlichkeit (white fragility) häufig äußert. Wut und Empörung sind Tupoka Ogette zufolge die ersten *weißen* Abwehrreaktionen auf einen Rassismusvorwurf. Diese lassen sich in vielen der oben zusammengefassten Texte feststellen; Hadija Haruna-Oelker bezeichnet den Ton der Kritiker*innen daher als »schrill«. Eine weitere typische Reaktion ist das Negieren von Rassismus bzw. das Vertreten der Meinung, dass Rassismus in diesem Kontext keine Rolle spielt. Dies geschieht z. B. dann, wenn das N-Wort als ehemals neutra-

389 Haruna: Wer ist hier empfindlich?
390 Haruna: »Es sind auch meine Kinderbücher!«

ler Begriff bezeichnet wird oder wenn Ulrich Greiner darauf hinweist, dass sich die Antirassisten lieber mit der Realität als mit der Fiktion beschäftigen sollten. Zudem hebt Tupoka Ogette hervor, dass die Deutungshoheit eine *weiße* bleiben soll: Was nicht rassistisch gemeint war, darf auch niemanden kränken. Diesen Aspekt erfüllen nahezu alle Kritiker*innen von Änderung, indem alle betonen, dass N-Wort sei nicht rassistisch (gemeint gewesen). Ein weiterer Punkt ist die Täter-Opfer-Umkehr. Auch diese lässt sich beispielsweise bei Greiner feststellen, etwa dann, wenn er »Mitbürgern nichtdeutscher Herkunft« vorwirft, sie würden den (echten) Deutschen ihre »Erinnerung stehlen«. Zudem wird, wie beschrieben, durch die Begriffe »Hexenjagd« und »Säuberungen« eine rhetorische Täter-Opfer-Umkehr betrieben. Der nächste relevante Punkt als Reaktion auf einen Rassismusvorwurf ist der Gegenschlag; also der Vorwurf, ebenfalls diskriminiert zu werden. Dies ist in der ›Kinderbuchdebatte‹ dann der Fall, wenn von einer Zensur, der Einschränkung der Meinungs- oder Kunstfreiheit oder gar von Sprechverboten die Rede ist. Die Kritiker*innen stilisieren sich hier zu den eigentlichen Opfern, denen etwas mindestens ebenso Schlimmes wie Rassismus widerfährt: Die Verletzung aufgrund des Rassismus wird mit der Verletzung des Grundrechts der Kunst- bzw. Meinungsfreiheit gekontert. Häufig wird den Opfern von Rassismus auch eine zu hohe Empfindlichkeit vorgeworfen, eine Reaktion, die sich ebenfalls in der ›Kinderbuchdebatte‹ beobachten lässt (»Gefühle von Minderheiten«, Greiner). Hadija Haruna-Oelker führt die Emotionalität der Debatte auch auf die Scham der Kritiker*innen zurück, welche sich bei ihrem eigenen rassistischen Verhalten ertappt fühlten. Auch diese Scham, die auf mangelnder antirassistischer Aufklärung beruht, listet Tupoka Ogette als Zeichen der white fragility. Doch anzukennen, dass etwas falsch läuft, erzeugt den moralischen Druck, sich nicht nur den eigenen Fehlern zu stellen, sondern auch, etwas ändern zu müssen. Mit einer Beschuldigung zu reagieren, ist hingegen wesentlich einfacher und bequemer (auch die Bequemlichkeit wertet Tupoka Ogette als typischen *weißen* Schutzmechanismus). Die Emotionalität, mit der die Debatte um Rassismus in Kinderbüchern geführt wurde und immer noch geführt wird, deutet darauf hin, dass es um mehr geht als um einzelne Wörter. Der Verdacht liegt nahe, dass es eigentlich um das (moralische) Recht *weißer* Menschen (Männer) geht, alle, auch rassistische, Wörter benutzen zu können. Dieses *weiße* Gewohnheitsrecht wird vehement verteidigt. Es ist also ein Machtkampf, bei dem *weiße* Menschen (häufig Männer) dafür streiten, dass sie sagen und schreiben dürfen, was sie wollen, ohne (und das sind entscheidende Punkte) daran gehindert, dafür kritisiert oder gar sanktioniert zu werden (white supremacy und *weiße* Privilegien). Das Ziel ist demnach, dass alles so bleibt, wie es immer schon war.

Wer hat hier die Verantwortung?

Viele der Kritiker*innen von Änderungen an Kinderbüchern argumentieren mit der Verantwortung von Eltern und Erziehenden. So kritisiert Gaus indirekt jene Eltern, die ihren Kindern das N-Wort nicht erklären wollen, während Schuster die Ansicht vertritt, dass jene Kinder, die »in freisinnigem Geist aufgewachsen« sind, die »Urfassung von Texten durchaus vertragen« (die Definition eines »freisinnigen Geistes« ist allerdings unklar). Die Frage, die die Kritiker*innen hier aufwerfen, ist also: Was spricht dagegen, die Texte einfach so zu lassen, wie sie sind, und Kindern als »anstößig« empfundene Wörter einfach zu erklären? Kann man nicht der Verantwortung von Eltern und Pädagog*innen vertrauen? Hätte das nicht vielleicht auch Vorteile im Sinne einer kindlichen Aufklärung? Lässt sich der Rassismus nicht mit anderen Problematiken in älteren Kinderbuchklassikern vergleichen? Astrid Lindgrens *Madita* enthält beispielsweise Darstellungen erzieherischer Gewalt, die zur Entstehungszeit des Textes ganz normal war. Eltern können ihren Kindern das doch einfach kurz erklären. Oder?

Diese Fragen und Vergleiche greifen leider zu kurz. Die Möglichkeit, die Verantwortung den Vorlesenden zu überlassen, die den Kindern beispielsweise das N-Wort beim Vorlesen erklären können, funktioniert aus mehreren Gründen nicht. Zunächst exkludiert diese Möglichkeit erneut Schwarze Rezipierende. Des Weiteren ist Rassismus zu komplex, um ihn mal eben nebenbei kindgerecht zu erklären. Tebogo Nimindé-Dundadengar und Olaolu Fajembola empfehlen zudem, für das Gespräch mit Kindern über Rassismus einen ruhigen Moment zu wählen, in dem das Kind/die Kinder nicht abgelenkt sind und gut ins Gespräch einsteigen können.[391] Beim Vorlesen ist so eine Situation per se eher nicht gegeben, da die Kinder ja auf die Geschichte fokussiert sind. Abgesehen davon, sind Kinder erst ab einem gewissen Alter kognitiv in der Lage, solche Erklärungen auch zu verstehen. Auch besitzen nicht alle Vorlesenden eine ausreichende antirassistische Kompetenz, um (jüngeren) Kindern verständlich zu machen, was an einem Wort, einer Darstellung oder einer Szene diskriminierend ist;

391 Vgl. Nimindé-Dundadengar/Fajembola: Gib mir mal die Hautfarbe, S. 109.

nicht alle Eltern sind antirassistisch aufgeklärte Akademiker*innen. Was sich bereits zu Hause auf der Couch als komplexe Aufgabe erweist, wird im Kindergarten angesichts großer (alters)heterogener Gruppen zum Ding der Unmöglichkeit. Im Grundschulalter wiederum lesen Kinder immer mehr allein. In diesem Fall fehlt der pädagogische Resonanzboden für eventuell nötige Erklärungen völlig. Kinderbücher müssen somit massentauglich und alltagstauglich sein; sie sollten demnach frei von Diskriminierung und Ismen sein.

Die Verantwortung für den Umgang mit Rassismus in Kinderbüchern auf Eltern und Pädagog*innen abzuwälzen, ist somit zwar eine schnelle und einfache, aber aus unserer Sicht keine umsetzbare Lösung. Wir plädieren dafür, diese Verantwortung wieder genau an jene zurückzuspielen, die sie so schnell loswerden wollten: die *weiß* geprägten Mainstream-Medien. Diese haben es 2013, als das unfassbar wichtige Thema Rassismus im Kontext der Kindererziehung endlich wochenlang einen prominenten Platz in der Berichterstattung erhielt, versäumt, mit der Thematik sachlich und ernsthaft umzugehen. Statt die Debatte konstruktiv zu führen und sich mal an die eigene Nase zu fassen, wurde hauptsächlich gepöbelt. Auch das Abschieben von Verantwortung ist ein Abwehrmechanismus, der einer Auseinandersetzung mit (dem eigenen) Rassismus Vorschub leisten soll. Jenen Kritiker*innen war es somit wichtiger, die Auseinandersetzung mit Rassismus zu vermeiden, als ihrem journalistischen Auftrag gewissenhaft nachzugehen. Die ›Kinderbuchdebatte‹ muss somit aus *weißer* Perspektive als verpasste Chance für eine ernsthafte und konstruktive gesellschaftlich-mediale Auseinandersetzung mit Rassismus gewertet werden. Aufklärende und erhellende Beiträge, und vor allem auch sachliche, die durch valide Argumente, Statistiken, Studien und wissenschaftliche Belege gestützt wurden, kamen fast ausschließlich von Schwarzen Autor*innen. Aus diesem Grund kritisieren sowohl die ISD als auch der Verleger Klaus Willberg zurecht die Rolle der Medien in der ›Kinderbuchdebatte‹.

Konklusionen: Unsicherheit und Angst vor Rassismusvorwürfen

Die aktuelle Debatte um Rassismus und Alltagsrassismus im Kontext von wokeness, political correctness und cancel culture zeugt vor allem von *einer* Tatsache: der generellen Verunsicherung. Rassismus wird seit einigen Jahren öffentlich und gesellschaftlich geächtet. Aus Angst, versehentlich etwas Rassistisches zu äußern, schweigen viele daher lieber, wie die oben zitierte *Allensbacher* Umfrage belegt. Als Rassist*in bezeichnet zu werden, wird in der heutigen deutschen Gesellschaft als derart schlimm empfunden, dass man es unbedingt vermeiden möchte. Das ist insofern schon einmal ein gutes Zeichen, als es belegt, dass Rassismus gesamtgesellschaftlich abgelehnt wird und *weiße* Menschen sich dieses Prädikat unter keinen Umständen anheften lassen wollen. Diese Ächtung hat jedoch auch dazu geführt, dass die meisten in ihrer Wirkung rassistischen Handlungen nicht mehr offen und leicht erkennbar rassistisch sind.[392] Zudem hält sie *weiße* Menschen eher davon ab, sich selbst ihren subtilen Alltagsrassismus eingestehen zu können bzw. für das Erkennen von Rassismus sensibel zu werden. Und die bloße Ablehnung von Rassismus bedeutet auch noch keinen Fortschritt hinsichtlich einer strukturellen De-Konstruktion von Rassismus in der deutschen Gesellschaft. Ganz im Gegenteil: Das verunsicherte Schweigen steht im Widerspruch zum trotzigen Beharren darauf, weiterhin N* sagen zu dürfen (und sei es unter Berufung auf die Kunstfreiheit), trägt aber leider langfristig ebenso wenig dazu bei, etwas an der Grundproblematik zu verändern. Wenn nicht mehr miteinander gesprochen wird, erstarren die Fronten ebenso wie beim unproduktiven Streit. Wir plädieren daher dringend für eine umfassende antirassistische Aufklärung, die von Anfang an mit einer Enttabuisierung von auf Unwissenheit beruhendem Alltagsrassismus einhergeht. Je stärker Rassismus als Tabu empfunden wird, umso schwieriger gestaltet es sich, *weiße* Menschen mit ihrem eigenen unbeabsichtigten habituellen Alltagsrassismus zu konfrontieren. Wichtig ist es in diesem Kontext, eine Generation von jungen Menschen großzuziehen, an die dieser traditionelle rassistische Wissensbestand (Exotisierung, Kriminalisierung, Exklusion aus der *weißen* Normgesellschaft etc.) nicht länger weitergegeben wird. Solange jedoch rassistische Artefakte und Reminiszenzen in unseren Kinderbüchern verbleiben, so unsere Vermutung, bleibt ein Teufelskreislauf erhalten, der darin besteht, dass die Kinderliteratur einen Alltagsrassismus reproduziert, der nicht böse gemeint ist, aber zu einem Menschenbild beiträgt, welches zu Mikroaggressionen führt, die ebenfalls nicht böse gemeint sind.

392 Vgl. El-Mafaalani: Wozu Rassismus?, S. 90.

Im Folgenden versuchen wir darzulegen, dass die Angst vor political correctness und einem damit verbundenen befürchteten Verlust der Meinungs- oder Kunstfreiheit in erster Linie auf Alltagsrassismus zurückzuführen ist, unter dem wir im Großen und Ganzen eine mangelnde rassistische Aufklärung verstehen, die Gewöhnung an *weiße* Privilegien und den white gaze. Hierbei spielt das Vokabular eine besondere Rolle: *Weiße* deutsche Menschen trauen sich bisweilen nicht, frei zu sprechen, da sie nicht wissen, ›was man noch sagen darf‹. Es mangelt somit an Allgemeinwissen um rassistische und nicht rassistische Begriffe und um die Bedeutung und Definition von Begriffen wie ›Rassismus‹, ›Alltagsrassismus‹ oder ›Rechtsextremismus‹: »Rassistisch, faschistisch, neonazistisch, rechtspopulistisch, rechtsextrem und rechts sind keine Synonyme, sondern verschiedene Begriffe mit semantischen Unterschieden, die sich manchmal, aber nicht zwingend treffen.«[393] Ein akkurates Vokabular ist somit beim Sprechen über Rassismus unerlässlich und kann zu seiner Enttabuisierung beitragen, indem der Satz: »Dieses Wort, das du benutzt hast, ist rassistisch« nicht mehr aufgefasst wird als »Du böser Rassist!«. Es mag sein, dass durch eine solche antirassistische Aufklärung bzw. ›political correctness‹ die Gewohnheit/das Privileg *weißer* Menschen, das N-Wort zu sagen oder zu schreiben, beschnitten wird, aber es darf nicht als bedeutungslos gewertet werden, dass diese Freiheit der Einen seit Jahrhunderten auf Kosten der Anderen geht. Antirassismusforscher*innen weisen darauf hin, dass der Prozess der antirassistischen Aufklärung für *weiße* Menschen schmerzhaft sein kann: Es mag sein, dass *weiße* Menschen Angst haben, öffentlich für eine unabsichtlich rassistische Bemerkung kritisiert zu werden, aber von der *weißen* Gesellschaft rassifizierte Menschen laufen täglich Gefahr, durch alltagsrassistische Mechanismen, Bemerkungen, Gesten und Handlungen verletzt zu werden. Eine umfassende öffentliche und strukturelle antirassistische Aufklärung und Aufarbeitung wäre die einzige Lösung, von der alle Menschen profieren würden, und diese muss unserer Auffassung nach im frühen Kindesalter ansetzen und beinhaltet die Auswahl der Kinderbücher.

Für eine antirassistische Aufklärung ist es zunächst wichtig zu begreifen, wie Mohamed Amjahid betont, dass Alltagrassismus (auch in der Kinderliteratur) nicht das Vergehen einzelner Individuen darstellt, sondern zeit- und kontextabhängig ist:

393 Ippolito: Beleidigung, S. 79.

»Als Pippi Langstrumpf erschaffen wurde, gab es keine Schwarzen Schweden; Europa galt als überlegene ›Erste Welt‹. Nicht Lindgren war rassistisch, sondern die Welt, in der sie lebte.«[394]

Ein Ziel antirassistischer Aufklärung muss es folglich sein, ein allgemeines Bewusstsein dafür zu schaffen, dass Rassismus ein über Jahrhunderte gewachsenes System ist, dessen Verbreitung lange Zeit bewusst gefördert wurde (beispielsweise im Kolonialismus durch die Menschenzoos und die Werbung für Kolonialwaren sowie durch die entsprechenden Kinderbücher). Der Politikwissenschaftler Joshua Kwesi Aikins plädiert daher für eine kollektive Übernahme von Verantwortung in Bezug auf Rassismus anstelle von privaten Schuldzuweisungen. Joshua Kwesi Aikins betont in diesem Zusammenhang beispielhaft den Einfluss von rassistischer Kinderliteratur am Beispiel von *Pippi Langstrumpf*, die im Bildungssystem zu Menschenrechtsverletzung führen würden. *Pippi Langstrumpf* habe daher Aikins zufolge in Kindergärten »nichts mehr verloren«.[395] Genauso systematisch wie Rassismus als System etabliert wurde, muss er nun wieder abgebaut werden. Lilian Thuram schreibt, dass Problem dabei sei weniger, dass denjenigen, die eine Ungerechtigkeit (wie Rassismus) anprangern, nicht geglaubt werde, sondern vielmehr, dass sie auf taube Ohren stießen. »Warum ist die Mehrheit der Weißen derart taub gegenüber den Forderungen von Nicht-Weißen«, fragt er sich.[396] Die Antwort ist: weil es unbequem ist. Es ist unbequem, sich in Eigeninitiative zu einem Thema weiterzubilden, das einen selbst nicht negativ betrifft, und dafür sogar eventuell Kosten in Kauf zu nehmen. Es ist unbequem, sich ein neues Vokabular anzugewöhnen. Es ist unbequem, sein Selbstbild ändern zu müssen. Es ist unbequem, freiwillig auf lange gewohnte Privilegien und rassistische Traditionen (wie das I-Kostüm zu Fasching) zu verzichten. Es ist unbequem, sich die eigene Mitschuld und die eigene Teilhabe an einem unfairen System einzugestehen und dann womöglich Konsequenzen ziehen und sein Verhalten ändern zu müssen. Es ist unbequem, schmerzhaft und eventuell sogar teurer, sich über diverse Kinderliteratur zu informieren und neue Bücher anzuschaffen, statt

---

394 Topcu, Özlem: Stellt euch nicht so an! In: *Zeit*, 24.01.2013. Verfügbar unter Kinderbuch-Debatte: Stellt euch nicht so an | ZEIT ONLINE, Zugriff am 03.03.2022.

395 Vgl. Afrozensus: Rassismus gegen Schwarze in Deutschland. DW Nachrichten, 05.12.2021. Verfügbar unter Afrozensus – Rassismus gegen Schwarze in Deutschland | DW Nachrichten – YouTube, Zugriff am 12.05.2022.

396 Thuram: Das weiße Denken, S. 145.

einfach die alte Ausgabe von *Pippi Langstrumpf* aus dem Bücherregal der eigenen Eltern hervorzukramen, wo sie 20 Jahre lang auf die nächste Generation von Leser*innen gewartet hat. Zumal mit dieser alten Ausgabe, die Teil der eigenen Biografie ist, nostalgische Erinnerungen verbunden sind. White privilege, white supremacy, white fragility und white solidarity sind somit die Gründe, die verhindern, dass die Mehrheit der *weißen* Menschen anfängt, ihre Vorstellungen und Narrative ernsthaft zu hinterfragen und nicht-*weißen* Menschen endlich Gehör schenkt. Gefragt sind somit nicht nur die (Bildungs-)Institutionen[397], in denen Rassismus (mittels Kinderbüchern) reproduziert wird, sondern jede/r Einzelne.

Was wir also brauchen, ist ein ›white turn‹ im Hinblick auf Rassismus, der eine professionelle, sachliche und konstruktive Diskussion über Rassismus ermöglichen würde, statt einer emotionalen, die auf Abwehr und Verleugnung beruht. Der Fokus zukünftiger Rassismus-Diskussionen muss auf *weißen* Menschen liegen: auf ihren eigenen Anteilen am rassistischen System, ihrer eigenen rassistischen Sozialisierung, ihren Vorurteilen und stereotypen Annahmen, ihren Vorteilen und Privilegien, aber vor allem auch auf ihren eigenen Möglichkeiten, Rassismus zu erkennen und zu vermeiden. *Weiße* Menschen müssen sich ihren eigenen Rassismus endlich eingestehen und den Willen zeigen, dagegen vorzugehen.

Um dies zu erreichen, ist zunächst eine umfassende gesellschaftliche Enttabuisierung von unabsichtlichem Alltagsrassismus nötig; nicht in dem Sinne, dass er als belanglos abgewertet wird, sondern in dem Sinne, dass eine *weiße* Person in der Lage sein kann, eine Rassismuskritik konstruktiv anzunehmen. Denn *weiße* Menschen sind in einer Hinsicht ebenfalls Opfer des rassistischen Systems: Sie sind ohne ihre Einwilligung rassistisch erzogen worden und somit oftmals unfreiwillige Täter*innen. In diesem Sinne sind *weiße* Menschen »Individuen, die in ein Denkschema eingeschlossen sind«[398].

Ratschläge für Eltern und Vorlesende

Eltern und Erziehende haben die Wahl aus einer unglaublich großen Bandbreite an Kinderliteratur und es ist ihre Aufgabe, diese Wahl zu treffen. Hierbei sollten sich (*weiße*) Vorlesende immer die Frage nach der Absicht

397 Wobei Rassismus und Diskriminierung selbstverständlich Teil der Ausbildung aller pädagogisch arbeitenden Menschen sein müssten, was bisher nicht der Fall ist.

398 Thuram: Das weiße Denken, S. 118.

stellen: Was wollen sie durch das (Vor)Lesen (neben einer Stärkung der Lesekompetenz) erreichen? Sind unsere liebsten Kinderbücher es wert, quasi als Nebenprodukt die Vermittlung rassistischer Weltanschauungen in Kauf zu nehmen? Ist es vertretbar, rassistisches Gedankengut durch das Lesen von Kinderbüchern eigens in Umlauf zu bringen?[399] Und wie sieht es bei älteren Kindern aus, die alleine lesen, und denen man nicht einfach nonchalant ein anderes Wort vorlesen kann?

Für den Umgang mit Rassismus in der (klassischen) Kinderliteratur gibt es leider keine Patentlösung. Hier müssen Erziehende sorgfältig abwägen, was ihre pädagogischen Ziele sind und wo ihre persönliche Schmerzgrenze sowie die ihrer Kinder liegt. Wir können Eltern und anderen Vorlesenden jedoch empfehlen, ein neues Buch (oder einen Film) zunächst einmal in Ruhe und alleine durchzusehen und sich dabei ganz ehrlich zu fragen, ob ihnen rassistische Begriffe, Situationen, Mechanismen, Zuschreibungen, Figuren oder Machtverhältnisse auffallen, ob negativ, böse oder lächerlich konnotierte Figuren Schwarz oder anders rassifiziert sind, ob (rassistische/sexistische/bodyshaming/homophobe/ableistische) Klischees vorkommen und ob Figuren als rassifiziert ge›othert‹ werden. Und es gilt immer, auf binäre Oppositionen zu achten, auch wenn nur eine Seite dieser Gegensätze angesprochen wird, denn die andere wird ganz automatisch mitgedacht. Zudem gilt es, die Funktion und die Rolle Schwarzer Figuren im Hinblick auf den white gaze zu hinterfragen: Stehen diese Figuren für sich selbst oder spiegeln sie nur die *weiße* Hauptfigur? Oder ist es vielleicht ihre Funktion zu belustigen? Wenn man mit Kindern liest (oder fernsieht), dann tut man das in der Regel ja nicht einmalig, sondern regelmäßig und über viele Jahre hinweg. Es lohnt sich daher, sich selbst zu schulen und Bücher kritisch zu hinterfragen. Auch bei Klassikern, die man selbst als Kind geliebt hat, fallen einem als erwachsene Person vielleicht Dinge auf, die man als (*weißes*) Kind nicht bemerkt oder als selbstverständlich betrachtet hat. Wie in den Analysen gezeigt, besitzt Rassismus in Kinderbüchern verschiedene Erscheinungsformen und ist auch unterschiedlich stark ausgeprägt. Dass Wimmelbücher, die keine BIPoC-Figuren abbilden, rassistisch sind, da sie marginalisierte Gruppen aus der *weißen* Dominanzgesellschaft exkludieren, bedeutet nicht, dass Kinder diese Bücher gar nicht mehr rezipieren sollen oder dürfen. Problematisch sind nicht solche einzelnen Bücher,

399 Vgl. Rösch: Grundschule Schwarz weiß, S. 186.

die beispielsweise alltagsrassistische Unsichtbarkeit beinhalten, sondern das Gesamtbild, das Kinder aus allen von ihnen rezipierten Büchern abstrahieren. Problematisch ist es demnach, wenn Kinder überhaupt keine BIPoC-Figuren in ihren Büchern finden, dafür aber vermehrt exotisierende Vorstellungen von Afrika, ›wilde schwarze Männer‹, Schilderungen von Fasching und Blackfacing, romantisierende Darstellungen der I*, rassifiziert markierte Figuren nur als token, eine Schwarz-weiß-Dichotomie in der Sprache und Symbolik sowie diffamierende Fremdbezeichnungen. Zudem gibt es noch viele andere Ismen, auf die zu achten, wir dringend raten möchten. Lookismus, Fat- und Bodyshaming, die vor allem in neueren Kinderbüchern keine Seltenheit sind, können das (eigene) Körperbild insbesondere von kleinen Mädchen, aber zunehmend auch von Jungs und non-binären Kindern beeinflussen und nachhaltig schädigen.

Die Entscheidung, ein Buch vorzulesen oder nicht vorzulesen, muss also immer für den Einzelfall, für jedes Buch gesondert, getroffen werden und hängt von verschiedenen Faktoren, wie dem Kontext des Lesens, ab. So ist *Tom Sawyer* vermutlich für gut aufgeklärte Jugendliche, die das Buch als ein Dokument seiner Entstehungszeit betrachten können und es nicht zur Unterhaltung, sondern aus Bildungsgründen lesen, geeignet. Kindergarten- und Grundschulkindern *Pippi in Taka-Tuka-Land* vorzulesen, halten wir jedoch für fahrlässig. Bei Kindern in diesem Alter gilt es, durch den Umgang mit Büchern die Freude am Lesen zu wecken und den Horizont zu erweitern. Texte mit rassistischem Subtext sowie Texte mit rassistischen Äußerungen, die man während des Vorlesens umändern oder erklären müsste, sind dafür unserer Ansicht nach ungeeignet. Selbstverständlich ist antirassistische Aufklärung für *weiße* Kinder wichtig. Diese kann auch anhand von Büchern erfolgen, die (jüngeren) Kindern Rassismus erklären. Deutschsprachige Publikationen zu diesem Thema gibt es bisher allerdings noch nicht viele. Zu nennen sind die Titel *Wie erkläre ich Kindern Rassismus* von Josephine Apraku und *Rassismus geht uns alle an* von Josephine Apraku und Jule Bönkost. Diese sind auf das Verständnis von Kindern ausgerichtet und erklären wichtige Zusammenhänge und Mechanismen anschaulich und in einfacher Sprache und sind zudem sehr schön illustriert. Beide Werke richten sich an Kinder ab dem Grundschulalter. Für Kinder im Kindergartenalter können wir den Titel *Was ist Rassismus?* von Katie Daynes und Jordan Akpojaro (Usborne Verlag; mit extra starken Seiten und Klappen, ab vier Jahren) empfehlen. Aktuell im Jahr 2022 erschienen ist zudem der Titel *Steck mal in meiner Haut* von Saskia Hödl, der sich an Kinder ab fünf Jahren richtet und Tipps für Eltern und Pädagog*innen integriert. Wir möchten die Durchsicht dieser Bücher ganz grundsätzlich empfehlen, da unserer Ansicht nach auch Erwachsene von ihnen profitieren können. In diesen Werken wird das komplexe Thema Rassismus so knapp und verständlich dargestellt, dass sie auch für Erwachsene einen guten Einstieg in die Thematik bieten. Von einer expliziten antirassistischen Aufklärung anhand einschlägiger (Kinder-)Literatur einmal abgesehen, muss antirassistische Aufklärung für Kinder natürlich auch situationsbedingt erfolgen; Eltern müssen Kindern gegenüber Rassismus unbedingt benennen, in dem Moment, in dem es zu einer rassistischen Diskriminierung kommt. Aber für eine solche antirassistische Aufklärung braucht man nicht die Klassiker der Kinderliteratur, zumal der Rassismus hier, wie von uns erläutert, häufig (auch) im Subtext steckt. Das Vorlesen eines Buches bei gleichzeitiger Benennung des Rassismus sendet Kindern gegenüber zudem eine ambivalente Botschaft: Das Buch/die Szene wird von der erwachsenen Bezugsperson als rassistisch entlarvt, kann aber trotzdem zur Unterhaltung konsumiert werden (solange der Rassismus benannt wird). Josephine Apraku rät in diesem Kontext dazu, frühestens mit Kindern im Teenageralter Medien wie diese Bücher gezielt rassismuskritisch zu untersuchen.[400] Für jüngere Kinder im Kita- und Kindergartenalter, denen sich die Komplexität von Rassismus (auch anhand der oben erwähnten Bücher) schwerlich erklären lässt, eignet sich stattdessen ein antirassistisches Empowerment in Form von Positivbeispielen, also mittels diversitätssensibler Kinderbücher. Auch für ältere Kinder halten wir solche Positivbeispiele übrigens pädagogisch für viel geeigneter (und schöner, spannender, aufregender, unterhaltsamer und lustiger) als Negativbeispiele. Statt also mit Kindern die mitunter rassistischen Klassiker zu rezipieren und den (deutschen) Kolonialismus und Rassismus anhand der Taka-Tuka-Insel zu erklären, schlagen wir stattdessen das (gemeinsame) Lesen von diversitätssensibler Literatur vor. Denn »ein auch heute noch weit verbreitetes Missverständnis, wenn es um Diversität in Kinderbüchern geht, ist, dass diese Bücher allein für Schwarze Kinder oder Kinder of Color nötig seien. Was wiederum gerne zu der Annahme führt, dass der Markt zurecht klein sei, weil auch die Zielgruppe scheinbar klein ist.«[401] Doch diese Annahme ist in zweierlei Hinsicht falsch. Zum einen

400 Vgl. Apraku: Wie erkläre ich Kindern Rassismus?, S. 61.
401 Hödl, Saskia: Kinder müssen sich selbst sehen.

leben gar nicht so wenige Schwarze Menschen und andere Menschen mit Rassismuserfahrung in Deutschland. Laut Schätzung der Vereinten Nationen hatte jeder vierte Mensch in Deutschland 2020 einen sogenannten Migrationshintergrund und über eine Millionen Menschen sind Schwarz.[402] Zum anderen sind Kinderbücher mit BIPoC-Protagonist*innen auch für *weiße* Kinder eine Bereicherung.[403] Diversitätssensible Kinderliteratur fungiert somit im Sinne der Erziehungswissenschaftlerin Rudine Sims Bishop als »Fenster« und als »Spiegel«: Bücher sollten Kindern Zugänge zu den Erfahrungen anderer ermöglichen (Fenster) und Kinder sollten sich darin selbst erkennen (Spiegel).[404] Schwarze bzw. BIPoC Held*innen in Kinderbüchern unterstützen demnach nicht nur das positive Selbstwertgefühl Schwarzer Kinder. Bücher mit Schwarzen und Protagonist*innen of Color eröffnen *weißen* Kindern auch Einblicke in die Welt von Kindern, die nicht so sind wie sie, und spiegeln diesen somit, dass *weiße* Menschen eben nicht die Normalität darstellen. Derartige Kinderbücher haben Einfluss auf ein achtsames Miteinander aller Kinder. Josephine Apraku macht darauf aufmerksam, dass die Integration von Diversität in den Alltag die einzige Möglichkeit der antirassistischen Sozialisation bei sehr kleinen (*weißen*) Kindern ist, mit denen sich ja noch keine richtigen Gespräche führen lassen.[405] Tebogo Nimindé-Dundadengar wiederum rät Eltern, das Kinderzimmer (und somit auch die Kinderliteratur) von Anfang an divers zu gestalten und sich selbst parallel zum einen antirassistisch fortzubilden und zum anderen einer selbstkritischen Rassismus-Reflexion zu unterziehen, um erst im Anschluss mit Kindern Kinderbücher über Rassismus zu rezipieren. Somit gebe es keine schnelle Lösung mittels des ›richtigen‹ antirassistischen Kinderbuchs, vielmehr sei ein langwieriger Prozess erforderlich, der hilfreiche Literatur für groß und klein integriert.[406] (Der

402 Vgl. Wagner, Jennifer: Auf dem Weg zu mehr Sichtbarkeit. Bei deutschland.de, 10.05.2021. Verfügbar unter Schwarze Menschen in Deutschland: Neues Forschungsprojekt, Zugriff am 25.02.2022.

403 Vgl. Hödl, Saskia: Kinder müssen sich selbst sehen.

404 Vgl. Bishop, Rudine: »Mirrors, Windows and Sliding Glass Doors.« In: Perspectives: Choosing and Using Books for the Classroom. Vo. 6, no. 3. Summer 1990. Verfügbar unter Mirrors, Windows, and Sliding Glass Doors (scenicregional.org), Zugriff am 08.02.2022.

405 Vgl. Apraku: Wie erkläre ich Kindern Rassismus?, S. 30.

406 Vgl. Tebogo Nimindé-Dundadengar bei: Rassismus von Anfang an lernen? Wie sich struktureller Rassismus in Kita und Grundschule auswirkt. Diskussionsrunde der Berliner Landeszentrale für politische Bildung vom 04.11.2021. Verfügbar unter

Abschied »heute erwachsener Kinder« von ihren liebsten Kinderbüchern, die leider Rassismus enthalten, kann ebenfalls ein individueller Schritt in diesem Prozess sein.) Tebogo Nimindé-Dundadengar und Olaolu Fajembola schlagen in ihrem Elternratgeber zur antirassistischen Aufklärung *Gib mir mal die Hautfarbe* explizit vor, Kinder auch anhand von Kinderbüchern über verschiedene Hautfarben und Rassismus aufzuklären. Hier empfehlen die Autorinnen allerdings die gemeinsame Durchsicht von Kinderbüchern, die BIPoC darstellen, um mit kleineren Kindern verschiedene Hautfarben und damit verbundene Ungerechtigkeiten zu besprechen. Für ältere Kinder empfehlen sie Bücher, die Geschichten über Rassismus erzählen, wie beispielsweise die Biografien Schwarzer Menschen.[407] Schwarze wie *weiße* Kinder brauchen also Bücher, in denen »Schwarze Jungs und Mädchen starke, positive Protagonist*innen sind – nicht ausschließlich, aber eben auch«[408]. Sie können sich somit als geeignet erweisen, die ›Empathie-Lücke‹ gegenüber marginalisierten Gruppen zu schließen. Der Berliner Verein für machtkritische Bildungsarbeit *glokal e. V.* schreibt auf seiner Homepage:

> »Es gibt viele wunderbare Bücher und Filme, die ohne Diskriminierungen auskommen, alle Kinder als potentielle Leser_innen mitdenken und empowern. Dabei ist Rassismus nur eines von vielen gesellschaftlichen Machtverhältnissen, das dabei berücksichtigt werden muss. Zur Inspiration haben GLADT und Kinderwelten beispielsweise für den deutschsprachigen Raum eine Positivliste zusammengestellt, ›der braune mob‹ hingegen sammelt in einer Liste, die gerne ergänzt werden darf, Bücher mit diskriminierenden Inhalten und Ausdrücken. Anstatt rassistische Kinderbücher weiter zu verbreiten und vorzulesen, wäre es vielmehr an der Zeit, Eltern, Erzieher_innen und Lehrer_innen in macht- und rassismuskritischer Analyse von Kinderbüchern (und anderen Medien) zu schulen um für die nächsten Generationen andere Identitäten zu ermöglichen.«[409]

Unserer Ansicht nach kommt es beim Vorlesen vor allem auch auf die Mischung an. Wenn Eltern oder Erzieher*innen den Kindern ein *Conni*-Heftchen vorlesen wollen, spricht nichts dagegen, solange dies nicht das einzige ist, was vorgelesen wird. Rassistische Klischees entstehen im

---

Rassismus von Anfang an lernen? Wie sich struktureller Rassismus in Kita und Grundschule auswirkt. – YouTube, Zugriff am 26.05.2022.

407 Fajembola/ Nimendé-Dundadengar: Gib mir mal die Hautfarbe, S. 110, 113.

408 Ogette: »Wanted: Schwarze Held_innen in deutschen Kinderbüchern.«

409 Kinderbuchdebatte | glokal e. V., Zugriff am 08.02.2022.

kollektiven Gedächtnis vor allem durch die permanente Wiederholung, also wenn überwiegend Bücher rezipiert werden, die wir als problematisch einstufen. Davon ganz abgesehen empfinden wir zudem eine zu starke Ikonisierung der deutschen Kinderbuchklassiker und ihrer Held*innen als bedenklich, zum einen, weil sie *weiße* Normen etablieren, zum anderen, weil sie den Blick auf andere Texte verstellen können. Es lohnt sich der Blick auf Verlage und Händler, die sich auf diversitätssensible und vielfältige Kinderliteratur spezialisiert haben; so etwa der Bohem Verlag, Zürich, der Baobab Verlag, Basel, das Verlagshaus Jakoby und Stuart, Berlin, der Hawandel Verlag, Berlin oder der Zuckersüß Verlag, Berlin, der inklusive Kinderbuchverlag bli bla blub, Kassel, der britische Usborne Verlag (der auch auf Deutsch publiziert) sowie der Onlineshop tebalou[410]. Das *Institut für den Situationsansatz* stellt eine ausführliche Liste von vorurteilsbewussten Kinderbüchern zur Verfügung[411] ebenso die *Initiative Intersektionale Pädagogik* (i-PÄD)[412]. Die Bloggerin Carla Heher beschäftigt sich mit diverser Kinderliteratur und stellt auf ihrem Blog zahlreiche nach Themen geordnete Empfehlungen und Buchbesprechungen zusammen.[413] In vielen konventionellen Buchhandlungen sind diverse Kinderbücher allerdings (noch) nicht zu finden; es lohnt sich daher die Suche im Internet. Wir sehen es somit als die Aufgabe von Eltern und Erziehenden an, sich zu informieren und fortzubilden. Dies tun alle, die auf Kinder aufpassen, ohnehin schon von Anfang an. Im Blick zu behalten, welche Werte diejenigen Kinderbücher eigentlich vermitteln, die wir selbst schon als Kinder gelesen haben, und diese dann zu hinterfragen, ist für viele Eltern und Erziehenden vermutlich jedoch eine neue Idee.

Im Gegensatz zu den USA gibt es in Deutschland jedoch keine Verbote und keine Zensur im Hinblick auf Rassismus in Kinderbüchern. In vielen US-amerikanischen Bundesstaaten hingegen verschwinden seit einiger Zeit nach und nach Bücher aus Schulbüchereien und Bibliotheken und bestimmte Lektüren werden vom Lehrplan entfernt. Aktuell werden Bücher verbannt, die sich mit Rassismus, Antisemitismus, unerwünschten Formen von Sexualität (z. B. Homosexualität, Queerness) oder häuslicher Gewalt

---

410 Home für mehr Vielfalt im Spielzimmer (tebalou.shop)

411 Kinderbuch-Empfehlungen – Institut für den Situationsansatz, Zugriff am 08.02.2022.

412 Kinderbücher – i-PÄD Berlin (i-paed-berlin.de), Zugriff am 08.02.2022.

413 Carla Heher – buuu.ch, Zugriff am 28.05.2022.

beschäftigen. Darunter befinden sich preisgekrönte Werke und Klassiker (z.B. *Maus* von Art Spiegelman, *Wer die Nachtigall stört* von Harper Lee, *Heather has two Mommies* von Lesléa Newman, *The Hate U Give* von Angie Thomas, *Sea Horse: The Shyest Fish in the Sea* von Chris Butterworth, *Out of Darkness* von Ashley Hope Pérez, *Dear Martin* von Nic Stone, *The Bluest Eye* von Toni Morrison und viele weitere). Zudem soll Lehrer*innen das Reden über diese Themen untersagt werden (z.B. durch den ›Don't Say Gay Bill‹ im Bundesstaat Florida). Zuvor war bereits *Tom Sawyer* als ungeeignet für den Unterricht eingestuft worden. Einer Erhebung des US-amerikanischen Schriftstellerbandes *PEN America* zufolge landeten seit dem Sommer 2021 mehr als 1.500 Bücher auf dem Index und wurden aus US-Klassenzimmern und Schulbibliotheken verbannt.[414] Fatal ist an dieser Situation vor allem, dass gerade der Schulunterricht (bei vorhandener Kompetenz der Lehrkraft) eine geeignete Situation darstellen kann, um auf diese Weise als gesellschaftlich problematisch empfundene Bücher zu rezipieren, zu reflektieren und zu diskutieren. Kompetentes Lehrpersonal besäße hier die Möglichkeit, diese Bücher mit den Schüler*innen kritisch zu analysieren und die Kinder so zum Erkennen von Rassismus und Sexismus in Büchern zu sensibilisieren sowie von Büchern propagierte Normen und Dominanzverhältnisse zu hinterfragen. Bei den aktuellen Zensuren spielt vermutlich jener Punkt eine Rolle, den die Verlegerin Monika Osberghaus hervorhebt: dass die Erwachsenen den Kindern als heikel empfundene Themen nicht zumuten wollen und daher lieber umgehen. Solche Einschränkungen von staatlicher und institutioneller Seite wie in den USA gibt es in Deutschland jedenfalls nicht und sie stehen auch gar nicht zur Debatte. Wir genießen die Freiheit, selbst entscheiden zu können. Diese Freiheit ist ein Gewinn, aber sie beinhaltet auch als unangenehm empfundene Aspekte. So bedeutet Freiheit auch immer Verantwortung. Wer frei entscheiden darf, sollte seine Entscheidungen mit Bedacht fällen.

Um Eltern und anderen Vorlesenden diese Aufgabe zu erleichtern, kommen seitens des deutschen Literaturbetriebs theoretisch vier Möglichkeiten infrage:

414 Kastein, Julia: Schullektüre in den USA: Kulturkampf im Klassenzimmer. Bei: *tagesschau.de*, 08.05.2022. Verfügbar unter Schullektüre in den USA: Kulturkampf im Klassenzimmer | tagesschau.de, Zugriff am 10.05.2022.

a) die Kinderbuchklassiker werden sowohl in der Originalversion als auch in einer überarbeiteten Version angeboten, sodass die Eltern frei entscheiden können, welche Version für sie infrage kommt,
b) die Kinderbuchklassiker werden in einer kommentierten Fassung publiziert, also mit Anmerkungen und/oder Vor- bzw. Nachwort versehen,
c) diversitätssensible und rassismusfreie Literatur wird durch ein Siegel oder Prädikat gekennzeichnet und
d) diskriminierende bzw. rassistische Kinderliteratur erhält eine Negativkennzeichnung in Form einer Triggerwarnung.

Die Vor- und Nachteile dieser Varianten sowie die Möglichkeiten ihrer Umsetzung werden wir im Folgenden diskutieren.

Das Anbieten verschiedener Auflagen seitens der Verlage

Verlage könnten, sofern das Urheber*innen- und Lizenzrecht es erlaubt, eine Originalversion des Textes anbieten und eine überarbeitete Version des Textes, in der Begriffe wie das ›N-Wort‹ entfernt oder umgeändert, Passagen umgeschrieben oder Passagen oder Kapitel entfernt wurden. Auch Bilder müssten eventuell entfernt oder neu gezeichnet werden. Dass solche Änderungen prinzipiell möglich sind, haben der Thienemann Verlag und der Oetinger Verlag bereits bewiesen. Der Thienemann Verlag führt in seinem Statement »Sprachliche Modernisierung von Klassikern« vom 18.01.2013 einige Punkte an, um Änderungen an von ihm verlegten Werken (insbesondere der *Kleinen Hexe* und eventuell weiteren Werken Otfried Preußlers) zu erklären: So weist der Verlag darauf hin, dass dies nicht die erste Änderung am Original darstellt. Der Verlag gibt an, dass es die Aufgabe eines Kinderbuchverlages sei »die Klassiker so an die Zeitläufe und damit auch sprachliche Veränderungen anzupassen, dass sie für weitere Generationen von Kindern Klassiker bleiben können«. Dies beinhalte das Streichen oder Ersetzen diskriminierender Begriffe. Der Verlag verfolgt damit die Intention, das Einfließen diskriminierender Begriffe in den Sprachgebrauch der Kinder zu vermeiden. Der Verlag versichert, dass diese Änderungen die betroffenen Kinderbuchklassiker in ihrer Gesamtheit nicht verändern, denn es seien nicht die diskriminierenden Begriffe, die das Werk ausmachten. Botschaft und Substanz der Werke würden nicht berührt. Der Verlag gibt an, dass Veränderungen immer im Einzelfall zu entscheiden sind und sich dies manchmal als schwierig bis nunmöglich erweisen würde, wie dies bei *Jim Knopf* der Fall sei. Der Verlag bestreitet, dass es sich bei diesen Änderungen um Zensur handele, da die Änderungen nicht der Definition von Zensur entsprechen. Der Verlag diskutiert intern das Verlegen einer originalen und einer neuen Ausgabe.[415] Das Beibehalten von Originalfassungen besitzt insbesondere auf die von Ulrich Greiner so benannte »Geschichtsklitterung« Relevanz. Texte sind immer auch Zeitzeugen. So dienen selbst Texte, die der Trivialliteratur zuzuordnen sind, Kulturwissenschaftler*innen als Grundlage für ihre Forschung. Kulturelle, system- und gesellschaftstheoretische Konzepte, die heute Gültigkeit besitzen, wie z. B. Liebe als Code von Intimität,[416] sind bei ihrer Entstehung auf diese Texte angewiesen, da solche sozialen Konzepte nicht ad hoc entstehen, sondern sich über Jahrhunderte hinweg herausbilden. Schriftliche Texte können die Geistesgeschichte und die Mentalität ihrer Entstehungszeit wie kein anderes Medium konservieren und transportieren und geben daher Einblicke in vergangene Zeiten und ihre Gesellschaften. Relevant bleiben die unveränderten Kinderbücher bzw. historisch-kritische Ausgaben dieser Bücher somit allemal für erwachsene Rezipient*innen bzw. Forscher*innen.

Wir plädieren daher im Sinne von Greiner dagegen, die Originaltexte verschwinden zu lassen (was allerdings auch nie zur Diskussion stand). Solange sich diese Texte jedoch der heutigen Beliebtheit erfreuen, halten wir es für mindestens ebenso wichtig, eine zweite Fassung anzubieten. Manche Texte sind in der Originalfassung Kindern einfach nicht zuzumuten. Hier haben die Eltern *weißer* Kinder vielleicht die Wahl, aber die Eltern Schwarzer Kinder nicht.

Das Anbieten kommentierter Fassungen seitens der Verlage (Anmerkungen/Fußnoten bzw. Vor-/Nachwort)

Diese Variante würde sich insbesondere für Werke wie *Tom Sawyer* eignen, die von älteren, aufgeklärten und kompetenten Kindern/Jugendlichen selbst gelesen werden. Werden solche Klassiker der Jugendliteratur in der Schule gelesen, so bieten Verlage oft eine Lektürehilfe an. Diese ließe sich auch in das Werk integrieren. Für die Werke von Astrid Lindgren, Michael Ende und Otfried Preußler, die in erster Linie nicht selbst gelesen, sondern

415 Vgl. Sprachliche Modernisierung von Klassikern Der Thienemann Verlag … (yumpu.com), Zugriff am 08.02.2022.

416 Luhmann, Niklas: Liebe als Passion. Frankfurt: Suhrkamp 1982.

vorgelesen werden, macht dies jedoch weniger Sinn, da das Erklären den Lesefluss stören würde. Kindern hingegen zunächst ein Vorwort vorzulesen und anschließend einen subtil rassistischen Text, würde sie wahrscheinlich überfordern. Eltern und anderen Vorlesenden können Kommentierungen jedoch eine Hilfe sein. Der Text würde somit im Original verbleiben und Vorlesende würden zum einen auf rassistische Problematiken aufmerksam gemacht und könnten zum anderen selbst entscheiden, ob sie einen Begriff wie das N-Wort vorlesen und gegebenenfalls erklären wollen, oder ob sie ihn lieber ersetzen wollen. Dies funktioniert allerdings nicht bei allen Texten. Den ›N-König‹ durch den ›Südseekönig‹ zu ersetzten, ist einfach machbar, aber andere rassistische Aspekte in *Pippi Langstrumpf* wie z. B. das Blackfacing lassen sich nicht ersetzen. Hier müssten ganze Abschnitte gestrichen werden. *Pippi in Taka-Tuka-Land* hingegen ist, wie gesagt, kaum noch vorlesbar.

Schaffung eines Prädikats für ›diversitätssensible Literatur‹

Institutionen, Vereine und aktivistisch arbeitende Personen wie z. B. glokal e. V., die *Initiative Schwarze Menschen in Deutschland* oder *der braune mob* könnten in Zusammenarbeit mit den Verlagen und Buchhändler*innen ein Gremium ins Leben rufen, welches ein Prädikat für ›diversitätssensible Literatur‹ verleiht. Dieses Gremium sollte divers zusammengesetzt sein und Medien wie Bücher nicht nur im Hinblick auf Rassismus, sondern auch auf andere Ismen wie Sexismus, Adultismus, Ableismus und Lookismus prüfen. Diese Idee ist gar nicht so neu und daher gibt es bereits ein paar Initiativen, die sich öffentlichkeitswirksam für die Diversität in Kinderbüchern einsetzen:

- Seit 2019 wird das KIMI-Siegel für Vielfalt in Kinderbüchern[417] verliehen. Initiiert wurden das Siegel und das dazugehörige vielfältige Kinderbuchfestival KIMBUK u.a. von den Aktivist*innen Raul Krauthausen und Suse Bauer. Einmal im Jahr zeichnet die Jury, bestehend aus Menschen mit Diskriminierungserfahrung, solche Bücher aus, die beiläufig und klischeefrei von Vielfalt erzählen.
- Der Onlineshop *tebalou* verkauft ausschließlich diversitätssensible Bücher (und weitere diversitätssensible Produkte für Kinder). Seine

417 Das KIMI-Siegel – KIMI, Zugriff am 28.05.2022.

Gründerinnen Olaolu Fajembola und Tebogo Nimendé-Dundadengar arbeiten im Team des KIMI-Siegels.

- Seit 2019 gibt es das Projekt *DRIN – Diversität, Repräsentation, Inklusion, Normkritik* des Goethe-Instituts Finnland[418] zu diverser Kinderliteratur, an dem u.a. die Illustratorin Jasmina El Bouamraoui mitwirkt, die sich um die Stärkung marginalisierter Akteur*innen auf dem Kinderbuchmarkt bemüht. Auf der Homepage werden zahlreiche Publikationen (kostenlos) zur Verfügung gestellt, die zum Thema Diversität in (deutschen) Kinderbüchern informieren.
- Das Projekt *Powervolle Lesende* des Vereins *ADEFRA e. V. – Schwarze Frauen in Deutschland*, an dem sich u.a. Maisha Maureen Auma und Peggy Piesche beteiligen, ist darauf ausgerichtet, mehrfachmarginalisierte Menschen zwischen zehn und 26 Jahren zum Erkennen von Rassismen und rassistischen Strukturen in Kinder- und Jugendliteratur zu qualifizieren und auf dieser Basis Interventionen wie kritische Vorwörter oder Aufkleber zu entwickeln.[419]
- Die Bloggerin Carla Heher bespricht und empfiehlt diversitätssensible Kinderbücher für viele Altersklassen.
- *SEKIBU* (Schwarzes Empowerment im Kinderbuch) ist ein Projekt von der *Initiative Schwarze Menschen in Deutschland* (ISD), das Schwarze Menschen und BIPoC unterstützt und fördert, die Bücher für Kinder und Jugendliche schreiben, welche Inklusion und Vielfalt als selbstverständlich thematisieren.[420]

Es gibt somit bereits eine Vielzahl von Einzelinitiativen, die sich mit inklusiver, diversitätssensibler Kinderliteratur beschäftigen. Jedoch müssen Eltern und Erziehende, die nicht in die Thematik eingearbeitet sind, aktiv auf die Suche nach diversitätssensibler Kinderliteratur gehen. Optimal wäre es daher, wenn es beispielsweise einen Aufkleber wie den ›Bestseller‹-Aufkleber geben würde, der Kaufinteressierte auch in konventionellen

---

418 DRIN – Visionen für Kinderbücher – DIVERSITÄT, REPRÄSENTATION, INKLUSION, NORMKRITIK – Goethe-Institut Finnland, Zugriff am 28.05.2022.

419 POWERVOLLE LESENDE! Ein Lese(ab)Zeichen (generation-adefra.de), Zugriff am 28.05.2022.

420 SEKIBU – ISD (isdonline.de), Zugriff am 28.05.2022.

Buchhandlungen auf den ersten Blick über dieses Kaufargument informieren würde.

Triggerwarnungen für Bücher

Was für Filme ganz normal ist, könnte auch in der Buchbranche Einzug halten. Ähnlich wie die FSF (Freiwillige Selbstkontrolle Fernsehen, ehemals FSK) könnte eine Institution geschaffen werden, die für Bücher aufgrund bestimmter Inhalte Warnungen und Altersempfehlungen ausspricht. Dies betrifft nicht nur Rassismus, sondern auch andere Themen wie Sexismus, Gewalt, Mobbing, Suizid, Drogenkonsum und idealerweise andere Ismen. Die Verlage geben normalerweise auf freiwilliger Basis Hinweise zum Leseniveau eines Textes, diese orientieren sich jedoch an der vermuteten Lesekompetenz bestimmter Altersklassen, der Schriftgröße oder dem Verhältnis von Text und Bild. Die Bundeszentrale für Kinder- und Jugendmedienschutz (BzKJ) weist jedoch darauf hin, dass es bislang für Printmedien wie Bücher keine verbindliche Alters- oder sonstige Kennzeichnung gibt. Damit sind Kinderbücher (!) bisher noch eine Ausnahme, da Triggerwarnungen für Medieninhalte in Deutschland in den letzten Jahren immer mehr Verbreitung gefunden haben. Seit 2020 wird der Begriff ›Triggerwarnung‹ immer häufiger zur Kennzeichnung von Büchern (*Schwarzes Herz* von Jasmina Kuhnke), Theaterstücken, Serien (*Tote Mädchen lügen nicht*), Artikeln und Blogbeiträgen (z. B. zum Thema Fehlgeburt) verwendet.

Der Begriff ›Trigger‹ stammt ursprünglich aus der Traumatherapie und bezeichnet Reize, die Retraumatisierungen in Form von Flashbacks auslösen können.[421] Etablieren konnte sich dieses Krankheitsbild mit Hilfe der öffentlichen Anerkennung des Leids von Holocaust-Überlebenden sowie mit der medizinisch und juristisch gültigen Diagnose PTBS (Posttraumatische Belastungsstörung). Anerkannt ist zudem die transgenerationale Weitergabe eines Traumas (diese schildert z. B. Deborah Feldmann in ihren Romanen). Jenseits der Lebenswirklichkeit von Überlebenden und Augenzeugen traumatischer Ereignisse erfuhr der Trigger-Begriff eine Politisierung. Diese fand zunächst ab den 2000er-Jahren an amerikanischen Universitäten statt, wo Studierende eine Warnung vor potenziell verstörenden

421 Vgl. Brunner, Markus: Trigger-Warnungen. Zur Politisierung eines traumatherapeutischen Konzepts, S. 23. In: Berendsen, Eva/Cheema, Saba-Nur/Mendel, Meron (Hg.): Trigger Warnung. Identitätspolitik zwischen Abwehr, Abschottung und Allianzen, S. 21–34. Die nachfolgenden Erklärungen entstammen großenteils diesem Beitrag.

Lehrinhalten forderten. Die kontroverse Debatte um Triggerwarnungen erstreckt sich aber auch auf die Kunstszene (Balthus, Metropolitan Museum, New York; Gomringer, Alice Salomon Hochschule, Berlin). Im Zuge seiner Politisierung erhielt der Begriff eine neue Akzentuierung: Gerade im Fall von Kunstwerken, die sexistisch oder rassistisch konnotiert sind, geht es weniger um die Frage, ob diese Konnotationen Retraumatisierungen auslösen können. Kein noch so sensibel gestalteter öffentlicher Raum kann die Traumaprävention für Betroffene gewährleisten, da bereits äußerst subtile Wahrnehmungsmomente wie Geräusche oder Gerüche Flashbacks auslösen können. Es geht daher in diesen Fällen vielmehr um die Frage, wie viel öffentlicher Raum Objekten mit diskriminierenden Inhalten zugebilligt werden soll und kann und somit wieder um die Frage der political correctness. Die Kritik an Triggerwarnungen bezieht sich jedoch nicht nur auf eine als übermäßig beurteile Empfindlichkeit in Form von political correctness, sondern auch auf die Bagatellisierung von traumatischen Erlebnissen durch den inflationären Gebrauch des Begriffs ›Triggerwarnung‹.[422] In diesen Fällen gilt es zu differenzieren, ob ein Inhalt wirklich das Potenzial besitzt, eine vorbelastete Person zu triggern. Dem Psychologen und Leiter des Zentrums für Trauma- und Konfliktmanagement in Köln, Thomas Weber, zufolge ist dies z. B. in der Serie *Tote Mädchen lügen nicht* tatsächlich der Fall. Hier geht es um die Darstellung harter psychischer und physischer Gewalt in Form von Mobbing, Drogenmissbrauch, Vergewaltigung und Suizid, weshalb eine Triggerwarnung Weber zufolge sinnvoll ist. Der Fokus auf die Anerkennung der Vulnerabilität von strukturell benachteiligten Gruppen wiederum impliziert einen erweiterten Traumabegriff, der die Traumatisierung aufgrund von kontinuierlich erfahrenen, sich kumulierenden Mikroaggressionen inkludiert.[423]

Politisch besitzen Triggerwarnungen das Potenzial, Diskriminierungen in Medien aufzuzeigen und somit einen anderen und neuen Blickwinkel auf den medialen Inhalt (mit Fokus auf Diskriminierung erzeugende Missstände) anzuregen und die öffentlich-gesellschaftlichen Auseinandersetzung mit diesen Missständen zu forcieren. Doch auch diese Form der Öffentlichma-

422 Vgl. Schlosser, Simone: Triggerwarnungen: Nicht inflationär einsetzen. Bei: *Deutschlandfunk Nova*, 24.06.2021. Verfügbar unter Triggerwarnungen in Medien sollten nicht inflationär eingesetzt werden Dlf Nova (deutschlandfunknova.de), Zugriff am 19.03.2022.

423 Vgl. Brunner, Markus: Trigger-Warnungen. Zur Politisierung eines traumatherapeutischen Konzepts, S. 28 f.

chung sei ambivalent, so der Autor Markus Brunner, da sie den Fokus auf das Opfer richte. Wie Brunner am Beispiel der häuslichen Gewalt erklärt, ist die gesellschaftliche Wahrnehmung von Frauen als Opfern von Gewalt dem Kampf gegen patriarchale Strukturen und damit verbundenen Gleichheitsforderungen nicht zuträglich, denn sie trägt zur Stigmatisierung von Frauen als hilflos und schutzbedürftig bei.

Was nun Kinderbücher angeht, sind mehrere Aspekte zu bedenken. So gibt es einige Kinderbücher, bei denen wir analog zur Serie *Tote Mädchen lügen nicht* das Potenzial vermuten, Betroffene tatsächlich zu triggern. Eines dieser Werke ist sicherlich der Comic *Tim im Kongo* von Hergé. Hadija Haruna-Oelker weist darauf hin, dass *Tim im Kongo* in England und in den USA seit 2005 mit einem Warnhinweis veröffentlicht wird. Die rassistischen Darstellungen blieben dabei erhalten.[424] In Deutschland ist die Ausgabe jedoch ohne Warnhinweis erhältlich. Als Begründung weist der Programmleiter des Carlson Verlages auf Lizenzbedingungen hin.[425] Der Verlag warnt jedoch auf seiner Homepage vor dem Rassismus in dem Comic. Ähnlich verhält es sich mit *Lurchi* und *Mecki*, die allerdings teils nicht mehr publiziert werden. Ein weiterer Fall, wo ein Warnhinweis für von Rassismus Betroffene aus unserer Sicht angebracht wäre, ist *Tom Sawyer*. Das wohl bekannteste Werk von Mark Twain wurde von Andreas Nohl für den Hanser Verlag 2010 neu und betont originalnah übersetzt. Das N-Wort ist dabei geradezu charakteristisch für dieses Werk; es kommt im gesamten Buch über 200 Mal vor. Doch nicht nur auf der Wortebene, sondern auch inhaltlich spielt Rassismus eine bedeutende Rolle. Die Handlung ist in der Zeit der US-amerikanischen Sklaverei verortet und beim Widersacher der beiden kindlichen Hauptprotagonisten Tom und Huck handelt es sich um einen ›Halbblut‹, den bösen und bedrohlichen I*-Joe. Auf der Homepage des publizierenden Verlages gibt es allerdings keinen Hinweis auf die im Buch dargestellten Themenkomplexe Rassismus und Gewalt. Urheber*innenrechte gilt es hierbei allerdings nicht zu beachten, da diese 70 Jahre nach dem Tod des/der Autor*in erlöschen (§ 64 UrhG) und Twain bereits 1910 verstorben ist. Als potenziell traumatisierend für Betroffene schätzen wir zudem das Buch *Wie schön weiß ich bin* von Dolf Verroen ein. Das Buch schildert eine Sklavengeschichte, die auf einer südamerikanischen Teeplantage um die Jahrhundertwende angesiedelt

---

424 Haruna-Oelker: (K)eine zeitlose Kunst.
425 Vgl. ebd.

ist. Charakteristisch für dieses Buch ist sein Aufbau, der aus 40 inneren Monologen der 12-jährigen Hauptfigur Maria besteht, die einen ›Sklaven‹ zum Geburtstag geschenkt bekommt und im Umgang mit diesem kritiklos die brutale und mitleidlose Einstellung ihrer Eltern übernimmt. Es geht in diesem Text also explizit um die Unmenschlichkeit und Grausamkeit der Sklaverei, die von den Protagonist*innen nicht als solche empfunden werden, während das Buch wiederum darauf abzielt, ebendiese Grausamkeiten für seine Rezipient*innen spürbar werden zu lassen. Was Bücher wie *Das kleine Gespenst*, *Pippi Langstrumpf* oder *Jim Knopf* angeht, so schätzen wir deren Inhalte für Betroffene zumindest als Mikroaggressionen ein, die sich, wie oben beschrieben, zum Trauma kumulieren können. Aus der Perspektive von Rezipierenden, die nicht von Rassismus betroffen sind, schätzen wir eine Kennzeichnung der Bücher hingegen in aufklärerischer Hinsicht als sinnvoll ein.

Aus Sicht des Buchhandels stellen Triggerwarnungen oder sonstige Negativkennzeichnungen sicherlich eine unpopuläre Maßnahme dar, da diese nicht dazu dienen, Verkaufszahlen anzukurbeln. Auch hier wären eine Enttabuisierung des Rassismus-Begriffes sowie ein sachlich-neutraler und aufgeschlossen-interessierter Umgang mit dem Thema hilfreich. Letztendlich stellt sich genau wie beim offenen Kunstbegriff die Frage: Wo liegen die Grenzen? Was ist Kunst und was nicht? Welche literarischen Darstellungen besitzen das Potenzial zu triggern? Welches Buch verdient eine Kennzeichnung und welches nicht? Eine Festlegung würde jedenfalls erhebliche Auswirkungen auf die Akteur*innen des Buchhandels haben.

Eine Standardlösung für die Form der Publikation von Kinderbüchern mit rassistischem Inhalt gibt es somit nicht. In manchen Büchern könnten Kommentierungen funktionieren, manche Bücher könnten in alternativen diversitätssensibleren Fassungen publiziert werden. Positive Kennzeichnungen für die Abwesenheit von Rassismus bzw. für Vielfalt und Inklusion könnten Kaufentscheidungen erleichtern, während negative Kennzeichnungen zwar Transparenz schaffen würden und Lesende sowie Vorlesende für das Erkennen von Rassismus schulen würden, aber nicht unbedingt ein Kaufargument darstellen. Dass eine Negativkennzeichnung dennoch funktioniert und sogar vonseiten des Verlags in manchen Fällen für angebracht erscheint, beweist der Carlsen Verlag, der auf seiner Homepage auf den Rassismus im von ihm publizierten Comic *Tim im Kongo* verweist.

(Der Carlsen Verlag verpackt den Hinweis allerdings PR-technisch derart elegant, dass der dem Comic inhärente Rassismus schon fast zum Kaufargument wird.)

Bei manchen Kinderbüchern kommt jedoch nur noch eine fünfte Möglichkeit infrage, die wir bislang noch nicht angesprochen haben. Diese betrifft solche Texte, die derart rassistisch sind, dass man sie Kindern wirklich nicht mehr vorlesen kann, und die eigentlich auf einen Index gehören. Auch hier wird die Schmerzgrenze von Eltern sicherlich individuell unterschiedlich sein. Während manche Eltern es entschieden ablehnen, *Jim Knopf* vorzulesen, mag es noch Großeltern geben, die mit ihren Enkel*innen »Zehn kleine N-lein« singen oder alte *Mecki-* oder *Lurchi-*Hefte durchblättern. Daher wollen wir an dieser Stelle einen Blick auf die gesetzliche Regelung werfen. Die gesetzliche Indizierung jugendgefährdender Medien obliegt der *Bundesprüfstelle jugendgefährdende Medien* (BPjM), die sich 2021 in *Bundeszentrale für Kinder- und Jugendmedienschutz* (BzKJ) umbenannt hat. Die BzKJ schreibt auf ihrer Homepage:

> »Medien, die geeignet sind, die Entwicklung von Kindern oder Jugendlichen oder ihre Erziehung zu einer eigenverantwortlichen und gemeinschaftsfähigen Persönlichkeit zu gefährden, sind von der Bundeszentrale für Kinder- und Jugendmedienschutz (BzKJ) nach Entscheidung der Prüfstelle für jugendgefährdende Medien in eine Liste jugendgefährdender Medien aufzunehmen (§ 18 Abs. 1 S. 1 Jugendschutzgesetz).«[426]

Dies ist zunächst eine sehr offen gehaltene Definition. Daher beruft sich die BzKJ auf im Jugendschutzgesetz geregelte Fallgruppen:

> »Dies sind unsittliche, verrohend wirkende, zu Gewalttätigkeit, Verbrechen oder Rassenhass anreizende Medien sowie Medien, in denen Gewalthandlungen wie Mord- und Metzelszenen selbstzweckhaft und detailliert dargestellt werden oder Selbstjustiz als einzig bewährtes Mittel zur Durchsetzung der vermeintlichen Gerechtigkeit nahegelegt wird.«[427]

Darüber hinaus indiziert die BzKJ nach ihrer Spruchpraxis auch Medien, die Menschengruppen diskriminieren:

---

426 Bundeszentrale für Kinder- und Jugendmedienschutz – Was wird indiziert? (bzkj.de), Zugriff am 12.02.2022.

427 Bundeszentrale für Kinder- und Jugendmedienschutz – Was wird indiziert? (bzkj.de), Zugriff am 12.02.2022.

»Unter Diskriminierung wird die Benachteiligung von einzelnen Menschen oder Gruppen (zumeist Minderheiten) aufgrund von Merkmalen wie soziale Gewohnheit, sexuelle Neigung oder Orientierung, Sprache, Geschlecht, Behinderung oder äußerlichen Merkmalen verstanden. Sie steht dem Grundsatz der Gleichheit der Rechte aller Menschen entgegen.«[428]

Das klingt zwar zunächst alles ganz gut, gilt allerdings nur mit Einschränkung, und zwar dann, wenn eine Diskriminierung mit der Kunst-, Wissenschafts- und Meinungsäußerungsfreiheit (GG, Artikel 5, Abs. 1,3) kollidiert:

»Grundsätzlich gilt, dass nicht alles, was jugendgefährdend ist, auch ohne weiteres indiziert werden darf. [...] So dürfen Medien nicht allein wegen ihres politischen, sozialen, religiösen oder weltanschaulichen Inhalts indiziert werden, auch wenn sie jugendgefährdend sind (sog. Tendenzschutzklausel).«[429]

Die BzKJ muss bei ihren Entscheidungen also immer zwischen Diskriminierung einerseits und Kunst- und Meinungsfreiheit andererseits abwägen. Wenn Inhalte (von Büchern, CDs, Filmen) zwar jugendgefährdend sind, aber unter die freie Meinungsäußerung oder die Kunstfreiheit fallen, können sie von der BzKJ nicht indiziert werden. In der Praxis ist die Hürde zur Indizierung hoch. Das ist für Eltern ein wichtiger Hinweis: Sie können demnach nicht im Umkehrschluss voraussetzen, dass alles, was nicht indiziert ist, auch nicht jugendgefährdend ist. Es sind tatsächlich jugendgefährdende (rassistische) Medien im Umlauf, da es keine rechtliche Handhabe gibt, diese zu indizieren. Die Verantwortung (für die Auswahl von Büchern, Filmen, Musik) liegt also letzten Endes immer bei den Eltern und anderen Erziehenden. Sie müssen sich selbst ein Bild davon machen, ob ein Medium diskriminierende Inhalte enthält, und dann entscheiden, ob sie Kinder damit konfrontieren wollen oder nicht.

Auch die damalige Bundesprüfstelle jugendgefährdende Medien hat 2013 zur ›Kinderbuchdebatte‹ Stellung genommen, in Form eines Beitrags zum »Spannungsfeld zwischen diskriminierungsfreier Sprache und Werktreue und der Bedeutung des Jugendschutzes«. Die Verfasser*innen des Beitrags weisen darauf hin, dass Medien nicht allein wegen einzelner

---

428 Bundeszentrale für Kinder- und Jugendmedienschutz – Weitere anerkannte Gründe (bzkj.de), Zugriff am 12.02.2022.

429 Bundeszentrale für Kinder- und Jugendmedienschutz – Abwägung mit Grundrechten (bzkj.de), Zugriff am 12.02.2022.

Begriffe wie dem N-Wort indiziert werden, sondern aufgrund des Kontextes, in dem diese Begriffe stehen:

> »Ein Buch, ein Film oder eine CD werden nicht allein deswegen indiziert, weil dort die Worte ›N[*]‹ oder ›Z[*]‹ verwandt werden, sondern hinzukommen muss, dass zum Hass gegen diese Menschen aufgestachelt wird, sie als minderwertig dargestellt werden oder man sie mit Kriminellen gleichsetzt.«[430]

Die Verfasser*innen des Beitrags erkennen zwar den diskriminierenden Charakter der in der ›Kinderbuchdebatte‹ diskutierten Begriffe und Texte an, weisen jedoch zugleich auf die literaturwissenschaftliche Bedeutung jener Texte hin und sprechen sich daher abschließend für eine Kommentierung im Sinne einer Kennzeichnung aus, wenn in Kinderbüchern Änderungen stattfinden.[431]

Eine Negativliste von Kinderbüchern mit rassistischem Inhalt, die jedoch nicht indiziert werden, ist z. B. bei der Schwarzen media-watch-Organisation *der braune mob e. V.*[432] zu finden. In ihrem Buch *Grundschule Schwarz weiß* listet auch Barbara Rösch eine Reihe empfehlenswerter und eine Reihe nicht empfehlenswerter Kinderbücher auf.

430 Bochmann, Corinna/Staufer, Walter: »Vom ›N*könig‹ zum ›Südseekönig‹ zum …?«

431 Vgl. ebd., S. 17.

432 https://blog.derbraunemob.info/liste-von-kinder-und-jugendbuechern-medien-mit-diskriminierenden-inhalten-oder-ausdruecken/

Can the Subaltern speak? Fazit und Ausblick

Literal race gap

In Auseinandersetzung mit dem im September 2021 erschienen Buch *Frauen Literatur* der Literaturwissenschaftlerin und Bloggerin Nicole Seifert stellt die Lektorin und Autorin Tanja Raich in Bezug auf ihre eigene Lesesozialisation am 01.03.2022 in der *Zeit* fest: »[...] es waren Männer, Männer und nochmal Männer, die darüber schrieben, wie Frauen aussehen, wie sich Frauen verhalten, was Frauen denken.« Zugleich stellt Raich fest, dass es nach Debüts immer die Autorinnen seien, die wieder vom literarischen Parkett verschwänden. Dass Literatur insgesamt so männlich dominiert sei, habe mehrere Ursachen, so Raich: Zunächst habe es mit dem Raum zu tun, den Autorinnen in der Literaturkritik bekämen und mit der Art und Weise, wie über die Bücher von Frauen gesprochen werde. Raich zitiert die Studie *#frauenzählen* der Uni Rostock,[433] die 2018 über 2.000 Rezensionen aus 69 deutschen Medien auswertete, wobei sich zeigte, dass die Bücher von Männern nicht nur doppelt so oft besprochen wurden, sondern auch viel ausführlicher. Literaturkritiker*innen besprechen nicht nur zu 75 % die Bücher von Männern; Literaturkritiker*innen sind auch zu zwei Drittel männlich. Literatur werde zudem in eine »öffentliche männliche Sphäre« und eine »private weibliche Sphäre« aufgeteilt (Seifert); wobei die Literatur von Frauen seit Jahrhunderten systematisch als banal, kitschig oder trivial abgewertet werde. Diese Ablehnung des Weiblichen sei notwendig zur Überhöhung des Männlichen. Raich bezieht sich auf die Literaturnobelpreisträgerin Elfriede Jelinek, die von einer regelrechten »Verachtung des weiblichen Werks« spreche, welche sich auch darin zeige, dass weiblich konnotierte Themen wie Menstruation und Mutterschaft nicht ernst genommen und darüber hinaus von Männern ins Lächerliche gezogen würden (Raich). Während ›Frauenliteratur‹ als solche betitelt wird, existiert hingegen keine so bezeichnete ›Männerliteratur‹. Alles,

433 FRAUEN ZÄHLEN (xn--frauenzhlen-r8a.de), Zugriff am 03.03.2022.

was zu einem solchen Genre gerechnet werden müsste, ist einfach ganz ›normale‹ Literatur; die dominante Position bleibt unmarkiert. Das Zusammenwirken all dieser Faktoren kann somit als strukturelle Misogynie in der Literaturszene bezeichnet werden. Seifert weist zudem darauf hin, dass jenseits frauenfeindlicher Klischees die männliche Auseinandersetzung mit von Frauen produzierter Literatur oft nicht angemessen erfolge, da »die Kritiker die Tradition weiblichen Schreibens nicht kennen«, da sie sich schlichtweg nicht damit beschäftigen würden.

Für Autorinnen habe dies verheerende und existenzielle Folgen, so Raich; männliche Autoren bekämen heute immer noch die größeren Bühnen, ihre Bücher würden in höheren Auflagen gedruckt und auf größeren Plätzen besprochen, sie dominierten die Büchertische, die Veranstaltungsprogramme und die Plätze in den Feuilletons. Raich schildert zudem ihre Erfahrung als Lektorin und Programmleiterin mit der immer wiederkehrenden Kritik, sich zu stark für Frauen zu engagieren, und Männern somit die Chance zu nehmen.

Auch der Literaturkritiker Denis Scheck (der es im Zuge der ›Kinderbuchdebatte‹ für nötig befunden hatte, seine Position durch Blackfacing in Stil der Minstrelshows zu untermauern) äußerte sich zum Thema Misogynie in der Literaturszene dahingehend abfällig, als dass er dem Patriachat die Schuld am Mangel von Autorinnen in seinem Kanon gab. Es kann somit ein ›gender gap‹ im (deutschen) Literaturbetrieb konstatiert werden.

Zugleich erinnert die gesamte Debatte stark an die Situation von BIPoC auf dem deutschen Buchmarkt. Alles, was hier auf die Situation von Frauen zutrifft, trifft ebenso, wenn nicht sogar in noch stärkerem Ausmaß, auf die Situation von rassifiziert gelesenen, im Literaturbetrieb arbeitenden Menschen zu. Dabei lässt sich stark vermuten, dass die Situation von Menschen mit intersektionalen Identitäten noch schwieriger sein wird. Die Mechanismen sind indes exakt die gleichen: Frauen wie People of Color werden auf der Produktionsseite aus dem Literaturbetrieb gedrängt, ihnen wird der Raum verwehrt, im selben Maße wie *weiße* Männer zu publizieren und rezipiert zu werden, ihr Zugang zu den entscheidenden Stellen, an denen Einfluss auf die Rezeption von Büchern genommen wird, wie die Literaturkritik oder in den Redaktionen großer Verlage und Zeitungen, wird gering gehalten. Dies führt dazu, dass sie auf der Rezeptionsseite untervertreten sind: Über sie wird mit einem nicht-authentischen Blickwinkel berichtet (white gaze bzw. male gaze). Zugleich werden sie marginalisiert: Frauen durch die Abwertung von als weiblich konnotierten Themen, BIPoC, indem suggeriert wird, das Zielpublikum sei zu klein, als dass der Aufwand sich lohnen würde. Diese Strategien zielen nicht nur darauf ab, Bücher jenseits der männlichen *weißen* (Hetero-)Normativität unsichtbar zu machen; sie sind zudem auch die Kehrseite des Konstrukts der *weißen* Männlichkeit, welches sich selbst nur über die Abgrenzung zum konstruierten ›Anderen‹ definieren kann.

Somit kann nicht nur von einem gender gap, sondern im Hinblick auf BIPoC und ihre Repräsentanz auf dem (deutschen) Buchmarkt, insbesondere was Kinderbücher betrifft, analog auch von einen ›race gap‹ bzw. ›diversity gap‹ gesprochen werden.

Ein Wort zur literarischen Authentizität

Immer noch tragen viele Kinder- und Jugendbücher dazu bei, Differenz bzw. Dominanz systematisch und auf vielen verschiedenen Ebenen zu konstruieren.[434] Der white gaze der Kinderbuchautor*innen bringt die *weiße* Perspektive mit all ihren im kollektiven Textgedächtnis verankerten rassistischen Konnotationen auf als rassifiziert wahrgenommene Figuren allerdings ganz automatisch mit sich, sodass diese Figuren auch bei bester Absicht ihrer Erschaffer*innen den Rezipierenden wie ›Betrachtete‹ in einem Museum erscheinen.[435] Wie das Beispiel der ›Frauenliteratur‹ gezeigt hat, ist das Problem mit der Authentizität beim Schreiben kein neues, sondern findet sich vielmehr genreübergreifend überall in der Literatur. Kinderbücher sind per se nicht authentisch, da sie ja von Erwachsenen verfasst werden, die sich in Kinder hineinversetzten, um aus deren Perspektive heraus zu erzählen. Würden Autor*innen nur noch aus ihrer eigenen Realität heraus schreiben, gäbe es wohl sehr viel weniger (gute) Literatur. Gute Autor*innen zeichnen sich gerade durch ihre Fähigkeit und ihr Wissen aus, literarische Figuren überzeugend zu zeichnen, sodass die Person des/der Autor*in hinter den geschaffenen Figuren verschwindet. (Als recht aktuelles Negativbeispiel kann hier Carsten Maschmeyers »literarischer Versuch«, ein Kinderbuch zu schreiben, herangezogen werden: *Die Start-up Gang*). Wer kann also über wen schreiben? Plakativ formuliert: Dürfen oder sollten

434 Vgl. Auma: Kulturelle Bildung in pluralen Gesellschaften.
435 Zur Vorstellung von als rassifiziert markierten Personen als Ausstellungstücke eines Museums vgl. Gümüşay: Sprache und Sein.

weiße deutsche Autor*innen jetzt besser gar nicht mehr über rassifiziert markierte Gruppen oder Personen schreiben? Ein aktuelles Beispiel ist die Kritik an dem Buch *Bad and Boujee: Toward a Trap Feminist Theology* der *weißen* US-amerikanischen Theologieprofessorin Jennifer M. Buck, das sich mit dem Feminismus Schwarzer Frauen in der Hip-Hop-Szene beschäftigt und erstmals im Februar 2022 erschien. Da der Autorin ein nicht authentischer Blickwinkel vorgeworfen wurde, stellte der Verlag die Publikation bereits im April 2022 wieder ein (cancel culture). Somit stellt sich die Frage: Wer ist qualifiziert und (moralisch) berechtigt über wen zu schreiben? Beziehungsweise: Sollten wir besser nur noch Bücher von authentisch schreibenden Autor*innen kaufen? Die Antwort ist Jein. Diversitätssensible Kinderbücher zu kaufen, lohnt sich natürlich immer, da diese Bücher neue Perspektiven öffnen und Zugang zu neuen Welten schaffen können (Fenster). (Dasselbe gilt für Kinderbücher zu ›unkonventionellen‹ Themen wie Krieg und Flucht, Umwelt und Nachhaltigkeit, Menstruation und sexuelle Aufklärung etc. Eltern und andere Vorlesende sollten keine Scheu haben, Kinder mit diesen Themen zu konfrontieren.) Wenn allerdings aus einer Fremdperspektive heraus über den oder die ›andere/n‹ geschrieben wird, gilt es, genau hinzusehen. Wie wir in unseren Analysen gezeigt haben, verstecken sich rassistische Ansichten, Metaphern, Narrative und Mechanismen selbst in modernen Kinderbüchern immer noch häufig. Dies geschieht meist sogar unabsichtlich, aus einem Mangel an antirassistischem Wissen. Ganz besonders anfällig für Rassismen sind jedoch die beliebten älteren Kinderbücher. Vielleicht müssen Eltern, für die die Kinderbuchklassiker einen emotionalen Wert besitzen, anerkennen, dass jede Generation ein Recht auf ihre eigene Literatur hat. Vor einigen Jahren ist uns aufgefallen, dass der Filmklassiker zu Weihnachten *Kevin allein zu Haus* nicht mehr nur im Vorabendprogramm gesendet wurde, sondern auch sehr viel später. Das Zielpublikum sind anscheinend nicht ausschließlich die Kinder von heute, sondern auch die erwachsenen Kinder, die sich den Film aus nostalgischen Gründen ansehen wollen. Dass diese Gründe beim Vorlesen von Kinderbuchklassikern ebenfalls eine Rolle spielen, ist stark zu vermuten und wird von einigen Kritiker*innen der Änderungen, wie z. B. Ulrich Greiner, auch indirekt eingestanden. Am Beispiel der Rezensionen der *Zehn kleinen N-lein* bei Amazon ist ersichtlich, dass das Buch den Käufer*innen die Erinnerung an ihre eigene Kindheit ermöglicht. Von der literarischen Qualität (die bei manchen Büchern mehr und bei manchen weniger vorhanden ist) einmal abgesehen, fungieren die alten Kinderbücher als Brücke zur eigenen Kindheit. Diese Bücher ermöglichen es Eltern somit, die Kindheit ihrer Kinder sowie ihre eigene Kindheit simultan auf der Lesecouch zu erleben. Dies scheint mitunter das Hauptkriterium für die Rezeption alter Kinderbücher zu sein. Selbstverständlich ist es schön, mit seinen Kindern dieselben Kindheitserinnerungen teilen zu können und durch das Vorlesen von Büchern ›die Geschichte zu wiederholen‹. Dennoch vertreten wir die Auffassung, dass Eltern und andere Vorlesende sich trauen müssen, »scheinbar harmlose und oft auch liebgewonnene Traditionen zu hinterfragen«[436] und sich einen diskriminierungskritischen Blick auf Texte anzugewöhnen.

> »Sich mit Rassismus in diesem Kontext auseinanderzusetzen, bedeutet mitunter auch, dass Autor*innen, fiktive Figuren oder Spiele, die wir in unserer eigenen Kindheit heiß geliebt haben, nun in einem kritischen Licht erscheinen. Damit tun sich viele Menschen schwer, und gleichzeitig gehört das notwendigerweise zur Aufarbeitung unserer eigenen rassistischen Sozialisation dazu – und ist auch unumgänglich, wenn wir verstehen wollen, wie diese Dinge auch unsere eigenen Kinder prägen.«[437]

Dies muss nicht bedeuten, dass ältere liebgewonnene Texte gar nicht mehr rezipiert werden dürfen, sondern, dass sie einmal kritisch betrachtet werden sollten, dass sorgfältig abgewogen werden und der Blick für Rassismus geschult werden muss. Olaolu Fajembola und Tebogo Nimindé-Dundadengar weisen darauf hin, dass diese mitunter 70 Jahre alten Bücher auch dazu dienen können, (ältere) Kinder über den Wandel der Gesellschaft aufzuklären[438] (veraltete Sprache, Ismen, pädagogische Gewalt, aber auch praktische alltägliche Dinge wie Petroleumlampen oder Schulfibeln und die Abwesenheit von digitalen Endgeräten). In diesem Fall kann ein Kinderbuch tatsächlich als historisches Dokument rezipiert werden und nicht nur als unterhaltsame Geschichte.

Was nun die Frage angeht, ob es *weißen* (Kinderbuch-)Autor*innen prinzipiell ›zusteht‹, aus einer BIPoC-Perspektive heraus zu erzählen, so kommt es unserer Vermutung nach weniger auf das ›ob‹ an, sondern vielmehr auf das ›wie‹. Das Erzählen aus einer fremden Perspektive stellt

436 Ogette: exit Racism, S. 122.
437 Sohra Behmanesh im Interview mit Isabel Robles Salgado.
438 Vgl. Fajembola/Nimindé-Dundadengar: Gib mir mal die Hautfarbe, S. 224.

immer eine Form der kulturellen Aneignung dar, und kulturelle Aneignung ist per se ein kontroverser Gegenstand. Es kommt aus unserer Sicht daher letzten Endes weniger auf die Berechtigung an als auf die Kompetenz. Bei einer Fremddarstellung besteht eher die Gefahr, dass unbeabsichtigt (alltags)rassistische Narrative reproduziert werden, wie unsere literaturwissenschaftlichen Analysen gezeigt haben. Der britische Illustrator Dapo Adeola moniert zudem, dass zwar viele neue Kinderbücher publiziert werden, die für Diversität gepriesen werden, bei denen die Figuren allerdings nicht wirklich divers seien, sondern »wortwörtlich nur eingeschwärzt«[439] (token character). Fajembola und Nimindé-Dundadengar weisen darauf hin, dass solche Bücher Kinder nicht dazu empowern, »Unterschiedlichkeit in Perspektiven, Erfahrungen, Sprachen, Bedürfnissen und auch Benachteiligung und Rassismen anzuerkennen, sie konkret zu benennen und zu lernen, sich zu positionieren«[440]. Diversität muss von Kinderbuchautor*innen somit als mehr verstanden werden als die Farbe der Haut. Maisha Maureen Auma betont, dass es angesichts der Realität von rassistisch geprägter Exklusion, Marginalisierung und Dehumanisierung besonders wichtig sei, kontinuierlich die Stimmen und Weltauslegungen der rassistisch Marginalisierten selbst zu rezentrieren.[441] Daher gibt es seit 2015 den Hashtag *#ownvoices* bei Twitter sowie die ownvoices-Bewegung, die dafür werben, dass Kinder- und Jugendbücher, die über marginalisierte Personen oder Gruppen erzählen, von Personen verfasst werden, die derselben marginalisierten Gruppe angehören. Der Journalist und Autor Hasnain Kazim weist allerdings auf den wichtigen Punkt hin, dass eine strikte Trennung, wer im Bereich der Kultur was tun darf, zu einer Verhärtung der Fronten statt zu ihrem Aufbrechen führen würde,[442] was wenig wünschenswert ist. Zudem existieren durchaus auch sehr empfehlenswerte Kinderbücher mit Schwarzen Protagonist*innen, die von *weißen* Autor*innen verfasst wurden.[443] Auf der anderen Seite verhindert struktureller Rassismus die

439 Zit. n. Sandjon: Schwarze Kinder, weiße Perspektiven.

440 Fajembola/Nimindé-Dundadengar: Gib mir mal die Hautfarbe, S. 190.

441 Zit. n. Sandjon: Schwarze Kinder, weiße Perspektiven.

442 Vgl. Hasnain Kazim bei »Cultural Appropriation: Ist kulturelle Aneignung diskriminierend? 13 Fragen«, ZDF 29.12.2021, verfügbar unter Cultural Appropriation: Ist kulturelle Aneignung diskriminierend? I 13 Fragen – YouTube, Zugriff am 12.05.2022.

443 Hierzu zählen wir z. B. die Bücher von Constanze von Kitzing, die Diversität klischeefrei und ganz selbstverständlich abbilden, oder das mehrfach ausgezeichnete

Chancengleichheit von BIPoC-Autor*innen im Literaturbetrieb, was als ein Argument gewertet werden kann, die Publikationen von authentisch Berichtenden zu bevorzugen. Doch wie sieht es aus mit der Diversität in der Kinderbuchbranche?

Plädoyer für mehr Diversität in der Kinderbuchbranche

Can the Subaltern speak? Gayatri C. Spivak verneint diese Frage in ihrem vielbeachteten und als komplex geltenden Essay von 1995. Für die Subalternen sei es unmöglich, bei der Dominanzgesellschaft Gehör zu erlangen. Als Subjekte seien sie (intersektional) unsichtbar (*absent*), was es ihnen unmöglich mache, eine Stimme zu erlangen. Schuld daran seien die (postkolonialen) Strukturen, die erstens verhindern würden, dass die subalternen Stimmen gehört würden, und die ihnen zweitens keinen Raum zur Artikulation überlassen würden. Die Künstlerin Grada Kilomba[444] sieht diese Position der *silent subaltern* kritisch, da sie den dominanten *weißen* Diskursen die absolute Macht überlasse. Dies beinhalte die Vorstellung, dass marginalisierte Gruppen sich mit der dominanten Gruppe identifizieren. Subalterne, so Kilomba, sollten weder passive Opfer sein noch sich willenlos in dominante Gruppen eingliedern lassen. Damit subalterne Stimmen zu hören seien, müssten dominante Stimmen allerdings schweigen. Doch bei vielen Orten (wie beispielsweise Universitäten) würde es sich nicht um neutrale Orte, sondern um *white spaces* handeln, in denen Schwarzen Stimmen das Privileg zu sprechen verweigert würde (es wird beispielsweise die Lyrik *weißer* Dichter(*innen) gelehrt). Schwarzes Wissen wiederum werde entweder abgewertet oder ironischerweise von *Weißen* vermittelt, die sich als Expert*innen präsentieren. Auch Abwehrreaktionen auf Rassismusvorwürfe im weitesten Sinne (»*You do over-interpret*«) bezeichnet Kilomba als Methode, Schwarze Stimmen zu kontrollieren, und verweist in diesem Kontext auf die methodische Ähnlichkeit, mit der Frauen von Männern zum Schweigen gebracht werden sollen: In beiden Fällen geht es darum (Schwarze/weibliche) Meinungen als irrational, als Illusion, als Halluzination darzustellen. Ohne Unterdrückung romantisieren zu wollen, weist Kilomba darauf hin, dass die Peripherie der Normgesellschaft einen

---

Bilderbuch über einen Schwarzen Jungen, der Meerjungfrauen liebt: Love, Jessica: Julian ist eine Meerjungfrau. München: Knesebeck Verlag 2020.

444 Vgl. hierzu Kilomba: Plantation Memories.

Ort darstellt, an dem durch die Menschen, die an den Privilegien nicht teilhaben dürfen, etwas Neues und Kreatives entstehen kann: »In this sense, the margin is a location that nourishes our capacity to resist oppression, to transform, and to imagine alternative new worlds and new discources.« (In diesem Sinne ist gerade der Rand der Gesellschaft ein Ort, der unsere Fähigkeit fördert, der Unterdrückung zu widerstehen, Veränderungen zu bewirken und Vorstellungen für neue alternative Welten und neue Diskurse zu entwickeln.) Auch subalternes Schreiben geschehe nicht aus dem Zentrum der Gesellschaft heraus, sondern aus seiner Peripherie, so Grada Kilomba.[445] Die Notwendigkeit, in der Position als Subalterne zu schreiben, begründet Grada Kilomba mit Bezug auf die Literaturwissenschaftlerin und Autorin bell hooks folgendermaßen: »[...] here, I am not the ›Other‹, but the self, not the object, but the subject, I am the describer of my own history and not the described.«[446] ([...] hier bin ich nicht die ›Andere‹, sondern ich selbst, nicht das Objekt, sondern das Subjekt, ich bin die Beschreiberin meiner eigenen Geschichte und nicht die Beschriebene.) Dieses Subjekt-Objekt-Verhältnis und seine Umkehrung mittels des Schreibens mache Schreiben zu einem politischen Akt und einem Akt der Dekolonisation, so Kilomba. Es gibt somit viele Argumente für subalternes Schreiben sowie für die Rezeption von authentisch verfassten Texten. Dennoch ist nach wie vor ein eklatanter Mangel an Kinderbüchern von BIPoC-Autor*innen auf dem deutschen Buchmarkt zu beklagen. Chantal-Fleur Sandjon schätzte 2020 den Anteil an Kinderbuchautor*innen und -illustrator*innen of Colour in Deutschland auf unter zwei Prozent. Der Kinderbuchmarkt ist damit allerdings keine Ausnahme im deutschen Medien- und Kulturbetrieb. Auch der Anteil an Journalist*innen mit Migrationshintergrund liege bei zwei Prozent, so die Autorin Alice Hasters.[447] Dies habe Einfluss auf die Wahl der Themen und die Art und Weise der Berichterstattung. Subalterne Stimmen, Themen, Wahrnehmungen und Stile werden somit systematisch aus der öffentlichen Wahrnehmung gedrängt. Die Antidiskriminierungsexpertin Saraya Gomis wiederum weist darauf hin, dass BIPoC-Künstler*innen und BIPoC-Journalist*innen bereits wichtige Arbeit leisten, um neue dominanzkritische Bilder zu schaffen, aber keine Posten als Intendant*innen oder

445 Kilomba: Plantation Memories, S. 30.
446 Kilomba: Plantation Memories S. 10.
447 Vgl. Hasters: Was weiße Menschen ..., S. 112.

Ressortleiter*in erhalten würden.[448] Der strukturelle Rassismus bewirkt somit die verschiedenen Formen von Rassismen in den Medien und in der Kultur und auch in der Kinderliteratur. Weil BIPoC-Autor*innen der Zugang zum deutschen (Kinder-)Buchmarkt systematisch verwehrt wird, finden sich auch keine BIPoC-Realitäten in deutschen Kinderbüchern, sondern vorwiegend *weiße* Perspektiven. Für den äußerst niedrigen Anteil an BIPoC-Akteur*innen auf dem deutschen Kinderbuchmarkt gibt es mehrere Gründe. Die Autorin und Pädagogin Andrea Karimé führt an, dass das Interesse an Kinderbüchern mit Kindern of Colour in der Hauptrolle starken Wellenbewegungen unterliege. Während Kinderbücher zwar diverser werden sollen, gelte diese Forderung jedoch nicht für die Menschen, die sie schreiben. Dies könne als Beleg gelten, wie wenig Interesse an glaubwürdigen Kulissen bestehe, die die Lebenswelten migrantischer und migrantisierter Kinder und Jugendlicher in ihrer Vielschichtigkeit aufgreifen.[449] Der Kinderbuchmarkt scheine zu befürchten, dass die Komplexität migrantischer Erfahrungen *weiße* Kinder überfordere, vermutet Chantal-Fleur Sandjon. Dies erkläre nicht nur die hohe Dichte an Stereotypen reproduzierenden Werken auf dem deutschen Kinderbuchmarkt, sondern auch die strukturellen Zugangsbeschränkungen für PoCs, die versuchen, sich als Autor*innen und Illustrator*innen zu etablieren und sich dabei als Expert*innen ihrer eigenen Lebenswelten zu positionieren. Dabei können jedoch nur solche authentischen Texte und Bilder die deutsche Kinderliteratur nachhaltig bereichern. Chantal-Fleur Sandjon vertritt somit dieselbe Ansicht wie die Verlegerin Monika Osberghaus. Die Schuld an dem Mangel von subalternen Stimmen auf dem deutschen Kinderbuchmarkt kann nicht allein der Produktionsseite, also den Verlagen, zugeschoben werden, sondern auch der Rezeptionsseite, also den Eltern, Erziehenden und Vorlesenden, die Kaufentscheidungen treffen. Denn das Angebot wird durch die Nachfrage bestimmt. Um somit einen *racial turn* in der deutschen Kinderliteratur zu bewirken, sind letzten Endes die Endverbraucher*innen gefragt. Um das eigene Kinderbuchregal antirassistisch zu gestalten, ist zum einen ein kritisches Hinterfragen der bereits vorhandenen Kinderbücher nötig und zum anderen etwas mehr Mut beim Kauf von neuen Kinderbüchern. Denn wir sind uns sicher: Wir müssen nicht immer das Gleiche und Altbekannte rezipieren. Wenn wir unser Blickfeld erweitern und den Kanon der Kin-

448 Vgl. Saraya Gomis im Interview mit Corinna Koch.
449 Zit. n. Sandjon: Schwarze Kinder, weiße Perspektiven.

derliteratur für neue Bücher öffnen, wird es auch schön und spannend sein, gemeinsam mit unseren Kindern Bücher zu entdecken, die wir selbst noch gar nicht kannten. Daher appellieren wir an Eltern und andere Vorlesende, nicht zu ängstlich zu sein und ihren (*weißen*) Kindern Bücher mit Themen, die zunächst unkonventionell erscheinen mögen, ruhig einmal zuzumuten. Auch Erwachsene können dabei noch etwas lernen. *Weißen* Erzieher*innen und Lehrer*innen wiederum, die ganzen Kindergruppen vorlesen, legen wir dringend ans Herz, sich kurz in die Schwarzen Kinder und die Kinder of Color hineinzuversetzen und sich zu fragen, wie der vorgelesene Text auf sie wirken mag: Ob Worte vorkommen, die verletzen, ob einige der anwesenden Kinder beim Vorlesen Schwarzer (oder sonstiger, auch Fatshaming-) Klischees bloßgestellt werden oder ob sie sich vielleicht in Zukunft dazu genötigt fühlen könnten, diese Klischees selbst zu erfüllen.[450] Eine Sache gilt es dabei ganz allgemein zu beachten:

> »[Es braucht] keine offenen rassistischen Angriffe [oder Begriffe]. Kinder lernen auch über Auslassungen und darüber, wer vorkommt, wer sichtbar ist und wer nicht.[451]
>
> [...] Rassismus lebt und erhält sich selber dadurch, dass eine dominante Perspektive immer und immer wieder reproduziert und tradiert wird. [...] Ein großes Ziel im Versuch, Rassismus zu dekonstruieren, muss es daher sein, so viele Perspektiven wie möglich sichtbar zu machen.«[452]

Die gesellschaftliche Sensibilität für Rassismus hat sich verändert. Was vor 50 Jahren als normales Wort galt, ist heute praktisch ›unsagbar‹ geworden, es ist aus dem alltäglichen Sprachgebrauch verschwunden. Veränderungen an Büchern sind die Reaktion auf die veränderte Wahrnehmung. Sie folgen auf die Einsicht, dass Wörter Schaden anrichten können, wenn auch nicht bei allen Leser*innen unmittelbar, so doch bei vielen, und bei allen anderen mittelbar und langfristig. Für den Umgang mit Rassismus in der Kinderliteratur gibt es indes leider keine Patentlösung. Dies beruht zum einen auf der großen Anzahl an Kinderbüchern und zum anderen auf der Einzigartigkeit jedes Buches. Wie mit Rassismus in der (Kinder-)Literatur umgegangen werden muss, muss daher im Einzelfall, also für jedes Buch ein-

---

450 Dies berichtet Alice Hasters über ihre eigene Biografie. Vgl. dies., Was *weiße* Menschen ..., S. 21.

451 Ogette: exit Racism, S. 95.

452 Ebd., S. 111.

zeln, entschieden werden. Auch wenn problematische Texte und Begriffe in nächster Zeit immer noch abgedruckt werden, ist dennoch der gesellschaftliche Diskurs um diffamierende Sprache in Kinderbüchern wichtig. Es ist wichtig, dass über Rassismus in Büchern gesprochen wird, auch wenn die Diskussion kontrovers ausfällt. Denn der Einfluss, den Bücher (und andere Medien) auf Kinder nehmen, darf weder unterschätzt noch verharmlost werden. Je mehr und je öfter genuin *weiße* und subtil rassistische Texte mit und von Kindern gelesen werden, umso mehr summieren sich die Botschaften der Texte zu einem Gesamtbild, mit dem Kinder in Zukunft die Welt wahrnehmen werden. Rassismus durchsetzt die gesamte Gesellschaft: das Bildungssystem, das Rechtssystem, die Polizei, die Sprache, die Kulturbranche, auch den Buchmarkt. »Rassismus ist ein gesellschaftliches Phänomen, das jedes Individuum im Laufe seiner Sozialisation internalisiert hat«,[453] schreibt Natasha A. Kelly. Und der Beginn der rassistischen Sozialisation liegt in der Kindheit. Kindern rassismusfreie bzw. antirassistische, inklusive und diversitätssensible Literatur zur Verfügung zu stellen, wäre aus unserer Sicht ein guter und wichtiger, ja notweniger erster Schritt, um eine Generation großzuziehen, die nicht permanent an der Reproduktion von Rassismus beteiligt ist. Einen kritischen Blick auf die Literatur im eigenen Kinderzimmer, im Kindergarten, im Deutschunterricht, in der Stadtbibliothek zu werfen, ist eine Sache, die jeder Einzelne ganz konkret sofort gegen Rassismus tun kann. Nur wenn wir allen *weißen* Kindern aktiv im Alltag nahelegen, Schwarze Menschen nicht als unterlegen, exotisch und ›anders‹ wahrzunehmen, sondern als genauso ›normal‹ wie *weiße* Menschen, kann Rassismus langfristig wieder aus dem kollektiven Textgedächtnis verbannt werden. Bis dahin bleibt der Rassismus in Kinderbüchern nur ein weiterer Beleg für den strukturellen Rassismus in Deutschland.

453 Kelly: Rassismus, S. 100.

Quellenverzeichnis

Primärquellen

Auer, Margit: Die Schule der magischen Tiere. Band 6: Nass und nasser. Hamburg: Carlsen Verlag 2015.

Auer, Margit: Die Schule der magischen Tiere. Endlich Ferien. Band 6: Hatice und Mette-Maja. Hamburg: Carlsen Verlag 2021.

Auer, Margit: Die Schule der magischen Tiere. Band 10: Hin und weg! Hamburg: Carlsen Verlag 2017.

Betz, Daniela/Böwer, Niklas: Wieso? Weshalb? Warum? Die Welt der Fahrzeuge. Ravensburg: Ravensburger Verlag 2013.

Betz, Damiela/Wandrey, Guido: Wieso? Weshalb? Warum? Entdecke die Piraten. Ravensburg: Ravensburger Verlag 2011.

Boie, Kirsten: Thabo. Detektiv & Gentlemen. Der Nashorn-Fall. Hamburg: Oetinger Verlag 2016.

Busch, Wilhelm: Die Rache des Elefanten. Wilhelm Busch: Die Rache des Elefanten (projekt-gutenberg.org).

Busch, Wilhelm: Max und Moritz. Lehrer Lämpel in Max und Moritz von Wilhelm Busch (wilhelm-busch.de).

Campe, Joachim Heinrich: Robinson der Juengere. Zur angenehmen und nuetzlichen Unterhaltung für Kinder. Hamburg: Carl Ernst Bohn 1870. Deutsches Textarchiv – Campe, Joachim Heinrich: Robinson der Jüngere. Bd. 2. Hamburg, 1780.

Donaldson, Julia/Scheffler, Axel: Der Grüffelo. Weinheim Basel: Beltz & Gelberg 1999.

Ende, Michael: Jim Knopf und Lukas der Lokomotivführer. Stuttgart: Thienemann-Esslinger Verlag 2019.

Erne, Andrea/Metzger, Wolfgang: Wieso? Weshalb? Warum? Bei den Römern. Ravensburg: Ravensburger Verlag 2012.

Erne, Andrea/Windecker, Jochen: Wieso? Weshalb? Warum? Die Erde. Ravensburg: Ravensburger Verlag 2013.

Friese, Inka/Nieländer, Peter: Wieso? Weshalb? Warum? Die Welt des Fußballs. Ravensburg: Ravensburger Verlag 2018.

Friese, Inka/Brockamp, Melanie: Wieso? Weshalb? Warum? Die Welt der Pferde und Ponys. Ravensburg: Ravensburger Verlag, 2014.

Friese, Inka/Schargan, Constanze: Wieso? Weshalb? Warum? Entdecke die Tiere Afrikas. Ravensburg: Ravensburger Verlag 2012.

Hergé: Tim im Kongo. Reinbek bei Hamburg: Carlsen Comics 2011.

Hoffmann, Heinrich: Der Struwwelpeter. Die Geschichte von den schwarzen Buben. Der Struwwelpeter – Dr. Heinrich Hoffmann (internet-maerchen.de).

Kienle, Dela: Wieso? Weshalb? Warum? Altes Rom. Ravensburg: Ravensburger Verlag 2014.

Lindgren, Astrid: Pippi Langstrumpf. Hamburg: Oetinger 1986.

Lindgren, Astrid: Lotta ist ein kleiner Sklave. In: Die Kinder aus der Krachmacherstraße. Hamburg: Oetinger Verlag 2016.

Mennen, Patricia/Schellenberger, Hans G.: Wieso? Weshalb? Warum? Alles über Dinosaurier. Ravensburg: Ravensburger Verlag 2000.

Nielsen, Maja: Kolumbus: Seefahrer, Entdecker, Abenteurer. Hildesheim: Gerstenberg Verlag 2013.

Preußler, Otfried: Das kleine Gespenst.

Preußler, Otfried: Die kleine Hexe. 7. Aufl. Stuttgart: Thienemann-Esslinger 2016.

Preußler, Otfried: Krabat. 19. Aufl. München: Deutscher Taschenbuch Verlag 2004.

Rübel, Doris: Wieso? Weshalb? Warum? Unser Essen. Ravensburg: Ravensburger Verlag 2002.

Scherz, Oliver: Wir sind nachher wieder da, wir müssen kurz nach Afrika. 17. Aufl. Stuttgart: Thienemann-Esslinger 2016.

Sendak, Maurice: Wo die wilden Kerle wohnen. Zürich: Diogenes Verlag 2013.

Trapp, Kyrima: Wieso? Weshalb? Warum? Wir entdecken die Ritterburg. Ravensburg: Ravensburger Verlag 2000.

Weinhold, Angela: Wieso? Weshalb? Warum? Wir erforschen die Dinosaurier. Ravensburg: Ravensburger Verlag 2011.

Sekundärquellen

Monografien

Adorno, Theodor W.: Schuld und Abwehr. In: Ders.: Gesammelte Schrift. Band 9/2. Berlin: Suhrkamp Verlag, S. 276 f.

Amjahid, Mohamed: Unter Weißen: Was es heißt, privilegiert zu sein. Berlin: Hanser Verlag, 2017.

Apraku, Josephine: Wie erkläre ich Kindern Rassismus? Rassismussensible Begleitung und Empowerment von klein auf. 2. Aufl. Berlin: Familiar Faces 2021.

Austin, John L.: How to do things with Words. Zur Theorie der Sprechakte. Stuttgart: Reclam Verlag 2010.

Aydemir, Fatma/Yaghoobifarah, Hengameh (Hg.): Eure Heimat ist unser Albtraum. Berlin: Ullstein Verlag 2020.

Blumenbach, Johann Friedrich: Über die natürlichen Verschiedenheiten im Menschengeschlechte. Leipzig, Breitkopf und Härtel, 1798. Das Buch ist als

Volltext digital verfügbar unter Deutsches Textarchiv – Blumenbach, Johann Friedrich: Über die natürlichen Verschiedenheiten im Menschengeschlechte. Leipzig, 1798.

Butler, Judith: Hass spricht. Zur Politik des Performativen. Frankfurt: Suhrkamp 2006.

Dougherty, Frank William Peter: Gesammelte Aufsätze zu Themen der klassischen Periode der Naturgeschichte. Göttingen: Klatt Verlag 1996.

Eggers (Auma), Maisha/Kilomba, Grada/Piesche, Peggy/Arndt, Susan (Hg.): Mythen, Masken und Subjekte. Kritische Weissseinsforschung in Deutschland. 4. Aufl. Münster: Unrast 2020.

El-Mafaalani, Aladin: Wozu Rassismus? Von der Erfindung der Menschenrassen bis zum rassismuskritischen Widerstand. Köln: Kiepenheuer & Witsch Verlag 2021.

Fajembola, Olaolu/Nimendé-Dundadengar, Tebogo: Gib mir mal die Hautfarbe. Mit Kindern über Rassismus sprechen. Weinheim: Julius Beltz Verlag 2021.

Gümüşay, Kübra: Sprache und Sein. Berlin: Hanser Verlag 2020.

Hasters, Alice: Was weiße Menschen nicht über Rassismus hören wollen, aber wissen sollten. München: hanserblau 2019.

Hegel, Georg Wilhelm Friedrich: Vorlesungen über die Philosophie der Geschichte. Sämtliche Werke. Jubiläumsausgabe in 20 Bänden, hrsg. von Hermann Glockner, Bd. 11. Stuttgart: Frommann 1971.

Kant, Immanuel: Von den verschiedenen Racen der Menschen, 1777. Verfügbar unter Kant über die verschiedenen Rassen der Menschen (1777) – Black Central Europe, Zugriff am 08.06.2022.

Kelly, Natasha A.: Rassismus. Strukturelle Probleme brauchen strukturelle Lösungen! Hamburg: Atrium Verlag 2021.

Kilomba, Grada: Plantation Memories: Episodes of Everyday Racism. 4. Aufl. Münster: Unrast Verlag 2018.

Matejovski, Dirk: Das Motiv des Wahnsinns in der mittelalterlichen Dichtung. Frankfurt: Suhrkamp 1996.

Ogette, Tupoka: exit Racism. Rassismuskritisch denken lernen. Münster: Unrast Verlag 2017.

Rauterberg, Hanno: Wie frei ist die Kunst? Der neue Kulturkampf und die Krise des Liberalismus. Berlin: Suhrkamp 2018.

Rösch, Barbara: Grundschule Schwarz weiß? Denk- und Handlungsansätze für eine rassismuskritische Grundschule. Basiswissen Grundschule, Band 40. Baltmannsweiler: Schneider Verlag Hohengehren 2019.

Ritz, Manuela: Die Farbe meiner Haut. Freiburg: Herder Verlag 2009.

Roig, Emilia: Why we matter. Das Ende der Unterdrückung. Berlin: Aufbau Verlag 2021.

Schlösser, Elke: Wir verstehen uns gut. Spielerisch Deutsch lernen. Aktualisierte Neuaufl. 2016. Münster: Ökotopia Verlag 2001.

Schmidt-Wulffen, Wulf: Die »Zehn kleinen Negerlein«. Zur Geschichte der Rassendiskriminierung im Kinderbuch. Berlin: LIT Verlag 2010.

Sow, Noah: Deutschland Schwarz Weiß. München: Bertelsmann Verlag 2008.

Spivak, Gayatri Chakravorty: Can the Subaltern speak? Postkolonialität und subalterne Artikulation. Berlin: Turia + Kant Verlag 2020.

Stritzke, Nadyne: Subversive literarische Performativität. Die narrative Inszenierung von Geschlechtsidentitäten in englisch- und deutschsprachigen Gegenwartsromanen. Trier: WVT Wissenschaftlicher Verlag 2011.

Thuram, Lilian: Das weiße Denken. Hamburg: Edition Nautilus 2022.

Voltaire: Essai sur les moers et l'esprit des Nations. In: Œuvres Completes de Voltaire. Volltext verfügbar unter Œuvres complètes de Voltaire: Voltaire, 1694–1778: Free Download, Borrow, and Streaming: Internet Archive.

Winker, Gabriele/Degele, Nina: Intersektionalität. Zur Analyse sozialer Ungleichheiten. 2. Aufl. Bielefeld: transcript Verlag 2010.

Beiträge aus Sammelbänden

Arndt, Susan: »Rassen« gibt es nicht, wohl aber die symbolische Ordnung von *Rasse*, S. 341. In: Eggers, Maureen Maisha/Kilomba, Grada/Piesche, Peggy/Arndt, Susan (Hgg.): Mythen, Masken und Subjekte. Kritische Weißseinsforschung in Deutschland. 4. Aufl. Münster: Unrast Verlag 2017, S. 340–362.

Berendsen, Eva/Cheema, Saba-Nur/Mendel, Meron: Finger auf Wunden oder: Der direkte Weg ins Fettnäpfchen. In: Berendsen, Eva/Cheema, Saba-Nur/Mendel, Meron (Hgg.): Trigger Warnung. Identitätspolitik zwischen Abwehr, Abschottung und Allianzen. Berlin: Verbrecher Verlag 2019, S. 7–17.

Brunner, Markus: Trigger-Warnungen. Zur Politisierung eines traumatherapeutischen Konzepts. In: Berendsen, Eva/Cheema, Saba-Nur/Mendel, Meron (Hgg.): Trigger Warnung. Identitätspolitik zwischen Abwehr, Abschottung und Allianzen. Berlin: Verbrecher Verlag 2019, S. 21–34.

Grjasnowa, Olga: Privilegien. In: Aydemir, Fatma/Yaghoobifarah, Hengameh (Hg.): Eure Heimat ist unser Albtraum. Berlin: Ullstein Verlag 2020, S. 114-121.

Haruna-Oelker, Hadija: Aufstieg von rechts. Welche Schuld trägt links? In: Berendsen, Eva/Cheema, Saba-Nur/Mendel, Meron (Hg.): Trigger Warnung. Identitätspolitik zwischen Abwehr, Abschottung und Allianzen. Berlin: Verbrecher Verlag 2019.

Ippolito, Enrico: Beleidigung. In: Aydemir, Fatma/Yaghoobifarah, Hengameh (Hgg.): Eure Heimat ist unser Albtraum. Berlin: Ullstein Verlag 2020, S. 72–87.

Kilomba (Ferreira), Grada: Die Kolonisier und das Selbst – der Platz des Schwarzen. In: Hito Styerl, Gutiérrez Rodriquez (Hg.): Spricht die Subalterne deutsch? Migration und postkoloniale Kritik. Münster: Unrast Verlag 2012, S. 146–165.

Krieg, Deborah: Alles nur geklaut. WTF ist eigentlich Cultural Appropriation? In: Berendsen, Eva/Cheema, Saba-Nur/Mendel, Meron (Hgg.): Trigger Warnung. Identitätspolitik zwischen Abwehr, Abschottung und Allianzen. Verbrecher Verlag, Berlin, 2019, S. 105–114.

Piesche, Peggy: Der »Fortschritt« der Aufklärung – Kants »Race« und die Zentrierung des *weißen* Subjekts. In: Eggers, Maisha Maureen/Kilomba, Grada/

Piesche, Peggy/Arndt, Susan (Hg.): Mythen, Masken und Subjekte. Kritische Weißseinsforschung in Deutschland. Münster: Unrast 2020, S. 30–40.

Salzmann, Sasha Marianna: Sichtbar. In: Fatma Aydemir/Hengameh Yaghoobifarah (Hg.): Eure Heimat ist unser Albtraum. Berlin: Ullstein Verlag 2020, S. 13–24.

Sezgin, Hilal: Verzeihen statt Pingpong spielen. Betroffene zu Wort kommen zu lassen, ist richtig, birgt aber Gefahren. Es verallgemeinert ihre Positionen und zieht künstliche Grenzen. In: Berendsen, Eva/Cheema, Saba-Nur/Mendel, Meron (Hg.): Trigger Warnung. Identitätspolitik zwischen Abwehr, Abschottung und Allianzen. Berlin: Verbrecher Verlag 2019, S. 37–39.

Utlu, Deniz: Vertrauen, S. 40. In: Fatma Aydemir/Hengameh Yaghoobifarah (Hg.): Eure Heimat ist unser Albtraum. Berlin: Ullstein Verlag 2020, S. 35–49.

Onlinequellen

Angsträume – ezra Opferberatung Thüringen: »Rassismus ohne Rassen«: kultureller und alltäglicher Rassismus. Verfügbar unter: »Rassismus ohne Rassen«, kultureller und alltäglicher Rassismus – Angsträume (ezra.de).

Josephine Apraku im Gespräch mit Isabel Robles Salgado: »Kleine Jahre, große Fragen: Soll ich mit meinen Kindern über Rassismus sprechen?« Bei: littleyears.de, 25.06.2020. Verfügbar unter: Kleine Jahre, große Fragen: Soll ich mit meinem Kind über Rassismus sprechen? Ein Gespräch mit Josephine Apraku – Littleyears.

Auma, Maisha Maureen: Kulturelle Bildung in pluralen Gesellschaften. Diversität von Anfang an! Diskriminierungskritik von Anfang an! Bei: Kulturelle Bildung online, 2018. Verfügbar unter: Kulturelle Bildung in pluralen Gesellschaften: Diversität von Anfang an! Diskriminierungskritik von Anfang an! | kubi-online.

Auma (als Eggers), Maisha Maureen: Pippi Langstrumpf – Emanzipation nur für *weiße* Kinder? Rassismus und an (*weiße*) Kinder adressierte Hiobsbotschaften. Bei: situationsansatz.de. Verfügbar unter: Prof (situationsansatz.de).

Auma, Maisha Maureen: Ein Empathiegefälle in der Kinderliteratur? Bei: Goethe Institut Finnland, 2020. Verfügbar unter: Ein Empathiegefälle in der Kinderliteratur – Goethe-Institut Finnland.

Ayivi, Simone: Rassismus in Kinderbüchern: Wörter sind Waffen. In: Tagesspiegel, 18.01.2013. Verfügbar unter: Koloniale Altlasten: Rassismus in Kinderbüchern: Wörter sind Waffen – Kultur – Tagesspiegel.

Sohra Behmanesh im Interview mit Isabel Robles Salgado. Bei: littleyears.de, 09.09.2020. Verfügbar unter: »Der Rassismus tut so, als wäre er gar nicht da« – aber er steckt zum Beispiel in Kinderbüchern und -liedern … – Littleyears.

Bergmann, Werner: Rassistische Vorurteile. Bei: Bundeszentrale für politische Bildung, 13.01.2006. Verfügbar unter: Rassistische Vorurteile | bpb.de.

Bishop, Rudine: »Mirrors, Windows and Sliding Glass Doors.« In: Perspectives: Choosing and Using Books for the Classroom. Vo. 6, no. 3. Summer 1990. Verfügbar unter: Mirrors, Windows, and Sliding Glass Doors (scenicregional.org).

Kirsten Boie im Interview mit Roswitha Budeus-Budde: Ein Nashorn als Ansporn. Bei: Süddeutsche Zeitung, 02.03.2016. Verfügbar unter: Bücher für junge Leser – Ein Nashorn als Ansporn – Kultur – SZ.de (sueddeutsche.de).

Bordo, Olenka: Vermittlung von Vorurteilen und Stereotypen im Kindersalter – »Pippi Langstrumpf« als Buch und als Film. Bei: Heinrich Böll Stiftung Heimatkunde, Migrationspolitisches Portal, 24.02.2014. Verfügbar unter: Vermittlung von Vorurteilen und Stereotypen im Kindesalter – »Pippi Langstrumpf« als Buch und als Film | heimatkunde | Migrationspolitisches Portal der Heinrich-Böll-Stiftung (boell.de).

Boschmann, Corinna/Staufer, Walter: Vom »N-König« zum »Südseekönig« zum ...? – Politische Korrektheit in Kinderbüchern. Das Spannungsfeld zwischen diskriminierungsfreier Sprache und Werktreue und die Bedeutung des Jugendschutzes. In: BPJM-Aktuell 2/2013, S. 3–17. PDF verfügbar unter: Vom »Negerkönig« zum »Südseekönig« zum ...? – Politische Korrektheit in Kinderbüchern (bzkj.de).

Bovermann, Philipp: Die ganze Affenbande brüllt. Rassismus in Kinderliedern. In: Ist das Lied »Die Affen rasen durch den Wald« rassistisch? – Kultur – SZ.de (suedde: Süddeutsche Zeitung, 19.01.2022. Verfügbar unter: utsche.de).

Bundeszentrale für Kinder- und Jugendmedienschutz: Indizierung. Verfügbar unter: Bundeszentrale für Kinder- und Jugendmedienschutz – Was wird indiziert? (bzkj. de).

glokal e. V.: Kinderbuchdebatte, 07.02.2013. Verfügbar unter: Kinderbuchdebatte | glokal e. V.

Dauber, Gregory: Starb Valérie, weil eine Ärztin sie nicht ernst nahm? Bei: T-online, 05.04.2022. Verfügbar unter: Valérie (†7) aus Uelzen stirbt nach Arztbesuch: Handelte ihre Ärztin fahrlässig? (t-online.de).

Bärbel Dorweiler im Interview mit Lisa Welzhofer: »Kinderliteratur darf nicht nur ungefährliche Häppchen servieren«. Bei: Stuttgarter Nachrichten, 28.08.2020. Verfügbar unter: Stuttgarter Verlegerin zu Rassismus-Kritik an Jim Knopf: »Kinderliteratur darf nicht nur ungefährliche Häppchen servieren« – Kultur – Stuttgarter Nachrichten (stuttgarter-nachrichten.de).

Endler, Rebekka: Elsa in Taka-Tuka-Land. Bei: SZ Magazin, 31.08.2018, Heft 53/2018. Verfügbar unter: Tochter der echten Pippi Langstrumpf – SZ Magazin (sueddeutsche.de).

Eiseler, Melissa: Was ist eigentlich ... Blackfishing? Bei: frauenseiten.bremen, 20.08.2020. Verfügbar unter: Was ist eigentlich ... Blackfishing? – frauenseiten bremen frauenseiten.bremen.

Falkenberg, Karin: Die dunkle Seite der Objekte. Bei: museenblog-nuernberg, 03.11.2020. Verfügbar unter: Die dunkle Seite der Objekte – Museenblog Nürnberg (museenblog-nuernberg.de).

Forster, Iris: Political Correctness. Bei: Bundeszentrale politische Bildung, 15.10.2010. Verfügbar unter: Political Correctness / Politische Korrektheit | bpb.de.

Frenzel, Sebastian: Wird Kunst durch Moral und politische Gesinnung eingegrenzt? Bei: Monopol Magazin, 17.08.2018. Verfügbar unter: Wird Kunst durch Moral und politische Gesinnung eingegrenzt? | Monopol (monopol-magazin.de).

Freund, Wieland/Schuster, Jaques: »N-lein sagt man nicht«. In: Welt, 11.01.2013. Verfügbar unter: »Negerlein« sagt man nicht! – WELT.

Gassam Asare, Janice: Unterstanding The White Gaze And How It Impacts Your Workspace. Bei: Forbes, 28.12.2021. Verfügbar unter: Understanding The White Gaze And How It Impacts Your Workplace (forbes.com).

Gaus, Bettina: Von N-lein und Mägdelein. In: taz, 22.02.2013. Verfügbar unter: Kolumne Macht: Von Negerlein und Mägdelein – taz.de.

Geisel, Sieglinde: Debatte um sprachliche Säuberungen. In: Neue Zürcher Zeitung, 18.01.2013. Verfügbar unter: Debatte um sprachliche Säuberungen | NZZ.

Saraya Gomis im Interview mit Corinna Koch: »Es wird schmerzhaft«. Bei: Süddeutsche Zeitung, 29.06.2020. Verfügbar unter: Struktureller Rassismus: »Es wird schmerzhaft« – Kultur – SZ.de (sueddeutsche.de).

Greiner, Ulrich: Die kleine Hexenjagd. In: Die Zeit, 17.01.2013. Verfügbar unter: Kinderbücher: Die kleine Hexenjagd | ZEIT ONLINE.

Haaf, Meredith: »Die gefährliche Leichtfertigkeit im Umgang mit Judenhass«. In: *Süddeutsche Zeitung*, 10.02.2022. Verfügbar unter Gefährliche Leichtfertigkeit im Umgang mit Judenhass – Meinung – SZ.de (sueddeutsche.de).

Haruna-Oelker, Hadija: (K)eine zeitlose Kunst. Bei: Heinrich Böll Stiftung Heimatkunde, Migrationspolitisches Portal, 24.02.2014. Verfügbar unter: (K)eine zeitlose Kunst | heimatkunde | Migrationspolitisches Portal der Heinrich-Böll-Stiftung (boell.de).

Hadija Haruna im Interview mit Daniel Bax: »Es sind auch meine Kinderbücher!« Die Journalistin Hadija Haruna über diskriminierende Ausdrücke in Kinderbüchern, die Abwehrreflexe von Feuilletonisten und Rassismus in den Medien. In: *taz*, 31.01.2013. Verfügbar unter: taz_Interview_Hadija_Haruna__31.1.2013.pdf (bildung-diversity.ch).

Haruna, Hadija: Rassismus-Debatte: Wer ist hier empfindlich? Bei: mediendienst-integration.de, 22.01.2013. Verfügbar unter: Rassismus-Debatte: Wer ist hier empfindlich? | Artikel | MEDIENDIENST INTEGRATION (mediendienst-integration.de).

Hartmann, Ella: Kulturelle Aneignung und Alltagsrassismus im Fasching: Warum ich meinen Kindern keine I-Kostüme nähe. Bei: ringelmiez.de, 13.02.2015. Verfügbar unter: Kulturelle Aneignung und Alltagsrassismus im Fasching: warum ich meinen Kindern keine Indianerkostüme nähe. | ringelmiez.

Hoeder, Ciani-Sophia: »Wie kommst du darauf, dass ich Hip-Hop höre?« In: Willkommen bei mir – SZ Magazin, 20.06.2020. Verfügbar unter: Ciani-Sophia Hoeder über Alltagsrassismus in Deutschland – SZ Magazin (sueddeutsche.de).

Hoeder, Ciani-Sophia: In fünf Schritten zum Anti-Rassisten. In: Willkommen bei mir – SZ Magazin, 31.08.2020. Verfügbar unter: In fünf Schritten zum Anti-Rassisten – SZ Magazin (sueddeutsche.de).

Hoeder, Ciani-Sophia: Was ist der White Gaze? Bei RosaMag, 12.08.2020. Verfügbar unter: Was ist der White Gaze? | RosaMag (rosa-mag.de).

Hoeder, Ciani-Sophia: Was bedeutet Tokenism? Bei: RosaMag, 17.04.2020. Verfügbar unter: Was bedeutet »Tokenism«? | RosaMag (rosa-mag.de).

Hödl, Saskia: Kinder müssen sich selbst sehen. Bei: Heinrich Böll Stiftung Heimatkunde, Migrationspolitisches Portal, 17.09.2020. Verfügbar unter: Kinder müssen sich selbst sehen | heimatkunde | Migrationspolitisches Portal der Heinrich-Böll-Stiftung (boell.de).

Hübner, Klaus: Jim Knopf und Lukas – im 21. Jahrhundert? Bei: literaturkritik.de, 08.01.2021. Verfügbar unter: Jim Knopf und Lukas – im 21. Jahrhundert? – Ein Vortrag: literaturkritik.de.

Eva Illouz im Interview mit Anne-Sophie Balzer und Martin Reichert: »Ich bin für Nerds!«. Bei taz, 13.07.2013. Verfügbar unter: »Ich bin für Nerds!« – taz.de.

Initiative Schwarzer Menschen in Deutschland: Gegen Rassismus in Medien und in Kinder- und Jugendbüchern. Ein offener Brief. 28.01.2013. Verfügbar unter: Gegen Rassismus in Medien und in Kinder- und Jugendbüchern | ISD-Bund e. V. (isdonline.de).

Jakubowski, Alex: »Lucky Luke«: Mit dem Cowboy gegen Rassismus. Bei: Head Topics, 29.10.2020. Verfügbar unter: »Lucky Luke«: Mit dem Cowboy gegen Rassismus | Luckyluke – Comic (headtopics.com).

Christiane Kassama im Interview mit Moritz Hermann: »Jim Knopf wird leider noch oft gelesen«. In: Die Zeit, 23.07.2020. Verfügbar unter: Rassismus: »Jim Knopf wird leider noch oft gelesen« | ZEIT ONLINE.

Kastein, Julia: Schullektüre in den USA: Kulturkampf im Klassenzimmer. Bei: tagesschau.de, 08.05.2022. Verfügbar unter: Schullektüre in den USA: Kulturkampf im Klassenzimmer | tagesschau.de.

Klute, Hilmar: Warum wir unseren Kindern vorlesen sollten. In: Süddeutsche Zeitung Nr. 23 29./30.01.2022. Verfügbar unter: Sams und Co: Wieso auch Erwachsene so gerne Kinderbücher lesen – Gesellschaft – SZ.de (sueddeutsche.de).

Kilomba, Grada: »Das N-Wort«. Bei: Bundeszentrale für politische Bildung, 03.06.2009. Verfügbar unter: Das N-Wort | bpb.

Krauthausen, Raul: Was fehlt: Vielfalt in Kinderbüchern. Bei: raul.de, 16.08.2018. Verfügbar unter: Was fehlt: Vielfalt in Kinderbüchern – Raul Krauthausen.

Lother, Sophia: Rassismus im Krankenhaus: Frankfurter Politikerin erhebt drastische Vorwürfe. Bei: Frankfurter Rundschau, 15.12.2022. Verfügbar unter: Rassismus im Krankenhaus: Frankfurter Politikerin erhebt drastische Vorwürfe.

Luig, Judith: Bildung in Berlin. Schule mit Rassismus. In: Die Zeit, 24.07.2019. Verfügbar unter: Bildung in Berlin: Schule mit Rassismus | ZEIT ONLINE.

Peggy MacIntiosh im Interview mit Carla Baum und Amna Franzke: »Weiße hassen es, ihr Selbstbild beschädigt zu sehen.« Bei: Zeit Campus, 08.07.2020. Verfügbar unter: White Privilege: »Weiße hassen es, ihr Selbstbild beschädigt zu sehen« | ZEIT Campus.

Marstenstein, Harald: »Es wächst eine neue totalitäre Ideologie heran.« In: Welt am Sonntag, Nr. 9, 27.02.2022, S. 43. Verfügbar unter: Harald Martenstein: »Es wächst eine neue totalitäre Ideologie heran« – WELT.

Mertin, Ansgar: Weiße sind nun mal langsamer. In: Die Zeit, 19.08.2016. Verfügbar unter: Sprinten: Weiße sind nun mal langsamer | ZEIT ONLINE.

Mertins, Silke: Das ZDF sollte sich entschuldigen. In: taz, 16.01.2022. Verfügbar unter: Rassismus in Kinderbüchern: Das ZDF sollte sich entschuldigen – taz.de.

Müller-Bardorff, Birgit: Wie divers sollen Kinderbücher sein? Bei: Augsburger Allgemeine, 13.03.2022. Verfügbar unter: Kinderliteratur: Wie divers sollen Kinderbücher sein? | Augsburger Allgemeine (augsburger-allgemeine.de).

Niebuhr-Siebert, Sandra: Diversität in Kinderbüchern (er)leben. Die Welt ist rund und bunt. Bei: Fachhochschule Clara Hoffbauer Potsdamm, 21.02.2021. Verfügbar unter: Diversität in Kinderbüchern Die Welt ist rund und bunt (fhchp.de).

Nöstlinger, Christine: Der [N-Wort] bleibt ein [N-Wort]. Bei: Zeit, 24.01.2013. Verfügbar unter: Kinderbücher: Der Neger bleibt ein Neger | ZEIT ONLINE.

Ogette, Tupoka: »Wanted: Schwarze Held_innen in deutschen Kinderbüchern.« Bei: Heinrich Böll Stiftung Heimatkunde, Migrationspolitisches Portal, 24.02.2014. Verfügbar unter: Wanted: Schwarze Held_innen in deutschen Kinderbüchern | heimatkunde | Migrationspolitisches Portal der Heinrich-Böll-Stiftung (boell.de).

Philipps, Sina: Ein Kinderbuch zum Nachkochen. Bei: hessenschau, 18.05.2022. Verfügbar unter: Ein inklusives Kinderbuch zum Nachkochen | hessenschau.de | Kultur.

Rautenberg, Charlene: »Ich will nicht deine Schokolade sein«. Rassismus beim Dating. In: SZ Magazin, 16.01.2019. Verfügbar unter: Rassismus beim Dating – SZ Magazin (sueddeutsche.de).

Emilia Roig im Interview mit Mischa Kreiskott: Diversity-Tag: Ein Label, das an Bedeutung verliert. Bei: NDR Kultur, 31.05.2022. Verfügbar unter: Diversity-Tag: Autorin Emilia Roig sieht noch viele Aufgaben | NDR.de – Kultur – Buch, Zugriff am 01.06.2022.

Sandjon, Chantal-Fleur: Schwarze Kinder, weiße Perspektiven. Wie divers ist die Kinderbuchbranche? Bei: Heinrich Böll Stiftung Heimatkunde, Mirgationspolitisches Portal, 08.10.2020. Verfügbar unter: Schwarze Kinder, weiße Perspektiven. Wie divers ist die Kinderbuchbranche? | heimatkunde | Migrationspolitisches Portal der Heinrich-Böll-Stiftung (boell.de).

Sander, Lalon: Ohne N-Wort geht's auch. »Jim Knopf Film und Diskriminierung«. In: taz, 17.04.2018. Verfügbar unter: »Jim Knopf«-Film und Diskriminierung: Ohne N-Wort geht's auch – taz.de.

Sawatzki, Jörg: Lesekompetenz: Schlüssel zu mehr Bildungs- und Lebenschancen. Bei BR24, 20.10.2021. Verfügbar unter: Lesekompetenz: Schlüssel zu mehr Bildungs- und Lebenschancen | BR24.

Schlosser, Simone: Triggerwarnungen: Nicht inflationär einsetzen. Bei: Deutschlandfunk Nova, 24.06.2021. Verfügbar unter: Triggerwarnungen in Medien sollten nicht inflationär eingesetzt werden Dlf Nova (deutschlandfunknova.de).

Sichling, Su-Ran: Hosenn*. Bei su-ransichling.com, 2010. Verfügbar unter: Hosenn*: Su-Ran Sichling.

Spreckelsen, Tilmann: Wir wollen vorlesen und nichts erklären müssen. In: Frankfurter Allgemeine Zeitung, 09.01.2013. Verfügbar unter: »Kleine Hexe« ohne »Negerlein«: Wir wollen vorlesen und nichts erklären müssen – Feuilleton – FAZ.

Stefanowitsch, Anatol: Sprachverbote. Bei: sprachlog.de, 23.04.2010. Verfügbar unter: Sprachverbote | Sprachlog.

Stiftung Lesen: Vision und Mission. Verfügbar unter: Vision und Mission: Stiftung Lesen.

Thienemann Verlag: Sprachliche Modernisierung von Klassikern. Verfügbar unter: Sprachliche Modernisierung von Klassikern Der Thienemann Verlag ... (yumpu. com).

Topcu, Özlem: Stellt euch nicht so an! In: Die Zeit, 24.01.2013. Verfügbar unter: Kinderbuch-Debatte: Stellt euch nicht so an | ZEIT ONLINE.

Karin Vach im Interview mit Anne Minnerup. Bei: Akademie für Leseförderung Niedersachsen, 2018. Verfügbar unter: Im Gespräch mit Prof. Dr. Karin Vach | Akademie für Leseförderung Niedersachsen (alf-hannover.de).

Wagner, Jennifer: Auf dem Weg zu mehr Sichtbarkeit. Bei deutschland.de, 10.05.2021. Verfügbar unter Schwarze Menschen in Deutschland: Neues Forschungsprojekt.

Wainaina, Binyavanga: Schreiben Sie so über Afrika. Eine Anleitung. Bei: Belltower, 31.05.2010. Verfügbar unter: Schreiben Sie so über Afrika! Eine Anleitung – Belltower.News.

Westhof, Ramona: Tim und Struppi und der Kolonialismus. Bei: Deutschlandfunk Kultur, 11.02.2019. Verfügbar unter: Umstrittene Neuauflage von »Tim im Kongo« – Tim, Struppi und der Kolonialismus (deutschlandfunkkultur.de).

Mieke Woelky im Gespräch mit Andrea Gerk: Rassismus im Lummerland. Bei: Deutschlandfunk Kultur, 31.08.2020. Verfügbar unter: Debatte über Kinderbuch-Klassiker – Rassismus im Lummerland (deutschlandfunkkultur.de).

Zehnle, Stephanie: Comic im Kolonialismus – Kolonialismus im Comic. In: Raus rein. Texte und Comics zur Geschichte der ehemaligen Kolonialschule in Witzenhausen, 10.05.2016. Leseprobe verfügbar unter: Leseprobe Raus Rein by avant-verlag – Issuu.

Studien und Erhebungen

Institut für Demoskopie Allensbach: »Grenzen der Freiheit«. Eine Dokumentation des Beitrags von Prof. Dr. Renate Köcher in der Frankfurter Allgemeinen Zeitung Nr. 119 vom 23. Mai 2019. Verfügbar unter: FAZ_Mai2019, Layout 1 (ifd-allensbach.de).

Maya Götz (Hg.): »Wenn Du mich noch einmal ›braune Schokolade‹ nennst!« Erleben von Alltagsrassismus bei Kindern und Jugendlichen in Deutschland. 2021, PDF verfügbar unter »Wenn Du michbb noch einmal ›braune Schokolade‹ nennst!« (br-online.de).

Studie des E-Book-Abonnements-Anbieters Skoobe vom 05.-17.05.2021, verfügbar bei Börsenblatt.net, 21.06.21, unter: 43 Prozent lesen in Coronazeiten mehr Bücher (boersenblatt.net).

McCabe/Fairchild/Grauerholz/Pescosolido/Tope: Gender in Twentieth-Century Children's Books: Patterns of Disparity in Titles and Central Characters, März 2011. In: Gender & Society. Verfügbar unter: Gender in Twentieth-Century Children's Books: Patterns of Disparity in Titles and Central Characters – Janice McCabe, Emily Fairchild, Liz Grauerholz, Bernice A. Pescosolido, Daniel Tope, 2011 (sagepub.com).

Kuyck, David/Park Dahlen, Sarah: Diversity in Children's Books. Bei: Center for Intercultural Dialogue, 09.09.2019. Verfügbar unter: Diversity in Children's Books – Center for Intercultural Dialogue.

Filmisch-dokumentarische Quellen

Afro.Deutschland, Dokumentarfilm der Deutschen Welle 2020. Verfügbar unter: Afrozensus: Verbreiteter Rassismus gegen Schwarze in Deutschland | Deutschland | DW | 30.11.2021.

Rassismus – Die Geschichte eines Wahns, ZDF-Dokumentation, 08.05.2020. Verfügbar unter: Rassismus – Die Geschichte eines Wahns – ZDFmediathek.

Afrozensus: Rassismus gegen Schwarze in Deutschland. DW Nachrichten, 05.12.2021. Verfügbar unter: Afrozensus – Rassismus gegen Schwarze in Deutschland | DW Nachrichten – YouTube.

Fridman schaut hin: Alltagsrassismus in Deutschland vom 12.07.2020. Verfügbar unter: Alltagsrassismus in Deutschland | Friedman schaut hin – YouTube.

»Wo sich Rassismus versteckt und was wir dagegen tun können«. Bei: PLUS Reportage, 05.08.2020. Verfügbar unter: Wo sich Rassismus versteckt und was wir dagegen tun können || PULS Reportage – YouTube.

»Nenn mich nicht ... Der Talk« von radioeins am 18.05.2021. Verfügbar unter: Nenn mich nicht ... Der Talk – Bing video.

Kurzfilm des NDR zu Wilhelm Petersen. Verfügbar unter: Zeitreise: Wilhelm Petersen – Nazipropaganda mit dem Zeichenstift | NDR.de – Fernsehen – Sendungen A-Z – Schleswig-Holstein Magazin – Zeitreise.

Cultural Appropriation: Ist kulturelle Aneignung diskriminierend? 13 Fragen, ZDF 29.12.2021, verfügbar unter: Cultural Appropriation: Ist kulturelle Aneignung diskriminierend? I 13 Fragen – YouTube

Red Haircrow: Forget Winnetou! Loving In The Wrong Way, 2018. Trailer verfügbar unter Forget Winnetou! (2018) – IMDb.

3sat-Kulturdokumentation vom 13.02.2021 »Ich bin kein Kostüm!« Die Debatte um kulturelle Aneignung, verfügbar unter: Ich bin kein Kostüm! – YouTube.

»Die Wilden« in den Menschenzoos. Arte-Dokumentation vom 29.03.2022. Verfügbar auf YouTube unter: »Die Wilden« in den Menschenzoos | Doku HD Reupload | ARTE – YouTube.

Tunniit: Retracing the Lines of Inuit Tattoos Tunniit: Retracing the Lines of Inuit Tattoos – Cinema Politica.

Rassismus von Anfang an lernen? Wie sich struktureller Rassismus in Kita und Grundschule auswirkt. Diskussionsrunde der Berliner Landeszentrale für politische Bildung vom 04.11.2021. Verfügbar unter: Rassismus von Anfang an lernen? Wie sich struktureller Rassismus in Kita und Grundschule auswirkt. – YouTube.

Statistiken

Soziale Situation in Deutschland: Bevölkerung mit Migrationshintergrund. Bei: Bundeszentrale für politische Bildung 01.01.2022. Verfügbar unter: Bevölkerung mit Migrationshintergrund | bpb.de.

AG Diversität: Frauen in Medien und Literaturbetrieb. Verfügbar unter: FRAUEN ZÄHLEN (xn--frauenzhlen-r8a.de).

Susan Arndt & Nadja Ofuatey-Alazard (Hg.)

Wie Rassismus aus Wörtern spricht

(K)Erben des Kolonialismus im Wissensarchiv deutsche Sprache. Ein kritisches Nachschlagewerk.

4. Auflage
Hardcover | 786 Seiten | 29.80 €
ISBN 978-3-89771-501-1
eBook | 22.99 €

»Wenn ich nur 30 Bücher besitzen dürfte, wäre dieses eines davon.«
R.-E. Posselt / SOS-Rassismus

Wie Rassismus aus Wörtern spricht arbeitet heraus, wie weiße Europäer*innen kolonialistisches und rassistisches Denken erschaffen und es in Wissensarchiven und ihren Begriffen konserviert haben, durch welche es bis heute wirkmächtig ist. Folgerichtig werden hier Kernbegriffe des weißen westlichen Wissenssystems diskutiert, um das Zusammenwirken von Rassismus, Wissen und Macht aufzuarbeiten.

»… vor allem jenen, die sich beruflich mit Sprache beschäftigen, ans Herz gelegt«
M.-S. Adeoso / FR

Jule Bönkost (Hg.)

Unteilbar

Bündnisse gegen Rassismus

208 Seiten | 14 €
ISBN 978-3-89771-251-5
eBook | 8.99 €

Über die Bandbreite möglicher Widerstandsformen durch antirassistische Bündnisse

Unter den komplexen Herrschaftsverhältnissen einer global vernetzten, postkolonialen Gesellschaft (wie der deutschen) bedarf es im Kampf gegen Rassismus tragfähiger politischer Bündnisse. Doch welche Voraussetzungen müssen erfüllt sein, welche Aufgaben übernommen und welche Herausforderungen gemeistert werden, damit diese dauerhaft wirken können?

Die Beiträge öffnen den Blick für die vielfältigen Möglichkeiten des Widerstands in rassistischen Verhältnissen durch eine engagierte Bündnisarbeit.

»Ein gelungener Sammelband, der nicht nur aufzeigt, wie wichtig die intersektionale Arbeit gegen rassistische Herrschaftsverhältnisse ist, sondern auch konkrete Beispiele liefert, wie das gelingen kann.«
ts, bedrohte Völker – pogrom

Natasha A. Kelly (Hg.)

Schwarzer Feminismus

Grundlagentexte

2. Auflage
232 Seiten | 16 €
ISBN 978-389771-317-8

Schwarze feministische Grundlagentexte erstmals in deutscher Übersetzung

Als Sojourner Truth während ihrer Rede auf einem Frauenkongress in Akron, Ohio, die Frage stellte, ob sie denn keine Frau* sei, brachte sie eine Debatte ins Rollen, deren Ausmaß nicht abzusehen war. Sie hatte nämlich gleichermaßen weiße Frauen* für den Rassismus und Schwarze Männer für den Sexismus kritisiert, den sie Schwarzen Frauen* jeweils entgegenbrachten. Erst Ende des 20. Jahrhunderts, also fast 150 Jahre später, erhielt diese spezifische Form der Mehrfachdiskriminierung durch Kimberlé Crenshaw die Bezeichnung der ›Intersektionalität‹. Doch wie verliefen die Schwarzen feministischen Debatten bis dahin? Vor welchen Herausforderungen standen Schwarze Frauen*im Globalen Norden? Und was können wir heute von ihnen lernen?

UNRAST Verlag | www.unrast-verlag.de | kontakt@unrast-verlag.de

Tupoka Ogette

exit RACISM

rassismuskritisch denken lernen

10. Auflage
136 Seiten | 12.80 €
ISBN 978-3-89771-230-0
eBook | 7.99 €

Interaktives Handbuch der bekannten Anti-Rassismus-Trainerin

Das Buch begleitet die Leser*innen bei ihrer mitunter ersten Auseinandersetzung mit Rassismus und tut dies ohne erhobenen Zeigefinger. Vielmehr werden die Leser*innen auf eine rassismuskritische Reise mitgenommen, in deren Verlauf sie nicht nur konkretes Wissen über die Geschichte des Rassismus und dessen Wirkungsweisen erhalten, sondern auch Unterstützung in der emotionalen Auseinandersetzung mit dem Thema.

»Der nach wir vor in der weißen Gesellschaft präsente Alltagsrassismus ist so verpackt, dass er – wenn man nicht selbst tangiert ist – meist gar nicht auffällt. Ogettes Buch ist ein Appell an die (wohl vornehmlich linken) weißen Leser/innen, endlich die Scheuklappen abzunehmen.«

Selina Staniczek | konkret

Ijeoma Oluo

Schwarz sein in einer rassistischen Welt

Warum ich darüber immer noch mit Weißen spreche

2. Auflage 240 Seiten | 16 €
ISBN 978-3-89771-275-1
eBook | 10.99 €

Vom täglichen Kampf gegen Rassismus und der Notwendigkeit, darüber zu sprechen

Ijeoma Oluo hat mit diesem Buch einen *New York Times*-Bestseller geschrieben. Teils biografisch, teils anekdotisch, aber immer analytisch, behandelt sie in zugänglicher Sprache, mit Humor und Verstand Fragen, die sich viele nicht zu stellen trauen. Warum darf ich das ›N-Wort‹ nicht benutzen? Warum soll ich deine Haare nicht anfassen? Hat Polizeigewalt wirklich etwas mit ›Rasse‹ zu tun?
Ein Buch, das sehr hart und sehr einfühlsam zugleich ist, Diskurse voranbringt und Verständnis schafft. Geschrieben für alle, die in allen Lebensbereichen eine gerechtere Gesellschaft ohne Rassismus schaffen wollen.

»Ein starkes, emotionales Buch, (...) gespickt mit persönlicher Erfahrung.«

K. Schwingshandl | Buchkultur

Keeanga-Yamahtta Taylor

Von #BlackLivesMatter zu Black Liberation

2. Auflage
296 Seiten | 18 €
ISBN 978-3-89771-061-0
eBook | 13.99 €

Von der BlackLivesMatter-Bewegung zu einer grundlegenden Transformation der USA

Keeanga-Yamahtta Taylor analysiert in ihrem Buch die historischen Hintergründe von Rassismus, sozialer Ungleichheit und Polizeigewalt in den USA. Sie erläutert den Kontext, in dem sich die BlackLivesMatter-Bewegung entwickelt hat, und beschreibt das ihr innewohnende Potential, die Schwarze Befreiung neu zu entfachen und den Schwarzen Befreiungskampf entscheidend voranzutreiben.

» die beste Analyse von Black Lives Matter, die wir haben.«

Cornel West

»eine der stärksten und aktuellsten Rassismus-Analysen«

Nina Scholz | taz

UNRAST Verlag | www.unrast-verlag.de | kontakt@unrast-verlag.de